埃及众神

The Complete
Gods and Goddesses of Ancient Egypt

Richard H. Wilkinson

［英］理查德·H. 威尔金森 著　颜海英 刘璠 译

贵州出版集团
贵州人民出版社

目　录

引言　埃及宗教与诸神　6
王朝年代表　8
地　图　9

第一章　诸神的兴衰
诸神的诞生　12
诸神的统治　16
诸神的衰落　20

第二章　诸神的本质
神祇的种类　26
神祇的显现　32
埃及与一神教　36

第三章　诸神的崇拜
诸神的供奉　42
民间宗教与虔信　46
人神关系　50

第四章　王权与诸神
在神与人之间　54
亡者与神祇　60
神界的王权　64

第五章　埃及神祇目录
神之多面　70
神祇的群体　74
人形的男性神　92
人形的女性神　136
哺乳动物类　170
鸟　类　200
爬行动物、两栖动物和鱼类　218
无脊椎动物和昆虫类　230
无生命体类　236

尾声　永恒的遗产　242
主要译名对照表　244
延伸阅读　252
引用书目　261
插图出处　262
鸣　谢　263

引言　埃及宗教与诸神

上图：三枚护身符（从左至右）依次表现了塔威瑞特女神、贝斯神以及狒狒形态的图特神。后期埃及，莱比锡大学博物馆

古埃及人所营造的精神世界分外迷人，在人类宗教史上可谓独树一帜。这一精神世界有着隐秘与显现的双重特性，似乎一目了然，却又神秘莫测，它包裹于层层神话与仪式之下，却渗透在尼罗河文明的灵魂里，最终塑造、维系和指引了埃及文化的各个方面。埃及的神灵与法老及其臣民的生活息息相关，使其比同处古代世界的其他国家更接近一个纯粹的神权社会。正因如此，希罗多德曾言："古埃及人比任何民族都更加虔敬。"此话的寓意颇为深远，除了数百位男神和女神、似乎无穷无尽的神庙，它还意指着一套以其丰富性和复杂性著称的神话体系。

和人类文明的其他成员一样，古埃及人期望找寻到自身存在的意义，只不过对于他们而言，这一目标是通过神学思想来实现的，在这套思想体系中，诸神创造了世界，同时也参与着维系世界存续的各项活动。古埃及人日常崇拜的神灵数量惊人，已知名字的多达1500位——尽管其中一些的具体身份还不甚明了。以今人的眼光来看，这堆看似数不胜数的神灵——包括动物形的、人形的、人兽混杂形的——连同他们千变万化的符号和属性，无疑是奇形怪状的。然而，近距离的研究为我们揭示了一个神灵们彼此辉映的世界，他们的神话与象征交织成瑰丽的画卷，蕴含着意想不到的智慧和圆融通达的艺术。

与这些神灵相关的材料既年代久远又种类繁多，包含文本、建筑、图像和实物的原始资料，但这些材料同时又是杂乱且支离破碎的。神庙和墓葬是施行宗

右图："伟大的国王之妻""两地的女主人"尼弗尔塔莉向女神们（从右至左依次为哈托尔、塞尔凯特和玛阿特）献上奠酒。第19王朝，尼弗尔塔莉墓，王后谷，西底比斯

教仪式的主要场所,也是宗教信仰的记载之处,因而我们对于古代诸神的了解均源自数百处留存至今的神庙和墓葬——尽管还缺少某些特定年代和地区的神庙。我们也通过那些从最简陋的民居中发掘出的神龛、圣像和其他手工制品来了解埃及的神灵,例如像代尔·麦地纳工匠村这样的地方,但同样,某些时期和地区的民居未能幸存下来。由于这种遗址和纪念物保存状况的不均,我们目前还严重缺少可以使用的文献材料,因而对于诸神及其崇拜方式仍存在着挥之不去的疑问。然而,刻于古王国金字塔墙壁上的铭文(也是世界上最古老的宗教文献)及其随后衍生出的一系列文献,尽管有时隐秘晦涩,却为古埃及厚重的神学氛围提供了无比珍贵的佐证。

通过手头多种多样的材料,我们了解到,一些埃及神灵起源于有文字记载的时代之前,并一直延续到古代世界的末期,其崇拜时段足足占据了有记录的人类历史的五分之三。甚至在被后世的信仰最终取代之后,埃及的诸神有时也会重获新生,在多个方面带来深远的影响——他们不仅是一些宗教母题和宗教故事的先驱者,甚至可能影响到了一神教的概念本身。

然而在古老的过去,埃及人眼中的诸神远不止这些神话和形象。留存下来的纪念建筑和文物仅能使我

们一窥埃及诸神的威能，而当他们活跃于古埃及人心中时，带来的影响无疑更加巨大。对部分古埃及人而言，他们就是生命所必需的空气，而只有在一定程度上理解了这些埃及神灵，我们才能读懂古埃及文化与社会的本质——埃及人在此世的生活和对来世的向往。

王朝年代表

埃及每个王朝和每位国王统治的具体时间依然是学者们争论的主题。此表中的年代大多基于约翰·贝恩斯教授和雅洛米尔·麦莱克博士推定并发表于其著作《古埃及地图集》中的年表。所谓的阿玛尔纳时期包含了第18王朝的埃赫纳吞、图坦卡蒙以及阿伊三位法老的统治时间。本表仅列出本书中提及的国王。

前王朝晚期	约公元前 3000 年
早王朝时期	
第 1 王朝	前 2920—前 2770
纳尔迈；阿哈；杰尔；赛美尔赫特	
第 2 王朝	前 2770—前 2649
拉奈布；帕里布森；卡塞海姆威	
第 3 王朝	前 2649—前 2575
乔赛尔	前 2630—前 2611
古王国	
第 4 王朝	前 2575—前 2465
斯尼弗鲁	前 2575—前 2551
胡夫（齐奥普斯）	前 2551—前 2528
哈夫拉（塞弗林）	前 2520—前 2494
门卡拉（梅塞里诺斯）	前 2490—前 2472
第 5 王朝	前 2465—前 2323
乌瑟尔卡夫	前 2465—前 2458
萨胡拉	前 2458—前 2446
舍普塞斯卡拉	前 2426—前 2419
杰德卡拉-伊瑟西	前 2388—前 2356
第 6 王朝	前 2323—前 2150
第 7/8 王朝	前 2150—前 2134
第一中间期	
第 9/10 王朝	前 2134—前 2040
第 11 王朝（底比斯）	前 2134—前 2040
因太夫二世	前 2118—前 2069
中王国	
第 11 王朝（埃及全境）	前 2040—前 1991
门图荷太普三世	前 1998—前 1991
第 12 王朝	前 1991—前 1783
森乌斯里特一世	前 1971—前 1926
森乌斯里特三世	前 1878—前 1841?
阿蒙涅姆赫特三世	前 1844—前 1797
阿蒙涅姆赫特四世	前 1799—前 1787
索贝克尼弗鲁	前 1787—前 1783
第 13 王朝	前 1783—前 1640
威普瓦威特姆萨夫	
索贝克荷太普	
第 14 王朝	
约与第 13 或 15 王朝同时存在	
第二中间期	
第 15 王朝（喜克索斯人）	
第 16 王朝	
与第 15 王朝同时存在	
第 17 王朝	前 1640—前 1532
新王国	
第 18 王朝	前 1550—前 1307
阿赫摩斯	前 1550—前 1525
图特摩斯三世	前 1479—前 1425
哈特谢普苏特	前 1473—前 1458
阿蒙诺菲斯二世	前 1427—前 1401
图特摩斯四世	前 1401—前 1391
阿蒙诺菲斯三世	前 1391—前 1353
埃赫纳吞	前 1353—前 1335
图坦卡蒙	前 1333—前 1323
阿伊	前 1323—前 1319
荷伦布	前 1319—前 1307
第 19 王朝	前 1307—前 1196
拉美西斯一世	前 1307—前 1306
塞提一世	前 1306—前 1290
拉美西斯二世	前 1290—前 1224
美内普塔	前 1224—前 1214
西普塔	前 1204—前 1198
塔瓦斯瑞特	前 1198—前 1196
第 20 王朝	前 1196—前 1070
塞特纳赫特	前 1196—前 1194
拉美西斯三世	前 1194—前 1163
拉美西斯五世	前 1156—前 1151
拉美西斯六世	前 1151—前 1143
第三中间期	
第 21 王朝	前 1070—前 945
第 22 王朝	前 945—前 712
舍尚克二世	前 ?—前 883
第 23 王朝	约前 1070—前 712*
奥索孔三世	前 873—前 745
第 24 王朝	约前 724—前 712
第 25 王朝	前 770—前 712
（努比亚和底比斯地区）	
后期	前 712—前 332 年
第 25 王朝	前 712—前 657
沙巴卡	前 712—前 698
第 26 王朝	前 664—前 525
萨姆提克一世	前 664—前 610
第 27 王朝	前 525—前 404
大流士一世	前 521—前 486
第 28 王朝	前 404—前 399
第 29 王朝	前 399—前 380
第 30 王朝	前 380—前 343
尼克塔尼布一世	前 380—前 362
尼克塔尼布二世	前 360—前 343
希腊统治时期	前 332—前 30 年
马其顿王朝	前 332—前 304
亚历山大大帝	前 332—前 323
菲利普-阿里达乌斯	前 323—前 316
托勒密王朝	前 304—前 30
托勒密一世	前 304—前 284
托勒密三世	前 246—前 221
托勒密四世	前 221—前 205
托勒密五世	前 205—前 180
克里奥帕特拉三世	前 116—前 88
克里奥帕特拉七世	前 51—前 30
罗马统治时期	前 30—337 年
奥古斯都	前 30—14
提比略	14—37
戴克里先	284—305
拜占庭时期	337—641 年
狄奥多西	378—395
瓦伦提尼安三世	425—455

*目前学界一般断定的第23王朝起止年份为公元前818—前715年。——编者注

> 赞美阿图姆，他展开苍穹，创生万物……
> 万有之主，是他生育了诸神！
> ——《亡灵书》第79篇

古埃及宗教和神灵的起源可以追溯到遥远晦暗的史前时代，远超我们所能掌握或理解的范畴。但是，尽管缺乏文字记录来解读这些源自史前时代的早期材料，考古发现乃至后世记载的神话都能为我们提供与诸神的诞生相关的重要线索。这些材料揭示出一种文化，其中神灵作为世界所固有的一部分而诞生，因此和世界一样有生亦有死，最终也会同宇宙一道走向陨灭——时间对于神灵和所有造物一样，都是有限的。

但诸神之职依然是宇宙中的一环，埃及的神灵，和大多数文明中的神灵一样，有着巨大的力量。这一点在创世神话中格外明晰——埃及各个重要的宗教中心都在讲述世界诞生的种种方式，这些故事背后的信仰表现出惊人的一致性，即，神灵与宇宙同在，他们依照各自超绝的力量，构成、塑造并统御着有形世界。

端坐的奥赛里斯神身边侍立着其他神灵，除奥赛里斯外，从左至右依次为荷鲁斯、图特、伊西斯、奈芙西斯、舒以及赫卡。在埃及神话中，奥赛里斯是世界最终湮灭后依然会存在下去的两位神祇之一。耐斯帕沃尔舍弗棺椁画（局部），第21王朝，公元前984年，西底比斯。菲茨威廉博物馆，剑桥

第一章　诸神的兴衰

诸神的诞生

右图：尼罗河促进了埃及早期的统一，并将关于地方神灵的知识和对他们的尊崇传播至更广大的区域。从卢克索遥望西底比斯

下图："伟大的白神"，前王朝晚期的一位狒狒形态的神灵，公元前3000年。埃及博物馆，柏林

右页下图：著名的纳尔迈调色板，正面（左）和背面（右），刻画有前王朝末期的多位动物形态的神灵及其象征符号。调色板正面的上部格层还描绘了高举神旗的仪仗队。出自赫拉康波利斯，公元前3000年。埃及博物馆，开罗

埃及诸神的诞生要上溯到久远的史前时代，远在埃及诞生文字和成为统一的国家之前，因此供我们研究的仅有非文字性材料，其原境和背景也不甚清晰。尽管人类学、史前史和宗教学的学者们力图解析这一埃及宗教的形成阶段，对现存材料的解读依然存在困难且观点不一。但这些材料显示，此时已有"神圣"的概念，在人类和动物的墓葬中有了显然用于崇拜的物品，也有了正式的仪式场所。我们尚未知晓此类物品和地点是否反映出对某种神性存在的信仰，但正如多位学者强调的那样，史前时期埋葬死者时所表现出的关怀，以及这种关怀所蕴含的来世信仰，无疑都表明埃及人在这种信仰中倾注了理性思考。

自然灵、偶像、图腾和神明

与大多数早期人类一样，尼罗河沿岸的史前居民对大自然充满敬畏，不论是有生命还是没有生命的物体——前者在埃及的地位似乎更胜一筹，但新石器时代晚期（公元前3600—前3300年）的吉尔塞调色板和其他手工制品上反复出现的星形图案表明，埃及早期可能也产生了某种星体崇拜。然而，我们在埃及的考古记录中发现的最早的神大多为动物形象，例如母牛和猎隼。这些神代表了宇宙的不同层面，人们故而相信他们必然支配着人类的活动和命运。在史前时代后期的遗迹中，我们发现动物被埋葬在仪式环境里，特别是狗（或豺）、羚羊、牛以及公羊，还发现了动物的图像，这些形象可能意味着某种动物崇拜或偶像崇拜（即认为动物和人一样拥有"灵性"，理应得到尊重和安抚）。倘若这些动物形象不只是部落的图腾，而且象征了神明的某种显现，那么它们就代表着埃及神明演变的一个重要阶段。人们首先产生了神会显现为动物形态的观念，以此为前提，动物被描绘为完全拥有人类的行为方式，并成为了史前时代末期的埃及诸神的主要象征。著名的纳尔迈调色板正是出自这一转变时期（约

公元前3000年），它是一个鲜明的例子：在调色板背面，一只猎隼擒住一名俘虏，而调色板正面则刻画了一头公牛攻陷城池、践踏敌人的场面。除此之外，还出现了神话中的长颈神兽，同时，调色板两面的顶端均有一对融合了人和牛的特点的牛头神祇的形象——这无疑显示了他们的重要性。在纳尔迈调色板以及其他这一时期的手工制品上，我们都发现了动物形态的神，说明这样的神是大量存在的。

另一方面，究竟是在这一时期就出现了人形的神，还是晚些时候才出现，则一直存在争议。

母牛女神与狩猎之神

右图：埃及出土的一些最早的人像往往融合了人和动物的特征，这座上色的陶制女性人像的上扬如牛角的双臂正体现了这一点。涅伽达二期，布鲁克林博物馆

牛在埃及宗教信仰的发展中扮演了重要的角色。近期针对位于尼罗河谷以西撒哈拉沙漠中的纳布塔·普拉亚和毕尔·基斯巴的研究表明，早在公元前7000年被驯化之前，牛就在这些地区受到崇拜了。公元前10000年，母牛角就已被摆放在努比亚图什卡的墓葬中，说明它们与来世信仰和仪式有关，而这也与埃及王朝时期母牛形象的流行不谋而合，这些母牛形象与哈托尔、努特、奈特等早期女神相关。费克里·哈桑（Fekri Hassan）提出："埃及王朝时期母牛女神的概念很可能是对一个更古老的传统的延续，源自一位原始的母牛女神，或新石器时代埃及撒哈拉地区游牧环境中出现的女神形象。"哈桑还指出，母牛与女性均有乳汁，因而都被视为生命源泉和滋养的象征。母亲——不论人形还是牛形——具备生养和哺育的能力，因此成为力量的象征（例如哈托尔女神），她们的力量能使亡者经由灵魂的重生而复活。带有食物供品的墓坑形似子宫，而早期的亡者遗骸则被摆放成胎儿般蜷缩的屈肢葬式，体现出对重生的希冀。也有证据表明，很早就有与狩猎和男性生殖相关的男性神灵，这些男性神灵可能与牛形女神配对，反映出早期埃及前农业时代以畜牧和狩猎为主的社会背景。

左页左图：即使在埃及宗教诞生数千年后，哈托尔女神和伊西斯女神的牛角头饰（如图所示）依然折射出早期牛形神祇的重要性。第26王朝，出自萨姆提克墓，萨卡拉。埃及博物馆，开罗

左页右图：在历史初期，埃及就已有了多位人形神祇。科普托斯的敏神雕像。前王朝晚期，公元前3150年。阿什莫林博物馆，牛津

涅伽达时期和更早的考古材料中已发现了用黏土或象牙制成的粗糙人像，尽管学者们将其阐释为神明的形象，彼得·乌尔科（Peter J. Ucko）的进一步研究却显示，这些人像用途广泛且含义多变，无法确切证明它们象征的是神。在历史之初，我们的确发现了对类似敏神和奈特神这样的人形神的崇拜，但人形神的观念在埃及经历了缓慢的接纳过程，在某种意义上，这种接纳始终是不完全的，因为埃及历史上的男神和女神的形象往往由人与动物混杂而成，有着动物的头或身体。例如哈托尔女神是最早被赋予人形的神明之一，但她仍然保留着她的神圣动物——母牛——的双角，即使在千年之后，她也常常被描绘为牛的形象。

原始的需求，政治的需要

当人类对周边世界和自身弱点产生了掌控的欲望，有能力掌控特定事件和自然环境的、个性化的神灵也出现了。不同地区的早期人类社会在这一点上的需求是一致的，在随后的历史长河中也并未发生多少改变，只不过抵抗野生动物和自然灾害的愿望在后世转变成了一些对长期生活的祈愿，例如避免痛苦和贫穷。

公元前3000年，埃及出现中央政权之时，生活在尼罗河谷的古代人民的愿望和实际需要便发生了迅速的变化。国家性神明和对神圣国王的崇拜一起出现；正如约翰·贝恩斯（John Baines）所指出的那样，君主制的诞生和随之形成的早期国家从根本上转变了古代宗教，为其提供了一个全新的焦点，从而将各式各样的目标和需求统一起来。我们的确可以说，从这一刻起，埃及的神祇走出了蒙昧的幼年期，走向了成熟，而此后3000多年的历史演变再没能撼动埃及宗教的本质。

诸神的统治

古埃及宗教中颇具讽刺意味的一点是，一方面我们必须直面关于诸神起源的考古资料的稀缺，另一方面，后期的埃及文献又包含了很多看似清晰却又矛盾重重的有关神话谱系和宇宙法则的记述。近些年，许多埃及学家逐渐感觉到，这些多种多样的记录或许不像人们长期认为的那样，仅仅简单地反映出不同宗教中心的传统之间的矛盾，而是也可视为对宇宙及其创造者之起源的多角度阐释。尽管单一的、统一的埃及创世神话无疑是不存在的，但与最重要的崇拜中心相关的几大宇宙起源说（宇宙起源的故事）以及诸神谱系说（众神起源的故事）彼此之间或许比乍看起来更具相似性。

潜藏的力量：赫摩波利斯神学

在中埃及的赫摩波利斯有着一套关于八位原初神创世的成熟神话体系（见第77页），这个被称为"八神会"或"八神组"的神灵体系代表着原初世界的不同方面。虽然大部分关于这种创世观的现存文献材料来自托勒密时期，但赫摩波利斯、赫姆努或"八城"这样的古代地名被证实从第5王朝起（甚至可能更早）就已存在，从而显示出这一神话的古老传承。

根据赫摩波利斯神学，八位原初神以四对男女神的形式存在，每一对神对应着前创世状态的一个特定方面或元素：努恩（或努）与努涅特，对应水；海赫和海赫特，对应无限；凯库和凯库特，对应黑暗；阿蒙和阿蒙奈特，对应隐匿、不可知。这些原初的"元素"被认为是惰性的，却包含着创造的潜能。詹姆斯·霍夫迈尔（James Hoffmeier）展示了这些元素与

下图：拉美西斯二世为赫摩波利斯和赫利奥波利斯的神明们建造的神庙的遗址，位于中埃及，此地后来被称为安提诺波利斯

《圣经·创世记》中列举的前创世状态间有趣的相似性。然而在埃及,八神组的成员被视为不同的神性实体,他们的名字在语法上的阴阳性反映出将创世与性的结合及生育等同起来的观念。他们被称为太阳神的"父亲"与"母亲",在赫摩波利斯的世界观中,太阳神是后续创造的关键——就像在其他地方一样。

正如每年生长季开始的标志是尼罗河泛滥结束、高处的土地显露出来,埃及人将原初之时原始之丘(见"塔特恁"一节)自水中升起视为创世的开端。传说,一朵莲花(见"尼弗尔太姆"一节)随后自水中或原始之丘上生长出来;正是在这朵莲花中,年轻的太阳神诞生了,为世界带来光明,与此同时,时间开始流动,后续的创造由此展开。

太阳神的力量:赫利奥波利斯神学

在赫利奥波利斯,太阳崇拜的中心,则诞生了一套略为不同的神话体系,围绕所谓的"九神组"(见第78页)或"九神团"展开。九神组包括太阳神与他的八个后裔。赫利奥波利斯的神学家自然而然地在创世故事中强调太阳神的角色,意在强调自然发生的创世本身的活跃方面,而不是前存在状态中的惰性方面。在这一创世神话里,太阳神的形态通常是阿图姆(见第98页),一般的说法是阿图姆以"在他的蛋中"的形式存在于原初之水,这也是对其起源的解释。在创世之时,阿图姆从原初洪水中诞生,即"自生的神",因而成为所有后续创造之源。阿图姆接着由自身创造出两个孩子,舒

上图:"九神组"或"九神团"的一个版本,此处(从右至左)依次是太阳神拉-荷尔阿赫提,阿图姆及其后裔:舒、泰芙努特、盖伯、努特、奥赛里斯、伊西斯和荷鲁斯。第18王朝,阿伊墓,帝王谷西部,西底比斯

左图:一位神将日轮从大地高举至天空。太阳不仅是赫利奥波利斯神学的核心,而且在埃及所有的创世神话中均有着重要作用。后期纸草。埃及博物馆,开罗

（空气）和泰芙努特（水汽）。该故事有几个版本，但在所有版本中，阿图姆的孩子都出自他喷射的体液或黏液——通过自慰、啐唾或打喷嚏的隐喻表现出来。

接着，第一对孩子又生出自己的孩子盖伯（大地）和努特（天空），二者分别取得了在他们父母之下与之上的位置，使创世有了完整的空间维度。盖伯和努特又创造了奥赛里斯和伊西斯、塞特和奈芙西斯，他们从某种角度上代表着埃及的肥沃土地与周边的沙漠，埃及世界的关键要素在此刻便都创造完成了。荷鲁斯，奥赛里斯的儿子与继承人，也是最与王权相联系的神明，通常被加入九神的行列，将物质创造与社会建构联结起来。然而所有这些都被视作太阳神最初诞生的延伸，太阳神处于这一世界观的核心位置，故而他也是"万有之父"与"众神之主"。

思想与表达的力量：孟菲斯神学

赫利奥波利斯的学者主要关注太阳神阿图姆的出现与演变，而孟菲斯附近的祭司们则从自己的主神普塔的角度看待创世。作为锻造、百工与建筑之神，普塔自然被视作制造万物的伟大工匠。但是在普塔与创世之间存在着其他更加深入的联系，使得孟菲斯神学与众不同。在大英博物馆的沙巴卡石碑上，被称为《孟菲斯神论》的铭文揭示了这一神学体系的关键。虽然铭文来自第25王朝，但是它明显抄自更早的第19王朝的早期材料，而铭文中的理论可能来自比这还早的时期。文献提到了赫利奥波利斯以阿图姆为中心的创世记述，但接着便声称孟菲斯主神普塔先于太阳神而存在，是普塔"通过他的心和他的舌"创造了阿图姆以及其他神明和世间万物。这种表达暗指创世是一次有意识的规划，其实现依靠的也是理性的思维与言辞，而这个由孟菲斯祭司归功于普塔的、从无到有的创世故事是已知最早的关于"逻各斯"学说（即世界形成于神的创造性话语）的例子。它也是埃及乃至古代世界中最强调智识的创世神话之一。它早于希伯来《圣经》的"神说：'要有光'，就有了光"（《创世记》1:3），以及基督教经文"太初有道……道就是神……万物

下图：在天空女神的丈夫——大地之神盖伯——的躯体上，空气神舒借其他神灵的帮助支撑着天空女神努特。第21/22王朝，尼西塔尼布塔舍汝的亡灵书插图。大英博物馆

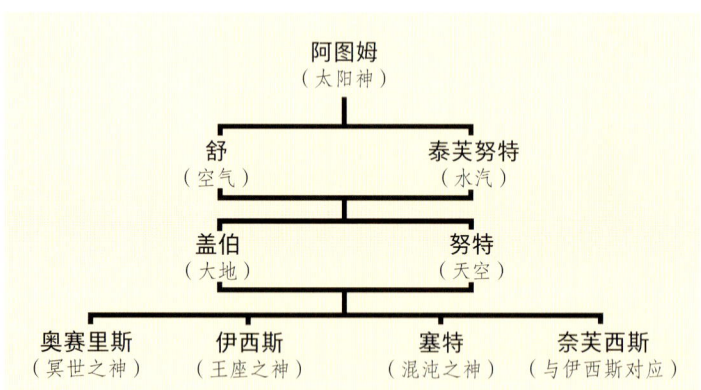

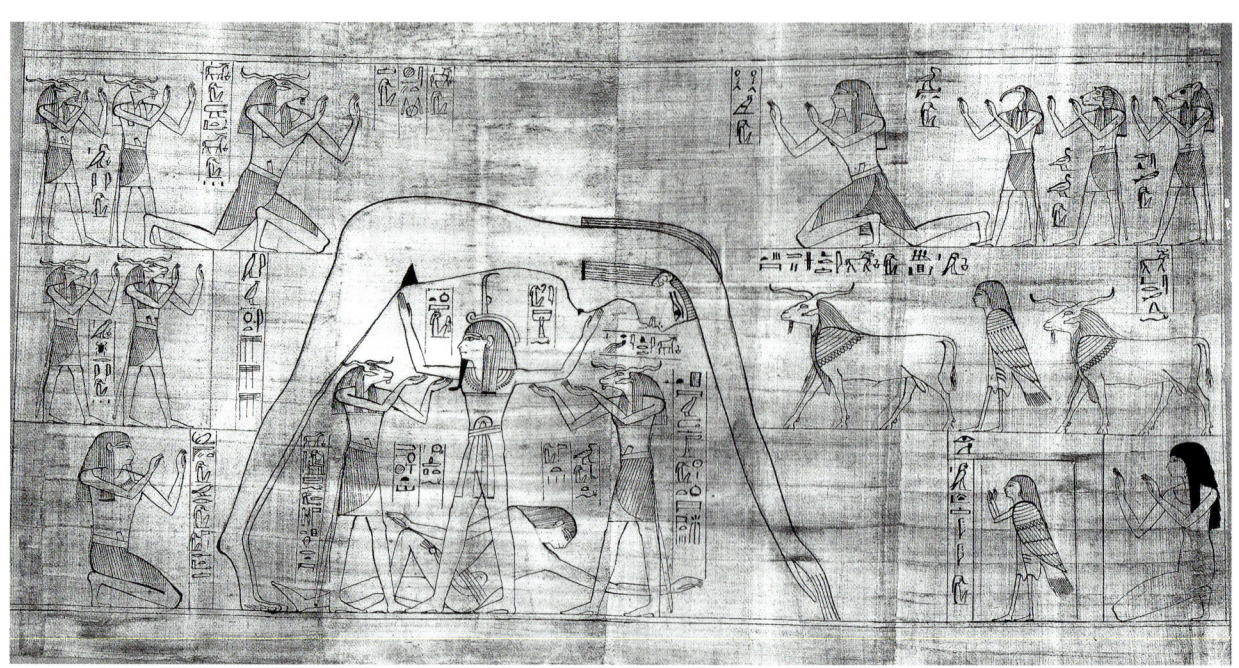

是藉着他造的……"(《约翰福音》1:1, 3)中的哲学概念,并与之同属一脉。和阿图姆一样,普塔也被认为在自身中融合了阳性与阴性的元素。这一点见于早期文本,而在埃及历史的最末期,普塔的名字以截头表音法写作 pet-ta-heh 或者 p(et)+t(a)+h(eh),仿佛他正以海赫神(见第109页)的方式支撑天空(pet)于大地(ta)之上,同时还以原初神灵普塔－努涅特雌雄同体的方式连接、整合着天空的阴性元素与大地的阳性元素。

上图:我们对于孟菲斯祭司所创造的创世神话的了解来自沙巴卡石碑上记载的铭文。这块石碑曾被当作磨盘使用,可追溯到第25王朝(公元前700年)。大英博物馆

左图:以思想和创造性语言完成创世的普塔神。希腊罗马时期,带有浮雕的石块,卡纳克

神话的变体

尽管在细节和突出的神明方面,三种宇宙起源与神谱体系都基于自身信仰而存在差异,但它们的创世方式是明显相似的。虽然这些方式无法归纳为统一的神话,各个神话中的故事却有着共通的框架。在强调太阳为源头的创世故事中,我们发现了不同的变体,诸如宣称太阳神以鹰或隼(见第206页)、凤凰(见第212页)、孩童(见第133页)、圣甲虫(见第230页)或者其他生物的形式诞生,但所有这些形式又都源自原初之水,或源自从原初之水中升起的原始之丘。关于原神(monad,即原初、不可分的实体)创造出其余造物的方式,也有不同的变体。在出土于贝尔什的棺椁上,一篇中王国时期的文献提到了"万物之主"(All-lord):"我从我的汗液中创造出众神,人类是我的眼泪。"而这些与前文赫利奥波利斯神学中提到的并没有本质区别。在某种程度上,这些故事好似从核心的神话要素中呈现出了万花筒般的变幻组合,可能暗示着古埃及神学家将产生于不同地区或不同时间的神祇融合进已有的神话框架的努力。在有关众神诞生及其统治的不同故事中,存在争议的往往是创世神的性质以及他们力量的基础。

诸神的衰落

古埃及人关于世界的起源与本质的观点有助于我们理解诸神最终的陨落——因为神灵内在的脆弱性是埃及神话不可分割的一部分，也深深影响着我们对古代宗教的理解。或许伴随着人形化，埃及神明也越来越多地承担起人类的弱点与局限性。根据埃及的神学推论，诸神能够死亡，也终将死亡——虽然这方面的证据必须放到具体语境中去检视和理解。

即便是神也会死亡

许多埃及文献显示，虽然神被认为不是一般意义上的肉体凡胎，但他们依旧会死亡。这一点在《金字塔铭文》的"食人者赞美诗"中表现得尤为明显，并对埃及宗教中一些最为关键的——特别是对于冥世之神奥赛里斯与太阳神拉的——崇拜有着重大意义。虽然几乎可以确定，埃及文献从未特别描写奥赛里斯的死亡，因为人们相信这样的叙述会在魔法层面使神明之死变为现实，但这些埃及文献以及后来古典时期的评注，都清楚地显示奥赛里斯死于他的敌人塞特之手，被制成木乃伊然后埋葬。伟大的太阳神拉被认为每天都在衰老并在每晚"死去"（出于同样的原因，也未发现对他死亡的具体描述），然后在每天的黎明时分诞生或重生。这个概念在埃及后期的材料中最为明显，比如托勒密时期神庙中的文献，但是毫无疑问，这是埃及人长久以来一直思索的一种观念，并隐晦地表述于许多新王国王室墓葬的图像与铭文中。一些埃及神话也描述了太阳神的高龄与衰老。《棺木铭文》的一则咒语（CT

下图：尽管身为神明，奥赛里斯的死亡在埃及神话中却发挥着核心的作用。他躺卧于灵床之上，他的妹妹奈芙西斯和伊西斯为他哭悼，灵床在细节上近似罗马时期的镀金棺。希腊罗马时期，公元前1世纪。大都会艺术博物馆，纽约

VII 419。在本书中，缩写CT即Coffin Text，"棺木铭文"；PT即Pyramid Text，"金字塔铭文"；BD则为Book of the Dead，"亡灵书"。——编者注）中有太阳神可能死亡的公开威胁，表明关于太阳神死亡的观念至少可以追溯至中王国时期。

神灵之死

　　神灵之死的原则实际上适用于所有埃及神明。来自新王国时期或更早的文献就已经讲述了图特神将以定的寿命分配给人类和神明的故事，而《亡灵书》第154篇咒语则明确地声称死亡（字面意思，即"衰落"和"消失"）静候着"每位男神和女神"。所以，当保存于莱顿纸草 I 350的新王国《阿蒙神赞美诗》写"他的身体在西方"时，这个常见的隐喻指的毫无疑问是神的尸身。弗朗索瓦·道马斯（François Daumas）与朗希尔德·芬内斯塔德（Ragnhild Finnestad）等学者已经发现，在后期埃及的神庙中，有线索显示神庙最深处的区域被视为神之墓。也有各式各样的说法将某些神的"坟墓"指定为一些具体地点，比如卢克索和西底比斯，这些地点最晚在新王国时便因此备受尊崇。但是所有这些证据必须被置于恰当的语境中加以考虑，因为死亡并不一定代表存在的中断。从埃及人的观念来看，生命来自死亡，正如死亡一定伴随着生命，而且也没有必要的理由让神明跳出这样的循环。古埃及人的两种不同的永恒观，即永恒的延续（djet）与永恒的重现（neheh），也支持这种观点。这一点在一些文献中有着非常明确的表达，比如《棺木铭文》写道："我由阿图姆创造，我前往我的永恒之地，永恒重现的是我。"（CT15）神明死去，但依然留存于不断前进的时间洪流之中。如埃里克·赫尔农（Erik Hornung）强调的那样，生命的有限性使埃及神祇可以一次又一次变得年轻，并逃脱时间造成的不可避免的结果——消亡。

时间的终结

　　总归有终点等待着神。在埃及神话中，只有那些孕育了原初世界的元素可以最终留存。这种有关宇宙与众神终结的末日论观念在《棺木铭文》的重要部分中得到了阐释：创世神阿图姆宣告，最终，在百万年的分化创造之后，它与奥赛里斯将回归"一处"，即创世前未分化的状态（CT VII 467—468）。在《亡灵书》中，阿图姆与奥赛里斯的著名对话对"末日"的描绘则更加清晰：当奥赛里斯为自己终将孤立于永恒的黑暗中而哀恸时，阿图姆安慰了他，并指出，在世界重归诞生万物的原初之海时，只

左图：包裹在木乃伊绷带中的奥赛里斯神，立在以程式化的手法表现的坟墓旁。棺椁装饰画，第21王朝。埃及博物馆，开罗

下图：涅海赫（循环的时间）和捷特（线性的时间）化身为男神和女神，在古埃及人的思想中代表永恒的不同层面。图坦卡蒙外椁（局部）。埃及博物馆，开罗

左：伊西斯-阿芙洛狄特，罗马时期广泛崇拜的一位古代女神。伊西斯是历史上留存到最后的埃及神灵之一。莱比锡大学博物馆

有他们两个会幸存。届时阿图姆和奥赛里斯会化为蛇的形态（未成形的混沌的象征），世间也不再有神或人来感知他们（BD175）。尽管有着看似无限的诞生、衰老、死亡与重生的循环，但众神终将湮灭于宇宙自身的死亡，能存留下来的仅有混沌之水所蕴含的生与死的可能性。

诸神黄昏

历史上，一场名副其实的诸神黄昏也在等待着埃及神灵。基督教与后来伊斯兰教的兴起注定了古老异教的消亡，但是消亡也并非那么容易。公元383年，罗马皇帝狄奥多西下令关闭帝国境内的所有异教神庙，之后的一系列政令，以狄奥多西391年的政令与瓦伦提尼安三世435年的政令为顶峰，批准了对异教神庙建筑的实际破坏。很快，大部分埃及的神庙被刻意弃置、挪作他用或者被狂热的基督徒摧毁，旧的神明也大多被遗弃。但许多历史记录却显示出他们坚韧的生命力。

直到公元452年，根据罗马政府与埃及南部土著的条约，还有朝圣者向北行至菲莱神庙，

从该处取回伊西斯女神的雕像，让她拜访自己的亲属，即努比亚的诸神。这一情况引人注目，正如尤金·克鲁兹-乌里韦（Eugene Cruz-Uribe）强调的那样，因为在此事发生之时，罗马法律已经禁止了旧宗教，并确认基督教为埃及乃至帝国的唯一宗教。显然，通过秘密信仰，至少在这一偏远地区——或者可能也在其他地区——古老的神祇仍存续了一段时间。等到639年阿拉伯军队征服埃及时，他们只发现了基督徒，以及那些正在消逝的遗产，后者属于曾统治世界上最伟大的文明中心之一长达3000余年的古埃及众神。然而，虽然这些神祇几乎完全消失，他们留下的影响却将持续更多个千年，正如本书后记中展现的那样。

下图：菲莱岛上的伊西斯神庙是埃及宗教最后的堡垒之一，在大多数神庙都因罗马帝国的禁令而关闭之后，它还运作了很长一段时间

> 其生隐秘，其形璀璨，
> 一神而多变，众神为一体，
> 尽现完美身。
> ——莱顿纸草I 350，詹姆斯·艾伦（James Allen）译

古埃及宗教中最为引人注目却又复杂难解的一点，便是诸神的本质问题，因为比起其他文明，埃及文明中的"神"这一概念本身就有着更为宽泛的内涵。埃及的神祇既有人类的属性，也有更高层面的特点，后者往往被掩盖于奇异的动物形态之下，看起来奇形怪状，但背后的宗教高度有时却极其惊人。

诚然，古埃及人尊奉着数百位神祇。但在这蓬勃发展的多神信仰之下，他们是否有着某种反复出现的、对神祇的同一性的觉察？是否存在"一位神祇，多重显现"的原始概念，乃至真正的一神教思想？多年以来，学者们一直就这个问题争论不休，直到最近，才逐渐得出了令人信服的答案。

太阳神每日诞生的画面，来自《洞之书》的结尾。太阳神的本质通过种种不同的层面呈现——譬如日轮、孩童、圣甲虫，以及羊头的鸟。第19王朝，塔瓦斯瑞特王后墓，

第二章 诸神的本质

神祇的种类

古埃及人为他们的男神和女神设想了种种类别,从埃及语单词"奈杰尔"(netcher)的使用中可见一斑,这个词的语源和最初的含义已不得而知,但它在埃及语中包含了远比英语中的"神"(god)一词广泛得多的内涵。"奈杰尔"包括神化的人类(那些历史名人,在第30王朝后还包括在尼罗河中溺死的人),以及所谓的灵和魔鬼,在一些情况下,甚至如混沌大蛇阿波菲斯这样的怪兽也隶属其中。实际上,代表"神祇"的限定符号(见右图:神祇名称的写法)可以加在任何超自然或奇异的存在的名字后面,甚至连埃及的象形文字本身有时也被当作神。

神,灵,魔鬼和巴乌

除了主要的神明之外,古埃及人还信仰其他许多超自然存在,他们往往被归入小神的行列。就连最早的宗教文献中也满是形貌可怖的生物(尤其是那些冥界的怪兽和类似恶魔的存在),纵观古埃及的文学作品,我们总能发现关于魔鬼和灵的内容,类似阿拉伯文化中的精灵和妖灵。埃及人畏惧死者的鬼魂或灵体,称其为"阿克胡",这个词在后期被用于指代魔鬼。但古埃及人最畏惧的,或者说大多数古埃及人畏惧的,则是神祇的信使和巴乌。巴乌是神的化身或分身,通常成群出现,看上去没什么区别,但它们与特定的神祇相关,神祇在受到冒犯时,就会役使他们的巴乌去惩治或侵扰冒犯者。魔法师则利用他们最强大的咒语,驱使那些最怪异恐怖的存在,来对抗并降伏这些巴乌。

神祇的外貌

尽管以旁观者的视角来看,埃及众神谱中的男神、女神和其存在数量繁多,还有无数种显现形式,但其实多数埃及神祇都可以归入以下几大类:人形、动物形、混合型以及复合型。

总的来说,天上地下那些堪称"宇宙级"的大神——诸如空气之神舒和天空之神努特——都是人形神明;与地理地貌有关或代表特定区域的神祇,如河流、山川、城市和居住地的神

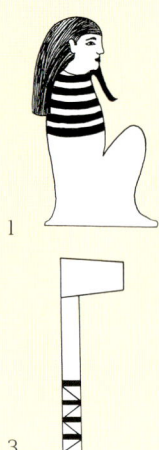

神祇名称的写法

"神"这个词在埃及圣书体文字中有四种写法:(1)一位蹲坐的神祇;(2)一只猎隼,通常站立于栖木上;(3)顶部带有旗帜的旗杆;(4)一颗五芒星。所有这些符号都意为"神",但出现的语境和时期各有不同。

下图:持刀的魔鬼和半神。墓葬纸草(局部),托勒密时期。埃及博物馆,开罗

右页左图:狮身人面的斯芬克斯体现了一种"混合式"神祇——人的头部加上动物的身体——的概念。阿蒙涅姆赫特二世。第12王朝。卢浮宫,巴黎

右页右图:拉美西斯二世的阿布·辛贝尔神庙中的奥赛里斯柱——人形神祇的实例。这种神祇很少以非人类的形态出现

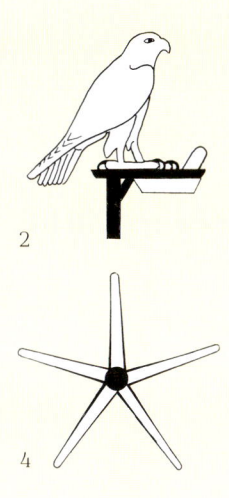

埃及圣书体文字中，有多个符号可以用于表示"奈杰尔"，即"神"这个词。这些符号通常作为"限定符号"或代表群体的符号，写在神祇的名字末尾，有时也单独使用。古王国时最常用的一个符号由一位蹲坐的神的形象构成（见图示1），这位蹲坐的神可能是男性，也可能是女性，分别用来代表男神和女神。这一符号还存在许多变体，用以象征各式各样的神（一些情况下是站立或其他的姿态），尤其常见于新王国和之后的时期。从很早的时候起，"神祇"一词在圣书体中也可以写作一只猎隼的形象（见图示2），猎隼有时站立于栖木上，这无疑象征着埃及古老传统中的诸多隼鹰神。但最常见的代表神的符号，则是旗杆（见图示3），其起源亦十分古老，可追溯至前王朝时期伫立在神庙和神殿门前、象征神明临在的旗帜。如约翰·贝恩斯指出的那样，这一符号有着复杂的历史，可能已演变为神明临在的象征，而不再是与某个特定神祇相关的狭义、单一的词语。在埃及历史的后期，圣书体中的星星符号（见图示4）也被用于书写代表神的词汇，但仅在托勒密时期以后才出现。所有这些符号都可以写两遍来代表双数的神，写三遍来代表复数的神，在处理更大的数字，诸如在象征九神组或九位神明组成的群体时，会写作三个一组、一共三组的形式，这种写法也旨在表示"复数中的复数"或"全部的神祇"之意。

祇也都是人形。某些神则不受这两点限制，其中一些十分古老，例如生殖神——敏，也是人形，以及一些神化的人类，例如去世的国王和贵族，也属于此类。

动物形的神祇在埃及历史上也很常见。埃及已知最古老的神的形态就是猎隼，而到了古埃及晚期，将动物作为神祇的代表来崇拜尤为流行。人们往往按照外貌或特

右图:"狮头女神"是最为常见的"混合型"或"半人半兽"型的神祇形象,即动物的头与人的身体相融合。希腊罗马时期。达卡神庙,努比亚

下图:塔威瑞特女神的费昂斯护身符呈现出复合神的形态,在河马的躯体上长有狮子的爪和鳄鱼的尾巴。第三中间期,第21—24王朝。哈尔收藏,圣贝纳迪诺

下右图:阿姆特神,或称"食心兽",是一位由多种危险生物融合成的可怖的复合型神祇,专司来世审判中的惩罚。希腊罗马时期纸草。埃及博物馆,开罗

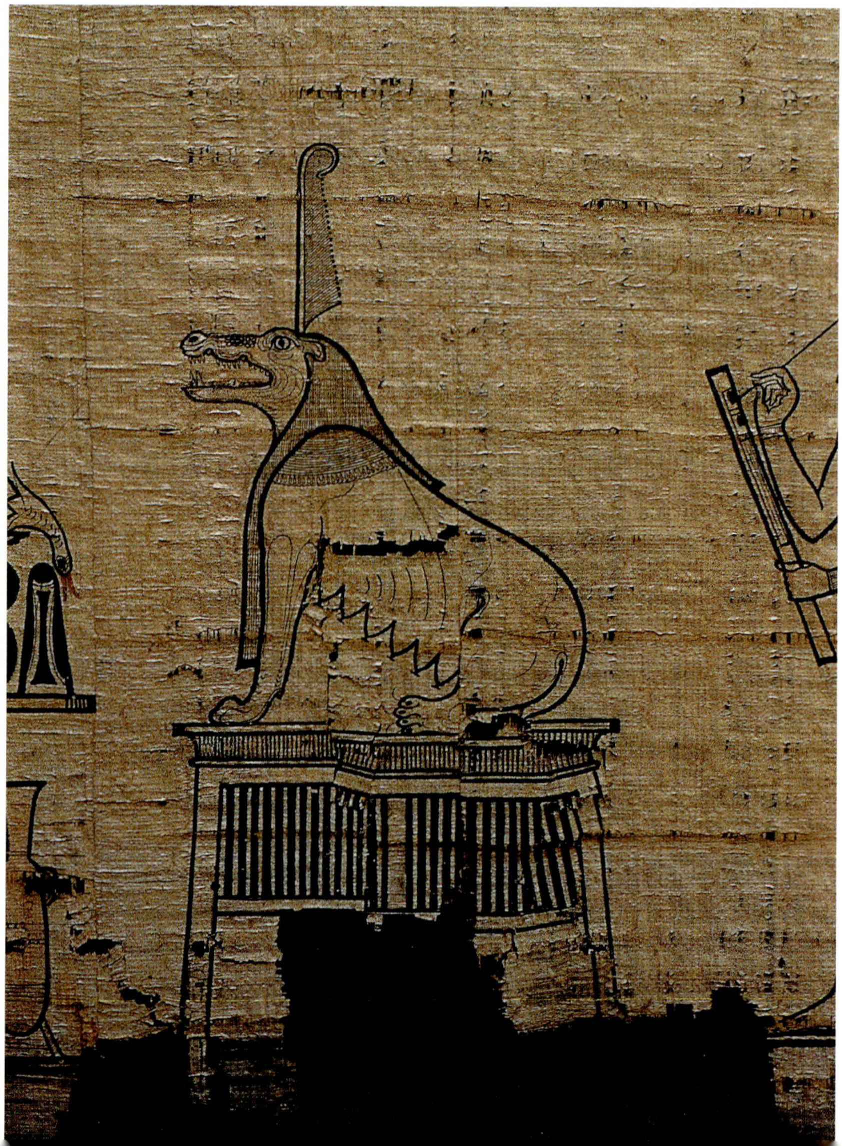

点,将与特定种类的动物相关的神看作男性神或女性神。男性神的动物形态通常是公牛、公羊、猎隼或狮子,女性神则被赋予了母牛、秃鹫、眼镜蛇或母狮等形态。

"混合型",或准确而言可称为"半人半兽"型的神祇同时拥有两种形态——人或动物的头,身体则反之。人头动物身的神至少可追溯到第4王朝的狮身人面像,而动物头人身的最早实例是第3王朝时的卡赫捷特石碑(现存于卢浮宫)上刻画的一位鹰首人身的神。头部始终代表着这些神明最初和最根本的要素,身体则代表了第二个层面。因而正如亨利·费舍尔(Henry Fischer)指出的,"狮头的女神实际是一位人形的狮子女神,而狮身人面像则相反,是人类借用了狮子的外形"。

"复合型"的神与"混合型"的神的不同之处在于,他们往往融合了不同的神或不同神身

左图：羊头的圣甲虫神和四个头的公羊形态的"风神"都属于埃及人所刻画的千变万化的复合型神祇。托勒密时期，代尔·麦地纳神庙

下左图：蹲坐的神正是象形文字中表示"神"一词的符号。埃及人往往使用这种概括性形象来表示神的概念，有时会标明名字，有时则没有，因为神祇被赋予的形态不一定是其真实的样貌。棺椁画（局部），第12王朝。埃及博物馆，开罗

卜的特点，而非呈现某种特定形态的神。这种神可能由多个动物形或人形的神组成，从狒狒-鹰形或河马-蛇形，到融合了多位神的多头多臂形态的神祇。尽管外表怪异，但这类复合型的神大都自有其合理性。对比一下恐怖的阿姆特神与和善的塔威瑞特女神，我们会发现，虽然两者都具有河马、鳄鱼和母狮的特征，但融合后的效果却截然不同。

单一的固定形象对于神而言并不常见，一些神祇有多种外表——图特神同时具有狒狒和朱鹭两种形态，阿蒙则是公羊或雁的形象。但很少有神同时具备人形、动物形和混合型三种形态，例如太阳神拉经常被描绘为一只隼鹰，或是鹰首人身，但极少有纯粹的人类形态。当然也有例外——哈托尔女神就有完全的人形，也有牛形，同时还可呈现为脸部混合了人和牛特征的女性形态。

神的身份

归根结底，我们必须记住的是，对神祇们的种种刻画并不能反映出古埃及人对于他们的神的外貌的真实观念。他们赋予神的仅仅是形式而已，是为了给那些常被形容为"隐匿的""神秘的"甚至"不可知的"神祇一个看得见的、能理解的外表。物质的外表可以供人崇拜与互动，但神祇真实的身份潜藏在他们的角色和特性中，有形世界的形象所能表现的仅仅是冰山一角。一些神与某些形象有着清晰的关联，比如拉神通常使人联想到太阳，但许多不同的神也会共享同样的联想——阿图姆、拉、凯普利、荷尔阿赫提以及其他多位神祇就都与太阳的形象相关。另外，一些神拥有的身份又不止一种。大多数重要的男神和女神都有多个不同的名字以表现多重身份，其中有些，譬如奈特和哈托尔女神，又身兼多个角色——其中没有一个可以确定无疑地称为"主要"身份。大体上说，神的地位越高，与其相关的形象和身份就越多，这也是历史发展过程中大神融合

下图：端坐的阿蒙-拉神、穆特女神（最左）和洪苏神（最右）赐予拉美西斯三世无数的节日庆典。虽然在底比斯获得了国家神的尊荣，阿蒙却不一定起源于此地。许多神祇的崇拜地点和崇拜范围都会发生变化。第20王朝。拉美西斯三世祭庙，麦地奈特·哈布，西底比斯

小神的结果。

　　每位神祇的特点以及他们与人类的关系无法一概而论。一些神被认为对人格外有帮助。例如，图特、荷鲁斯和伊西斯都被称为"苏努"（sunu），即"医神"，因为他们拥有疗愈的力量。然而，尽管有些神看起来慈悲亲善，其他一些神却被认为是会害人的。甚至在那些总体来说还算温和的神——尤其女神——身上，也存在着矛盾的特性。例如哈托尔一方面被作为爱、音乐和庆典的女神来崇拜，另一方面，她在神话中又充当着人类的毁灭者。在一些情况下，神祇的不同侧面会展现出不同的形态，譬如巴斯特女神在平静的时候显现为猫的形象，化身狂暴之神时，则变身为母狮。在埃及神祇身上，这种二重性并不罕见，但有时会难以分辨——人们究竟是在崇拜时将这些潜在的破坏性排除在外，还是正因这样的破坏性才崇拜他们。与他们的人类臣民一样，埃及神祇也能吃喝（有时甚至喝得太多）、工作、战斗、思考、说话，甚至绝望时也会哭号。他们的回馈有好有坏，也会表现出愤怒、羞愧和幽默感，他们时常展现出五光十色的人格特点，这是他们身

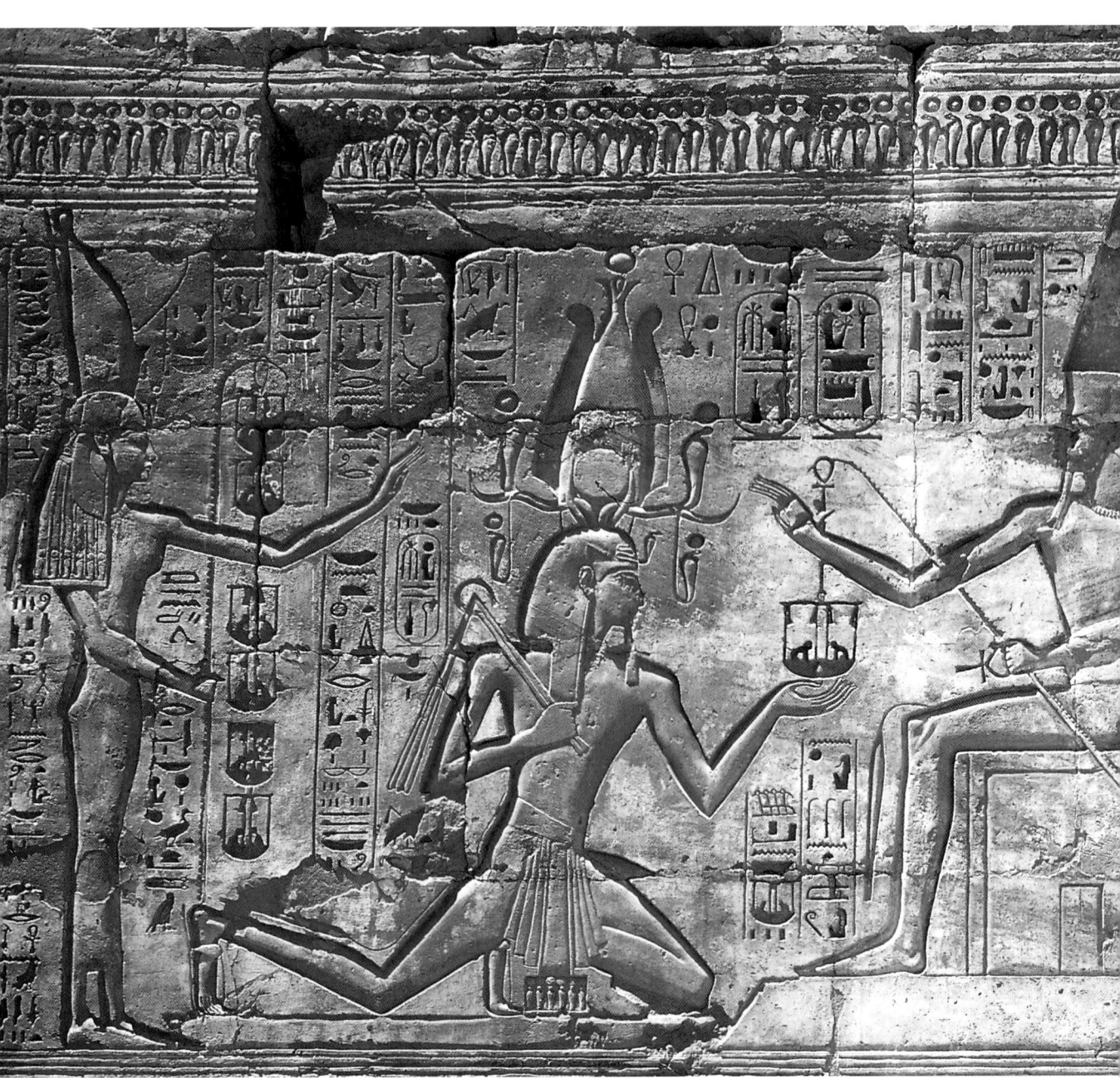

份的一部分。

随时间而改变

埃及的每个地方最初都有自己的神，随着时间的推移，一些神祇和其他地方产生了关联——有时他们会升格为地区神或国家神。相反的情况也时而发生，诸如孟图神之类的神祇最终就失去了对其所在的广大地区的影响力，沦为在小范围内受到崇拜的地方神。神祇起源的地区通常会成为这位神的主要崇拜中心，但也有例外——大神阿蒙的崇拜中心在底比斯，但他本身并非起源于此。

神的组合也会随时间而变化。出于对一些主神的崇拜，人们会逐渐将其组成三神之家的形式，包括"父亲""母亲""儿子"——就像底比斯的阿蒙、穆特和洪苏，或是孟菲斯的普塔、塞赫迈特和尼弗尔太姆那样。这种变化有效地强化了一部分神的地位，同时也意味着那些不能位列重要的神庙"家庭"的神会下降到不太重要的位置，更难受到供奉。

甚至连神的特征或本质都会随着时间而改变，最具戏剧性的例子可能就是塞特神了，他的特性、名气和重要性一直在不同的历史时期起起落落。变化的过程分为两种：一个地位低的神被地位高的神吸纳同化，或是更罕见的，一个地位高的神身上的某个特性为地位低的神所吸收。第一种情况中最鲜明的例子就是奥赛里斯，他有很多头衔和特性都来自他在漫长的崇拜过程中所同化吸纳的其他神祇。就第二种情况来说，太阳崇拜在埃及宗教中的超然位置使许多地位较低的神祇纷纷与太阳神或太阳神的特性建立联系。这一现象在晚期尤为常见。在托勒密时期的神庙中，我们发现哈托尔、伊西斯、荷鲁斯、赫努姆和其他一些神祇不仅被当作太阳神的孩子来赞颂，更是直接成为太阳神，并被明确地赋予了太阳神才有的头衔和形象特征。因此，在历史的长河中，埃及神祇的性质和相对重要性都存在变化的可能。

下图：那卡的鹰首鳄鱼神，上努比亚。虽然这类神最初的崇拜地在埃及，这位神祇的人手、豹腿等形象特点却显示了它融入麦罗埃文化的过程中所发生的细微变化

31

神祇的显现

下右图：太阳神拉在《拉神祷文》中的多种形象，刻于新王国的陵墓中，体现了埃及神学里的多形多相。第18王朝。图特摩斯三世墓，帝王谷，西底比斯

一即是多

埃及文献常提到神"有许多名字"，众多名字则通过一个个不同的神祇形象得到呈现，由此体现出"一神即可视为多神"的原则。新王国的《拉神祷文》将太阳神等同于"他的全部变体"，即75位不同的神祇——其中不仅包括太阳神的常见形式，也包括像伊西斯和努特这样的女性神祇。奥赛里斯以多个名字接受人们的祈祷和赞颂，而神话则讲述了他的尸体如何被分成多块并散落在埃及各地，告诉我们神明如何化一为多。但奥赛里斯的例子具有特殊性，这种从物质角度诠释神的多重存在及多个所在地的做法不太适用于一即是多的原则。在托勒密时期的艾德福神庙中，我们发现，按照一年中不同的日子，哈托尔女神被刻画成了不同的形象（每个形象还有两种不同形式的名字），但似乎并没有神话背景来支撑埃及人为女神设想出的种种独立形式。谈及神祇名字的多重性，最为极端的例子则是大神阿蒙，据说他的名字多到数不胜数，甚至到了凡人不可知的地步。

在具有多个名字的神祇中，还有一种情形是一位神祇被视为另一位神祇的巴或化身。例如赫努姆神就常常被称为"拉神的巴"或"奥赛里斯的巴"等，因此，在这种情况下，一位神祇不仅与其他神祇存在关联，还可以获得其他神祇的名字和身份。正如多位学者指出的那样，埃及神祇的形态、名字和称号似乎都是变化莫测的，且能和其他神祇互换。但也有理论认为，这些情况几乎无一例外地显示，各式各样的名字和显现都只是同一位神的不同形态而已。神祇们显现的方式通常是逐渐增多的，证明了埃及人从根本上倾向于一神即为多神的观念。

泛神论

这里就涉及了泛神论的概念，即，认为宇宙的所有侧面皆源自一位神明。从19世纪后半叶起，一些埃及学家纷纷受到这一观念的吸引，包括纳维尔（Edouard Naville）和布雷斯特德（James Henry Breasted）这样的著名学者也认为太阳泛神论是古埃及宗教的重要组成部分。然而近来的一些埃及学家表示，埃及宗教的特点明确否定了这种联系。埃及宗教本身存在着自我限制，它并没有试图神化所有造物，而且哪怕最伟大的神祇，其形态的数量和类型也是有限的。埃里克·赫尔农写道："阿蒙神可能具有最为多样的形态，但绝不会以月亮、一棵树或一股水流的形式出现。"这样的例子还有很多。实际上，正如玛丽安·邦海姆（Marie-Ange Bonhême）指出的，埃及诸神间的个性界

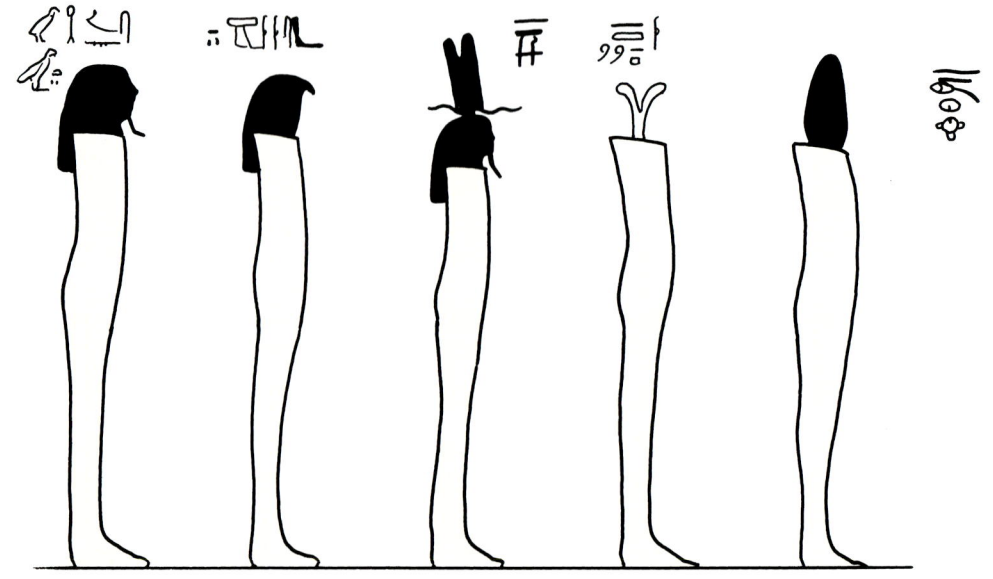

限"杜绝了某些显现,以此阻止了完全的泛神论的出现";此外,也像赫尔农所说,即使埃及宗教中大量存在的神祇可能使人联想到泛神论,这种相似性也是极其表面化的。对于埃及人而言,创世神可能显现在他的造物中,但绝不会被吸收成为造物的一部分。

多即是一

从很早的时候开始,古埃及人就将神祇们划分为一个个群体了。我们无法确定前王朝和早王朝时期的调色板及其他手工制品上刻画在一起的神祇是不是在表现某种神祇群体,但在一些情况下,可能确实如此。到了古王国《金字塔铭文》的时代,以九位神组成的九神组体系(有时多于或少于九位)完全建立起来,同时出现的,还有佩与奈肯之灵或佩与赫利奥波利斯之灵,以及"荷鲁斯的追随者"等神祇群体。甚至在这些群体形成之前,一个更加古老的神祇团体就已存在,它被称作"赫特"(khet),意为"圣体",这一称呼在《金字塔铭文》(PT1041)中就已出现,但或可追溯到更早的时期,第1王朝国王赛美尔赫特和几位早期君主的名字中都含有这个词。

除此之外,也形成了其他小一些的神祇团体,如三神、四神、五神、六神、七神乃至八神组(见第74—79页),但这些团体并没有进一步的发展,也没有进一步分化为更小的团体或向一神教跃进的蛛丝马迹。同样,虽然埃及人使用数字三来象征一个封闭、圆满且内部互动良好的系统,但埃及宗教中出现的诸多三神

左图:太阳神拉-荷尔阿赫提以花朵形的光祝福一位女性崇拜者。拉与荷尔阿赫提合体为一位全新的强大神祇,反映了埃及宗教具有很强的统一性或融合性的倾向。塔奈特派瑞特木碑(Stela of Tanetperet, Stela既有石制也有木制。——编者注),底比斯,第22王朝。卢浮宫,巴黎

上图：大神阿蒙-拉（左侧）从拉美西斯二世手中接受作为供奉物的迈瑞特箱。两位截然不同的神祇融合为一，埃及宇宙观中最强大的可见力量与不可见力量就此结合在一起。第19王朝，阿蒙神庙，卡纳克

右图：以象征符号来展现多位神祇的融合。带浮雕的石块，希腊罗马博物馆，亚历山大

组和基督教的三位一体思想之间并不具备直接的可比性。埃及的三神组合一般是父亲-母亲-孩子的关系，但不能将其阐释为三神合一，因为其中的每位成员都保有他或她作为神祇的独立性和个体性。

神的融合

即便如此，也有大量的实例表明，埃及人会将多个不同的神祇结合或融合在一位神的身体或身份中（偶尔采用"复合神"的形式）。这种融合有许多方式，最常见的是通过把神的名字连在一起来创造出复合型的神祇，如阿图姆-凯普利、拉-荷尔阿赫提和阿图姆-拉。在这些例子中，有的是将相似的神甚至同一位神身上不同的方面简单结合在一起——阿图姆-凯普利就结合了太阳神在傍晚和早晨的化身，拉-荷尔阿赫提则将太阳神的另外两种方面或形态合二为一。在其他一些情况下，这种融合法也会

把特性截然不同的神合成一个，譬如阿蒙-拉神，就是埃及的神学家们期望把世上最伟大的可见之力与不可见之力结合在一起的结果。这种做法也反映在本地的神与其他更强大的神的结合中（如索贝克-拉或赫努姆-拉），赫曼·荣克（Hermann Junker）曾指出，这时通常把本地神祇的名字放在那位外来的、更强大的神的名字之前。在这种情形下，小神能分享大神的力量和地位，同时外来的神祇也能在本地获得更大的影响力。这种二神合一的做法也可以将三位、四位甚至更多神祇融合在一起，例如将普塔、索卡尔和奥赛里斯融合成一位至高无上的冥神，或是将与太阳有关的主要神祇融合成哈玛吉斯-凯普利-拉-阿图姆。用同样的做法，还能把外国的神与埃及的神连接起来，例如亚洲神与埃及神结合而成的阿纳特-哈托尔，麦罗埃神与埃及神的合体阿伦斯努菲斯-舒，以及托勒密时期著名的混合神塞拉皮斯——这位神祇是奥赛里斯、阿皮斯、宙斯和赫利俄斯的融合体。

如此大费周章地融合神祇，其目的显然不像早期埃及学家们所设想的那样，仅仅是把彼此矛盾或存在竞争关系的神祇结合在一起。很多情况下，彼此融合的神之间并不存在矛盾，再者，这也无法解释为何要融合两个以上的神，而不是简单地放在一起崇拜，就像托勒密时期库姆·翁姆波的荷鲁斯和索贝克，或者这片土地上其他的无数神祇那样，自最久远的过去开始，就在神庙不同的祠堂内接受朝拜。相反，埃及人仿佛认为，当某位神扮演本属于另一位神的主要角色时，那位被扮演的神就显现在这位扮演者"之内"。但这样的"内在"并不意味着一个神归顺于另一个神，更不代表两位神就此等同或有任何向一神教发展的迹象。埃里克·赫尔农提出，对此恰当的理解是，融合并非旨在孤立，而是为了联结不同的神祇，这一过程实际是借由两位神而创造出第三位神。

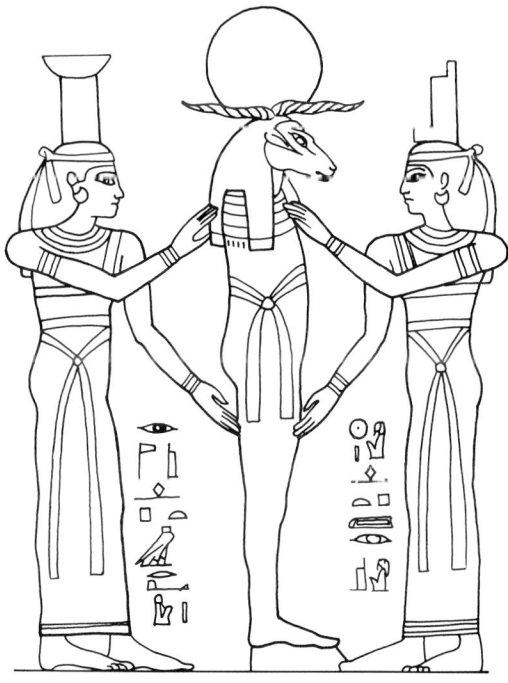

上图：阿蒙-敏神将最强大的阿蒙神与司掌生殖的敏神结合在一起，以此种方式加强阿蒙神在创造和生殖方面的特性，同时也提升了敏神的地位。第19王朝。阿蒙神庙，卡纳克

左图：奈芙西斯和伊西斯扶持着融合后的奥赛里斯-拉的形象，铭文将此解释为"奥赛里斯在拉之内，拉也在奥赛里斯之内"。第19王朝。尼弗尔塔莉墓，王后谷，西底比斯

埃及与一神教

19世纪开始,埃及学家之间掀起了一场旷日持久的论辩,即使到今天也没有完全结束。这场论辩围绕埃及宗教中一个最基本的方面展开:古埃及宗教是始终秉持多神信仰,还是在某些时期甚或一直以来都存在某种趋势,向着一神教缓慢但不可阻挡地发展?

信一神,还是信多神?

美国埃及学家布雷斯特德在其20世纪30年代早期的著作《道德的黎明》中提出,第18王朝的异端法老埃赫纳吞就是后世的犹太-基督-伊斯兰一神教的不折不扣的先驱。这位法老曾经试图废除埃及的大多数传统神祇,代之以对日轮或阿吞神(见第236页)的崇拜。1934年,德国埃及学家荣克进一步提出,埃及宗教最初实际为一神教,只是在国家形成后,才退化为一堆彼此分开的多神崇拜。虽然这种原始一神教的论证和独一超然神的观点早已被摒弃,但认为埃及人逐渐发展出了一神教思维方式的看法却经久不衰。一些学者认为,在埃及,像拉、奥赛里斯和阿蒙这样地位超然的神祇的持续出现,恰恰反映了这种发展。也有学者认为,埃及语中的"神"一词,即"奈杰尔",并不特指任何具体的神(该词尤其常见于埃及的"智慧文学"或"教诲文学",还会与其他词语共同组成人名),这也显示了埃及宗教中存在一位潜在的独一神。在1960年出版的一部影响广泛的著作中,齐格菲尔德·莫伦斯(Siegfried Morenz)汇总了这些论据,用以支持自己的观点,即至少对历史上的部分埃及人来说,在信仰无数神祇的同时,他们已经产生了一种不断发展的对于独一神的觉知。

埃里克·赫尔农在1971年发表的精辟研究则提出了截然不同的看法。赫尔农对此问题进行了系统性考察,发现没有证据显示埃及宗教有向一神教发展的趋势。最重要的是,他指出埃及语中的"神"这个词并非指向一位凌驾于其他神之上的抽象神祇,而是一个可用于任何神祇的中性词语,按赫尔农自己的说法:"哪个神都可以。"同理,Mery-netcher(意为"神所爱的")这样的人名可以指向任何神,而且有些名字也写出了具体的神名,例如"普塔神所爱的"。从这个角度来说,对于神的融合的种种表述,以及一位神居于另一位神"之内"的说法,并不能作为埃及宗教向一神教发展的证据。纵使信众会向某位神奉上超过所有其他神祇的特别敬拜,这也只是"单一主神信仰"罢了,在这种宗教形式中仍保留了其他神祇的位置。最后,尽管有些时候我们会发现某位至高神统御着埃及诸神,但其他神祇也依然与之共存,至高存在的属性并不是某位神祇的专利,即使在同一个时期,我们也会发现许多位神祇都拥有"万物之主""独一无二"这样的称号。赫尔农认为,只有那位"异端"法老埃赫纳吞才明确地坚持了摒除多神、独尊一神的做法。

但其他学者对于埃赫纳吞宗教"改革"的背景有着不同的看法。扬·阿斯曼(Jan

下图:图特摩斯三世(左侧)向阿蒙神供奉熏香和奠酒,阿蒙神是底比斯的神祇,在新王国时期跃升至国家神的地位。代尔·巴哈里的图特摩斯三世祠堂。埃及博物馆,开罗

Assmann）在他1997年的著作《埃及人摩西》中指出，埃及人对于创世的多种阐释与诸神长久以来的融合，反映出针对埃及宗教中隐含的"一神与多神"这一关系的两种不同的基本观点。阿斯曼总结了这两种不同观点的特性：一种是"创造论"，即一神生出了多神（如埃及的创世神话所展现的那样）；另一种是"发散论"，即一神显现在多神中（如神祇融合所展现的那样）。在埃及历史上的大多数王朝，这两种观点是并存的，但到了埃赫纳吞时期，在阿吞神身上，"发散论"的观点销声匿迹了。阿吞神仅通过独自创造的方式就产生了世界和万物。从这个视角来看，尽管是一位可见的神祇，且某种程度上内在于受造物，但阿吞同时也——像真正的一神教中的神那样——超越了他的造物而存在。

信一神，也信多神

更晚近的时候，詹姆斯·艾伦提出了一种观点，综合了埃及学中关于埃赫纳吞一神教的两种对立论点：一种（主要为早期的埃及学家们所接受）认为，埃赫纳吞的观念只是早在它之前就存在的宗教理念的衍生品；另一种（以埃里克·赫尔农为代表）则认为埃赫纳吞的宗教，尤其他的一神教思想，是一种前无古人的激进创新。艾伦采纳双方的论据，提出了一种新的视角。他一方面强调赫尔农的正确性，即需要把埃赫纳吞一神教和之前埃及人对于神的理解区分开来，同时也阐明了，埃赫纳吞神学

上图：上色石灰岩碑，刻画了埃赫纳吞、尼弗尔提提与小公主们在一起的场景。阿吞神的日轮闪耀在王室家庭头顶，这是一种"封闭的神学体系"的表达。第18王朝。埃及博物馆，开罗

左图：埃赫塔吞（阿玛尔纳）的阿吞大神庙（局部），刻在一块塔拉塔特石块上，发现于阿什姆林。顶部的大祭坛两侧装饰有国王手捧供品的雕像，以另一种方式表现了阿吞崇拜的精细界定的特性。第18王朝。埃及博物馆，开罗

右图：被凿去阿蒙荷太普三世王名圈的雕像基座。在当时底比斯的大规模破坏神像和神名的运动中，埃赫纳吞派出的手下甚至连国王父亲的名字都去除了（只留下了他的登基名，因为其中没有阿蒙神的名字）。卢克索博物馆

下右图：图坦卡蒙的"复兴石碑"上记载了埃及正统宗教的回潮，以及阿蒙神在阿玛尔纳时期后的归位。发现于卡纳克的阿蒙神庙。埃及博物馆，开罗

的激进性不在于对一神信仰的宣告，而在于它所坚持的排他性。埃及人兼容并蓄的思维方式本来能够轻而易举地接受潜在的一神信仰与传统的多神信仰并存的局面。艾伦认为，这种观点在现实中最好的证据，就是神祇融合的现象，它"将对神的观念统合为既是一神，同时也是多神"。这并不是说埃及宗教其实是"戴着多神面具的一神教"——在历史上的任何时候，"神本为一"的观念都只局限于一小部分神学家。但对哪怕最平凡的埃及人来说，关于神的体验在某种程度上也可能有一神教的影子——在以多神信仰的方式看待世界的同时，他们也会在特定的情况下，从一个个具体的神祇身上，确定统一的"神"的概念。

这种观点的好处在于，它一方面接受了赫尔农对埃及一神教部分论据的正当批判，一方面也认可了诸如埃及智慧文学这样的证据和那些潜藏在字里行间的观念。艾伦写道："这些文献的作者并不是在赞同某一种特定的神学观点；他们所表达的是自己对于人神关系的整体认知——不是多神信仰中的'这个神'，也不是单一主神信仰中的'主神'，而仅仅是'神'。"从这种角度出发，埃及人一定程度上既是多神信仰者，也是一神信仰者。埃赫纳吞的宗教在

超然神的概念

在埃及人有没有一神教信仰的问题中,还包含着另一个疑问——他们有超然神的概念吗?尽管先前对于这个问题的武断结论未能经受住时间和学者的检验,但神祇的超然能力——特别是在超越时间和空间的显现方面——却始终反映在埃及的部分材料中。

在创作于中王国时期的《美里卡拉的教谕》中,我们就找到了诸如"神知晓所有名字"的表述,可能彰显着"神为全知"的观念。在新王国后期,我们发现了关于大神阿蒙的超然性信仰的例子。一篇铭文声言:"阿蒙神将倾听那些呼唤他的人的祈祷,只需一瞬间,他便能从远方赶到呼求之人身边。"其他的铭文也显示出同样的态度。虽然这些铭文可能仅仅说明了,比起第19王朝之前的通常情况,第19王朝以后的人们相信阿蒙神能在更广大的层面上起作用,但也不能就此认定此处没有超然神的概念。诚然,埃及的神祇最终无法超越时间,我们在第一章中已看到这一点——他们和人类一样会老去和消亡;也无法完全超越空间——神祇无法进入受造的宇宙之外的区域,埃及神话中曾明确提到神祇不适合生存在那里,也不能进入太阳神的光芒无法照到的杜阿特的领域。但尽管如此,以埃及人的视角来看,新王国后期的宗教中可能仍然存在着一种相对而非绝对的超然观念。一些与此相关的铭文确实显示出,在诸神创造和运转的世界之内,阿蒙神具有超越空间的能力。我们还发现,有些文献甚至宣告这位大神已经超越了埃及神话中宇宙的束缚:

> 他自诸神中隐匿,他的形貌不为人知,
> 他比苍穹更高远,他比杜阿特更深邃……

阿蒙神"不为人知的特性"是这段铭文的重点,然而后面的"他比苍穹更高远,他比杜阿特更深邃"则暗示这位神祇已超越了宇宙本身,这一点和圣经《诗篇》中的表达有着异曲同工之处,长久以来,学者们都将后者视作希伯来人的上帝超然全在的例证:

> 我往哪里去躲避你的灵?
> 我往哪里逃、躲避你的面?
> 我若升到天上,你在那里;
> 我若在阴间下榻,你也在那里。
>
> ——《诗篇》139:7—8

上图: 阿蒙神作为一位具有超然性的神祇而受到人们的崇敬,这种超然性近似于犹太教、基督教或伊斯兰教等一神教中的神所具有的属性。阿蒙神雕像(局部),出自底比斯。卢克索博物馆

同样,埃赫纳吞的阿吞神在某些方面可能也带有超然神的特性(见第236页),而到了后期,公羊形态的太阳神被描绘为不仅拥有4个头,还有777只耳朵和百万只眼睛,如此便以具体的、神话的形式表达了神具有超强的感知能力的观念。虽然这依旧无法证明神祇的全知性,却与后来神学中发展出的认为上帝能看见哪怕最小的事件的观点不谋而合。

正统神学乃至有单一神意味的流行观念中并非没有先例可循,而它之所以独树一帜,不是因为极端强调一位神祇,而是因为教条的排他性,这也最终导致其神学观念不为大多数古埃及人所接受。直到犹太教、基督教和伊斯兰教最终崛起,这种排他的一神信仰才占据了主导地位,由此也为埃及历史上的多神信仰画上了休止符。

> 我在阿拜多斯之主的胸前饰以青金石、绿松石和上好的黄金，
> 我用所有珍贵的宝石来装点神明的身躯。我以秘仪之主的身份，
> 为神明披上华服盛装……
> ——伊赫诺弗瑞特石碑

古埃及人相信，世界的稳定必须通过对神祇的侍奉来悉心维系——正是对诸神的供奉和对宇宙平衡的维护，才能防止混沌与虚无侵蚀并吞没这个世界。因此，埃及人所理解的宗教，其重点是个体和集体对诸神的服侍以及正确的行为，而不是抽象的宗教思想、信条或教义。

对诸神的集体崇拜包括正统的神庙中日复一日的服侍，即为神像施行日常洁净、穿衣、奉食和娱乐，以及一系列的宗教节日、仪典和秘仪。在个人的层面，社会各阶层的成员都有亲近诸神的机会，尤其是在埃及历史晚期，个人与神祇间发展出一种密切的关系，最终形成了个人救赎的概念。

供奉者们向普塔-索卡尔-奥赛里斯的巴进献面包、啤酒、蔬菜、肉、纸草、鲜花以及其他供品。赫汝埃夫墓。第18王朝。西底比斯

第三章　诸神的崇拜

诸神的供奉

自公元前3000年古埃及国家建立伊始，宗教便沿着两条截然不同的路径发展：一方面，个人对诸神的崇拜逐渐形成了自身的重心和焦点（见下一节）；另一方面，君主制国家的建立，促进了以国家之名支持和扶植的、正规的诸神信仰。

诸神之居所

不同于古希腊和其他一些文明中的神，埃及的神祇并不与人类密切交往，他们之间的互动通常发生在特定的场合和区域，其中最重要的便是神庙。从前王朝时期低矮的芦苇小屋，到新王国和之后高耸的巨石建筑，神庙始终是人群聚集的中心和整个社会的焦点。但与现代的教堂、会堂、清真寺和其他宗教建筑不同，埃及神庙在设计上的首要目的并非崇拜诸神。崇拜确实在神庙内进行，但神庙的首要作用是充当宇宙的象征模型、物质世界与超自然世界的交界处，以及向诸神提供服侍与供奉的"居所"——这些功能在一定程度上是彼此重叠的。即便一些神祇没有自己的神庙，还有一些在神庙中连附属神都算不上，但在某种意义上，他们都为神庙所代表，神庙有着维护宇宙秩序，进而维护诸神自身的功能。

神庙的物质形态便基于此目的塑造而成。神圣的地点由高墙环绕，不仅是为了隔绝俗世，也是为了从象征乃至实际的层面隔绝外界的动荡和无序。神庙外墙所圈定的区域，不仅在宗教意义上是神圣的，而且也代表着埃及宇宙观里存于无尽混沌中的生命和秩序。神庙的建筑和装饰更是进一步展现了这一模型。神庙中轴的主道象征着太阳的轨迹，幽暗的内部圣殿则是实体化的隐喻，指向那孕育重生的暗夜，以及诞生了生命与秩序的创世之初的黑暗。这些具象化的宇宙模型就像精致且准确的时钟，国王和代表国王的祭司的工作则是通过宗教秘仪为其提供运转的力量。

神庙之服务

由此，对神祇的服侍和照料不仅关乎埃及人的宗教责任感，更关乎存在本身的延续。祭司们通过举行仪式来供养神祇，作为回报，神祇们则负责保护和维持这个世界。事实上，迪米特里·米克斯（Dimitri Meeks）曾指出，所有埃及人称为"神"的存在都有一个共同点，

下图：丰饶女神手捧供品盘，象征化地供给诸神所需。希腊罗马时期。孟图神庙，梅达姆德

下右图：拉美西斯三世的祭庙中"与永恒合一"的神化拟人。第20王朝。麦地奈特·哈布，西底比斯

最左图：拉美西斯三世在麦地奈特·哈布的祭庙，西底比斯。尽管国王在世时就已启用，但这类王室祭庙主要用于为过世和神化的国王提供不间断的供奉

左图：艾德福的荷鲁斯神庙的内部圣殿和神殿。托勒密时期

即都是仪式的接受方。这些仪式林林总总，但大致可以分为几类：日常的仪式性供奉，以满足诸神的基本需要；特定的常规仪式，作为神庙历法中定期进行的节庆的一部分；最后则是非常规的仪式，只在特定的场合或特殊的条件下才会举行。第三种仪式举行得最少，也极少刻画在神庙的浮雕中，节日和日常仪式的场景才是神庙墙壁的主要装饰内容。然而实际上，神庙墙壁上的画面并不能反映仪式的真实情况，而只是一种理想化的表现，其中的参与者仅有国王和神祇，即便在一些场景——譬如庆典游行——里有祭司的形象，他们也仅作为国王形象的陪衬出现。法老时代的神庙圣事中最根本的一点是，从理论亦即象征上来说，只有国王自己才是所有宗教圣事的执行者。神庙职能的这个方面源自国王是诸神的合法后裔和继承人的神话式现实，后面我们会探讨这一概念。但在实际操作中，自然是由祭司们来担任国王的代理人，举行供奉诸神所需的仪式。

诸神之圣像

神庙圣事的对象是神像，安放于神庙圣殿内的神像是整个祭仪的中心。因此，为神祇造像往往要花费大量的心血，其成果无疑是令人震撼的。

雕像尽管不等同于神祇本身，却被视为神之灵或神之显现的载体，它也因此被当作活物来侍奉。每天，祭司们将神像从神龛中请出，洁净其身，为其穿上干净的衣服，戴上贵重的饰物，并进行熏香。神像还会被供奉以食物和饮品——一般是酒、牛奶或水，过后，再被请回神龛内。然而，作为媒介的神像和神祇本身的区别，在文献中是一目了然的：

左图：阿蒙荷太普三世在堆满供品的圣坛上奉献熏香和奠酒。第18王朝，卢克索神庙。尽管通常由祭司们代理，但为诸神提供所需的一切仍是埃及国王的特权和责任

43

右图：被篡用的壁画，描绘的是国王向神祇献上女神玛阿特的小雕像的场景——奉献玛阿特象征着埃及国王在维护秩序、真理和正义方面的责任，也是国王对诸神的供奉之一。塔瓦斯瑞特和塞特纳赫特墓，第19—20王朝，帝王谷，西底比斯

这片大地的真神是高悬于天空的太阳，
留在地上的乃是他的圣像，
当向圣像献上美食熏香，
天空中的神主也会满心欢畅。

——《阿尼的教谕》

神像收获的不只是虔敬，还有数不胜数的赠礼。例如阿蒙荷太普三世的总管、哈普之子阿蒙诺菲斯，曾记述他向一尊国王的雕像献上了1000只动物。王室献给诸神的礼物更是不计其数，在国王向神祇奉献礼物的浮雕上，往往记载着各色礼物的数量。

在节日或一些特定场合，神像会被放置于可移动的圣船上，由祭司们用肩扛着参加游行，去往一些重要的地点，通常是其他神祇的神庙，或是神祇自己在其他地方的神庙——仅在节日或特定庆典中，神祇才会短暂地入住其中。

节日、仪式与秘仪

诸神的节日为许多重要仪式提供了结构框

为诸神塑造躯体

神祇的雕像只使用最耐久或最具象征意义的材料来制造，而为神造像被视为一种创造之举，虽由人类工匠操刀，却要在神祇们的帮助下才能完成。因此，从最初在工匠手中设计和雕琢开始，神像就已经具有了超自然的属性。根据神话里的说法，神祇的皮肤是纯金，因此神像通常是镀金的，或完全使用贵金属塑造；相传神祇的头发像青金石一样，因此神像也常常使用这种半宝石来镶嵌头发和眉毛。造像的材料也与神祇有着象征性联系——例如月神的雕像时常镶嵌白银，以象征月亮。神像与其所代表的神祇之间的联系，则完全是通过"开口仪式"来建立的。这种仪式象征化地去除了神像上所有人类制造的痕迹，将神祇的"发散"填充其中。从此刻起，神像便成了无形的神祇在大地上的有形躯体，这样它便"活了"，由此，神像不仅开始履行媒介的功能，也成为此世与彼岸之间的联结。

右图："开口仪式"的场景，因赫卡墓，底比斯

左图：祭司们肩扛着阿蒙神的圣船，在国王的带领下参加仪式游行。菲利普·阿里达乌斯神殿，公元前323年。阿蒙神庙，卡纳克

架，这些仪式围绕神祇以及信仰或宇宙的更新来进行。神庙的墙上和门口往往刻有"节日历"或仪式的列表，表上还经常陈列出相关的供品——不只为日常圣事准备，神庙中所有特定节庆所需的供品也被收录其中。

在这些节日中，"更新"是一个极为重要的概念，节日的最终目的，也是在太阳日复一日的循环中得到同样的更新或重生。因此，一个在新年节（也称作"拉神诞生日"）那天举行的仪式——同时也是托勒密时期的神庙中记载最多的仪式——的一个步骤就是将神像抬到神庙的屋顶。在此处，神可以看到上升的太阳，并在与之结合的瞬间一起重生。在一些重要的节日，诸如每年第一个月的第一天（新年）和第五个月的第一天（庆祝奥赛里斯的重生），都会举行此类仪式和宗教活动。诚然，一些节日有自己特定的含义，但更新或重生依然是多数节日中经久不衰的主题。

在一些特定的情况下，仪式也被用于唤醒诸神的力量，以维系秩序。"开口仪式"中用到的便属此类，以此赋予神庙中的雕像生气，或用于更广泛的范畴。例如，司掌瘟疫和疾病的塞赫迈特女神时常需要安抚，而她的祭司则擅长医药。通过神庙中举行的大型魔法祭祀仪式，以及直接针对病患的仪式，女神才能得到安抚。因此，安抚人类的仪式，同样也可用来安抚诸神。

埃及人将一部分日常供奉、节日和特殊的仪式称为"秘仪"。实际上，鉴于其超自然的性质，任何仪式都可以被称为秘仪。更具体来说，秘仪指的是仪式中最为私密且远离大众视野的那部分——它们具有隐秘性，而且祭司和其他擅长这些仪式的人也拥有一些秘密知识。随着时代的发展，祭司们逐渐营造出了一种整体上的神秘氛围，但实际上一位祭司会同时在隐秘和公开的环境下进行相似的仪式——例如"开口仪式"，且在某种程度上，正统的神庙庆典和私人仪式之间的界限亦是模糊不清的。

下图：人们带着供品和肥硕的牛只参加盛大的欧比德节游行。第19王朝，卢克索神庙

民间宗教与虔信

下图：手捧阿蒙、穆特和洪苏三神像的供奉者雕像。新王国。埃及博物馆，开罗

虽然普罗大众基本没有主动参与正统的官方宗教仪式的机会，但他们也有自己亲近和崇拜神祇的渠道。希罗多德曾说埃及人"超乎寻常地虔诚，胜过任何民族"，这指的不仅是宏大的神庙、众多的祭司，以及人们对诸神尽心尽力的服侍，也是普通埃及人的虔信。但许多因素导致我们很难对古埃及的民间宗教进行全面评估。正如约翰·贝恩斯指出的，这一方面是由于考古材料的缺失，我们对村镇居民的宗教活动的了解要远远少于对神祇和国王在神庙中的正统祭仪的了解；另一方面，考古材料也可能具有误导性。古埃及遗留的大量材料在性质上都与宗教有关，但其中的绝大多数都产生并服务于社会上层精英——王室和贵族家庭。这些人的宗教和普通大众的宗教未必一样，在某些情况下甚至大相径庭。我们无法知晓宗教虔信是如何在埃及不同的社会阶层中呈现的，也不知道这一状况怎样随时间而改变。然而，尽管存在这些难点，我们对——至少某些地区和时代的——民间宗教还是有了一定的了解，并且可以推测，已知的只是冰山一角。

接近神的渠道

在埃及历史的早期，祭司阶层与其他社会成员之间并没有清晰的分界线，神庙的服务是轮流制的，人们完成轮值后还会回归原来的世俗工作。但是，到了新王国及之后的时期，祭司的职能走向专业化和世袭制，情况就大为不同了，普通大众和正式的神职人员之间形成了愈加明显的区分。世俗信众可以在神庙的外围区域奉献供品，一般在公共节日里才能接近神祇，在这些时候，民众能够一睹神祇的庆典游行，尽管隔着适当的距离，且无法看到神像的真容。祭司阶层以外的人还能通过一些神庙外墙处设置的"倾听之耳"神龛来向神祈愿，神庙塔门前的巨型雕像也充当了大众祈愿的媒介。在一些神庙中，神祇还可以通过神谕来回答重要的问题，普通人如果有法律上的纠纷，可以来这儿向神祇求助。偶尔在庆典游行中，神祇也可通过圣船特定的移动方式来回答提出的问题。我们不知道这种发出神谕的情况有多普遍，或它的应用范围有多大，可能的情况是，当无法在法庭上解决一件纠纷时，人们便会寻求神祇的指引。

普通人接近神的另一种渠道则是梦境。在埃及人眼里，睡眠是在神的世界里的短暂停留，因而梦境常常是通神的。对此最著名的记载，就是新王国时期的国王图特摩斯四世在梦境中与作为神的狮身人面像的对话，但就算最平凡的普通人，也能以同样的方式在梦中与神祇相见。魔法文献

介绍了多种以梦境通神的方法，也有充足的例子显示，梦境是一种特意选取的、用于理解神祇意愿的手段。

最后，我们也不能把其他接近神的方式排除在外。埃及人认为，可以通过香气、声音以及类似的方式来感知神明。对古埃及人来说，连吹到脸上的风都可以是神的气息，或是空气神舒恰好路过。总之，我们不应忽视埃及人在日常生活中对神祇的感知能力，虽然比起神庙中与神祇的交流，这些同神祇会面的方式显得不那么重要。

献给神的礼物

神庙虔诚的拜访者们会向神祇献上食物、饮品和鲜花这类易腐坏的供品，也会献上不易腐坏的供品——从简单的装饰品到雕刻精美的彩绘雕像以及还愿碑，后两种是考古发掘中发现的最重要的祈愿献礼。

很多历史时期都大量产出敬献给神祇或放置在神前的雕像。古埃及遗存的多数雕像实际上都是祈愿用的，由国王、贵族、祭司以及大大小小的官员献给神祇，甚至作为城市和村镇的集体供奉。这种祈愿雕像一般包括单个或成组的神像，有时也会出现作为媒介的国王或祭司的形象，有单独定制的作品，也有供不太富裕的阶层使用的批量生产的神像。在晚期和托勒密时期，私人敬献的祈愿铜像大批出现——铸造技术的发展使这一时期开始大量制造用于供奉的金属造像，无数神像和神圣动物像被当作供品敬献给神庙和神殿。

还愿碑有着不同的类型，其中一些刻有向诸神祈求帮助的铭文，也有些是在愿望达成后对诸神的帮助表达感谢。这种碑在不同的地区展现出不同的风格，也随时间而变化，但刻画的内容通常是敬献者——有时还包括他或她的家庭成员——敬拜这块碑所供奉的神祇的情景。特别是在新王国时期，这种碑上还会刻着一对或几对耳朵的形象，象征倾听的功能，来确保祈愿者的祈祷能被神祇"听到"。类似的"耳碑"有的几乎刻满耳朵，有的只刻有一对巨大的耳朵——此举大约是为了增强石碑的"听力"。

左图：奥赛里斯的镀金雕像。第24—25王朝。罗默和佩利泽乌斯博物馆，希尔德斯海姆

右图：巴伊的彩绘木制"耳碑"上刻有三对耳朵，代表神祇倾听信众的祈愿。出自代尔·麦地纳。拉美西斯时期。埃及博物馆，开罗

下图：代尔·麦地纳的工匠住宅展现的一种建筑特点，该部分可能同时被用作床和家庭圣坛。第18/19王朝。西底比斯

右页图：丹德拉的哈托尔神庙内部的楼梯，托勒密时期。埃及人既在这样正式的神庙中奉献供品，也在更简朴的地方和家庭神龛内献祭

民间信仰和个人虔信

自中王国之后，碑上就开始出现死者直接敬拜奥赛里斯的场景，一种称为"个人虔信"的现象就此开始发展，最终使得普通人能够更直接地接触到神祇，与之相对的则是祭司阶层不断增长的专业性，以及日渐巩固的世袭机制。到了新王国时期，除了能见到各种祭司的大神庙外，也出现了大量的地方小型神殿，供人们祈祷或供奉其中的神祇。在位于西底比斯的代尔·麦地纳工匠村，就有此类神殿，它们被用来供奉阿蒙、哈托尔、普塔、图特、伊西斯、奥赛里斯、阿努比斯以及其他形形色色的神祇，甚至还有某些外来神，譬如阿斯塔特和卡叠什。此处出土的一座哈托尔神殿显示，它接受的主要是妇女们的敬奉。

有证据显示这些地方对神殿的使用非常频繁，但同时，很多埃及人的宗教信仰可能仅限于供奉更小的家庭神龛中的个人神或地方神。在代尔·麦地纳出土的住宅中，有一些壁龛被用来安放过世亲人和家庭神的雕像，后者一般是贝斯神或塔威瑞特女神。这些神祇有辟邪的功效，常常被刻画于饰板上或制成护身符，挂在家内物品或人身上。虽然这些饰板和护身符多有驱邪效用，或带有保护性魔法，而非仅用于敬神，此二者却很难区分，因为埃及的神祇总是出现在各种旨在趋吉避祸的魔法仪式中。就古代世界的宗教而言，掌控或利用超自然力量的愿望极为常见，埃及自然也不例外，那里为数众多的神祇为宗教魔法提供了充足的后备力量。

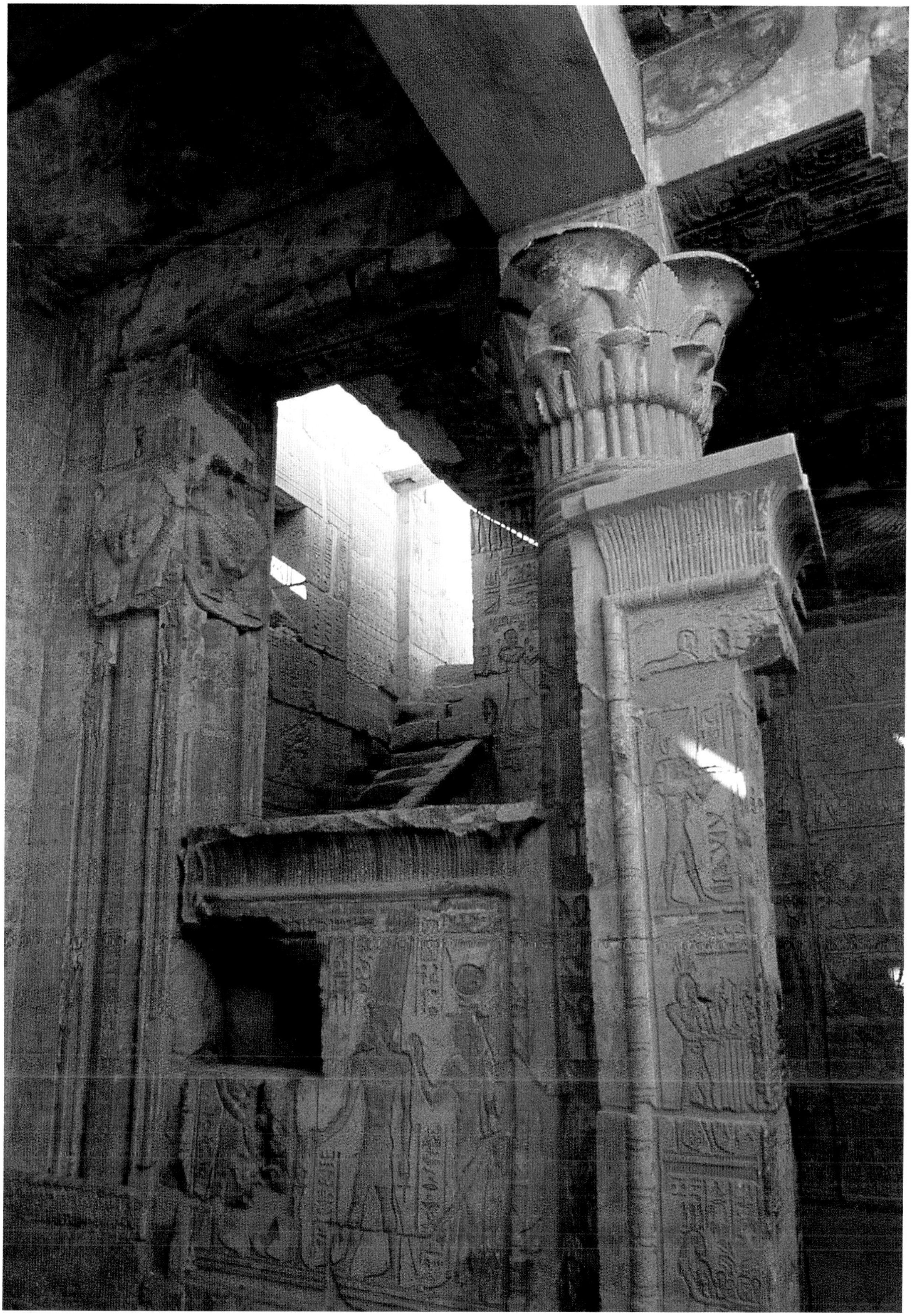

人神关系

正是从埃及人自己的书写中，我们得以深入了解他们看待宗教和诸神的态度。大批文献材料证明，很多埃及人的个人宗教观和对诸神的信仰远远超过了简单的迷信。诚然，部分文献流露出人类自私、善变的需求和欲望，但其中往往也有着很纯粹的个人虔诚的表现。对此最有价值的是在代尔·麦地纳发现的文献。这里的古代村落的居民，即那些修建新王国王陵的工人和匠人，或许不是埃及社会的主流，但他们留下的文字为我们提供了深入了解埃及人的非官方宗教及他们与神之间关系的机会。然而，我们手头的文字材料还不止这些。从更早的文献中，我们读到了对祈祷得到回馈的感激之情、赞美神祇的颂歌，以及谦恭但机敏地请求神的帮助的祷文。例如第11王朝的国王因太夫二世，他祈求神在他穿越暗夜时庇护他，并赐予他来世的重生。这是一篇来自因太夫墓的正式碑文，其祈祷也有着鲜明的个人风格：

您将离去吗？拉神我父，未曾接引我，就要离去吗？
您将隐入高天吗？我还未得到您的接引！
愿您将我引荐给黑夜，和居于其中的众灵，如此我才能［在您的爱慕者中获得一席之地］，哦，拉神，
我会在您升起时敬拜您，
我会在您下落时悲悼您。
愿暗夜拥我入怀，愿午夜成我的庇护，
皆遵您的旨意，哦，拉神……
——因太夫二世碑，米利亚姆·利希姆（Miriam Lichtheim）译

下图：代尔·麦地纳工匠村的墓葬、神庙和住宅遗址，西底比斯。这是我们了解古埃及人的宗教和日常生活的关键地点

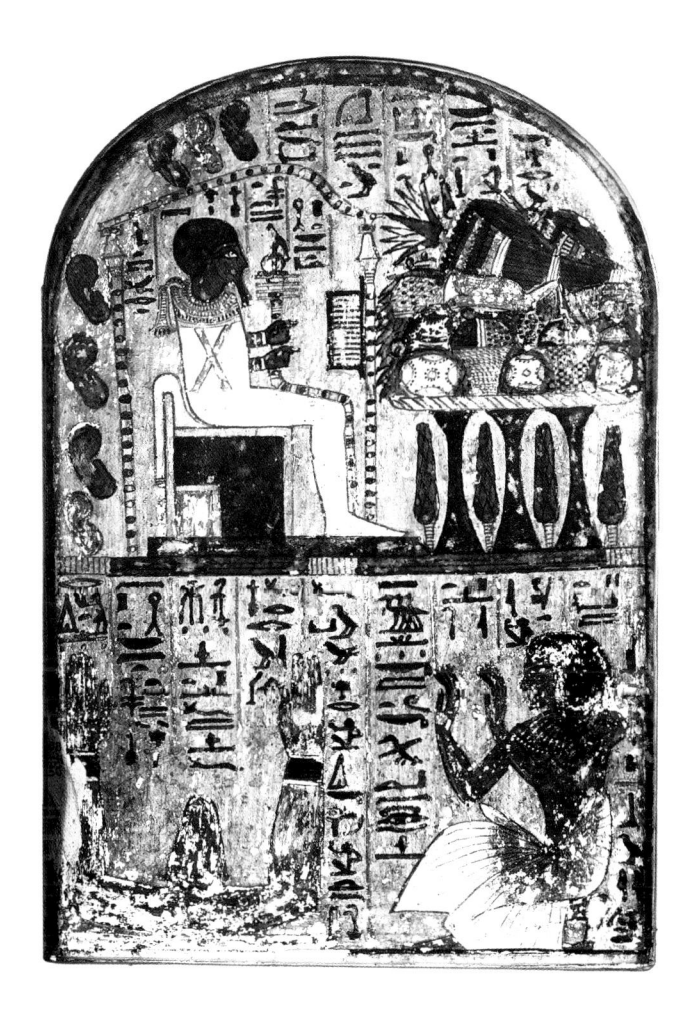

慈悲的个人神祇

个人虔信在新王国时期达到了顶峰，此时的人们相信，神祇能够宽恕人的罪孽——代尔·麦地纳遗留的"忏悔文"就清楚表明了这一点。这批文献涵盖了种种形式，从刻在石碑上的正式铭文到简单的涂鸦均有发现，还配有文字，写明将其献给阿蒙、普塔、哈托尔、迈瑞特塞格尔和其他神祇。大量实例显示，至少在新王国时期，普通埃及人与那些最伟大的神祇的关系相当密切。部分文献中保留的忏悔性文字，其优美堪比一些著名的希伯来圣诗。譬如涅布拉的还愿碑就包含着如下深邃的词句，突出了埃及人对神的全知和慈悲的信仰：

您是阿蒙，沉默之主，
您降临，因您听闻穷苦之人的声音；
当我于危难中唤您的名，
您便救我出苦海，
您赐予困苦者喘息之机，
您救我脱离束缚……
即使那仆人作恶，我主也不容宽恕。
底比斯之主从不沉溺于怒火，
他的愤慨转瞬即逝，从不记恨。
他的气息回归我们，伴着他的慈悲，
那乘着和风归来的，便是阿蒙……
——涅布拉还愿碑，出自代尔·麦地纳

在古埃及历史的最后阶段，伊西斯女神取得了超然的地位，其崇拜的广泛传播很大程度上源于女神与信众的密切关系，以及相关的对救赎的承诺。这种个人与神的关系往往被视为希腊罗马时代宗教发展的产物，但在埃及早有明确的先例，正是这些先前奠定的基础，使伊西斯崇拜在后期演变为个人救赎之道。

上左图：潘布伊之碑，奉献给普塔神，绘有"倾听祈祷之耳"图案，发现于代尔·麦地纳。第19王朝。大英博物馆

上图：埃及人希望在来世也能延续和诸神的关系。泰恩特凯瑞尔夫人木乃伊面具上的彩绘护身符。第22王朝。埃及博物馆，开罗

> 国王与拉神圣船上的诸神同坐，
> 国王裁决善恶，国王行善除恶，
> 因为国王即是伟大的神。
> ——《金字塔铭文》，第274篇

在古代世界，没有一个国家将王权的概念发展到如古埃及一般的高度；在人类历史的长河中，也没有一个时代将王权与宗教如此紧密地交织在一起。很大程度上，对埃及宗教的理解无法脱离其王权制度而存在。一方面，在世的国王扮演了人类与诸神之间的桥梁，其本身也会受到一定程度的神化；另一方面，逝去的国王通常会被神化，好像他们试图作为神明延续王权一样。

王权还可以在更根本的层面上进入神圣世界。在埃及人的观念中，王权是社会不可分割的一部分，以至于在神的世界，王权也像神祇本身一样不可或缺。正如人类依照自身的形象创造了诸神，埃及人按照自己社会的君主制模式塑造了神界的等级，这一现象对我们理解埃及宗教与诸神本身产生了不可忽视的影响。

伊西斯扶着已逝的图坦卡蒙（中），站立在奥赛里斯面前，刻于图坦卡蒙第二层圣龛的镀金门扇上。在古埃及人的观念中，国王与众神有着复杂的关系，君王服务于神界，而且本身也是神界的一分子。第18王朝。埃及博物馆，开罗

第四章 王权与诸神

在神与人之间

在埃及统一并建立了中央政府之后，对在世国王的崇拜就与对地方和国家神祇的崇拜一起发展起来。这种情况看似理所当然，但我们对其渊源所知甚少，更不知那些早期的国王是否在活着时就被视为神祇，神化的程度又有多高。即使在晚一些的历史时期，在证据更为清晰且充足的情况下，针对国王究竟被看作人还是神，抑或两者兼有的问题，学者们依然争论不休。

王权与神性

在世的国王确实有可能被看作神祇。在图像中，国王被刻画得比他的人类臣民要大很多，与神祇的大小相同。国王不但会被形容为"如同"（埃及语mi）神祇一样，或是被视作神祇的"形象"（埃及语tiet或tut），而且"netcher"或"神"这个词也常常出现在国王的封号中。埃及国王的正式王衔也体现出他与几位主神的关系，表明国王在世期间不仅被视为拉神之子（从第4王朝开始），也是鹰神荷鲁斯的化身或形象（可能始于王朝初期）。对此还有其他一些关键的证据，例如新王国时期盛行的国王神圣诞生的故事，显然不是像有些观点认为的那样由哈特谢普苏特开创，而是至少从中王国时期就已经存在了。20世纪中叶，鲁道夫·安瑟斯（Rudolf Anthes）提出，甚至在更早的时候——赫利奥波利斯的祭司们编写的复杂的神祇谱系，其背后目的就是在建立创世秩序的同时为神的血统与国王的神性奠定基础。亨利·富兰克弗特（Henri Frankfort）在其著作《王权与神祇》中提到，此类材料的最终研究结果显示，法老的加冕与继位仪式的实质是将其抬升进神的行列，与神明比肩。其他多位学者也对此表示认同。

下图：图特神和荷鲁斯神在净化仪式中向国王洒水。荷鲁斯神庙，艾德福。在神学上，埃及国王是人类与神之间的媒介

但从另一方面来看，这并非我们从关于埃及王权的材料中所能得出的唯一结论。很多时候在世的国王也被当作诸神的仆从，在理论上，或在实际情况中，每位国王都会在神庙仪式里扮演神祇的仆人。前文提到的材料也存在不同的解读方式。频频将国王与不同的神灵等同的做法可能大多是夸张的表达。玛丽安·邦海姆近期也指出，尽管国王的正式王衔显示出君主具有神性的一面，它们却未能澄清这种"神性的程度"究竟有多高。早在1960年，乔治·波塞纳（Georges Posener）就提出，法老在世时的神王形象或许只是王室与宗教材料中的一种夸大，目的在于强调王权的神性。在民间文学和文献中，国王很少被刻画为神。他既无法如他麾下的智者一般创造神迹，也不像我们以为的那样，如神祇一般全知或坚不可摧。就这个角度而言，被当作神来崇拜的并非国王，而是显现在国王身上的神的力量。

神性的二元

对这些观点的折中可能才是真相所在。从人的视角出发，埃及国王确实被视为神祇的一员，他拥有神祇的称号，也和其他神一起被刻画在属于神祇的场景中。而从神的视角看，国王仍是人，自然也具有人类的弱点和有限的寿命。在世的国王这种既是人也是神的二元特性隐含在塞拉赫王名圈中：从早王国起，国王的名字便写在这个刻画着立在王宫上的鹰神荷鲁斯的符号内。这种二元性还体现在从中王国开始使用的、继位时就拟定的王衔中。Nesut-bit，即"上下埃及之王"，列于国王正式的登基名之

左图：阿蒙神在司掌生育的女神塞尔凯特和奈特的协助下使王后穆特姆维娅受孕，诞育国王阿蒙荷太普三世。第18王朝。卢克索神庙

下图：哈特谢普苏特在图特摩斯三世的陪同下向自己的神像献祭。第18王朝。带有浮雕的石块，红色祠堂，卡纳克

前，长久以来，它都被认为仅代表上下埃及的统治权。但实际上，这一王衔可能同时代表着国王总体上的神性（nesut）与当下作为王位继承人的身份（bit）。从齐格菲尔德·莫伦斯开始，许多学者均指出，国王的二重性可能也体现在nesut一词和另一个与王权相关的埃及词语hem的对比上，后者通常被译为"陛下"。头一个词nesut代表国王拥有并在职权中行使的神性力量，而第二个词hem实际上代表的是身负这种神圣力量的个人。这两个词语有时会一起使用（hem en nesut），其含义大致相当于"（神圣）王权的化身"。

接受这种二元性，等于接受一种关于埃及王权的特定观念，即将在世的国王理解为既是人也是神祇的存在。在古埃及人眼中，这一目了然的矛盾算不上什么问题，因为他们的神学本身就包含诸如此类的谜团。在国王职能的二重性中，这种矛盾得到了实际解决——国王的特性根本上取决于其所处的环境。在民众面前，国王是神，代表诸神统治臣民，而在诸神面前，国王又代表着埃及的人民，因而是人。在神学中，不论神还是人的世界，都无法脱离他而运转。

在世时的神化

尽管大多数法老的统治都具有人-神二元性，但也有个别国王在活着时就宣称自己拥有完全的神性。然而这并非来自专制神权或王室

右图：拉美西斯二世的黑色花岗岩雕像。这位伟大法老的形象和纪念物都被着力刻画成神圣王权的标准化身，国王本人在世时便已被封神。第19王朝。埃及博物馆，都灵

的诏令，这些国王确实是通过自身漫长而成功的统治"赢得"了不朽的地位。最明显的例子来自新王国时期。虽然其中的细节不甚明晰，但证据显示，阿蒙荷太普三世和拉美西斯二世均是在世时就已登上神坛。在对阿蒙荷太普三世的研究中，我们发现，在接近统治尾声的时候，这位国王开始推进埃及主要信仰和他自己王权的"太阳神化"。根据雷蒙德·约翰逊（Raymond Johnson）以及其他学者对当时一系列历史事件的还原，在统治的第30年，庆贺赛德节之时，国王宣告自己已成神，并与化身日轮的阿吞神或拉-荷尔阿赫提合为一体。我们发现，从这时起，国王开始在形象上采用神祇特有的象征物，譬如神才拥有的卷曲胡须、阿蒙神的角、头上戴的新月和日轮，或是向自己的雕像献上供品。但这些神化国王的材料背后可能另有原因。贝希·布瑞安（Betsy Bryan）指出，阿蒙荷太普或许并非为得到世间永久的至上王权而进行自我神化，这种在宗教和政治上神化统治者的做法可能只会出现在一些特定的场合，例如国王的赛德节。

相比普通的国王敬神场景，将在世的国王直接刻画于神祇行列中的表现手法更能体现国王与神的平等关系。例如，在宏伟的阿布·辛贝尔神庙的内殿中，神化的拉美西斯二世的雕像与普塔神、拉-荷尔阿赫提以及阿蒙-拉神并肩而坐。很显然，对国王的刻画并不只是表现有诸神陪伴而已，因为群雕的形象体现出明确

下图：阿布·辛贝尔的拉美西斯二世祭庙的圣殿内，并列着普塔神、阿蒙神、拉-荷尔阿赫提以及拉美西斯自己的坐像。此处，国王的雕像不只代表冥神奥赛里斯，还意味着国王本身被当作神祇。第19王朝

上图：埃赫纳吞和他的家人向阿吞神献上供品。埃赫纳吞本人在宗教中的性质尚无定论，但他和他的家庭在臣民面前扮演了某种神一样的角色。阿玛尔纳的石灰岩柱石。埃及博物馆，开罗

右图：阿蒙荷太普三世的雕像将国王刻画为神的形象，在其背面，国王又以人的形象站立于阿蒙神面前。卢克索博物馆

的平等性。乃至有学者认为，这种表现手法有可能暗示国王是所有这些国家神的化身或显现。我们唯一可以确定的是，在一些情况下，在世的埃及国王能以某种方式宣告自己的神性，这种神性超越了国王在加冕礼时获得的神性。这种对在世国王的神化是否——或在多大程度上——等同于对已逝国王的神化，我们尚不确定。

在君王神化的问题上，埃赫纳吞的情况格外引人好奇，却又不易得出结论。一些学者认为，这位国王充当了阿吞神之子的角色，另外一些则将其视为阿吞三神组的一员，这个组合还包括他的王后尼弗尔提提。在近期的研究中，一些埃及学家指出了阿玛尔纳时期与传统埃及太阳神崇拜的联系。尤金·克鲁兹-乌里韦提出，正如将阿蒙荷太普三世等同于阿吞神、将其王后泰伊等同于哈托尔女神一样，在当时盛行的这种复杂的对应关系中，还活着的埃赫纳吞被等同于舒、凯普利以及其他与太阳相关的神祇，尼弗尔提提等同于泰芙努特女神，他们的一位公主则是玛阿特女神。

国王的圣像

国王的雕像是埃及神明崇拜中不可分割的一部分，通常作为人与神之间的媒介摆放于神庙的内部或入口处，特别是在新王国后期，这些雕像本身也会被当作圣物。例如拉美西斯二世在西底比斯建造的那种巨像，即雪莱笔下的"奥兹曼迪亚斯"，还会被赐予专有的名字，乃至拥有自己的封地和祭司，并被作为神来崇拜。一组名为"赫贝特石碑"的文物提供了有关这一现象的特别信息。这些石碑发现于三角洲东部，靠近今天的坎提尔，这里恰是拉美西斯二世在三角洲地区主要的行宫所在地，石碑也证实了该地区存在崇拜国王巨像的现象。其中一块石碑（塞提尔耐耐赫石碑）上有一尊被神化的拉美西斯二世雕像的形象，一同出现的还有阿蒙神和普塔神的形象，雕像的表现方式充分说明了它的重要性。另一块石碑（军队指挥官摩斯的石碑）则以一种特别的方式描绘了拉美西斯二世。在石碑最底部的格层中，刻画着一尊拉美西斯二世的坐像，紧挨它的是一个小一些的国王形象（明显是雕像本身的神圣显现），由它来赐予摩斯礼物。雕像及其显现有着一样的名字，表现出经过神化的国王像的神圣本质。

在我们对埃及神学的研究中，最令人着迷的莫过于那些国王向神化后的自己的雕像献祭的场景。其中一个例子是在索莱布的阿蒙荷太普三世神庙内，国王向他自己的形象献上供品的画面。这种表现手法背后的理念是，神祇同时具有在地上与天上的两重化身。我们发现，远自古王国时期开始，材料中就蕴含着一种观念，即神祇既显现在天上或"彼岸"，也显现在地上的物质领域——在世的国王是荷鲁斯在地上的显现，也对应着天上的神祇荷鲁斯。因此，一位活着时即在其所处的物质层面被神化的国王，确实可以向神灵世界的自己献祭。

左图：塞提尔耐耐赫石碑上刻画了阿蒙-拉神（左上）站立于普塔神和神化的拉美西斯二世的雕像前的场景，国王的雕像名为"两地的孟图神"。发现于赫贝特。第19王朝。罗默和佩利泽乌斯博物馆，希尔德斯海姆

亡者与神祇

下图：拉美西斯三世与伊西斯女神亲密相拥，凸显了已逝的埃及国王的神性本质。第20王朝。阿蒙赫尔凯普舍夫墓，王后谷，西底比斯

尽管一些君王在世时就发生了我们所谓"完全神化"的现象，但这种神化往往要等到死后才能达成，一些证据也显示，已逝的埃及国王会被尊为"完全的"神祇。甚至一些埃及的王后也会在死后得到神化，包括第18王朝的阿赫摩斯·尼弗尔塔莉王后，以及托勒密时期的阿尔西诺二世，贝尔尼克二世，克里奥帕特拉三世、五世和七世。虽然王后们的情况略有不同，无法在这里展开细讲，但国王与王后的神化也确实存在许多相似之处。

故去的国王，活着的神祇

在埃及历史的早期，与王室祭仪相关的文献和图像就已体现出了逝去的国王与神祇之间的密切关系。《金字塔铭文》明确地将已逝国王置于和神明同等的层级，不仅以直接的方式声称"国王是神"，也会宣称国王"是"奥赛里斯、拉或其他一些神祇。有些文献不只展现了国王跻身诸神的行列，还会强调他高于其他神祇的地位，以说明国王来世决不会被视为无足轻重的小神。我们尚未知晓，这些关于国王死去成神的说法究竟是正式而确信的论述，还是仅仅表达了一种理想中的、通过魔法铭文才能实现的状态。但国王在来世成神这一观念确实诞生于古王国时期，同类型的文献也出现在埃及后来的王室墓葬中。从很早的时候开始，描绘逝去的国王站在诸神面前的图像就显示出了他们的平等地位。

对逝去君王的崇拜，主要目的似乎是彰显其神性的永存，但这种神性的特殊性值得考量。多年以前，在对拉美西斯三世的麦地奈特·哈布祭庙的铭文和图像的研究中，威廉·穆尔南（William Murnane）发现，国王死后崇拜的重点是不断重申国王的神圣王权，而非其永恒的存在本身。在后来针对其他古王国以来的祭庙的研究中，这一结论得到了补充。研究表明，几乎所有王室祭祀建筑都强调了国王的统治在来世神圣界域中的延续。我们不要忘记，从相对较早的时候（约古王国末期）开始，用于死

后转化、使人进入神圣界域的墓葬咒语就对社会的其他阶层开放了。贵族阶层，乃至后来的普通人，都期望在来世成神。我们无法想象这些人所谓的来世生活能和国王或大神们的来世相提并论。更大的可能是，普通人和国王对来世的想象都是他们在现世的社会身份的神圣化。对于死去的国王而言，这种联想就是将他在地上的统治者身份提升到天上的世界。这一点在先王崇拜以及将国王看作奥赛里斯和拉神的传统中尤其明显。

先王崇拜

尽管统治埃及文明的国王们来自不同的家族，埃及的王权思想中却存在着一种特别的"王室先祖"的想象。这种观念描绘了一种王家谱系的传承，可追溯至久远的过去，将在世的国王与逝去的"先祖"联系在一起。这指的并非直接的传承——事实上官方的谱系会略过那些异端或不合常理的君主，例如哈特谢普苏特和埃赫纳吞——而是某种延续，从在世的国王延伸到其先祖，最终上溯到世界之初作为国王统御众生的诸神。

一些古代的君王会格外受到尊崇。譬如第12王朝的森乌斯里特三世，因其对埃及以南地区的征服而被后世铭记，四百年后，图特摩斯三世还在努比亚的莱斯亚建了一座小神庙以表纪念。即使是那些不太出名的君王，死后也会被先王崇拜的传统接纳，名字被记载于王表中，铭刻在如阿拜多斯的塞提一世神庙这样的圣地——古代君王的王名圈会在此接受祭拜和供奉。许多地方的图像材料显示，先王们在各类王室和宗教的仪式中也扮演着重要角色。例如，在拉美西斯二世和拉美西斯三世时记载敏神丰收节的浮雕场景中，先王们的雕像被搬运至国王面前。在新王国的这类场景中，雕像拥有各自的名字，其中包括美尼斯，即统一埃及的第

上图：拉美西斯三世祭庙的柱廊大厅，国王的奥赛里斯式雕像的遗迹。王室祭庙将已逝的国王与奥赛里斯和拉神相融合，同时也敬奉国王本人的神性化身。第20王朝。麦地奈特 哈布，西底比斯

上图：国王阿伊的卡的形象。国王之卡将王室先祖与在世国王的卡融合在一起，以此来表现已逝国王的神性的一面。第18王朝，阿伊墓，帝王谷西部，西底比斯

上右图：女王哈特谢普苏特的壁柱，以奥赛里斯的形象展现。第18王朝，哈特谢普苏特神庙，代尔·巴哈里，西底比斯

一位传奇国王。有关"王室先祖"的最古老的材料甚至没有记载具体的名字，而是表达了一种无差别的、受到神化的祖先群体的观念。先王们被描绘为更高阶的神圣存在，逝去的国王也终将加入他们的行列。

先王崇拜的一种特定表达体现在国王之"卡"上。虽然埃及词语"卡"（ka）通常被大致翻译为"灵魂"或"灵"，然而其含义远不只是一个人的灵性身体。兰尼·贝尔（Lanny Bell）曾对国王的"卡"做过专门研究，指出其不仅涵盖王室的先祖们，也涵盖在世的国王，并且是埃及王位传承中的核心概念。贝尔写道，在世的埃及国王需要在加冕仪式的高潮之时，通过与国王之"卡"合二为一来获得其神性。从这个角度而言，国王之"卡"是国王与其成神的先祖们之间的连接点——既是象征的，也是灵性的。

作为奥赛里斯的国王

虽然埃及的文献将已逝的国王等同于许多位神祇，但埃及历史始终明确强调着国王和冥世之神奥赛里斯的联系。这无疑是由于国王的角色与奥赛里斯神话的高度契合。每位法老在生前都扮演着地上的荷鲁斯，奥赛里斯之子，之后又由于死亡而成为奥赛里斯。由此，他与继任者之间也构成了奥赛里斯和荷鲁斯的关系。根据这种象征式比喻，已逝的国王通过与奥赛里斯合一成为冥世的统治者——从统治生者转变为统治死者，变化的只有统辖区域。

随着历史的发展，王室墓葬图像也愈发倾向于将死去的国王等同于奥赛里斯。我们发现了多种多样的表现方式。奥赛里斯的标志——弯钩和链枷——出现在新王国时期国王的棺椁上，象征国王与奥赛里斯一起拥有来世的统治权——虽然来世的国王缺少在人间时的王冠。

此外，伊西斯和奈芙西斯的形象也出现在国王内棺或外棺的两端，像哀悼死去的奥赛里斯一样哀悼国王。新王国时期王陵的装饰同样强调已逝国王和奥赛里斯的融合，但国王与太阳神拉的结合得到了更大程度的表现。我们发现，在第19王朝王陵的墓室中，边墙和耳室的场景主题是奥赛里斯（以拉神的木乃伊或尸体的形态出现）、拉神以及国王三者的融合。

作为太阳神拉的国王

在经由死亡与奥赛里斯合体的同时，埃及的国王也和太阳神拉发生了融合。这一观念和前者一样古老，在《金字塔铭文》中就已经出现了。这种融合实际上与国王和冥世之神的结合很类似。正如在世的君王被当作奥赛里斯之子，死后又成为奥赛里斯一样，他同时也作为"拉神之子"，在进入冥世后与父亲拉神融合。

王后们也会经过神化，和哈托尔女神（后期则是伊西斯-哈托尔女神）结合在一起，被视为拉神的女儿。

虽然与逝去国王的身体有关的图像——木乃伊、内棺和外棺等——都离不开奥赛里斯的主题，新王国王陵的装饰图像内容却大都是国王与太阳神的同化。这种同化或融合主要指国王与拉神一起周期式地进入和离开冥世，得到持续的更新和重生。但与太阳神同化的图像有许多种，一种说法是，成神的国王会与拉神一起乘坐太阳船穿越天际，并在拉神的领域担任审判官；另一种说法则清楚地表明，国王与太阳神成为一体。两者都有图像表达，后者的一个例子是拉美西斯三世墓中写在太阳形象内的国王名字。但不论哪一种，都清楚地体现出了已逝国王的神性。

上图：国王美内普塔迎接拉-荷尔阿赫提（右）的情景，象征国王和太阳神在来世的汇合。美内普塔墓，第19王朝，帝王谷，西底比斯

神界的王权

下图：都灵王表（局部），这部破碎的纸草以僧侣体文字写成，保存了一份神、半神、灵、神话中的国王以及人类国王的列表，他们的统治开始于创世之初。第19王朝。埃及博物馆，都灵

埃及国王渴望在来世保留自己的身份和职能或许并不奇怪，但另一方面，神祇的世界也存在着王权。铭文和图像材料清楚地表明，埃及人想象中的诸神，有着和人类社会相似的组织形式，王权制度也是神界的统治模式。神祇会像他们在人间对应的君主们一样，拥有国王的特质和角色，两者相互影响，形成了"诸神之王"的概念，在埃及神学的发展中起着极为重要的作用。

作为国王的神祇

埃及的神话早已告诉我们，王权制度在诸神统治世界的时代就已存在了。因此，在诞生于第19王朝的都灵王表开头，是11位神祇组成的王朝，延续了超过7700年。通过创世之举，拉神成为诸神和人类的国王，虽然他最终感到疲倦并离开了自己创造的世界，但仍作为天上的君主而存在。在地上，拉神的王位传承至诸神手中，因而都灵王表在人类国王的统治年限之前也给出了每位神祇统治的年限。铭文中写道，最终奥赛里斯成为埃及的国王，而作为奥赛里斯的继承人，荷鲁斯获得了父亲的王权。但荷鲁斯的统治有着更宽泛的、宇宙层面的范畴，与拉神的统治以及上古隼鹰神荷鲁斯（最初为宇宙之神）的统治融合在一起。《棺木铭文》就说明了这一层面的王权：

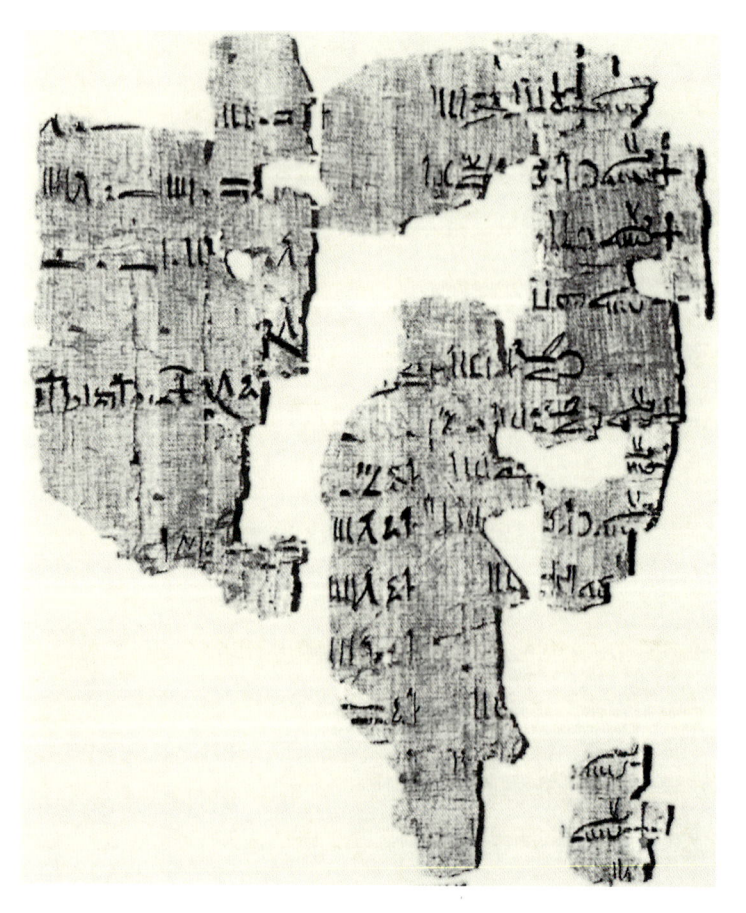

荷鲁斯……成为（太阳）圣船之主，他继承的乃是苍穹……

正是这位荷鲁斯，伊西斯之子，统治着诸天和其中的诸神。

——《棺木铭文》Ⅵ 390

因此，荷鲁斯成为神祇和人类国王之间的纽带。诚然，根据赫利奥波利斯神学中最初的描述，这个故事可以理解为是要通过神王们的传承谱系来证明国王有诸神的血统，我们也不能忽视这个事实：从埃及人的角度来看，这一神话不仅使王权与诸神相联，更道明了一点——王权本就借诸神之手才得以建立。

诸神的赞美诗往往将他们称为"国王"，新王国后期的赞美诗还赋予了神祇很多国王才拥有的头衔，譬如"王室统治者"和"两地的统治者"。

上图：奥赛里斯坐在王座上，由伊西斯、奈芙西斯、荷鲁斯和图特陪同。作为冥世之王，奥赛里斯是埃及神话中王权的拟人化身。发现于阿蒙诺菲斯在萨卡拉的祭拜祠堂。第19王朝。埃及博物馆，都灵

珀克雷特斯——可能会头戴任一类型的王冠。同样，王室和神祇都会佩戴圣蛇标志来象征其权能和地位。其他的王室标志，如权杖、手杖以及王旗，也会用于神祇的形象刻画。虽然有观点认为这些物品最初都是神祇的标志，只不过后来被国王借用（例如弯钩和链枷就是安杰提的标志，其后又属于奥赛里斯），但这种双重的使用依然说明了王权与神祇的角色之间的内在联系。

神祇与国王不光在有形的权力象征物上存在雷同。国王的个人名字和登基名通常由椭圆形的王名圈环绕，而作为国王的神祇也享受了这种特权，比如，奥赛里斯的名字在中王国时就写在王名圈内。埃赫纳吞的阿吞宗教中有一点很有趣：日轮神阿吞被赋予了王衔，名字也被王名圈围绕着，因为在教义中这位神祇才是宇宙真正的统治者。阿吞甚至也有自己的赛德节，因此在这一时期，神祇与国王之间的界限几乎完全被模糊了。虽然埃赫纳吞有计划地促

上图：戴着象征上下埃及的双冠的荷鲁斯，在神话中是奥赛里斯的继承人，也是活着的君王的象征。第18王朝。荷伦布墓，帝王谷，西底比斯

右图：以拉-荷尔阿赫提的形象出现的太阳神拉，在埃及神话中与王权的概念紧密相关。第19王朝，西普塔墓，帝王谷，西底比斯

神祇的权力象征

我们发现，诸神中的王权观念往往以具体的形式出现在表现神祇的图像里——不管是正式还是非正式的环境。这一点在神祇对王权标志的频繁使用上体现得格外明显。埃及的诸神时常被刻画为坐在王座上的形象，特别是在新王国时期被尊为众神之王的阿蒙神、统治天界的拉神、统治冥世的奥赛里斯神，以及荷鲁斯神。但也有其他一些神祇被如此刻画。在埃及艺术中，坐在王座上的神可能要比坐在王座上的人类国王更常见，显示出这一形象在描绘神祇时的重要性。

在国王和诸神的形象中，王冠也是一项极其重要的元素。譬如，荷鲁斯、阿图姆和穆特女神的形象通常戴有上下埃及的双冠，而从第三中间期起，一些年轻的神祇——如伊西或哈

成了这种融合，但我们也应记住，神祇作为国王的观念并非没有先例，埃赫纳吞在这方面的创新仅仅是加深了融合的程度，而非开创一种全新的做法。

诸神之王

虽然很多埃及神祇都拥有国王的特性和角色，但更为常见的做法是将一位至高神刻画为国王。在埃及历史的所有时期，我们都发现有某位神祇被提升至超然地位的现象，这一地位先后被赋予了上古的天空之神荷鲁斯、太阳神拉、隐形之神阿蒙或与拉神结合后的阿蒙-拉，也被短暂地赋予了埃赫纳吞所崇尚的日轮神阿吞。在古埃及历史的最后阶段，占据这一超然地位的是伊西斯女神，她既是天界的女王，也是诸神的君王。在任何一个历史时期，诸神之王都是至高无上的，尽管多神教被认为降低了单一神祇的重要性，统御古埃及诸神的那位神祇却仍是人们想象中最为超绝的伟大之神。

下图：阿蒙-拉神为哈特谢普苏特女王加冕，前者常常被冠以"两地之主""诸神之王"的头衔。哈特谢普苏特方尖碑顶部。第18王朝。阿蒙神庙，卡纳克。

> 谁人不知呢，维卢修斯，
> 那些疯狂的埃及人崇拜的都是些怪异之物，
> 这厢崇拜鳄鱼，那厢却又向朱鹭顶礼……
> ——朱文诺，第15首讽刺诗

古罗马诗人朱文诺对埃及诸神的攻击虽说缺乏对埃及宗教的起码了解，但也说明尼罗河文明的信仰中存在着大量常人难于理解的男神和女神。即便意在讽刺，这首诗也没有夸大这些神祇的数量——埃及宗教中有着成百上千的神祇，其中形貌奇异者不在少数。尤其是埃及宗教后期出现的一些小神、"魔"以及杂糅而成的神，往往性状混杂，可谓超越了想象的极限。但即使外貌诡异，这些神灵却也有着符合埃及人思维的内在逻辑，依然是其神性观念的不二化身。

尽管外形奇异，埃及的诸多神灵的特性、神话甚至形态依旧为我们提供了深入探究埃及社会的世界观、社会关注和社会道德的机会，这个社会的诞生远在朱文诺的罗马之前，并在罗马诸神早早地湮灭于时间长河后，依然影响着这个世界。

贵族塞内杰姆祭拜多种形态的埃及神祇，独自祭拜，或者与妻子一起祭拜。第19王朝。塞内杰姆墓天花板。代尔·麦地纳，西底比斯

第五章　埃及神祇目录

神之多面

在过去许多年中，针对埃及神灵的研究往往采用将神和女神按其名字的字母顺序列表的形式，但这种排列会给读者造成一定的问题。首先，神祇名字的拼写方法多种多样（如Shed/Pashed、Mehit/Hatmehyt等），往往难以查找——尤其在这位神只有图像资料留存的情况下。从更基本的角度来说，这种列表是有局限性的，按字母顺序排列的做法会在某种程度上

神祇列表

以下为本书涉及的神祇及其对应的页数

神祇	页数
阿庇（见伊佩特）	
阿波菲斯	220
阿波菲斯之眼	221
阿达德	101
阿尔忒弥斯	180
阿哈	102
阿克尔	176
阿克哈	126
阿克胡	26
阿夸特	137
阿伦斯努菲斯	97
阿伦斯努菲斯-舒	35
阿玛姆	102
阿曼特的女神	150
阿蒙	92
阿蒙-拉	92
阿蒙-敏	93
阿蒙奈特	136
阿蒙瑞索耐特	94
阿米特（见阿姆特）	
阿姆特	218
阿穆涅特（见阿蒙奈特）	
阿纳特	137
阿纳特-哈托尔	35
阿努比斯	186
阿努基斯	138
阿努凯特（见阿努基斯）	
阿佩达玛克	177
阿佩普（见阿波菲斯）	
阿皮斯	170
阿皮斯-奥赛里斯	170
阿撒福斯（见海瑞舍夫）	
阿什	98
阿什塔特（见阿斯塔特）	
阿什托瑞斯（见阿斯塔特）	
阿什贝特	82
阿斯克勒庇俄斯	112
阿斯塔特	138
阿图姆	98
阿图姆-凯普利	230
阿图姆之手	141
阿吞	236
埃地欧（见瓦杰特）	
艾尔	101
安胡尔（见欧努里斯）	
安杰提	97
安凯特（见阿努基斯）	
安克特（见阿努基斯）	
奥塞拉皮斯	170
奥赛里斯	118
奥赛里斯-阿皮斯-阿图姆-荷鲁斯	170
奥赛里斯-拉	121
奥赛里斯-塞帕	233
奥索罗美涅维斯	175
八神组	77
巴比	195
巴尔	101
巴涅布杰代特	192
巴-派夫	101
巴斯特	177
巴特	172
巴乌	26
芭拉特	139
白牙	84
贝赫代提	201
贝克/巴克（见布吉斯）	
贝努	212
贝斯	102
庇护女神	77
不停歇的星星	90
布吉斯	173
苍白者	84
晨之神	90
崇拜者	83
穿越者	90
大步	84
大荷鲁斯	201
大能者	83
大审判团	83
代德温	104
代杜温（见代德温）	
代赫奈特-伊尔泰特	224
带来并给予之蛇	84
丹温	223
底比斯的洪苏	112
地平线上的荷鲁斯	201
洞之神	79
洞中的神	84
杜阿穆太夫	88
杜南威	200
反叛者的斩首人	83
防腐之地的神	187
费昂斯的女主人	143
风神	29
盖伯	105
干扰者	84
艮艮-维尔	213
弓之主	187
供给者洪苏	112
供品的女主人	156
哈	106
哈达德	101
哈尔-赫瑞-瓦迪	132
哈尔-玛乌	202
哈尔-帕-凯瑞德	132
哈尔维尔	201
哈伦斯努菲斯（见阿伦斯努菲斯）	
哈玛吉斯	201
哈玛吉斯-凯普利-拉-阿图姆	35
哈皮	106
哈珀克雷特斯	132
哈普（见阿皮斯）	
哈普之子阿蒙诺菲斯	92
哈索姆图斯	202
哈特麦西特	228
哈托尔	139
哈乌戎	107
哈西斯	132
哈耶特	102
孩童荷鲁斯	132
孩童洪苏	112
海代代特	230
海尔-艾夫-哈-艾夫	104
海赫	109
海赫特	16
海卡特（见海奎特）	
海奎特	229
海涅特	213
海瑞舍夫	192
海瑞特-卡乌	145
海萨特	173
行事恣意的神	84
荷尔阿赫提	201
荷尔-埃姆-阿赫特	201
荷尔-迈尔提	203
荷尔欧里斯（见哈尔维尔）	
荷鲁斯	200
荷鲁斯四子	88
荷鲁斯-歇德	135
赫尔穆提斯（见瑞奈努太特）	
赫卡	109
赫利俄斯	218
赫姆的首位	203
赫努姆	193
赫努姆-拉	35
黑暗中的神	84
红色荷鲁斯	91
洪苏	112
胡	110
黄昏时的守护者	82
寂静者	77
见你带来之人	84
杰胡提（见图特）	
捷特	21
九神组	78
居长者之上者	84
具多面者	84
卡	62
卡叠什	164
卡叠什特（见卡叠什）	
卡穆太夫（见阿蒙）	
开路者	190
凯贝赫维特	223
凯贝胡特（见凯贝赫维特）	
凯贝瑟艾夫	88
凯尔提	193
凯夫瑟涅贝斯	150
凯库	16
凯库特	16
凯姆尼斯的女神	77
凯普利	230
凯瑞-巴克-艾夫	124
克耐弗	93
肯提-赫姆	203
肯提-凯	203
肯提-凯提	203
肯提-提耶涅奈特	130
肯提-伊尔提	203
肯提-伊门提	187
空中的风暴	77
控告者	84
拉	206
拉艾特	164
拉艾特塔威（见拉艾特）	
拉-奥赛里斯	207
拉-荷尔阿赫提	206
拉-荷尔阿赫提-阿图姆	208
拉神之猫	221
拉神之美的见证者	83
拉神之狮（见拉神之眼）	
拉神之眼	206
力量的赐予者	84
脸朝后的神	104
脸在后者	84
良善的赐予者	84
两地之主	202
裂颅者	83
灵魂切割者	83
洛坦（见亚姆）	
绿松石的女主人	143
绿焰	84
玛阿特	150
玛弗代特	196
玛-哈-艾夫	104
玛赫斯	178
迈尔塞格尔（见迈瑞特塞格尔）	
迈尔维勒（见曼都里斯）	
迈尔西特	153
迈夫捷特	102
迈海特-维瑞特	174
迈恒	223
迈汝尔（见曼都里斯）	
迈瑞特	153
迈瑞特-塞尔克特（见迈瑞特塞格尔）	
迈瑞特塞格尔	224
迈斯凯涅特	153
迈斯提耶特	179
迈提（见迈海特-维瑞特）	
迈希斯（见玛赫斯）	
麦基特	179
麦涅乌	102
曼都里斯	114
曼西特	179
漫游者	84
美尔-维尔（见美涅维斯）	
美涅维斯	174
美涅维斯-奥赛里斯	174
美涅维斯-温尼弗尔	174
门之神	81
孟图	203
米奥斯（见玛赫斯）	
米霍斯（见玛赫斯）	
敏	114

模糊埃及神祇的特点，因为各个神灵并非孤立，而是彼此之间存在动态的关系，他们特殊的形态、性质、作用乃至在神话中所属的群体都有着内在的逻辑。另一方面，尽管有学者尝试以神话为基础对埃及诸神进行分类，但此类计划并不完全行得通，因为神灵本身的特性是多变的。一位神可能同时被形容为"宇宙神""祖先神""冥世之神"，也可能同时和创世、王权或其他方面存在密切的联系。

在本书中，我们不采取简单列表的形式，也不根据神话中的角色进行归类，而是按照神祇的外貌将他们分组。这首先是为普通读者提

敏-阿蒙	114	七位哈托尔	77	圣坛上的神	84	天空之牛	175	伊尔穆提斯（见瑞奈努太特）
敏-荷尔	114	七位受祝福者	88	十二神组	79	天空之牛荷鲁斯	91	伊伽瑞特	82
名字有力量的女神	77	切斯庇西吉斯（见洪苏）		食内脏者	84	铁腕荷鲁斯	204	伊赫提	102
魔	80	驱蛇者	83	食血者	84	统一者荷鲁斯	202	伊门泰特	145
穆特	153	驱逐反叛者	83	寿数的决定者	112	头部高昂之蛇	84	伊蒙荷太普	111
纳哈（见亚姆）		燃烧之眼	84	舒	129	图特	215	伊莫西斯（见伊蒙荷太普）	
奈柏力	116	热足	84	熟练的引领者	83	图图	183	伊姆塞提	88
奈芙西斯	159	人类的统帅	84	树女神	168	托特（见图特）		伊南娜	138
奈赫贝特	214	汝提	180	双神组	74	瓦迪-维尔	130	伊佩特	184
奈杰尔	26	瑞（见拉）		双狮	180	瓦吉特（见瓦杰特）		伊瑞努太特（见瑞奈努太特）	
奈肯和佩之灵	89	瑞恩佩特	165	双重之魔	84	瓦杰特	226	
奈特	156	瑞奈努太特	225	水之打击者	84	瓦塞特	169	伊什塔	138
尼弗尔人姆	133	瑞芮特	184	四神组	75	王室先祖	61	伊乌尼特	150
尼弗荷太普	133	瑞舍普	126	苏克斯（见索贝克）		危险者	84	伊乌萨阿斯	150
年轻的神	84	瑞什普（见瑞舍普）		苏太赫（见塞特）		威庇乌（见威普瓦威特）		伊西	132
涅贝特-海特佩特	156	萨赫	126	苏提（见塞特）		威迈姆提蛇	84	伊西斯	146
涅布-塔-杰瑟	187	萨赫迈特（见塞赫迈特）		碎骨者	84	威涅格	131	伊西斯-阿芙洛狄特	22
涅尔加	126	萨泰特（见萨提斯）		隼鹰神	200	威普奥特（见威普瓦威特）		伊西斯-海萨特	174
涅海布-卡乌	224	萨提斯	165	索埃里斯（见塔威瑞特）		威普塞特	228	伊西斯-申塔耶特	175
涅海赫	21	塞贝古	90	索贝克	218	威普瓦威特	190	伊西斯神牛	172
涅海姆塔威	156	塞尔基斯（见塞尔凯特）		索贝克-拉	218	威瑞特-赫卡乌	228	伊西斯-索提斯	147
涅姆提	204	塞尔凯特	233	索布克（见索贝克）		为你带来供品者	84	伊西斯之子荷鲁斯	132
涅姆-维尔（见美涅维斯）		塞夫赫特-阿布威	166	索卡尔	210	伟大的白神	12	因赫特（见欧西里斯）	
努恩	116	塞弗（见塞帕）		索卡利斯（见索卡尔）		维尔-凯瑞普-海姆	124	因普（见阿努比斯）	
努涅特	16	塞盖布	102	索卡瑞特	74	温涅努（见温涅特）		因普特	190
努特	161	塞赫迈特	181	索佩德（见索普杜）		温涅努特（见温涅特）		影子的吞噬者	84
诺姆之神	84	塞卡尔（见索卡尔）		索佩杜（见索普杜）		温涅特	199	拥火者	84
诺塞伊	84	塞拉皮斯	127	索普代特（见索普杜）		沃瑟瑞特（见瓦塞特）		与永恒合一	42
欧努菲斯（见布吉斯）		塞勒凯特（见塞尔凯特）		索普杜	211	乌恩努特（见温涅特）		预言者	84
欧努里斯	117	塞帕	233	索提斯	167	乌托（见瓦杰特）		月亮	241
欧佩（见伊佩特）		塞普（见塞帕）		塔比切特（见塔-比提耶特）		五神组	76	月之眼	200
帕赫特	179	塞瑞特	182			西方的山峰	224	在他圣山上的神	187
帕奈布塔威	122	塞沙	74	塔-比提耶特	235	西方之牛	175	在她船上的女神	83
帕舍特（见帕赫特）		塞莎特	166	塔瑟涅特诺弗瑞特	168	西方之人的首位	187	长角者	84
帕泰考斯	123	塞特	197	塔特惢	130	西克莫树的女主人	169	真理之主	84
派代西（见伊佩提瑟）		赛德	190	塔提惢（见塔特惢）		西雅	130	纸莎草丛中的荷鲁斯	132
派凯尔特（见帕赫特）		三神组	75	塔威瑞特	185	喜爱寂静的女神	224	纸莎草上的荷鲁斯	132
佩提瑟	123	瑟普穆提斯（见瑞奈努太特）		塔乌尔特（见塔威瑞特）		限定两地的荷鲁斯	91	智者，她主人的保卫者	83
蓬特的夫人	183			塔耶特	168	向后看的神	104	众灵之上的女神	145
皮赫尔	123	沙伊	128	塔伊特（见塔耶特）		歇德	135	昼之时神	82
破坏者	84	舍帕特	185	太阳船拖绳的赐予者	82	星之神	90	最被爱慕者	77
普塔	123	舍塞姆（见舍兹姆）		泰芬	74	亚赫（见伊阿赫）			
普塔-努恩	124	舍斯迈特	182	泰芙努特	183	亚姆	228		
普塔-努涅特	19	舍兹姆	128	泰姆塞普	84	焰火	84		
普塔-索卡尔	124	申塔耶特	175	泰涅米特	174	夜之女主人	83		
普塔-索卡尔-奥赛里斯	40	神亭的首位	187	泰皮-杜-艾夫	187	夜之时神	83		
普塔-塔特惢	124	审判大厅的诸神	83	泰特特努	102	伊阿赫	110		
七母牛	77	审判团诸神	83	提埃惢耶特	168	伊阿特	145		
七神组	76	圣地之主	187	天空摆渡者	104	伊庇（见伊佩特）			

右图：新王国陶罐，以特别的面部特征表现贝斯神。第18王朝。埃及博物馆，柏林

下图：以"神"的圣书体字符的姿态端坐的星辰之神。第19王朝，伊瑞奈弗墓，西底比斯

右页图：荷伦布墓中的奥赛里斯、阿努比斯和荷鲁斯，帝王谷，西底比斯

高了神祇的辨识度，也能加强同类神祇的比较和对照，例如将他们按狮神、牛神、蛇神来划分。这种分类虽无法杜绝重叠和模糊的情况，但毕竟减少了重复，尽最大可能使读者看到原始环境中的神灵。我们的分类依据了阿兰·加德纳尔（Alan Gardiner）的《埃及语语法》中的象形文字符号表（稍作了一些调整），一些读者可能对此较为熟悉，毋需频繁求助索引就能查阅到想找的神祇。本目录使用的分类包括：神祇的群体；人形的男性神；人形的女性神；哺乳动物类（下设几个类别以提高辨识度）；鸟类（分为隼鹰神和其他鸟类形态的神）；爬行类、两栖类和鱼类；无脊椎动物和昆虫类；以及无生命的物体类。

有些埃及神拥有多种外貌，但绝大多数神灵通常只有一种具体的形态（一般也是最古老的形态），分类主要依据这一形态来进行。为了避免重复，也为了对特定神祇进行全面的研究，对其他不同形态的讨论会在神祇的主要形态之下展开。通常，神的头部代表其特质和最常出现的形态。因此，如果一个神是动物的形态，他就会被归入相关动物的分类，如果他以人类加动物头的形态出现（例如鹰头神荷鲁斯或拉），在相关动物的分类下依然可以找到他。当一个神是完全的男性或女性人类形态，他会被归入对应的人形神类别——除非比起人形他还有更为常见的动物形态。在后期的埃及图像中，人们有时以纯人形来刻画所有神祇。但本目录在容易发生形态混淆的地方均给出了可对照参阅的神祇名字，此外，我们还提供了一份按字母顺序排列的神表，以供读者查阅。

我们无法在一本书中描述所有已知的埃及神祇，但接下来的神祇目录为读者提供了一份关于埃及所有主要神祇以及大多数小神的参考。这份目录绝非意在罗列出"每位神祇"（因为一些神在文献中除了隐晦的只言片语外没有任何表现，例如"那里的神"，还有一些则除了名字就再没什么为人所知的特性了），而是希望全面涵盖埃及神话中的所有神灵类型，以增强实用性。

73

神祇的群体

下图：神灵的形象常常被成对描绘，或是为了艺术上的对称，或是为了将彼此相关的神灵象征化地并列在一起。第 21 王朝。帕第阿蒙棺椁画，卢克索木乃伊博物馆

下右图：上埃及和下埃及的守护女神——奈赫贝特和瓦杰特——为国王加冕。这类双神组通常按照神祇的特殊职能来组合。艾德福的荷鲁斯神庙，托勒密时期

埃及神话中有很多神灵群体，基本可分为彼此偶有交集的两大类。一类称为"按数量分组"的群体，即将独立的神以象征的方式组合。另一类则"按区域分组"，其中有的神有自己的名字和身份，有的没有，但都作为区域性群体的成员而存在。

按数量分组

以数量分组的神祇群体一般由个性鲜明的神祇组成，每个群体的成员数量都有象征性意义。其中一些群体，如三神组，通常以家庭和亲属关系的模式构成，其他的群体如九神组，则更为抽象，但所有这些群体的数字都有象征含义。一些情况下的分组可能有着历史渊源，源自某几位神祇出于宗教乃至政治需要的"结盟"；但也有一些分组，因为年代太过久远，已无法确知组合的缘由。

双神组

一组含有两位神祇。在埃及文化中，二元性现象极为常见，也是埃及宇宙观的核心——埃及思想往往不理会两个部分本质上的不同，而是强调其互补的特性，以表达存在的基本统一性。在埃及人的宇宙、地理和时间观中我们可以发现无数的二元方面（天-地、存在-不存在、停滞-变化、北-南、沙漠-沃土、日-夜，等等），象征这些方面的男神和女神也都成对出现。人们还会为已有的男神或女神"创造"出另一半的神祇，来组成平衡的夫妻神，如下面的例子所示：

男性神	配对	女性神
索卡尔	→	索卡瑞特
因普（阿努比斯）	→	因普特
泰芬	←	泰芙努特
塞沙	←	塞莎特

几乎无一例外，双神组都像上面这样由一位男性神和一位女性神组成，但也有个别例子是由同性的兄弟姐妹组成的，如荷鲁斯和塞特、伊西斯和奈芙西斯。有些时候，神祇会因为有着相关联的角色或影响范围而被成对搭配，例如月神图特和洪苏，太阳神拉和阿图姆，神化

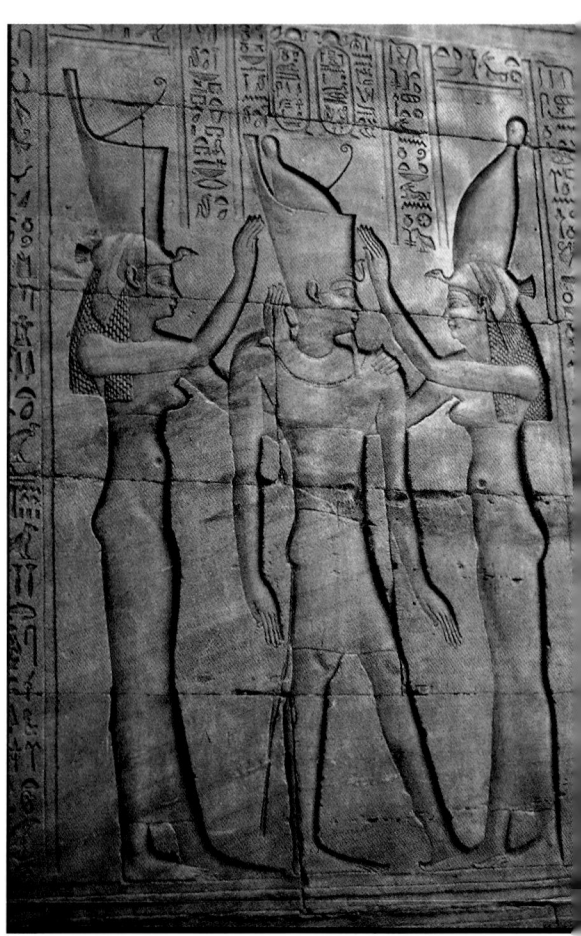

的两兄弟佩提瑟和皮赫尔以及其他许多神祇。埃及宗教中还有一种组成双神组的情况，即以两位神祇来代表一个更大的群体，例如偶尔会用图特和荷鲁斯来代表洁净仪式中的四位神祇：荷鲁斯、塞特、图特和涅姆提。

三神组

三神组通常采用家庭的形式，由父亲（男神）、母亲（女神）和孩子（大多是年轻的男性神）组成，其中最著名的例子就是奥赛里斯、伊西斯和荷鲁斯三神。埃及国王常常扮演神子的角色，或是在这样的家庭三神组中代表神子。虽然并非所有三神组都采取家庭模式，但这最为常见。我们发现，有些神祇——如阿蒙和奥赛里斯——会同其他神组成三神组（如阿蒙-穆特-洪苏以及奥赛里斯-伊西斯-荷鲁斯）而非双神组（如阿蒙-穆特或奥赛里斯-伊西斯）。另一方面，一些原本成对的神最后会被纳入三神组，勉强结成家庭。譬如普塔和塞赫迈特，他们在孟菲斯被崇拜了很多年之后，尼弗尔太姆才加入他们，形成了普塔-塞赫迈特-尼弗尔太姆三神组。

另一些三神组的结合可能纯粹出于象征意义。对埃及人来说，三是一个意义重大的复数，或是以复数表达的统一体，而这可能就是一些著名的三神组背后的意义所在，如新王国时的三神阿蒙、拉和普塔。这三位神祇组合的现象出现于图坦卡蒙时期，在拉美西斯时期变得非常普遍，这可能是由他们的地位或在众神中的重要性决定的。有时三神组的形成仅仅取决于神祇的角色。在第21王朝国王皮涅杰姆二世的石棺上，三位分别有着羊头、狮头和豺头的神站在一起，被圣蛇环绕着，他们被称作拉、伊西斯和阿努比斯，但这一模式也有不同的变体，神可能换上其他动物的头部或有着其他名字。从这一点我们可以看出，这种组合代表的只是重要的来世之神，数字三代表复数，而非具体的组合。

四神组

在古埃及，数字四常常象征四个方向，因而代表空间或地理上的"全部"。这种象征体现在新王国墓葬中偶尔刻画的人类"四族"上：埃及人（北方）、近东人（东方）、努比亚人（南方）和利比亚人（西方）。许多四神组都符合此特性，例如支撑天空四角的四位拟人化神祇，或与天界的四方位或四区域相关的成组神祇（见第78页图）。这种方位联系太强大，以至于哪怕是最初与此无关的四神组，后来都被赋予了这种含义。因此如荷鲁斯四子这样与墓葬相关的神，其图像有时也会带有地理上的象征意义（虽然较为罕见）。虽然以数字四代表"完全"的观念来自"四方"所蕴含的整体性，

上图：成对的夫妻神往往会与作为"儿子"的国王一起，组成家庭式的三神组，以提高其中人类国王和神祇的宗教地位。图坦卡蒙（中）与阿蒙和穆特。第18王朝。埃及博物馆，开罗

左图：关系并不紧密的神祇普塔和塞赫迈特因其"神子"拉美西斯二世（中间，对应神话中的尼弗尔太姆）而组成正式的三神家庭。第19王朝。埃及博物馆，开罗

右图：荷鲁斯四子的作用是保护苏森尼斯棺椁，埃及博物馆，开罗

下图：哈托尔、门卡拉和豺狼诺姆的女神。这种非家庭式三神组的组合可能取决于神祇对国王的支持。第4王朝。埃及博物馆，开罗

这一数字在使用时却很少表示具体的方向。在《冥世之书》中，我们常常能见到某位神有四种形态，或包含四位神的组合，这一现象常见于王陵和纸草的插图。关于四神组的一个有趣例子出自第19王朝：在塞特神的地位得到了某种程度的提升后，其名字有时会被纳入另外三位大神——阿蒙、拉和普塔——的行列。埃及军队的四个军团以这四位神祇的名字命名，显然象征着某种战术或战略上的全面性。在图像材料中，双神组或三神组的成员往往彼此有别，但四神组常常是无法区分的——这表明他们具有更强的"整体性"。

五神组

虽然并不常见，但五神组在埃及神话中也是存在的。在埃及，年末的五个"闰日"将一年的360天（12个月，每月30天）补充为365天，这五天被称为五位神祇——奥赛里斯、伊西斯、荷鲁斯、塞特和奈芙西斯——的"生日"，这五位神由此单成一组。在赫摩波利斯神学中，图特神也有着"五神中的伟者"的头衔。

七神组

数字六在埃及没有多大的象征意义，但数字七很常见，作为三与四的和，七可能同时包含了这两个数字的含义——"复数"以及"全部"。数字七因此以多种方式与神灵们产生关联。据说，太阳神拉有七个巴，或七个灵魂，其他一些神祇据称有"七重身"或七种形

态。哈托尔女神的诸多化身也常被划分为七个一组——如此使人更容易理解和掌握，但在实际的分组中，哈托尔化身有多种组合，组合中的女神时有不同，由此表明，七个为一组的分法只是象征的，其中的神祇并不固定。不同的神祇也会按七个一组进行组合，例如阿拜多斯地区崇拜的神祇群体就由七位神构成，而来世审判团的神祇数42则恰好是七的倍数。《亡灵书》第148章中的"七母牛"也属于这类划分方式，虽然这七位牛形神有时也被视为哈托尔女神的七个化身，即所谓的"七位哈托尔"，且都有自己的名字——"卡之圣殿""寂静者""凯姆尼斯的女神""最被爱慕者""庇护女神""名字有力量的女神""空中的风暴"，但除了身处同一分组，以及作为宇宙的命运女神的职责外，她们彼此之间并没有更清晰的联系。

八神组

八是四（代表全部）的两倍，因而有比数字四更为强力之意，许多神祇的组织都遵照了八个为一组的方式，例如舒神就创造了八位海赫神，来协助他支撑化为天牛的女神努特的腿部。这些神祇尽管在文献中并没有统一的名字，但总是八位一起出现，说明"八"这个概念比神祇具体的身份重要得多。八神组通常由两组四神或四组双神组成，后者更为常见。最伟大的八神，即赫摩波利斯八神，就是由四对代表创世前的所有存在的原初神组成的，他们的形态是四位蛙头男神，以及——作为蛙头神的配偶或阴性的另一半——四位蛇头女神。神灵的性质可在这些动物的象征意义中得到体现，蛙和蛇都是地下的生物，因此与水乃至创造世界的原初洪水有关。八神主要包括以下神祇：

上图：七头神圣母牛组成的七神组，她们各自拥有名字，共享一头作为伴侣的公牛。麦海普瑞的《亡灵书》第148章插图。第18王朝，埃及博物馆，开罗

男性神	女性神	对应特性
努恩	努涅特	水
海赫	海赫特	无限
凯库	凯库特	黑暗
阿蒙	阿蒙奈特	隐匿或风

虽然四位女神的名字听起来只是男神名字的阴性形式，她们却被视为男性神祇的必要补充。有意思的是，这些神祇所代表的这四种原初宇宙的特性，后来也出现在希伯来圣经的创世中。根据不同版本的埃及神话，这八种存在或神祇合力生成了原初之水中浮出的原始土丘——或莲花，或宇宙蛋，这一切都发生在太阳神诞生之前。这八位神祇主要的崇拜中心是古代的赫姆努或赫姆恩，在中埃及语中意

下图：对七头母牛的描绘方式较为一致，她们都头戴太阳圆盘和哈托尔的羽毛，往往与哈托尔联系在一起。第三中间期。浑斯塔涅贝塔威纸草，埃及博物馆，开罗

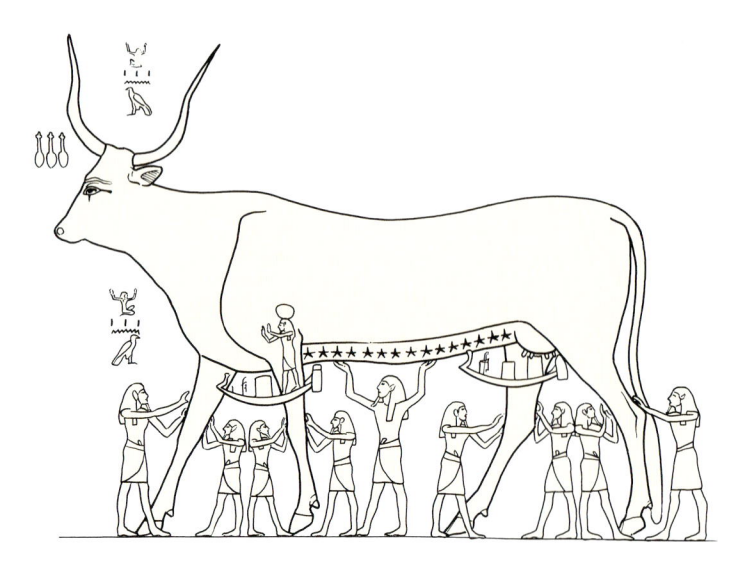

上图：八位海赫神与舒神一起支撑着埃及宇宙观中象征天空的神牛。每两位神支撑神牛的一条腿——或称"天之柱"。图坦卡蒙圣龛，第18王朝。埃及博物馆，开罗

上右图：九只鹅可能象征以阿蒙神为首的底比斯九神。供奉物，第19王朝，罗默和佩利泽乌斯博物馆，希尔德斯海姆

下图：赫利奥波利斯九神伴随着国王，国王被视为荷鲁斯，以及奥赛里斯与伊西斯之子。图坦卡蒙第二层圣龛，第18王朝。埃及博物馆，开罗

为"八之城"（即现代的阿什姆林——这一名字也来源于科普特语shmun，意为"八"），该地还与图特神相关，因而在晚期拥有了希腊语名字"赫摩波利斯"。赫摩波利斯八神的概念为埃及全国所接受，同时，西底比斯的麦地奈特·哈布被认为是这八位原初神的"埋葬之地"——在希腊罗马时期，埃及的国王每十年就要去一次这个地方，以纪念原初的先祖们。

九神组

希腊语中的ennead相当于埃及语单词pesedjet（"九"），可指代任何以九位神祇组成的群体。例如在《金字塔铭文》中，有"大九神"（PT1665等）、"小九神"（PT178）、"双九神"（PT121等），此外还有复数的九神组（PT278等）乃至"七组九神"（PT511）。作为三的倍数（三象征复数），九是一个重大的数字概念，因而被用于各种神祇群体。最常见的是由九位"相关"的神祇组成的赫利奥波利斯大九神，包括阿图姆——所谓的九神之"父"，还有他的"孩子"舒和泰芙努特，他的"孙辈"盖伯和努特，以及"曾孙辈"奥赛里斯、伊西斯、塞特和奈芙西斯。也有一种九神的分组包括大荷鲁斯——作为奥赛里斯的弟弟。尽管这一组合可能出自赫利奥波利斯祭司的编造——他们借此将奥赛里斯及其他相关的神祇吸纳进自己的神学体系，并将冥世之神置于太阳神之下——赫利奥波利斯九神却依然是一组极为重要的神祇。九神不只代表创世，也代表来世，并且，通过奥赛里斯和他的儿子荷鲁斯，九神的象征延伸到了王权的观念和神话中。因此，赫利奥波利斯九神囊括了古埃及宗教观念中最关键的三个领域。

其他崇拜中心也将自己格外尊崇的、本不相关的神祇组成九神，例如在东部沙漠的瑞代西亚神庙中，阿图姆、拉、奥赛里斯、普塔、伊西斯、荷鲁斯，再加上神化的塞提一世的三

种形态，组成了那里的九神。但这些分组中的神祇不一定是九位，因为埃及语单词 pesedjet 有"概数"的含义。虽然九神组有着具体的成员，但九这个数字大多用来代表概括的、无所不包的群体。譬如，在冥世的第六个小时中，站立在奥赛里斯面前的九位神祇代表受奥赛里斯统御的冥世的所有神祇；此外，"九弓之地"则象征埃及传统意义上的所有敌人。

十二神组

数字十二有着基本的时间含义，与昼夜的十二个小时有关（因此也和对应每个小时的十二女神有关），此外，作为三和四的乘积，数字十二也具有这些较小数字的内涵。埃及神话中以十二个神祇为一组的情况较为少见，例子之一是以四个三神组来象征四座城市的"王室先祖"——赫摩波利斯、奈肯、佩和赫利奥波利斯，每组神祇分别有着朱鹭、豺、隼以及凤凰的头。这些神祇有时出现于《亡灵书》第107章和第111—116章的插图中，但往往不会全部画出。

按地区分组

按地区分组的神祇，意指埃及一些特定地区的神，或宇宙中某个区域的神，如星之神和冥世诸神，这些神未必拥有单独的名字和身份。这种分组的成员数量很随意，往往是多变且不确定的。在这类神祇分组中，往往会有昼与夜的小时神，这些代表"小时"的神不只象征时间单位，还象征着埃及人想象中的宇宙空间。

洞之神

在埃及的冥世观念中，冥界有一系列洞穴，其中存在着各式各样的神灵，他们身兼惩治邪恶之职。这些神灵被详细地罗列在名为"十二洞之咒"的文献中，在阿蒙诺菲斯二世时期的一份纸草（开罗24742），以及阿拜多斯的"奥西里翁"的南室墙上，这篇文献被记载下来。第18王朝后的《亡灵书》第168章也收录了这篇文献的部分内容（第八至第十二洞）。这些冥世的洞穴是对拉神之敌的惩罚和处刑之地，通常是枭首之刑，但通过审判的亡者也可以加入负责处刑的神祇行列。前七个洞包含两组交替出现的神祇，每组三个神，均为两男一女，一组是木乃伊形态，一组是人形。后五个洞包含的神祇则数量不定，如第八洞有七个神或神组，而第九洞有二十个神。在这些洞之神的形象下面，标记着他们的名字和个数、献给他们的供品，以及他们以亡者的身份所表现的种种神迹，例如在冥世自由行动，或是享有光、食物和庇护。可以想见，活着的埃及人也会向这些神灵献上供品。

左图：乌龟头、牛头和羊头的神灵守护着冥世的"大门"。后期，第胡提尔迪斯石棺，埃及博物馆，开罗

下图：冥世诸神与"彼岸"的特定区域相关。《冥世之书》中的场景，图特摩斯三世墓，第18王朝，帝王谷，西底比斯

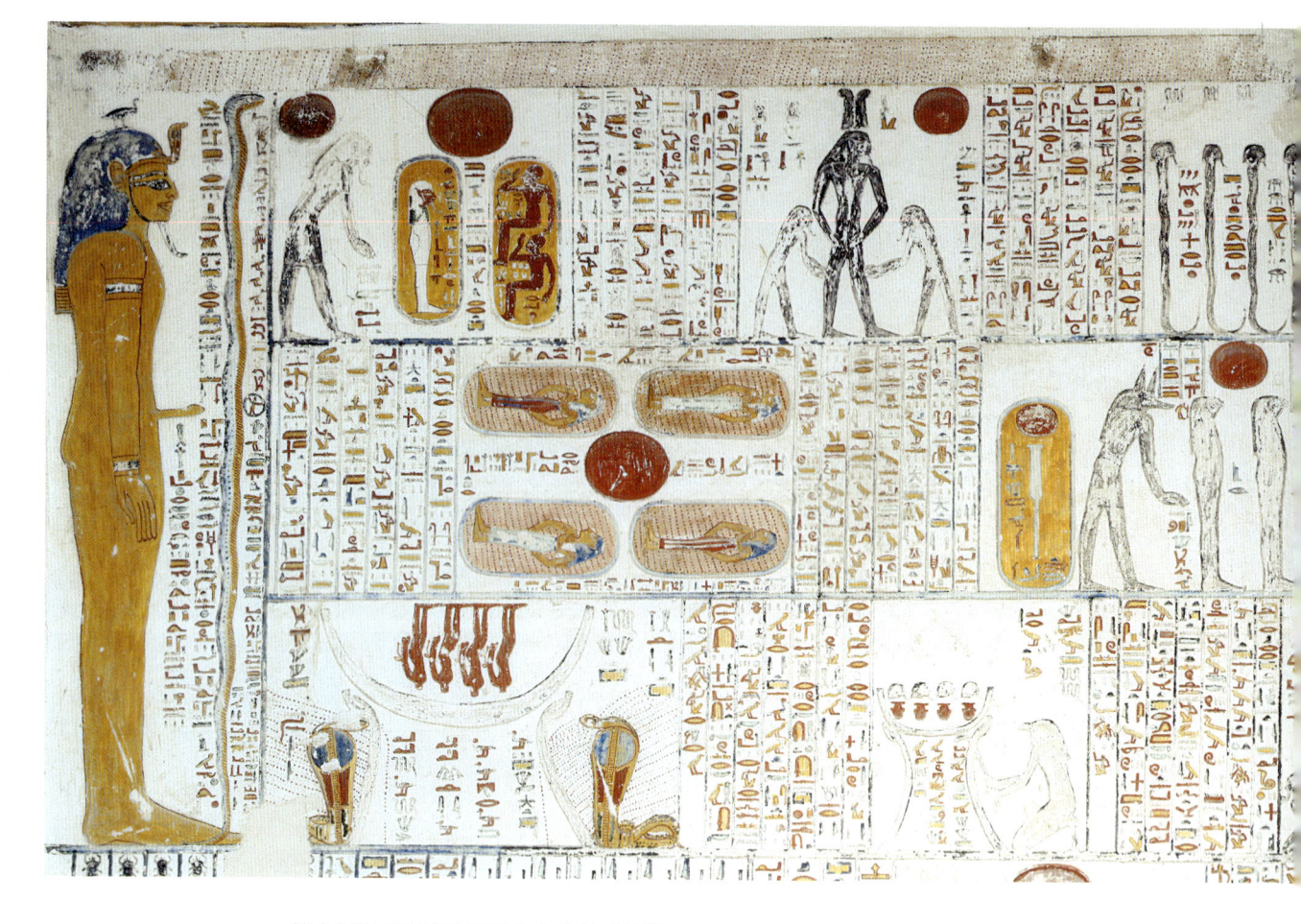

第十洞包括以下这些铭文中的神或神组：

第十洞之神——
以及他们为死者施行的法术

属于阳光的神——赐予光

常驻的神——保佑死者得到欢呼

守护洞中之人的九位神——赐予生命的呼吸

双臂隐藏的九位神——保佑死者得到可敬之灵的身份

隐藏的女神——使死者的灵魂强大，肉体完整

成为奥赛里斯的追随者的神的灵——赐予死者和平

崇拜拉的神——保佑死者不会被冥世的大门拒绝

有着好战之面目的神——保佑死者在炎热之地得到清凉

洞之神
（记载于帝王谷王陵）*

洞窟	代表神祇	拉神之敌
1	寂静区域的巨蛇守护者	枭首，捆绑
2	喷火的巨蛇，奥赛里斯，石棺中的神灵	捆绑，枭首，倒吊
3	阿克尔，鲶鱼头的神，奥赛里斯的各种形态	倒吊，女性

续表

洞窟	代表神祇	拉神之敌
4	巨蛇"肚皮贴地的伟大之神"，奥赛里斯的各种形态	倒吊，捆绑，没有巴
5	努特，奥赛里斯，塔特恩	在大锅中受罚
6	阿努比斯，荷鲁斯，奥赛里斯	男性被枭首，女性被捆绑，巴和影子受到惩罚

*其他版本的洞之神中包含不同的神灵，不过大多也有12个洞。

魔

埃及语中并没有对应英语中"魔鬼"（demon）一词的词语，但埃及学论著常常用这个词来描述那些所谓的"小神"。迪米特里·米克斯指出，按照古埃及人的观念，这些小神充当神的下属，按他们的需要执行具体的任务。如果说主要神祇在本质上更具普适性的话，那么这些"魔"就往往有着更为特定的行为、习惯以及活

上图：《洞之书》的第五部分，拉美西斯六世墓，帝王谷，西底比斯。根据这部墓葬文献，冥界有一系列洞穴，其中居住着不同的神灵，对亡者施以惩戒或帮助。第20王朝

左图：魔的形象总是离不开凶猛的或现实或传说的动物的头，一些还会手持利刃。在不同的墓葬文献中，这些小神要么是守护者，要么报复心强。阿蒙赫尔凯普舍夫墓，王后谷，西底比斯

下图：名为萨亥凯克的魔，表现为一名头痛的赤裸孩童。这类魔通常被认为是相关疾病的始作俑者。出自新王国陶片

动地点。他们通常和洞、坑、墓葬以及水体相关——所有这些都被认为是冥界的入口，而为数众多的"魔"实际是另一个世界的居民。这些冥世的半神由不同的种类构成，其中一部分面目狰狞，专司对堕落之人的惩戒，另一些则没有敌意，确切来讲属于较小的守护神，例如冥世一道道大门的看守者。还有一些专门负责在冥世的路途上保护国王或亡者——这种魔有时表现出战斗姿态，以起到保护的作用。他们有时被描绘为动物形态，但最常见的是人形或半人形——有着人类的身体和动物（譬如乌龟）的头，虽被当作一种邪恶的生物，但其力量也可用于守护。一些魔的形象出现在来世之书的插图中，也出现在帝王谷与王后谷的陵墓里。

魔也能与生者的世界发生关系，且也有善良与邪恶之分。"恶魔"有的与塞赫迈特等具有好战一面的神祇相关，而更多的"善魔"则被召唤来保护人们不受"恶魔"的伤害。有趣的是，埃及的文献显示，魔有机会脱离从属的身份和责任，经过一系列的提升而成为一位"伟大的神"，这再次表明，所谓"魔"与"神"之间的主要差别在于层级，而不是种类。

门之神

在埃及人的观念中，冥界有许多大门、入口或塔门，太阳神和作为太阳神随行者（或与太阳神合为一体）的已逝国王在每个夜晚的冥界之旅中都会穿过这些门，而普通亡者也必须穿过这些关隘才能到达来世。在不同的墓葬文献中，有着不同版本的冥界之门，以及相关的1000多位神灵，但在所有版本中，这些关隘都是由小神看守的，他们只允许那些知晓他们的秘密名字，因而能掌控他们力量的人通过。

在帝王谷王陵的墙上，创作于新王国时期的墓葬文献《门之书》等常常包含12道大门或塔门的形象。虽然每道大门都以建筑的形式呈现，但

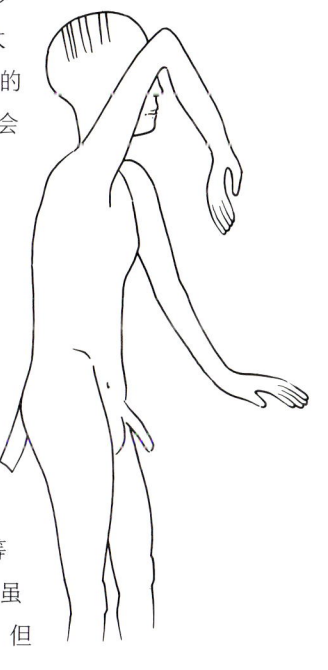

上图：持刀的魔在冥界"大门"前端坐。根据新王国时期的《门之书》以及其他文献，每道冥界大门都由至少一位这样的魔看守。塞内杰姆墓，代尔·麦地纳，西底比斯

也都会被赋予女神的名字，并由喷火的蛇和守门的神看护。例如第五道大门名为"时间的女神"，守门的蛇名为"火焰之眼"，常驻的神祇则是"心之真实"。在为贵族或其他人撰写的墓葬文献中，则存在更多变体。例如，《亡灵书》第144章提到了7道大门，每道门都有自己的神祇、守门人以及通报官。第7道门的神名为"他们当中最锐利者"，守门人名为"声音刺耳者"，而通报官名为"将反叛者拒之门外的人"。还有一些文献描写了21道大门，称作"芦苇地的奥赛里斯圣殿的秘密之门"，每道门都拥有一系列名字或称号，由半人半兽的神灵看守，神灵皆为端坐的姿态，并手持大刀。门的名字混杂了各种特性，有时令人畏惧，有时温和无害，如第14道门名为"愤怒的女主人，在血泊之上起舞"，而第3道门则是"圣坛的女主人"。守门神灵往往有着使人恐惧或厌恶的名字，如"罪人的吞噬者"或"靠蛆虫为生者"，以增强其威慑力，但有些时候，文献并未写出他们的名字，我们仅能知晓他们的存在，无法将其罗列在此。

以下是被描绘在帝王谷的王陵中的12道大门：

大门	代表神祇	区域的特征
1	入口处的神祇，四位疲惫者	四方位
2	阿波菲斯，两组九神	火之湖
3	小时的女神，奥赛里斯，荷鲁斯	火之湖，圣蛇之湖

续表

大门	代表神祇	区域的特征
4	时间和空间之神，奥赛里斯	奥赛里斯的王座
5	奥赛里斯，阿波菲斯，12位禁制之神	圆形的火之湖
6	奥赛里斯，受祝福和受惩罚的亡者	盖伯的木桩
7	西方供品之主	供品之地
8	喷火的蛇，荷鲁斯四子，巴	溺水者的水域
9	携带网的神，阿波菲斯	通向"出现"的区域
10	阿波菲斯，拉之脸，小时的女神	束缚阿波菲斯的区域
11	带有耀眼光芒的神，日出的狒狒	黎明前的区域
12	伊西斯，奈芙西斯，努恩，努特，重生的太阳	原初之水，太阳从中升起

昼之时神

在埃及宗教观念中，白昼的每个小时都被拟人化为一位神祇，所有这些神祇都与太阳相关，其中一些常常与太阳神一起，被刻画于后者的日船，即曼岱特圣船上。虽然这些神明显与时间单位相关，但和夜之时神一样，他们实为"区域之神"，因为昼与夜的每个小时都被视为一个区域——太阳在天空或冥界中所经过的有形空间，以及东西方地平线的阈限区域。这些神祇中的第一位是玛阿特，拉神的女儿，其他神祇也都是拉神的后裔、仆从或协助者：

小时	神祇
1	玛阿特
2	胡（言语）
3	西雅（领悟）
4	阿斯贝特
5	伊伽瑞特
6	塞特
7	荷鲁斯
8	洪苏
9	伊西斯
10	赫卡（魔法）
11	太阳船拖绳的赐予者
12	黄昏时的守护者

夜之时神

黑夜中的每个小时（各对应冥界的一个区域）都由一位有守护或帮助性质的女神来代表，女神的具体角色根据她在冥界地理中的位置而定。所有女神都会以某种方式加强太阳神的力量，直到最后一个小时，由第12位女神"拉神之美的见证者"，见证黑夜尽头太阳光芒万丈的重生。相应地，拉神赐予小时女神们力量，使她们掌管所有生物的寿命。乔治·哈特（George Hart）指出，刻画在拉美西斯六世墓室中的一个男根勃起的神祇形象，是一位名为"隐藏时间者"的神，表现了国王对凭借其力量来抵消女神们在自己身上施加的时间之力的冀望。夜之女神们的称号如下所示：

小时	女神称号
1	拉神之敌的裂颅者
2	智者，她主人的保卫者
3	灵魂切割者
4	大能者
5	在她船上的女神
6	熟练的引领者
7	驱蛇（阿波菲斯）者
8	夜之女主人
9	崇拜者
10	反叛者的斩首人
11	那颗驱逐反叛者的星
12	拉神之美的见证者

这些象征夜之小时的女神很少被刻画出来，但她们以人形出现在新王国时期的墓葬文献中，即《门之书》和《冥世之书》。例如，在帝王谷的拉美西斯一世墓室，12位女神的图像就出现在《门之书》的第三部分。女神们站成两列，每边六位，她们脚下是冥世的简略形状，中间的位置是一条巨大而蜷曲的蛇，名为"他应被清除"。每位女神均在头上佩戴一枚五芒星，除了名字和衣着颜色，没有其他差别。

左图：玛阿特女神，尼弗瑞恩佩特墓，西底比斯。作为拉神之女，玛阿特象征着"白昼的小时"中的第一个小时

下图：象征夜里的12小时的女神们。在《门之书》的插图中，这12位女神面对面站在一条蜷曲的巨蛇前，这条蛇象征无尽的时间

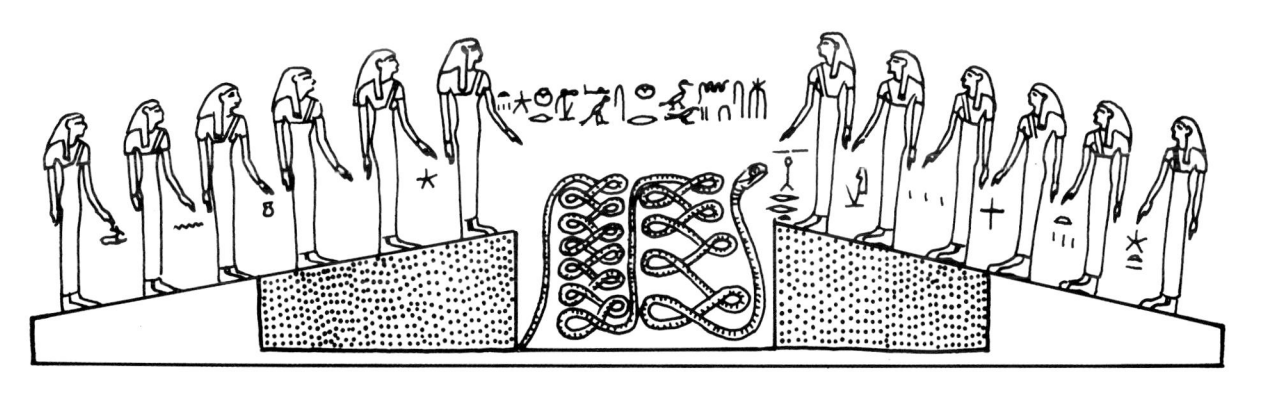

审判团诸神（大审判团，审判大厅的诸神）

由神祇组成的来世审判团最早出现于《金字塔铭文》（PT317，386等）。这一概念在《棺木铭文》中开始变得清晰，而到了《亡灵书》成为主要宗教文献的时代，这种审判就被视为进入来世最关键的环节了。《亡灵书》第125章列出了亡者需在42位审判团神祇面前做出的所谓"否定忏悔"或"无罪声明"，这些神祇会在冥界的审判大厅或"双真理大厅"对亡者做出裁决。亡者需面对每位审判者进行无罪

	神祇的名字	身份	负责裁决的罪行
1	大步	赫利奥波利斯	造假
2	拥火者	海拉拉	抢劫
3	诺塞伊	赫摩波利斯	贪婪
4	影子的吞噬者	洞	偷盗
5	危险者	罗塞陶	谋杀
6	双狮	天空	毁坏食物
7	燃烧之眼	莱托波利斯	不正直
8	焰火	从后向前而来	偷盗供品
9	碎骨者	赫拉克利奥波利斯	说谎
10	绿焰	孟菲斯	拿走食物
11	洞中的神	西方	愠怒
12	白牙	法雍	违背法律
13	食血者	屠宰场	杀死圣牛
14	食内脏者	三十之屋	作伪证
15	真理之主	玛阿提	偷窃面包
16	漫游者	布巴斯提斯	窃听
17	苍白者	赫利奥波利斯	胡言乱语
18	双重之魔	安杰特	争吵
19	威迈姆提蛇	行刑之地	同性恋
20	见你带来之人	敏神的宅邸	品行不端
21	居长者之上者	玛乌	恐吓
22	破坏者	考伊斯	侵犯
23	干扰者	威瑞特	暴躁
24	年轻的神	赫利奥波利斯诺姆	不听真相
25	预言者	维涅斯	制造不安
26	圣坛上的神	秘密之地	蒙蔽
27	脸在后者	过失之洞	鸡奸男童
28	热足	幽暗之处	疏忽
29	黑暗中的神	黑暗之处	口角
30	为你带来供品者	塞易斯	过度活跃
31	具多面者	耐杰费特	缺乏耐心
32	控告者	维提耶奈特	毁坏神的形象
33	长角者	阿苏特	喋喋不休
34	尼弗尔太姆	孟菲斯	恶行，旁观邪恶
35	泰姆塞普	布西里斯	对国王下咒
36	行事恣意的神	提耶布	涉水
37	水之打击者	深渊	大声喧哗
38	人类的统帅	你的房子	辱骂神明
39	良善的赐予者	鱼叉诺姆	未知
40	力量的赐予者	城市	使自己与众不同
41	头部高昂之蛇	洞	不义之财
42	带来并给予之蛇	寂静之地	亵渎神明

声明，审判者拥有自己的名字，以及各自对应的特定罪责和所需的无罪声明，这些神祇被按照名字、地理区域或其他特征一一列出。这42位神祇"听证者"代表了所有可能犯下的罪行。一些神祇会借用他们所代表的更著名的神的名字（例如赫摩波利斯的诺塞伊=图特；白牙=索贝克）。

审判团诸神的形象出现在《亡灵书》第125章的插图里，但只在很少的情况下，42个神才会被全部画出，更常见的则是选取其中几位作为代表。这些神祇一般以圣书体文字中"端坐的神"的姿势蹲坐，或是站立，有时会持有尖刀或玛阿特的羽毛，以象征他们的审判权力。

诺姆之神

埃及的传统行政区，在埃及语中被称为sepaut，希腊语为nomoi，亦即"诺姆"一词的来源。在古埃及王朝的多数时候，上埃及有22个诺姆，下埃及则有20个。每个诺姆都有自己的徽标，通常是作为诺姆象征的神或女神的标志，或其他特别的标记，安放于旗杆顶端，

每个诺姆的名字也由此而来，有朱鹭诺姆、鱼诺姆和鳄鱼诺姆等等。

在埃及神庙的浮雕中，诺姆神一般被描绘为女性或雌雄同体的形象，头顶自己诺姆的徽标。他们一般呈列队行进状，捧着献给神庙的供品，象征各个诺姆在维护和供养诸神方面的奉献。一般来说，22个上埃及诺姆会被雕刻在神庙的南墙，20个下埃及诺姆则雕刻在北墙。

上图：亡者在冥世审判大厅中接受审判，来自第19王朝胡尼弗的《亡灵书》，大英博物馆。画面上的胡尼弗正对着奥赛里斯的王座称量心脏，同时也跪在赫利奥波利斯九神等神祇面前。其他版本的《亡灵书》也会画出全部42位审判团神祇或其中的一部分，他们是这场审判的监督者

左图：丰饶之神是诺姆、城市和地产的拟人化身，有时也等同于国王。这些神一般会出现在神庙的壁画中，以象征方式表现物产与供奉。19王朝。拉美西斯二世神庙，阿拜多斯

上埃及诺姆与诺姆的神祇

诺姆徽标	诺姆名	现在的位置	主要神祇
1	塔瑟提	第一瀑布到格贝尔·西尔西拉以北	赫努姆，萨提斯，阿努基斯，伊西斯，大荷鲁斯，索贝克
2	荷鲁斯王座	艾德福地区	荷鲁斯
3	神龛	库姆·阿赫玛到艾斯纳以北	荷鲁斯，奈赫贝特，赫努姆，奈特
4	权杖	阿曼特和卢克索地区	阿蒙，穆特，洪苏，孟图，布吉斯，索贝克
5	双隼	基福特地区	敏，塞特
6	鳄鱼	丹德拉地区	哈托尔
7	叉铃	希乌地区	巴特
8	伟大之地	阿拜多斯和吉尔加地区	肯塔门提，奥赛里斯，欧努里斯
9	敏	阿赫米姆地区	敏
10	眼镜蛇	卡乌·凯比尔地区	塞特，米霍斯，涅姆提威
11	塞特	代尔·瑞法地区	塞特
12	角蝰山	阿苏特对面的代尔·盖卜拉维地区	涅姆提
13	南西克莫树和角蝰	阿苏特地区	威普瓦威特，阿努比斯
14	北西克莫树和角蝰	美尔和库西亚地区	哈托尔
15	野兔	阿玛尔纳、阿什姆林和柏尔沙地区	图特，八神，阿吞
16	羚羊	贝尼哈桑至明亚以北地区	帕赫特，赫努姆
17	豺狼	萨玛鲁特地区	阿努比斯
18	涅姆提	拉洪对岸的希巴地区	涅姆提
19	双权杖	从巴赫纳萨至比巴	塞特，象鼻鱼
20	南西克莫树	本尼·苏夫地区	海瑞舍夫
21	北西克莫树	瓦斯塔和美杜姆地区	赫努姆，斯尼弗鲁
22	刀	阿特菲赫至达舒尔地区	哈托尔

下埃及诺姆与诺姆的神祇

诺姆徽标		诺姆名	现在的位置	主要神祇
1		白城	里什特和孟菲斯	普塔，索卡尔，阿皮斯
2		牛腿	奥西姆附近的西南三角洲地区	荷鲁斯，凯尔提
3		西方	西北三角洲，尼罗河的罗塞塔支流以西	哈托尔
4		南盾	西南三角洲北部，萨玛敦以南	奈特
5		北盾	萨·哈加至海岸	奈特
6		牛山	三角洲中部至海岸	拉
7		西鱼叉	西北三角洲，罗塞塔支流以东	哈
8		东鱼叉	三角洲东部，图密拉特干河谷沿线	阿图姆
9		安杰提	三角洲中部，萨曼努德以南	奥赛里斯，安杰提
10		黑牛	三角洲东南部，本哈以南	荷鲁斯
11		数牛	三角洲东部，太尔·穆克达姆地区	舒，泰芙努特，米霍斯
12		小牛和母牛	三角洲东北部，萨曼努德至海岸	欧努里斯
13		代表繁荣的权杖	三角洲东南端	阿图姆，伊乌萨阿斯，美涅维斯
14		东方的首位	三角洲东部，塞易德港以南	塞特
15		朱鹭	三角洲东北部，尼罗河的达米埃塔支流地区	图特
16		鱼	三角洲东北部，太尔·卢巴至海岸	巴涅布杰代特，哈特麦西特
17		贝赫代特	三角洲东北区，巴拉蒙至海岸	荷鲁斯
18		南方的王子	三角洲东南，太尔·巴斯塔地区	巴斯特
19		北方的王子	三角洲东北，圣·哈加以东	瓦杰特
20		戴羽冠的隼	三角洲东部，图密拉特干河谷以北	索普杜

右图：阿伊墓中的荷鲁斯四子形象，帝王谷西部，底比斯。在这幅独特的壁画中，荷鲁斯四子被刻画为端坐的木乃伊形象，头戴上埃及的白冠（左侧，在墙的南边）和下埃及的红冠（右侧，在墙的北边）。第18王朝

下右图：石灰岩卡诺皮克罐，罐盖依次是杜阿穆太夫、凯贝瑟努艾夫、伊姆塞提和哈庇的形象。最初的卡诺皮克罐盖上的荷鲁斯四子是人头形象，但在第18王朝末期，他们有了图上所示的动物形象。埃及博物馆，开罗

荷鲁斯四子

关于荷鲁斯四子的最早记载可见于《金字塔铭文》，他们被称为荷鲁斯的孩子和"灵魂"，也被称为"国王之友"，并在逝去的君王升天时助其一臂之力（PT1278—1279）。这四位神祇还被视为奥赛里斯之子，后来加入了"七位受祝福者"的行列，职责为守护冥世之神的棺椁。与冥世相关的神话决定了荷鲁斯四子在随葬品中的重要作用，尤其与我们称为卡诺皮克罐的、用于保存亡者内脏的容器有关。最初，这些罐子的盖子均雕刻成人头的形状，用以象征亡者，但从第18王朝开始，盖子就被雕刻成荷鲁斯四子的头部形象，他们也就成了亡者内脏的守护神。四子中的每位神祇都由一位葬仪女神守卫，但对应的女神有多个版本。之所以是"四"子，可能是因为四这个数字有"完整"的含义，同时也有地理方位上的联系，因此他们也属于按区域划分的神祇。

这四位神祇分别是：人头的伊姆塞提，守护肝，同时被伊西斯女神守卫；狒狒头的哈庇，守护肺，对应女神是奈芙西斯；豺头的杜阿穆太夫，守护胃，对应女神是奈特；以及隼鹰头的凯贝瑟努艾夫，对应塞尔凯特女神。这四位守护神常常被画在卡诺皮克匣的四面，并有特定的象征方位，伊姆塞提在南，哈庇在北，杜阿穆太夫在东，凯贝瑟努艾夫在西。他们还会出现在长方形棺的两侧，哈庇和凯贝瑟努艾夫在西侧，伊姆塞提和杜阿穆太夫在东侧。在第三中间期，防腐方式发生了改变，脱水后的内脏被放回木乃伊体内，每个都会附上对应的荷鲁斯之子的护身符。更晚一些的时候，这四位神祇的形象会被缝在包裹好的木乃伊表面。

就不同的墓葬文献插图而言，荷鲁斯四子的形象略有不同。在《亡灵书》中，他们体形

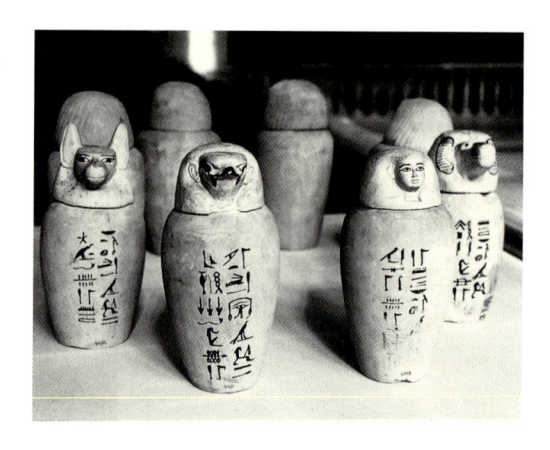

神名	外貌	守护的脏器	方位	守护女神
伊姆塞提	人	肝	南	伊西斯
杜阿穆太夫	豺	胃	东	奈特
哈庇	狒狒	肺	北	奈芙西斯
凯贝瑟努艾夫	隼	肠	西	塞尔凯特

较小，站立于奥赛里斯王座前的一朵莲花上，而在图坦卡蒙第三层圣龛的画面中，他们有着人的头部和象征守护的蛇身。在新王国晚期，他们还会表现为北天的星辰之神（见第91页图）。

奈肯和佩之灵

在下埃及城市佩（布托）和上埃及城市奈肯（赫拉康波利斯），神圣的祖先之"巴"象征着前王朝统治者的灵魂，他们被视为具有力量的灵或神祇，既帮助已逝的国王，也庇佑在世的国王。在《金字塔铭文》中，佩之灵悲悼奥赛里斯的死，即国王父亲的去世，并敦促荷鲁斯，即在世的国王，使其为父报仇（PT1004—1007）。奈肯和佩的灵还被比作星辰（PT904），他们在天空中搭起金灿灿的天梯，协助逝去的国王踏上登天之路（PT478—479，1253）。

佩之灵被描绘为鹰头的神祇，奈肯之灵则是豺头。他们通常呈现半跪的"henu"——"欢呼"——的姿态，向升起的太阳致敬，或参与其他庆祝仪式。在帝王谷的拉美西斯一世墓中，他们以这种姿态出现在国王形象的两侧，庆祝

左图：奈特女神在净化豺头的杜阿穆太夫。荷鲁斯四子分别对应一位守护女神：伊西斯、奈芙西斯、奈特和塞尔凯特。亡者的内脏由此得到双重的保护。彩绘卡诺皮克匣。第三中间期，埃及博物馆，开罗

上图：荷鲁斯四子被刻画成木乃伊，并出现在程式化表现的土丘上。这四位神祇在埃及墓葬文化中的重要性逐渐增强。安海纸草，大英博物馆

左图：拉美西斯一世的形象出现在鹰头的佩之"灵"和豺头的奈肯之"灵"中间。这些巴或灵魂在庆贺国王的重生，后者也成了巴的一员。拉美西斯一世墓，帝王谷，西底比斯

国王之巴或国王之灵的重生，因为他们自己也是巴。在这幅壁画上，"henu"的圣书字符号出现在这些神祇头顶的铭文中，而这些神祇的形象其实就是放大了的圣书字。在努比亚的布恒，一座第18王朝神庙的浮雕中，鹰头的佩之灵旁边配有一行铭文："愿他们赐予全部的生命和力量……（以及）所有的安定……"表明他们的这种姿态也可能是神祇赐礼的象征。此外，在神庙中，还有奈肯与佩的灵（或是戴着面具扮演他们的祭司）肩扛圣船神龛或宝座上的神像的场景。

星之神

在埃及有关天文的文献和图像中，出现了许多与夜空相关的神和女神，他们象征着诸多行星和天体，因而被称为星神。其中最重要的一部分是"不朽者"，他们代表北方天极附近的星辰，在每个夜晚都能观测到，而不像大多数星星那样，随着地球公转出现，然后消失。这些恒久存在的星辰体现着埃及人永生的观念，因此早期埃及的国王们希冀在来世加入它们的行列。早期的星辰崇拜在《金字塔铭文》中清晰可见，和太阳崇拜并存，而后者在第5王朝取得了统治地位。两者并不总能成功融合，因而在铭文中，逝去的国王一边被称作"晨星"，一边又乘着太阳神的圣船横跨天空。奥赛里斯崇拜的兴起使这些星辰也被称作奥赛里斯的"追随者"，因此我们可以清晰地看到，当时主要的神学体系曾尝试将星辰之神整合进自己的系统。

除了月亮之外，夜空中最明亮的天体是金星（即"晨星"），从历史早期开始，人们就将其视为一位重要的神祇。而最晚从中王国时起，埃及人就辨认出了五颗行星，他们称其为"不停歇的星星"，并将它们描绘为乘着圣船横穿天界的神祇。这五颗行星包括水星（埃及人称其为"塞贝古"，可能是塞特神的某种形态）、金星（"穿越者"或"晨之神"）、火星

右图：拉美西斯六世墓中的精美穹顶壁画，展现了在天空女神努特弯曲的身体下新生的太阳，以及冥世的神灵和对应着一天内不同小时的神祇。这是新王国时期的文献《昼之书》中的场景，描绘了白天的星辰在努特女神的身体内巡行的画面。第20王朝。帝王谷，西底比斯

左图：拟人化的星座图，塞提一世墓室穹顶，帝王谷，底比斯

下左图：包含伊姆塞提（中，以女神的形式）和哈庇（右）在内的三位星神。佩达美诺普墓，底比斯

（"地平线上的荷鲁斯"或"红色荷鲁斯"）、木星（"限定两地的荷鲁斯"）以及土星（"天空之牛荷鲁斯"）。

随着时间的推移，一些较为明亮的星辰被排布成星座，但有时这些星座极难分辨。我们可以辨认出的是现在的猎户座、大熊座，可能还有狮子座和天龙座，这些星座要么象征着埃及神话中的神祇，要么是有自己身份的、独特的天体之神。在中王国时已出现了"星表"或星历，将夜空划分为36颗句早或36组星星，并想象它们以10天为一个周期，以"星神"的形式升起和穿越天空。其中最重要的就是天狼星（索提斯，见第167页），它的升起标志着尼罗河泛滥的开始。在帝王谷的多座王陵，譬如塞提一世和拉美西斯六世的墓中，墓室的天花板上均绘有夜空和重要的星神形象，并标出了他们的名字，其中包括一些熟悉的神灵，例如荷鲁斯四子，也在此作为星神出现。

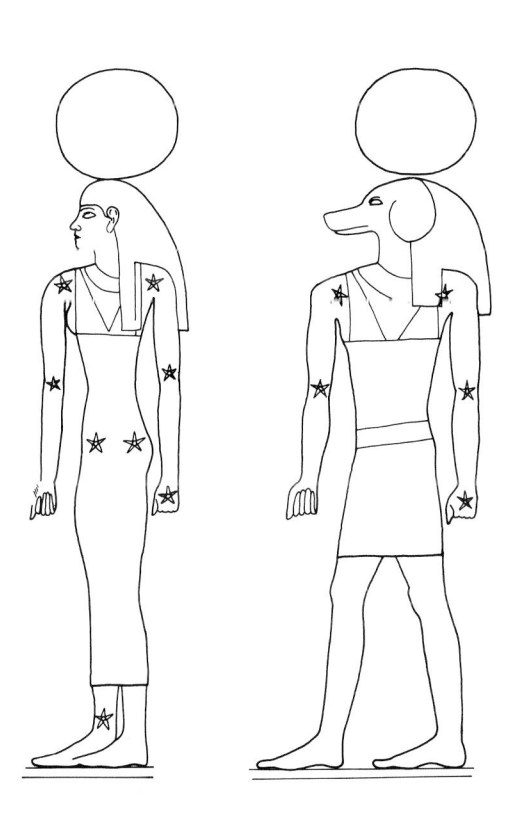

人形的男性神

下图：作为阿蒙荷太普三世的建筑师，哈普之子阿蒙诺菲斯在生前就享尽尊荣，拥有自己的雕像（如下）和自己的祭庙。在死后，他更是受到了神化，因智慧和疗愈力量而备受尊崇。黑色花岗岩雕像，出自卡纳克。埃及博物馆，开罗

哈普之子阿蒙诺菲斯

神 话

哈普之子阿蒙诺菲斯于公元前1430年左右出生于三角洲的阿斯里比斯镇，是阿蒙荷太普三世的王室书吏和御用建筑总管。考古材料显示，他自公元前1390年开始服务于底比斯的王宫，并一直生活在那里，作为一位深受尊敬的官员，负责了古埃及的一些堪称建筑奇迹的建设工作。阿蒙诺菲斯的工作成果不只是设计和建造了底比斯地区的宏伟纪念物，例如阿蒙荷太普三世祭庙以及门农巨像，还有努比亚索莱布以及其他地区的神庙。他在生前荣宠加身，死后也因智慧而封神，在后来更成为了疗愈之神。至少在托勒密时期的底比斯，他的地位可与第3王朝乔赛尔王的传奇建筑师伊蒙荷太普媲美。

形 象

作为一名被神化的凡人，哈普之子阿蒙诺菲斯只具有人类一种形态。他还在世时，他的多座书吏形象的花岗岩雕像就已竖立在卡纳克的阿蒙神庙中（保存较好的雕像现收藏于开罗的埃及博物馆和卢克索博物馆）。他还出现在他的亲戚维西尔（一种官职名称，近似宰相）拉摩斯的底比斯墓中那雕琢精致的壁画上。这位哈普之子活到了大约80岁，留下的一座雕像展现了他作为一位上年纪的官员的样貌。

崇 拜

与广泛流传的对伊蒙荷太普的尊崇不同，对哈普之子阿蒙诺菲斯的崇拜主要集中在底比斯地区，且存在两个发展阶段。因为身份高贵，他活着时就在底比斯西岸阿蒙荷太普三世的祭庙旁有了一座自己的祭庙。虽然比起国王本人的祭庙，阿蒙诺菲斯的祭庙要小得多，但已经颇为壮观，甚至比同在这一地区的一些国王祭庙的规模还大。这也是该地区的无数王家建筑中唯一的私人祭庙。一份第21王朝重抄的关于哈普之子祭庙的王室诏令显示，对他的崇拜至少延续到他去世之后三百年。在托勒密时期，对哈普之子阿蒙诺菲斯的崇拜再次兴起，被神化后的阿蒙诺菲斯成为了智慧之神和疗愈之神，在代尔·麦地纳的哈托尔神庙和代尔·巴哈里的哈特谢普苏特神庙中，都有献给他与伊蒙荷太普的祠堂。他的雕像也在卡纳克的阿蒙神庙中充当阿蒙神的媒介，倾听人们的祈愿。

阿蒙，阿蒙-拉

神 话

作为古埃及最重要的神灵之一，阿蒙及其配偶阿蒙奈特最初出现于《金字塔铭文》（PT446）。从第11王朝起，阿蒙就成为了底比斯的地方神，当时的四位统治者将自己命名为阿蒙涅姆赫特，意为"阿蒙是卓越的"。在之后的一个半世纪里，阿蒙逐渐取代了原先的地方神孟图，而随着中王国和新王国时底比斯出身的国王地位的提升，阿蒙神（指的是和太阳神结合后的阿蒙-拉神）也被推上了埃及至高神的宝座。他与另外两个神一起组成了底比斯三神组：他的配偶穆特女神，她取代了阿蒙奈特的位置，以及他们的儿子，月神洪苏（见第30和46页图）。阿蒙神的形象历经千年的演变，逐渐具备了丰富多样的人格。埃及人称他为"Amun asha renu"，即"具有无数名字的阿蒙"，也就是说，我们只能通过他的诸多身份来充分了解他。

隐匿之神：希腊作家普鲁塔克曾引用埃及编年史作家曼尼托的说法，称"阿蒙"一词的意思是"隐藏"或"不可见的"，这位神祇也有着诸如"其形神秘"的称号，说明其本质的不可知性。也有一种可能是，阿蒙的名字最初指不可见的风的力量。他名字的写法中缺少能用来定义他身份的限定符号，其他一些创世神的名字也是如此。但无论如何，阿蒙神最主要的

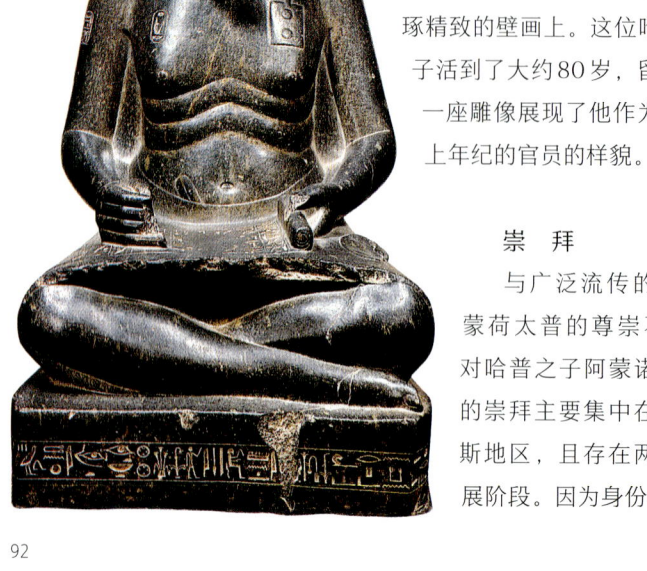

身份是神秘且隐匿之神。

创世之神：除了作为赫摩波利斯的八神组——八位原初之神——的一员（见第77页），阿蒙神还作为"阿蒙-凯玛泰夫"而受到人们的崇拜。这个词意为"完成了他的时刻的阿蒙"，指一位蛇形的、不断蜕皮重生的创世神。相传这个形态的阿蒙神早于八神的其他成员而诞生，可能正是普鲁塔克曾提到的"克耐弗"——底比斯地区崇拜的一位永恒的、自我创造的神祇。在第18王朝时，卡纳克神庙声称拥有阿蒙神创造世界时所在的"起始之丘"，新王国时的多首颂歌都赞颂阿蒙以其思想创造了宇宙，关于宇宙起源的神学观念在此得到了重要的发展。

太阳神：在《亡灵书》中，阿蒙神的称号之一是"东方天空的诸神中最古老的那位"，这个称号不仅反映出他原初之神的特性，也反映出他与太阳的关联，在一块现存于大英博物馆的石碑上，一首第18王朝的颂歌提到阿蒙神作为荷尔阿赫提（见第201页）升起，直接将不可见之神与可见的太阳结合在一起。与太阳神拉融合为阿蒙-拉神后，阿蒙具有了太阳神的诸多特性，但相对他隐匿的本质而言，这些都是次要的。在阿玛尔纳时期，阿蒙更站到了太阳神的对立面。

生殖之神：从第12王朝起，阿蒙神男根勃起的形象——阿蒙-卡穆太夫（意为"他母亲的公牛"）——就出现在底比斯神庙的仪式画面中，特别是在卢克索神庙。"他母亲的公牛"这一称号一方面暗指阿蒙神是自我产生的（self-engendered），即阿蒙神与他的母亲——化身为天空与创造女神的母牛——一起诞育了自己，另一方面也说明公牛所具有的性能量在埃及人眼中是力量和繁衍的象征。阿蒙神的这一身份

上图：大神阿蒙-拉的标准人形形态（右起第二个）以及作为阿蒙-敏的生殖神形态（左一）。阿蒙神一直具有多重身份，但众神之王和强有力的生殖神一直是他在新王国时期最重要的两个角色。第19王朝。塞提一世神庙，阿拜多斯

下图：公羊头斯芬克斯，象征着阿蒙神在生殖方面的力量。这列雕像位于卡纳克的阿蒙神庙的西入口处，由拉美西斯二世建造，最初每座雕像的双爪间都立有国王的形象，以示庇护之意。第19王朝，底比斯。

与作为生殖神的敏神（见第114页）紧密相关，有时他被称为"阿蒙-敏"。

战神：阿蒙不仅取代了底比斯的古老战神孟图（见第203页），可能还汲取了他身上的一些特质。第13王朝的统治者们将底比斯改造成了对抗喜克索斯侵略者的大本营，当喜克索斯人最终被赶出埃及（约公元前1550年）后，战争胜利的功绩被归给了阿蒙神。同样，在接下来新王国时期的帝国时代，对外扩张的埃及人不仅打着阿蒙的旗号，在战斗中将阿蒙当作国王的保护神，还将战争的功劳都归于这位"胜利之主"和"热爱力量的神"。

众神之王：《金字塔铭文》第1540篇中写道："你来了，啊，国王，你是盖伯之子，在阿蒙的王座上。"从中王国的时候开始，埃及人就将阿蒙称为上下埃及"两地王座的主人"。阿蒙"众神之王"的称号首次出现于第12王朝森乌斯里特一世在卡纳克修建的"白色祠堂"，自那以后，对它的使用就愈发频繁。他的另一个神王称号则是"诸神的首领"。到了托勒密时期，人们便直接将阿蒙等同于宙斯，他的希腊名字"阿蒙瑞索耐特"可能是埃及语称号"Amun-Re nesu netcheru"的变形，即"阿蒙-拉，众神之王"。

宇宙之神：与天空之神、大地之神以及其他仅限于某个区域或某种现象的神祇不同，阿蒙是一位宇宙神，至少，按照不断演进的神学体系，他全然存在于宇宙及万物中。虽然也有一些神祇被称为"宇宙"之神，但在阿蒙身上，我们发现了对这个称号的更进一步的阐述——阿蒙是一位"存在于万物之中"的神，同时将所有的神祇都包含在自身之内，因此格外接近一神教中的神，在有些时候，他甚至被尊为所有自然现象的"巴"或"灵"。

形　象

阿蒙通常为人形，身着短裙（常缀有一条公牛尾）和羽毛纹样的上衣，头戴双羽王冠。有说法认为，阿蒙头顶的羽毛代表他是一位风神，因为风会吹拂羽毛，羽扇也会产生风，但这只是猜测。双羽毛可能反映了埃及象征体系中无处不在的二元性，每根羽毛都被划分为七部分，而七是一个充满寓意的数字。阿蒙有两种形态，一种是红色皮肤，一种是蓝色皮肤。他最初是红皮肤，就像其他神祇一样，但在阿玛尔纳时期之后（之前也偶尔有过），出现了蓝色皮肤的阿蒙，这一肤色可能是为了象征他空

气之神和原初创造神的身份。阿蒙的站像通常是迈步向前的姿态，但作为阿蒙-敏出现时，则呈双腿并拢的站姿。而在展现众神之王的地位时，阿蒙通常会坐在王座上。

由于在生殖方面的活力，公羊（ovis platyra aegyptiaca，一种已灭绝的埃及野山羊，以卷曲的角而著名）成了阿蒙的象征。在通往卡纳克的阿蒙神庙的大道两侧，排列着很多象征这位神的伏卧的公羊雕像，或公羊头斯芬克斯的雕像，阿蒙华丽的节日圣船"双角之主"也以羊头形象装饰船首和船尾。有时候，阿蒙还以羊头人身的形象出现，这种形态很容易和太阳神的夜晚形态相混淆。阿蒙的另一个象征是埃及雁，这可能是由于这种雁和原初世界的创造有关（见"艮艮-维尔"一节），出于同样的原因，阿蒙还有巨蛇的形态——虽然并不常见。最后，由于具有太阳神阿蒙-拉的形态，阿蒙也与狮子相关，公羊头的斯芬克斯便具有此种含义。

崇　拜

尽管阿蒙在中王国时期的底比斯就已有了重要地位，但我们对这一时期的阿蒙崇拜却所知甚少——直到他在新王国时期升格为国家神。新王国时期献给阿蒙神的纪念物无一不令人震撼，在全埃及有无数神庙崇拜他，在尼罗河东岸的底比斯，有两座神庙特别为他而扩建。阿蒙在卡纳克的主神庙，被埃及人称为"伊佩特-伊苏特"（Ipet-isut，即"精心遴选之地"），始终是埃及最庞大的宗教建筑群。卡纳克神庙广阔的围墙内屹立着多座神庙，除了阿蒙自己的神庙外，还有附属的其他神祇的神庙。一条大道将卡纳克神庙与名为"伊佩特-瑞希特"（Ipet-resyt，即"南方的圣所"）的卢克索神庙相连——在一年一度的"欧比德的美丽节日"中，阿蒙神会拜访后者。在这个最重要的阿蒙神节日，他的神像会被运往卢克索神庙，以庆祝他与配偶穆特女神的神圣结合，因而卢克索神庙中的阿蒙神是以生殖神的形态出现的，借用了司掌生殖的敏神的外观。在底比斯西岸，阿蒙神也有规模稍小但神学意义重大的崇拜场所，在代尔·巴哈里的神庙、麦地奈特·哈布

左图：羊头形态的阿蒙-拉神（右）与赫努姆神在一起。两位神之间的区别在于，阿蒙神的羊角是卷曲的，而赫努姆神的羊角则是平直或呈波浪状的（属于两种不同的公羊），此外阿蒙神还戴着高高的羽毛冠

的神庙以及其他节日游行途经的地方均建有他的圣所。在庆典中，抬着神像的游行队伍会渡过尼罗河，挨个拜访西岸的圣所。新王国以后，许多下埃及的宗教中心也开始崇拜阿蒙神，特别是在第18王朝的佩鲁奈弗（孟菲斯的尼罗河港口）、第19王朝的皮·拉美西斯以及三角洲东部的塔尼斯——第21王朝时，这里几乎原样复制了整个卡纳克。

新王国军事上的步步胜利所带来的王家赏赐以及其他收入来源，使得巨量财富涌入了底比斯的阿蒙神庙，因此，到了埃赫纳吞时期（约公元前1353年），阿蒙祭司团不仅占据了大量的财富，还享有了无与伦比的国家权力。我们尚未明确这一情况究竟对埃赫纳吞的宗教改革产生了多大影响，但阿蒙无疑是这场"改革"主要的冲击对象——在全国的神庙中，他的名字和形象接连被狂热的反对者们铲除。在阿玛尔纳之后的复兴时期，阿蒙的威望和权力迅速恢复；到了拉美西斯三世时，阿蒙神庙占有了整个埃及三分之一的可耕地；随后，在新王国末期，阿蒙第一祭司的权力已能与在北方统治的法老比肩。于是，第21王朝期间出现了一种惯例：在位埃及国王的女儿被封为"阿蒙神妻"，借此来平衡地上的君王与天上的君王之间的角力。第25王朝的库什统治者们沿用了这种做法，这些努比亚人将阿蒙当作自己的神祇来

95

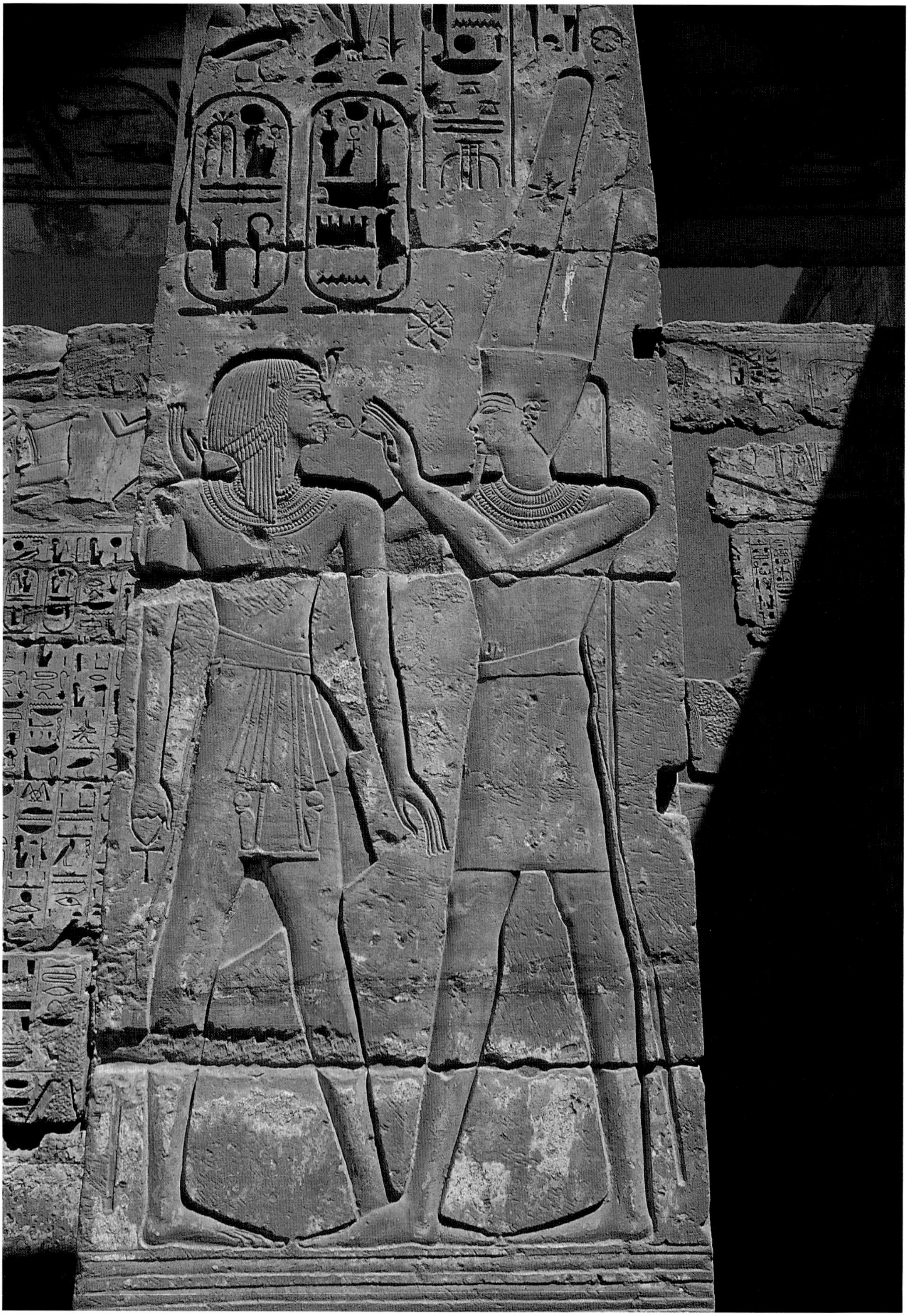

崇拜，由此带来了阿蒙神崇拜的复兴。即使在公元前663年亚述人侵略并洗劫底比斯之后，阿蒙神依然在埃及宗教中发挥着重要的作用。亚历山大大帝曾寻求阿蒙的神谕，并给予了这位神祇极大的荣耀，使其以宙斯–阿蒙之名在希腊罗马时代继续享有人们的崇拜。

对阿蒙的崇拜也延伸到了非正式的民间信仰中。阿蒙神被视为平民的依靠，人们称其为"穷人的维西尔"和"听到穷人的呼声就会前来的神"（见第51页），他还是旅行者的保护神，因而得名"路上的阿蒙"。大多数阿蒙神的护身符都不早于第三中间期，常由较昂贵的材料制作，并有日常磨损的痕迹，可能是祭司们在仪式中的使用造成的。在埃及魔法的咒语和术法中也常有阿蒙神的影子，他尤其被当作治疗眼疾的神。在咒语中，他的力量还能用来对抗蝎子、鳄鱼和其他危险的动物。

安杰提

神　话

安杰提（埃及语意为"他来自安杰特"）是下埃及第9诺姆的地方神（见"诺姆之神"一节），该诺姆的中心是布西里斯，即古代三角洲的城市安杰特或杰杜。安杰提可能是奥赛里斯的前身之一，最终其特性也为奥赛里斯所吸收（见"奥赛里斯"一节）。在《金字塔铭文》中，他是已逝国王化身的几位神祇之一，以"统领东方诺姆的安杰提"之名，与西方的统治者阿努比斯并列（PT220，1834）。从他的身份标志以及最早的文献材料来看，安杰提最初可能是布西里斯当地一位已逝国王转化成的神，也可能是王权观念的某种拟人表现。安杰提也有着生殖神的身份，在《金字塔铭文》中，我们发现安杰提名字里的双羽有时可用子宫的图形替代，说明他可能拥有与生殖相关的特性。在中王国的《棺木铭文》中，安杰提有着"秃鹫的公牛"的称号，这必然与其在神话中作为几位早期女神的配偶的身份有关。

形　象

安杰提一般以人的形态接受崇拜，是一位经过神化的统治者的形象，这明确显示出他对奥赛里斯的影响。从第4王朝开始，他就戴上了缀有两根羽毛的圆锥形高冠，与后来奥赛里斯所佩戴的阿太夫王冠极为相似。安杰提也手持两根权杖，即弯钩和链枷，后来同样成为了奥赛里斯的标志（见第120页）。

崇　拜

安杰提在早期即被奥赛里斯同化，因此我们无法清楚地知道他最初是如何被崇拜的，但他在《金字塔铭文》中的地位显示，他曾具有广泛的影响力，并在早期的下埃及受到崇拜。在奥赛里斯信仰兴起后，他依然保有着独立的神格，但后来一直与奥赛里斯如影随形。从新王国时开始，两者就结合到了一起，在塞提一世的阿拜多斯神庙中，浮雕上的国王向奥赛里斯–安杰提献上熏香，奥赛里斯于是同他最重要的前身安杰提合二为一。

阿伦斯努菲斯

神　话

阿伦斯努菲斯是麦罗埃时期的努比亚所崇拜的人形神，起源不明，可能是埃及以南地区的本土神祇。遗憾的是，埃及语中他的名字是Iry-hemes-nefer，即"好伙伴"，只能说明他是一位善神，但无法指明他的起源或特性。在菲莱的阿伦斯努菲斯神庙中，这位神祇被称为伊西斯的"伙伴"，但这个头衔缺乏神话背景的支持。更重要的一点是，他常被等同于埃及神欧努里斯和舒，有时会与后者融合为舒–阿伦斯努菲斯。

形　象

阿伦斯努菲斯的形象一般是戴着羽冠的男人，有时手持长矛。当与舒（见第129页）或欧努里斯（见第117页）融合在一起时，他在形象上也会分享这两位神的特质。阿伦斯努菲斯有时还呈现为狮子的形态，但这一形态难以与其他狮子形的神区分开来。

崇　拜

阿伦斯努菲斯的崇拜中心最初出现在公元前3世纪的努比亚，位于尼罗河第六瀑布以东的

左页图：阿蒙神（右）赐予拉美西斯三世生命。作为国家的至高神，阿蒙神被称为"（上下埃及）两地王座的主人"。第20王朝，拉美西斯三世祭庙，麦地奈特·哈布，西底比斯

穆萨瓦拉特·苏夫拉。对他的崇拜在希腊罗马时期传入埃及的努比亚地区。托勒密四世（约公元前221—前205年）和麦罗埃国王阿卡玛尼（约公元前218—前200年）一同在菲莱岛上为他修建了一座小凉亭。在尼罗河第一瀑布附近的丹杜尔神庙中也有罗马皇帝奥古斯都崇拜阿伦斯努菲斯的场景。

阿 什

神 话

阿什（Ash）并不属于埃及语词汇，因此通常认为这位神祇起源于外国。阿什是一位非常古老的神祇，最早出现在早王朝时期的印章和铭文上。他被尊奉为埃及的西部沙漠之神，这片区域包括了外围的绿洲以及利比亚（或Tehenu，即"泰赫努"）地区，这位神祇也因此有了双重特性：他既与沙漠的不毛之地有关，又和水草丰美的绿洲有关。因为是沙漠之神，他从很早的时候起就与塞特神有了紧密的联系。由于阿什最初是上埃及城镇翁波斯的神，并拥有"涅布提"——"他来自涅布特（翁波斯）"——的称号，而这里也是塞特的崇拜中心，二者之间的联系就更加密切了。

形 象

阿什通常是人形的，但有时也被刻画为隼鹰头的神，由于和塞特（见第197页）的联系，他也会呈现出塞特的形象。他还可能拥有狮子、秃鹫和一种蛇头动物的形态（在后期的棺木上），但这并不确定，因为这位神祇很少出现在晚期的图像中。

崇 拜

这位神祇没有自己的崇拜中心，但他会出现在一些神庙——譬如第5王朝萨胡拉在阿布西尔的金字塔神庙——的场景中。

阿图姆

神 话

阿图姆是赫利奥波利斯的原初大神。对阿图姆的崇拜始于极为古老的过去，在古王国时，他就在赫利奥波利斯神系中占了最重要的位置，是《金字塔铭文》中最常提及的八神或九神之一，因此，关于这位神祇的神话角色和特点，我们积累了大量早期的信息。阿图姆最根本的特性是"自生之神"，他在时间之初就已诞生，并通过自己的精液或唾液（见第18页）创造了第一批神祇。但阿图姆也有许多其他的身份。他名字中的"图姆"（tem）一词意为"完成"或"完结"，具有创造和毁灭的双重含义，与他的诸多身份相呼应。

一体之主：阿图姆是独一的原始神，即所有的一切都从他而来。他名字的一种译法即含有"全体"之意，在《棺木铭文》和其他一些铭文中，他尤其被称为"一体之主"（CT Ⅲ 27）。从这个角度来看，所有存在的事物皆是阿图姆的一部分"血肉"，每一个存在体都是这位神祇的数百万个卡之一，这一观念不仅强调了阿图姆先于万物而生的首要地位，还凸显了他作为宇宙大神的重要性。通过《金字塔铭文》中的魔法咒语，逝去的国王与阿图姆融为一体，由此与至高神合一（PT147）。

创世神：根据赫利奥波利斯创世神话（见

右图：端坐在圣船上的日轮中的阿图姆神，面前是他的名字。这一形象反映出这位神祇重要的太阳神身份。新王国纸草

左图：塞提一世授予阿图姆神（右）独特的双冠。第19王朝。石灰岩浮雕，塞提一世神庙，阿拜多斯

下左图：蛇形的阿图姆与初生的太阳。原初之神的身份使这位神祇既与蛇之类的生物相关，也和新生的太阳的形象有关。纸草，布鲁克林艺术博物馆

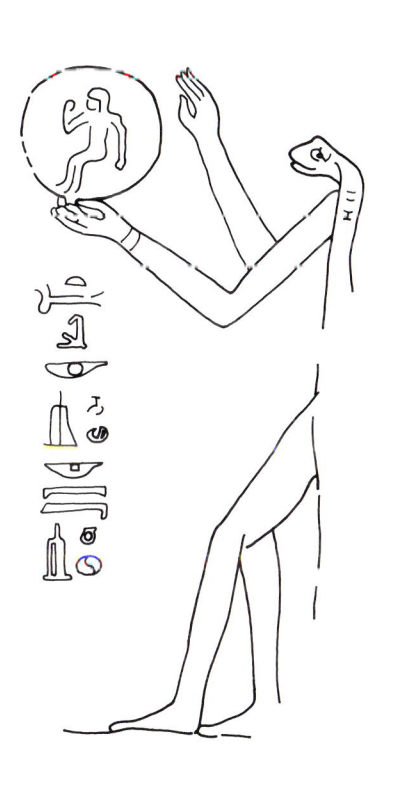

第17页），阿图姆是初始的创世神，整个世界经由他从原始混沌中诞生。在《金字塔铭文》中他被称为"由自己诞生的神"（PT1248），这种最初的、自主的因果关系使他成为创世之神。但阿图姆的创造具有两面性，因为他既是创生万物之神，也是终结万物之神，他既是创造者，也是毁灭者。因此，在《亡灵书》中，阿图姆曾说，等到世界终结之时，他将毁灭自己创造的一切，回归原初巨蛇的形态（BD175）。

众神和国王之父：作为创世神，阿图姆是第一对神祇舒和泰芙努特的父亲，因而也是"所有神祇的父亲"（PT1521，1546）。根据埃及神话，阿图姆通过自渎的方式创造了第一对神（PT1248—1249），期间他所使用的那只手被视为他自身的阴性能量的化身。由于赫利奥波利斯神学家们为众神编写的"族谱"从阿图姆延伸至舒和泰芙努特，最终延伸到奥赛里斯及其子荷鲁斯，阿图姆也就成为了埃及国王在谱系上的父亲。在《金字塔铭文》中，这种紧密的父子关系可以一直追溯到很早的时候："啊，阿图姆，请让这位国王上升到你的面前，把他拥抱在你的怀中，因他永为你的子嗣，出自你的身体。"（PT213）

原始之丘：阿图姆不仅是创世神，也是最初的创造本身。因此，他的化身之一便是从创造之水中浮出的原始之丘，以神圣的本本石为象征——从早王朝时期开始，赫利奥波利斯就是本本石的崇拜地，而最初它可能是一块陨石或其他种类的圣石。

太阳：太阳被视为创造中所需的首要元素，因此阿图姆也与太阳崇拜相关，被称为"自我创生的圣甲虫"（PT1587），象征新生的太阳。实际上，在《金字塔铭文》和《棺木铭文》中，阿图姆常常和太阳神合体为拉-阿图姆。当将二者分开看待时，拉通常是白天上升的太阳，而阿图姆则是傍晚落山的太阳，但也并非一直如此。在《棺木铭文》中，阿图姆既"从东方的地平线出现"，也"歇息在西方的地平线"，他以这种方式呈现为完整的太阳神。但在墓葬文献中，阿图姆更常被表现为太阳神的衰老形态，他在每一晚下落并穿过冥世，翌日复生。在很多晚一些的墓葬文献中，他都以这种方式扮演了重要的角色。

冥世之神：作为原初之神和夜晚的太阳神，阿图姆与冥世有着很强的联系。因而在冥世的很多场景中都需要祈求他的力量。新王国时期，

在帝王谷内刻写的来世之书中，阿图姆通常是上了年纪的、公羊头的形象，在他的监督下，作恶者和太阳神的敌人受到惩罚，他也负责降服冥世的敌对力量，例如巨蛇阿波菲斯和涅海布-卡乌。在非王室的墓葬文献中，阿图姆也会保护死者不受冥世种种危险的伤害。

形象

阿图姆通常表现为人的形态，头戴上下埃及的王冠。在表现他太阳神或冥世之神的身份时，他也会呈现为公羊头的形象。这位神祇一般坐在王座上，如果是站立的姿态，他的身体通常会挺直，当表现为衰老的形态时，他通常会倚靠一根权杖。在呈现为动物形态时，阿图姆可以化身为蛇，代表他冥世之神和原初之神的身份，也可以化身为猫鼬、狮子、公牛或蜥蜴和猿猴——后者有时还会持弓射杀敌人。在体现太阳神的身份时，他的形象为圣甲虫——伫立在卡纳克圣湖边的巨大圣甲虫雕像就是为阿图姆建造的。在体现原初之神的身份时，阿图姆也会被刻画为原始之丘的形象。在第一中间期，"阿图姆和他的手"往往以神圣夫妻的形式出现。

崇拜

阿图姆可能是赫利奥波利斯最初敬奉的众神中最为重要的一位，虽然对他的崇拜后来被拉神崇拜削弱了（见第206页），但他始终有着不可忽视的重要性。这位神祇常被称为"赫利奥波利斯之主"，即便在拉神兴起后，他在太阳崇拜的中心所拥有的影响力依然不容小觑。阿图姆的影响力并不局限在北方，亦不局限于古王国时期。在新王国卡纳克的阿蒙神庙浮雕中，他和底比斯的孟图神一道为国王保驾护航。许多仪式都体现出阿图姆和埃及国王之间的紧密关系，布鲁克林博物馆的一份后期埃及的纸

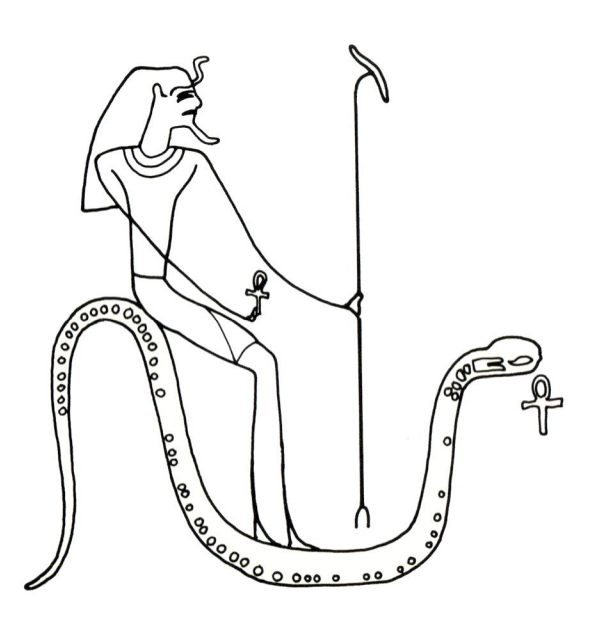

下图：《冥世之书》第七小时中，阿图姆的"身体"或"血肉"坐在一条巨蛇身上。和与其关系密切的太阳神拉一样，阿图姆也需要穿过冥世的区域，经历死亡与重生的循环

右图：坐在王座上的阿图姆神，头戴双冠。第18王朝，卢克索博物馆

草表现了阿图姆在新年庆典上的重要地位,在此庆典上,国王的地位得到了巩固。在古埃及的民间信仰中,阿图姆并不常见,但在后期埃及,人们会佩戴他的护身符,以及蜥蜴(他的象征物之一)形状的圣物盒,以示对这位大神的尊崇。

巴 尔

神 话

巴尔是西闪米特的风暴神,相当于阿摩利人的阿达德或哈达德,也是迦南地区的重要神祇之一。希伯来《圣经》记载了古代的以色列人如何放弃对巴尔的信仰,而在黎凡特临海的拉斯·沙姆拉(即古代的乌加里特)发现的青铜时代晚期的文献显示,自公元前1400年起,巴尔就替代了艾尔神,成为当地众神中的至高神。作为风暴神,他的称号包括"驾驭云的神"和"天地之主";除此之外,他还主宰大地的丰产。根据流传下来的古代近东神话,巴尔击败了专横的海神亚姆,但最终被死神莫特征服,并下降至冥界,后来又在他的姊妹兼妻子阿纳特的帮助下复活,就像奥赛里斯的死亡和复活一样,虽然两者之间没有直接的联系,但相近的背景使巴尔在埃及更易为人们所接受。风暴神的好战天性使他被等同于埃及的塞特神,据说,拉美西斯二世在卡叠什之战中就如同塞特和"巴尔本人"一样勇猛作战。

形 象

巴尔一般被表现为一名人形的强大战士,蓄长发,有着浓密卷曲的、叙利亚风格的胡须。他头戴底部带有双角的漏斗状头盔,短裙的腰带上常佩有一柄直刃剑。有时他也被刻画成这样:左手握有一根雪松木棒或长矛,举起的右手把持着一件武器,或一道雷电。这是古代近东地区的风暴神的常见造型,也可能是后来的希腊神宙斯的原型。巴尔的象征动物是公牛,代表力量与生殖能力,在古代近东艺术中,他常常站在公牛的背上。

崇 拜

第18王朝,对巴尔的崇拜传播到埃及,出

左图:贴有金银箔的迦南神巴尔的神像。巴尔的名字意为"君主"或"主人",多位具有相似特性的神祇的名字中都有此含义。迦南,约公元前1900年

现了许多正式的崇拜地,其中最重要的崇拜中心是位于三角洲北部、靠近佩鲁瑟姆的巴尔-萨丰。此外,在孟菲斯和其他地区也很流行巴尔崇拜。在新王国及后期埃及的人名中,也能发现它在埃及广为流行的证据。

巴-派夫

这位神祇的属性不明,可能是一位痛苦或灾难之神。巴-派夫一词的意思不过是"那个灵魂",这种含糊其辞的名字可能意味着某种恐惧或禁忌,以致不能提起神祇的真名。在《金字塔铭文》中,提及冥世的巴-派夫的宅邸时,只说到"其中是苦痛",再无其他细节。有部分材料显示,古王国时巴-派夫可能有自己的祭司(迈瑞斯安赫三世之墓,吉萨),但这位神祇在历史上似乎不是很重要。

上图：贝斯的经典姿态是挥舞利刃或演奏乐器，他常常与河马女神塔威瑞特联系在一起。西塔蒙公主的椅子扶手嵌板，帝王谷。埃及博物馆，开罗

右图：图坦卡蒙墓中出土的这件狮子形的香膏罐展现了贝斯神的多个特点，选用它的原因可能就是狮子和贝斯神之间的联系。第18王朝。埃及博物馆，开罗

贝 斯

神 话

贝斯（Bes）这个名字（可能来自词语 besa，意为"保护"）出现得较晚，实际上是埃及一系列神和魔的统称，这些神魔最初彼此之间可能并无关联，但都拥有相似的形态。阿哈、阿玛姆、贝斯、哈耶特、伊赫提、迈夫捷特、麦涅乌、塞盖布、索普杜和泰特特努——这些有着近似而非完全相同的特性的神祇共同构成了"贝斯"，而人们对这一复合体仍缺少清晰的了解。虽然贝斯最终成为埃及最流行且传播最广的神祇之一，我们对其起源却所知甚少。过去的学者倾向于认为他源自非洲和近东，但这一点并不成立，间接的材料证明，贝斯自从古王国起就存在于埃及了。中王国时，他（或相关的神祇，如阿哈——意为"斗士"）出现在手工艺品的刻画中，但直到新王国和之后的时期，贝斯的形象才真正在埃及传播开来，为大众所接受。

尽管外表怪异，且在历史上有过多处细节上的变化，贝斯却一直被视为善神，为埃及的

所有社会阶层所接纳。人们认为他是力量强大且能驱邪退魔的神祇，尤其擅长保护儿童和孕产妇，并时常出现于塔威瑞特女神身边。正如贝斯的形象吸纳了形形色色小神魔的特点，在晚一些的时候，他也为其他具有守护力量的神祇所吸纳，成了一位新的复合神的"核心"，这位复合神囊括了阿蒙、敏、荷鲁斯、索普杜、拉舍夫以及其他神。在神话中，贝斯也与拉、哈托尔和荷鲁斯有关，有时合体为荷贝斯，而贝斯的阴性形态贝斯特有时也作为荷鲁斯的母亲出现。

形　象

学者们曾将贝斯的外貌与非洲的俾格米人和史前的利比亚人等进行对比。詹姆斯·罗马诺（James Romano）在多年前指出，贝斯的原型可能是一头靠后爪立起的雄狮。从新王国时开始，这位神祇的一些形象也显示出软骨发育不全性侏儒症的特点，拥有侏儒一样的短腿、大头，脸部一般从正面呈现。他如同面具般一成不变的胡须衬托着巨大的眼睛和伸出的舌头，身上还时常有鬃毛和尾巴——这些均体现出狮子的特点，但一些埃及学家认为，这来源于他最初身披狮皮披肩的形象，而非他本身具有狮子的外貌。新王国之后，贝斯在有些仪式场合中会呈现为身穿豹皮的形象，贝斯的大多数形象都戴有羽毛头饰，挺着大肚子，有时胸部凸出——学者们认为如此描绘是为了突出他怀孕女性保护神的身份。

据信，贝斯还可以保护人们不被蛇咬伤，因此他时常表现为抓着蛇或撕咬蛇的形象，在这一点上他融合了魔鬼阿哈——他赤手空拳就能扼死毒蛇——的特性，或成为后者的化身。贝斯的形象还时常带有乐器、利刃，或象征保护的象形文字sa的符号，所有这些标志都彰显着他守护神的特性。与其他形象不同的是，当描绘贝斯神手持乐器或蛇起舞时，人们往往以侧面的视角表现他运动的姿态。

从第三中间期开始，贝斯的头像或面具出现在护身符以及其他用品中——人们认为单是面具本身的力量就足以提供保护了。相比之下，贝斯在后期则常常表现为一位四臂、多头、带翼的混合型神祇，长有鹰隼的尾巴，并借用了很多与他结合的神祇的特点。在希腊罗马时期，贝斯常常携带长剑和圆盾，这是为了凸显他的保护功能，也可能是因为他那时已被当作一位战神。在罗马建立统治后，这一形象变得更为常见，贝斯有时会穿戴全套罗马军团的装扮。

崇　拜

虽然贝斯神未在任何一个正统神庙中接受膜拜，但在埃及历史的晚期，作为一位保护神，他得到了广泛的崇拜。在希腊罗马时期，贝斯的形象保护着神庙中的"玛米西"，即"诞生之屋"。而更早的时候，从阿蒙荷太普三世的玛尔卡塔宫，到代尔·麦地纳工匠村的房间，人们都发现了贝斯的形象——这些绘有贝斯的房间可能都与分娩或养育孩童有关。此外，大量绘有贝斯形象的物品和护身符都显示出，他作为家庭的守护神深受大众欢迎。贝斯的形象出现在珠宝首饰的设计中，人们会在生活中佩戴他的护身符；他常常被绘制在头枕和床上，以保

左图：费昂斯材质的贝斯形象，怀中抱有一个孩子，显示孕产保护神的职责。从第18王朝开始，头戴高羽冠的贝斯形象变得常见。哈尔收藏，圣贝纳迪诺

在塞浦路斯、叙利亚以及亚述的尼姆鲁德，考古学家们都发现了带有贝斯形象的象牙制品。

天空摆渡者

埃及文献中的"天空摆渡者"是一位有着许多名字的神祇。根据《金字塔铭文》中经常出现的描述，这位神负责用渡船送已逝的国王穿过"变幻的水路"（指的可能是黄道，即太阳与行星在天空中的路径），到达拉神的居所，或去往来世的"供品之地"（PT999等）。这位神圣的摆渡人被称为海尔-艾夫-哈-艾夫（Her-ef-ha-ef），即"脸朝后的神"，或其他名字，例如玛-哈-艾夫（Ma-ha-ef），即"向后看的神"，这些具有相似含义的名字似乎都与他的职责相关。这位神祇在晚期的材料中较为少见，有时出现在新王国墓葬文献的插图中，一般是坐或站在他的小船上，接受着亡者的致敬。在安海纸草中，他被刻画为头朝后的形象，正如他的诸多名字所形容的一样。

代德温

神　话

代德温最初是一位努比亚神祇，最晚古王国时期就出现在埃及了，在《金字塔铭文》中，国王被称为"主宰努比亚的代德温"（PT994，1476）。从很早的时候开始，代德温就不仅代表努比亚，还代表努比亚的资源，尤其是当时从南方进口到埃及的香料。这位神祇因此被视为诸神的香料提供者，相传他会在王室成员出生时焚香（PT803，1017）。

形　象

代德温是男性的人形神祇，通常没有特点

上图：作为保护神的贝斯出现在"诞生之屋"的柱子上。罗马统治时期，丹德拉

右图："天空摆渡者"所拥有的诸多名字之一是"脸朝后的神"。安海纸草，大英博物馆

护睡眠的人；此外，贝斯还出现在镜子、香膏罐以及其他化妆用品上，因为香膏和彩妆除了装饰之用，还有辟邪的功效。除了中王国时所谓的魔法"刀"或"魔杖"上形似贝斯的神祇之外，在埃及晚期具有疗愈和保护功效的荷鲁斯魔法碑上，孩童荷鲁斯的上方也出现了贝斯的形象。人们会穿戴上贝斯的面具或服装，来表演具有保护功能的舞蹈。皮特里（Petrie）曾在卡诨的一座中王国时期的房屋里发现了一件狮子形态的贝斯面具，面具上佩戴和修补的痕迹显示，它的主人可能是一位专业的贝斯神扮演者。在托勒密时期，我们也发现了刻画在"入梦圣所"或"贝斯之屋"中的贝斯与一名裸体女神的形象，可能曾用于疗愈仪式。

贝斯的信仰甚至传播到了埃及以外的地区。

左图：在这只阿荷太普王后的黄金和青金石制的手镯上，刻画着坐在王座上的盖伯，分别戴有红冠和白冠。第17王朝，西底比斯。埃及博物馆，开罗

可言，有时要凭名字才能分辨。在古王国时，他名字的象形文字写法中有时会包含一种特定的鸟类符号，但这位神本身并没有鸟类的形态或鸟类的头颅。在卡拉布沙，代德温一般被描绘为狮头的形象，有时也以公羊形态与阿蒙或赫努姆融合。

崇 拜

除了与埃及的诸神和国王之间（借由香料）的联系，代德温崇拜基本仅限于努比亚地区。但在法老时代多座修建于努比亚的神庙中都有代德温的位置。例如，图特摩斯三世修建于莱斯亚的小神庙就供奉了代德温和其他几位神祇。在塞姆纳附近的乌罗纳尔提岛上，图特摩斯也向代德温和森乌斯里特三世奉献了一座神庙（可能最初建造于中王国）。托勒密晚期，一座献给代德温的花岗岩祠堂在卡拉布沙建造起来，后来在20世纪60年代被搬迁到阿斯旺以南的新地点。

盖 伯

神 话

作为第三代神祇、舒与泰芙努特之子，盖伯象征着大地，也是最重要的原初神之一。他是《金字塔铭文》中最常出现的一位神祇，由此可见其在早期历史中的地位。在铭文里，他常与拉神和来世信仰中其他重要的神祇一道出现。盖伯的力量有时会带来灾害：他的笑声会引发地震；而干旱的时节或不毛之地则说明盖伯收回了他的祝福。更重要的是，作为大地之神，盖伯也象征着坟墓。《金字塔铭文》写道，逝去的国王"不会进入盖伯"或"睡在他的屋中"（PT308）。但盖伯也有着和善的一面。作为大地之神，谷物从他的肋骨生长出来，植物在他的背上生根发芽。他是淡水的源头，也是大地上所有物产的来源。因此，盖伯关系到土地的肥沃以及牲畜的繁殖。而哈皮，那位慷慨的尼罗河泛滥之神，则被冠以"盖伯之友"的称号。

作为阿图姆和舒的子嗣，盖伯是"诸神的继承人"；作为神话中国王奥赛里斯的父亲，盖伯也与王权有着紧密的联系。埃及的国王被称为"盖伯的继承人"，坐在"盖伯的王座"上，因而这位神祇参与了王权的传承。在记载于第20王朝的切斯特·比提纸草上的神话"荷鲁斯与塞特之争"中，作为裁决者的盖伯决定了谁是王位正统的继承人。盖伯在庇佑国王方面的作用最早体现于《金字塔铭文》——他支持作为荷鲁斯的国王，使其战胜塞特。

在晚期，特别是第30王朝及以后的传说中，盖伯曾垂涎于自己的母亲，并在父亲去世后侵犯了她。这一传说明显基于希腊神话中克罗诺斯篡夺其父乌拉诺斯王位的故事，而希腊人将克罗诺斯等同于盖伯。

形 象

和其他宇宙大神一样，盖伯一般是人形。他有时是头戴下埃及王冠的男性形象，在神话

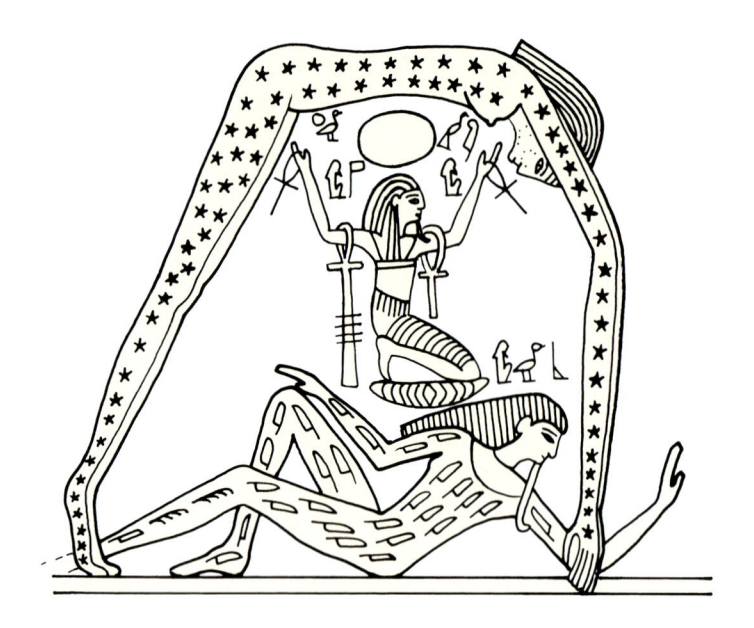

上图：大地之神盖伯位于他的配偶努特身下，空气之神舒分开了他们。盖伯的身体上画满了代表"芦苇"的圣书体符号，寓指其丰产的本质。特恩塔蒙纸草（局部），第21王朝。法国国家图书馆，巴黎

里，他一般呈现为在天空女神之下单臂支撑着自己身体的形象。在这样的场景中，盖伯的阴茎有时会被刻画成直直伸向努特女神的样子，象征他们之间的夫妻关系。盖伯的神话背景使他也会以白额雁的形态出现（这种鸟与创世有关），或显现成一个头顶有只雁或鹅的男子。此外，在拉美西斯六世的墓中，盖伯有着野兔的头部。不论哪种形态，盖伯的皮肤都可以被描绘成绿色，象征他使万物丰产的特性，以及从他身体上生长出来的植物。有时，他的身体还会以植物装饰。

崇　拜

尽管没有自己的崇拜中心，但盖伯的形象出现在很多神庙场景中，他在民间信仰里也有着重要的地位。这位神祇有疗愈之力，人们尤其爱在治疗蝎子叮咬的咒语中呼唤他的力量。他的疗愈之力范围广大，一份魔法文献曾讲述奥赛里斯如何命令盖伯制止引发寒战和发热的恶灵。

哈

哈是一位沙漠之神，在干旱地区以外不太重要，但在西部沙漠和绿洲地区，他保护人们不受沙漠游牧民族和利比亚部落侵扰。这位神祇最早出现于第3王朝，随着时间的推移，他与西部地区的联系逐渐增强。哈是一位人形神，他的标志是头顶三座山丘的圣书体符号，代表"沙漠"或"外国的土地"。有时他被描绘为手持尖刀或弓箭的形象，以体现保护的作用。目前已发现了哈的祭司头衔，但关于这位神祇的崇拜，我们基本一无所知。

哈皮

神　话

在埃及人眼中，哈皮神是尼罗河的泛滥神（注意与荷鲁斯四子中的同名神哈庇相区分，见第88页）。尼罗河每年的泛滥带来大范围的灌溉水源和淤泥，赐予土地丰饶的物产。虽然有学者认为哈皮仅象征泛滥，而非尼罗河本身，我们却发现了一些二者兼有的情况，因此这位神祇有时可能象征着尼罗河整体的神圣力量。但他主要象征的还是尼罗河的泛滥，因为埃及人将泛滥称为"哈皮的到来"。一方面，尼罗河是古埃及的生命之源；另一方面，由于其泛滥的周期性，尼罗河也是宇宙秩序的显现。哈皮因此被称为创世神，甚至因赐予生命的能力和创造力而被授予"诸神之父"的称号。他是一位关爱子女的父亲，一位维系着宇宙均衡的神祇。虽然尼罗河的泛滥通常是可预测的，但在撒哈拉以南的非洲，偶尔的气候变化也会导致过低或过高的水位，从而引发严重的饥荒，而哈皮的职责即为维持适中的泛滥程度以及随后的收成。鉴于他的特点，哈皮被称为"鱼和鸟的主人"，他的扈从包括多位鳄鱼神和蛙女神。在冥世和性方面，哈皮的力量也有所表现。埃及晚期的"饥荒碑"也表述了相关的观念："这（哈皮的洞穴）是哈皮沉睡的宅邸……他带来了泛滥：他跃起，像男人和女人交媾一样交媾着……"这是与生殖和原初创世有关的神祇的典型形象。

形　象

哈皮的形象常常是一位大腹便便的男性，腰缠简单的腰带或腰布，留有长发，有着下垂的、女性化的胸部。这位神祇头上通常有一簇纸草，也常常呈现为手持纸草或莲花、端着堆满供品的盘子的形象。哈皮一般有着蓝色的皮肤，但也有其他肤色。所有这些特点都象征着哈皮所带来的丰饶，可与其

他"丰产之神"（见第130页）的形象特征互换。从第5王朝起（在萨胡拉祭庙中），神庙墙壁最低的格层上就常常装饰有哈皮和其他丰产之神的形象，他们被刻画为携带供品进入神庙的形象——象征对神庙主人的赠礼和源源不断的供给。哈皮手捧堆满供品的盘子的雕像也在这个时期出现，有时带有当时国王的面部特征，以此将统治者和丰产之神联系在一起。

在第19王朝，浮雕中开始出现两个哈皮的形象，一个头戴下埃及的纸草，另一个则头戴上埃及的象征植物，他们将各自的代表植物当作绳索，绑缚在代表"统一"的sema符号上，寓指将上下埃及绑定在一起。这种图案一般雕刻于神庙的墙上，或国王巨大坐像的底座上。此外，在塞提一世的阿拜多斯神庙中，还出现了被刻画为双头鹅形象的哈皮。

崇　拜

在尼罗河格外汹涌的地区，哈皮神尤其受到崇拜，例如格贝尔·西尔西拉以及靠近传说中尼罗河源头的地方——人们相信哈皮居住在阿斯旺附近的一处深穴内。虽然《哈皮赞美诗》里说这位神"没有神龛，没有财产，也没有自己的服侍者"，他却在崇拜中心以外的地区受到了最为广泛的尊崇，并经常出现在其他神祇的神庙墙壁上。一篇文献曾记载人们如何将1089只山羊供奉给哈皮神，足见他的重要性。许多埃及人每年都会庆贺哈皮的节日，并为他创作颂歌和赞美诗。

哈乌戎

神　话

迦南神哈乌戎是一位默默无闻的沙漠和大地之神，根据迦南神话，他可能是阿斯塔特的

上图：象征上下埃及的哈皮神将两地的代表植物绑缚在sema-tawy的符号上。哈皮神肥胖的身体和头顶的植物都象征着尼罗河泛滥所带来的丰富馈赠。王座装饰，拉美西斯二世巨像，卢克索神庙，第19王朝

上图：作为"众神之父"的哈皮神手握生命符号，在代表丰收和丰产的场景中接受拉美西斯三世的崇拜。第20王朝。麦地奈特·哈布的拉美西斯三世祭庙，西底比斯

右图：鹰隼形态的哈乌戎。塔尼斯出土的拉美西斯二世雕像，埃及博物馆，开罗。雕像基座上的铭文写作"拉美西斯，哈乌戎所爱"。第19王朝

儿子。哈乌戎可能是与牧民和那些游荡在沙漠地区的人有关的神，在埃及他被称为"胜利的牧人"。中王国时，哈乌戎那迦南风格的神名就开始出现在埃及的文献中，但他作为一位外来的埃及神的形象似乎最早只能追溯到阿蒙诺菲斯二世的时候。这位神祇与吉萨的狮身人面像有关，但具体原因不明，可能是由于迦南或叙利亚的工匠曾在狮身人面像所在的地区居住，或是存在一些已无法证实的神话联系。

形 象

哈乌戎通常是带有武器的男性形象，但也有其他化身。在开罗博物馆的一座著名雕像上，这位神祇被刻画为一只鹰隼，站在蹲坐的、孩童形象的拉美西斯二世身后，以保护国王。

崇 拜

新王国时期，在吉萨的狮身人面像前，曾建有一座哈乌戎的神庙或祠堂，即"哈乌戎的宅邸"。由于神圣牧人的身份，哈乌戎在埃及的民间信仰中也占有一席之地。当埃及人向一片土地施加咒语时，哈乌戎是被呼唤的神灵之一，他能保护畜群免受野生动物的伤害。

海赫

神话

海赫是"无限"的化身,通常指时间意义上的永恒。在圣书体中,海赫的符号表示一百万,这位神祇因而与百万年的概念相关。他的配偶是女神海赫特,她代表了埃及语中的另一个"永恒",即捷特。在神话中,海赫与海赫特位居赫摩波利斯崇拜的八位原初神之列,前者还与"天牛"有关——舒与八位海赫神支撑着天牛,每条牛腿由两位海赫神负责。最后,在太阳船穿越冥世之后,也是海赫神托举着它重归天际。

形象

海赫是男性的人形神,戴有神灵专属的假发和假胡子,通常呈跪姿,两只手各握住一支带锯齿的棕榈枝,后者被用于神庙庆典或记事,因而也是圣书体中表示"年"的符号。有时海赫的头顶也会有一支棕榈枝,枝上还会有其他细节元素,例如代表"十万"的蝌蚪符号、代表"永恒"的"申"(shen)圈等。这位神祇通常半跪在象征"全部"或"普遍性"的篮子符号上,手臂上可能还悬挂着"生命"(ankh)符号。此外,海赫还会出现在上文提到的神话场景中,支撑着天牛或拉神的太阳船。

崇拜

海赫的这些形象特点表达了埃及人对生命或统治延续百万年的期望,因此从古王国晚期开始,海赫的形象就时常出现在护身符上,也被用作王室的图案,尤其在与国王有关的个人或家用物品——例如图坦卡蒙墓中发现的大量物品——上面,都有海赫的图案,这说明对于新王国的王室随葬品来说,海赫的形象是重要的补充。

赫卡

神话

在埃及人眼中,赫卡或"魔法"是一种存在于宇宙中的神圣之力,类似"能量"或"力量",它的化身就是赫卡神。在神话中,创世之时赫卡便已存在,并为创世提供了力量,因此赫卡神也被视为一位创世之神。在艾斯纳,他的名字被解释为"第一件作品",虽然这是一种晚期流行的词源学解释,但还是很能说明问题。魔法是所有神祇的力量之源,赫卡本身也是一位力量之神,从第20王朝开始,他的名字就包含了圣书体中表示"力量"的符号,因而具有这一含义——虽然最初他的名字意为"奉献卡之神",而且,在《棺木铭文》(CT261)中,他被称为"卡之主"。由于他具有强大的力量,《金字塔铭文》曾明确表示赫卡为其他神祇所敬畏(PT472),他还在太阳船中陪同太阳神,并负责在冥界保卫奥赛里斯。

形象

赫卡一般被描绘为一位男性神,有着神祇的装束和弯曲的胡须。在后期埃及,和其他几位男性神祇一样,赫卡以孩童的形态受到人们的敬拜,并作为不同神祇夫妻的"孩子"出现在画面中。

崇拜

和大多数象征宇宙领域或宇宙层面的神一样,赫卡没有常规的祭仪,但在宗教中却有着至关重要的地位。许多魔法和宗教仪式都需要召唤赫卡的力量。在罗马时期的艾斯纳,人们

上图:手握锯齿状棕榈枝的海赫,"无限"的化身。锯齿状的棕榈枝代表一种记录时间的古老方法,因此成了圣书体中"年"的符号。图坦卡蒙椅子上的装饰细节,第18王朝,埃及博物馆,开罗

下图：站在亡者前面的胡，与凯普利、图特和伊西斯一道出现在来世的场景中。第20王朝。因赫卡墓，西底比斯

将一座赫卡神的雕像从神庙抬到周围的田地上，以求神保佑土地的收成。在来世信仰中，赫卡也扮演着自己的角色，因其力量不可估量，《金字塔铭文》直接宣称了他的权威（PT539），《棺木铭文》里则写有一则咒语，助亡者"变为赫卡神"（CT261）。

荷鲁斯

见第200页，"鸟类"部分。

胡

胡是"权威的话语"的化身，因此与力量和主宰的观念有着紧密的联系。传说胡诞生自太阳神阴茎上的一滴血，因此与拉神的伟力也有联系。但胡又和孟菲斯的创世神话有关，其中普塔神通过自己权威的话语创造了宇宙（见第123页）。胡常常和西雅一起出现，后者象征领悟、理解或知识——特别是在创世或太阳神的冥世之旅这样的背景下。胡很早就与冥世和来世联系在一起了。在《金字塔铭文》中，胡陪同已逝的国王一起升入天界（PT251），这部分的祷文反复宣布国王获得了权威，其中一句清楚地说道："权威（胡）已在我面前低头。"（PT697）表明国王在天界也保留了君主的无上权威，并且有足够的力量主宰来世。关于胡的图像记载很少，但他偶尔会被描绘为人形的神祇，作为拉神的随从之一，现身于有拉神圣船的冥世场景。

伊阿赫

伊阿赫是一位月神，名字意为"月亮"，在较早的时期就已出现。伊阿赫最初是一名独立的神祇，后期被洪苏吸纳，因此有时被视为洪苏的成年形态，有时则依然保持独立。《金字塔铭文》中，已逝的国王宣称月亮（伊阿赫）是他的兄弟（PT1001）和父亲（PT1104），到了新王国时期，占主导地位的月神变成了洪苏和图特，但在晚期的护身符和其他图像中都出现了伊阿赫的形象，他通常呈现为一名站立的男性，和洪苏一样包裹在亚麻布中，头戴相同的满月和新月标志，但上面一般还有一顶阿太夫王冠，王冠上还有另一个圆盘。除了神灵专属的胡子，伊阿赫还时常戴着长长的三分式假发，而非洪苏的"独辫"发型，有时他还会手持一

根长棍。在较为少见的情况下，伊阿赫会与图特合二为一，被刻画为和图特一样的朱鹭头。在图坦卡蒙的一件胸饰上，展翅的圣甲虫托起月之眼的圣船，上面新月和满月圆盘的形象可能就是对伊阿赫的影射。

伊蒙荷太普

神 话

伊蒙荷太普是一名第3王朝的高官，其最知名的身份是乔赛尔国王的维西尔和"建筑总管"，他为乔赛尔国王修建了宏伟的萨卡拉阶梯金字塔——这不仅是埃及历史上的第一座金字塔，也是现知世界上第一座石造纪念性建筑。纵然出身平民，伊蒙荷太普却当上了普塔神的祭司，这种联系最终使他成为传说中的普塔之子，由普塔和人类女子克瑞杜安赫生育。在世时，伊蒙荷太普在神庙和政府中一路升迁，最终成了高级祭司和身份显赫的大臣。他是一个博学多才之人，除了精通建筑，在其他方面也颇有成就：他是医药之神，也司掌书写和所有的知识。尽管未能留下当时关于他医药方面成就的记载，但在去世后不到一百年，他就被尊为掌管医药的半神，这说明他在世时就已是一名技艺娴熟的医生。由于在学识方面的名气，伊蒙荷太普也被与图特崇拜联系起来。我们尚未找到伊蒙荷太普的墓，但萨卡拉的一座没有铭文的马斯塔巴（编号3518）可能是他的埋骨之处。

形 象

萨卡拉遗留的雕像残片显示，伊蒙荷太普被授予了格外的尊荣，使他可以在乔赛尔国王的雕像上留下自己的名字，但这位大祭司和建筑师的事迹直到很晚的时候才为人所知。从后期埃及开始，伊蒙荷太普的形象常常出现在祈愿用的铜像和其他小雕像以及护身符上。他通常是一身书吏的装扮，呈坐姿，身穿长半裙，头戴小圆帽，或剃光头，膝盖上放着一卷展开的纸草，象征他学者的特质和书吏保护神的身份。

崇 拜

在后期和希腊罗马时期，伊蒙荷太普逐渐走向神化，对他的崇拜也达到了巅峰。人们为这位学者之神建造了一系列的神龛和神庙。他主要的崇拜地包括萨卡拉地区和菲莱岛，在底

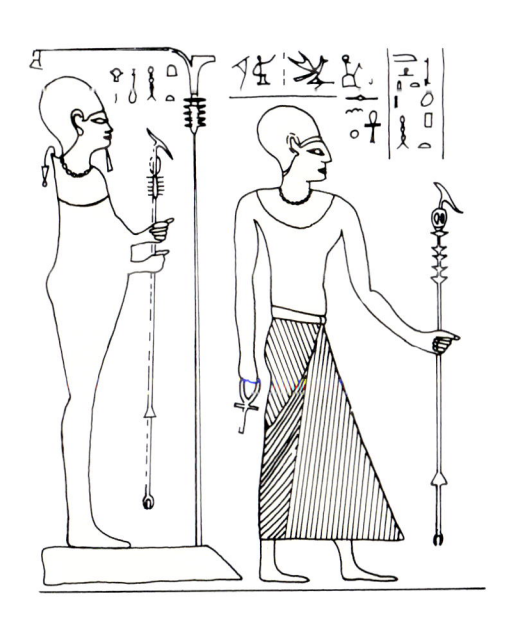

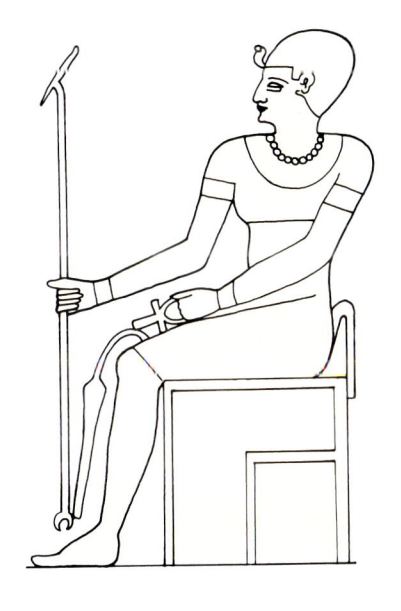

上图：乔赛尔国王的阶梯金字塔，萨卡拉。作为"建筑总管"伊蒙荷太普最伟大的杰作，阶梯金字塔为这位建筑大师经久不衰的盛名和最终的崇高地位奠定了基础

最左图：神化的伊蒙荷太普（右）站在工匠之神普塔面前，二者时常被联系在一起。私人碑刻，萨卡拉。后期埃及或托勒密时期

左图：后期埃及和希腊罗马时期，作为学者和建筑师的伊蒙荷太普常表现为端坐椅上的形象，且拥有着神灵的全套标志

上图：在托勒密时期，代尔·巴哈里的哈特谢普苏特神庙的内部圣所中，伊蒙荷太普和哈普之子阿蒙诺菲斯一起受到尊崇（后者未显示在图上）。

比斯地区，他与第18王朝的圣人、哈普之子阿蒙诺菲斯一起，在代尔·巴哈里以及位于代尔·麦地纳的托勒密时期的神庙中受到人们的祭拜。在罗马皇帝提比略统治的时期，一篇关于伊蒙荷太普的重要铭文被镌刻于卡纳克的普塔神庙中。他的崇拜场所也是人们的朝圣地，受苦之人选择在那里祈祷并入睡，希冀这位神能在梦中治愈他们，或赐予他们药方。作为医药之神，他被希腊人等同于他们的阿斯克勒庇俄斯，他在萨卡拉的崇拜中心因而被称为"阿斯克勒庇昂"。崇拜者们会在此处的地下墓穴中留下朱鹭木乃伊，作为供奉给伊蒙荷太普的祈愿物，朝圣者们还会留下残肢或生病器官的模型，希望医药之神赐予疗愈。虽然像伊蒙荷太普这样被神化的凡人在古埃及并不罕见，但他的地位之崇高、信仰之广泛，在当时是无与伦比的。

洪苏

神话

洪苏是一位月神，在新王国时期的底比斯，他是阿蒙神和穆特女神温和良善的儿子，但他早期的形象却与此大相径庭。洪苏曾出现在《金字塔铭文》著名的"食人者赞美诗"中，作为一位嗜血的神祇，他协助已逝的国王猎杀那些供国王"食用"并吸收力量的神。之后洪苏转变成了与分娩有关的神，但此时他已经是底比斯三神（阿蒙、穆特、洪苏）的一员。虽然洪苏的主要角色是月神，但他还有多个不同的身份，包括"孩童洪苏"、"供给者洪苏"（希腊人称其为"切斯庇西吉斯"）、"寿数的决定者洪苏"以及"底比斯的洪苏"——最后一个显然是洪苏在底比斯地区最重要的化身。洪苏的多种形态以及这些形态之间的关系记载于"本特瑞什石碑"，这块石碑上的铭文雕刻于公元前4世纪的底比斯，但据称是对800年前拉美西斯二世时期一份公告的重抄。碑文记载了埃及国王将一尊"供给者洪苏"的雕像借给巴克坦国王，以帮助治疗其女本特瑞什公主的经过，还阐述了洪苏的这一形态和底比斯的洪苏本尊之间的联系。尽管底比斯的洪苏是阿蒙和穆特的儿子，但在库姆·翁姆波，洪苏就成了索贝克和哈托尔的儿子，而在艾德福神庙，洪苏又与奥赛里斯产生了联系，被称为"腿之子"，因为相传这位冥神的肢体被埋在此地。作为月神，洪苏有时还会和空气之神舒以及荷鲁斯发生联系。和图特一样，他也与时间的计算有关，人们相信他可以影响人和动物的孕期。过去的学者们认为，洪苏的名字可能来源于音节kh（"胎盘"）和nesu（"国王"），即王室胎盘的化身，但现在则普遍认为洪苏一词来自动词khenes，意为"穿越"或"穿过"，因此他的名字意为"穿越（天空）的神"。

形　象

洪苏的形象通常是一位裹在木乃伊绷带或紧身长袍中的少年，但他的双臂一般不受束缚。他头戴月亮的象征物，即新月托着满月圆盘的头饰。身为阿蒙和穆特的神圣子嗣，他留有孩童的"独辫"发型，但同时也佩戴着神灵的假胡子。此外，洪苏一般手持弯钩和链枷——暗示其与奥赛里斯和荷鲁斯之间的关系——以及瓦斯或杰德权杖（见右图），但他最突出的特点则是项链上的新月形胸饰，以及背后用来平衡重量的挂坠——洪苏的挂坠一般是倒置的钥匙孔形状，和普塔项链上的挂坠有所差别，我们可以借此区分这两位神祇。作为一位天空之神，洪苏有时也被刻画为鹰头，我们可以通过头上满月加新月的头饰将他与荷鲁斯和拉区分开来。作为月神，洪苏的象征还包括草原狒狒（Cynocephalus baboon），但洪苏以狒狒形态出现的频率远不如图特神。人形的洪苏出现在王朝晚期的小护身符上，除此之外，一些饰板上也刻有这位神祇的人形或鹰头形态，有时是与其父母阿蒙和穆特一起。洪苏也有类似孩童荷鲁斯那样站在鳄鱼背上的形象，通常出现在疗愈魔法碑（见第132页）上。

崇　拜

洪苏的圣所遍及埃及各处，但最主要的崇拜中心是底比斯。洪苏神庙位于卡纳克的阿蒙大神庙内，最初由第20王朝的拉美西斯三世修建，历经多位统治者而完成。在节日的时候，譬如在卢克索神庙的新年节，洪苏会加入父母阿蒙和穆特的庆典，他的神像会乘着船首和船尾为鹰头的圣船，从自己的神庙出发，行进在两侧有他雕像的大道上，一直抵达卢克索神庙，这体现出他在这些宗教节日中的重要地位。作为疗愈之神，洪苏声名远播，在晚期尤其兴盛，相传他亲自治愈了国王托勒密四世，后者因此自称"保护国王、驱逐恶灵的洪苏神的挚爱"。

下图：带有图坦卡蒙面部特征的洪苏雕像，由黑色和红色的花岗岩雕刻而成。孩童的独辫发型和神灵的假胡子都是洪苏的形象特点。埃及博物馆，开罗

左图：鹰头形态的洪苏神，头戴新月和满月圆盘组成的头饰。第20王朝。孟图赫尔凯普舍夫墓，帝王谷，西底比斯

曼都里斯

神 话

下努比亚地区的太阳神，埃及语名称为迈尔维勒，曼都里斯是他的希腊语名字。这位神祇的起源和早期历史不甚清晰，但他无疑是一位太阳神。一篇较晚的文献《曼都里斯的幻象》将他极其自然地等同于荷鲁斯和希腊神阿波罗。人们还将他看作希腊的太阳神赫利俄斯，而在菲莱岛，他被称为伊西斯的"伙伴"。

形 象

曼都里斯一般为人形，头戴羊角、日轮、眼镜蛇组成的冠冕，冠冕上还有长羽装饰。他有时还会呈现为人头鸟的形态，与埃及的"巴"鸟相同，但会头戴样式繁复的冠冕。

崇 拜

虽然曼都里斯在下努比亚地区广受尊崇，但与他的崇拜有关的遗迹中，保留最好的一处位于新卡拉布沙。在此处，他和其他多位埃及神一起出现在罗马时期重建的神庙墙上。在菲莱岛伊西斯神庙的柱廊东侧，也有一座献给这位神祇的小祠堂的遗迹。

敏

神 话

敏（Min）是埃及最古老、崇拜最持久的神祇之一，在王朝时期，他是男性生殖之神，也是东部沙漠之神。他的埃及语名字Menu起源不明，我们无法从中探得其本质，但希腊作家普鲁塔克曾说它意为"所见之物"，这个猜测来自该词与动词"看"的相似性。敏神崇拜始于早王朝时期，1893年，皮特里在科普托斯发现了他的标志以及三座前王朝时期的巨像，后者现陈列于牛津的阿什莫林博物馆。虽然《金字塔铭文》没有直接提到敏神的名字，但其中的"在东方举起手臂者"指的应该就是敏神。此外，吉萨的第5王朝墓中出现了"敏神庆典"一语，说明在那时已存在敏神信仰。《棺木铭文》也提到了敏神，亡者祈祷自己能得到"猎女者"敏神的帮助，以获取后者的性能力。在中王国，敏神开始与荷鲁斯融合为敏-荷尔，因此他有时被称为伊西斯之子，但这种联系有时又使他被当作伊西斯的配偶和荷鲁斯的父亲来崇拜。身为东方之神，又和性与生殖力有关，敏神于是成了叙利亚女神卡叠什的配偶，后者也是叙利亚风暴神瑞舍普的妻子。在敏神的信仰史中最重要的一点是，第18王朝时，他与底比斯的阿蒙神逐渐关系密切，演变成阿蒙作为原初创世神的化身，这一点类似于阿图姆与赫利奥波利斯的拉神之间的关系。但阿蒙-敏的组合有着直接的政治寓意。自中王国起，法老的加冕礼和执政周年庆典中就融入了敏神的仪式，旨在增强国王的力量，底比斯地区崇拜的正是这种形态的敏，即敏-阿蒙-卡穆太

夫，简称阿蒙-卡穆太夫，意为"阿蒙，他母亲的公牛"。希腊人则将敏神看作他们的潘神。

形 象

敏神一般以裹在绷带中或木乃伊化的人形出现，保持着男根勃起并直直站立的姿态，头戴一顶帽子或王冠，上面饰有长飘带和两根高高立起的羽毛。他的腿紧紧地并在一起，可能是为了体现他被裹紧的身体，或是最早的雕像风格的延续。左手握住挺立的阴茎，右臂从紧裹身体的绷带中伸出并高高举起，手掌向上张开，在二维图像中看起来好像在他身后，但雕像清楚地体现出，举起的手臂位于身体右侧。这一姿势含义不明，可能与古代近东其他几位呈现手臂抬起姿态的神祇一样，代表保护或对敌人的击打。在敏神举起的手臂上，或手掌上方，通常会有一支链枷。在图像中，敏神身上还会有其他装饰品，例如项圈或胸饰，以及背带，但这些都不是固定的饰品。在彩图里，他的身体一般为黑色，可能象征着黑土，这是全埃及丰饶的基础。在上埃及第5诺姆，敏神被刻画为一只鹰隼，但这并不算是他的标准形象。而在他的崇拜中心，盖布图和肯特-敏，人们所崇拜的敏神形象是一头白色的公牛，这显然代表了他的性能力。从第6王朝到罗马时期，敏神身边往往会出现装在罐中或摆放在供桌上的莴苣，也含有性方面的寓意，因为莴苣的白色液汁象征精液，这种植物可能被当作催情药。敏神奇特的象征符号或许也是一个线索，能帮助我们了解这位神祇最初的特性，但它的含义依然是个谜，对它的解读五花八门，从箭石的化石和闪电的光束，到敏神神龛上的门栓，皆无定论。

崇 拜

虽然敏神崇拜在埃及处处可见，但这位神祇与两座城市有着特别的联系。最古老的敏神崇拜地被希腊人称为科普托斯，埃及语名为盖布图，即今天的基福特，位于凯纳和卢克索之间，哈马马特干河谷西端，通往东部沙漠的采矿区，敏神是这片区域的保护神。盖布图最初崇拜的是生殖神拉赫斯，他在《金字塔铭文》中被称为"南方之地的统治者"，上埃及第5诺姆徽标中的双隼即为敏和拉赫斯，但后来改成了荷鲁斯和敏。人们曾在科普托斯发现中王国时期敏神崇拜的相关考古遗迹，在一座新王国神庙的奠基坑中也有发现——尽管地表残存的遗迹属于希腊罗马时期。另一个与敏神有关的崇拜地是肯特-敏，意为"敏的神龛"，希腊人称之为帕诺波利斯（即今天的阿赫米姆，在索哈格附近），其所在诺姆的徽标就是敏神的标志。肯特-敏是敏神大祭司于亚的家乡，而于亚是阿蒙荷太普三世的岳父，也是图坦卡蒙的继任者阿伊的父亲，他为敏神在肯特-敏修建了一座岩凿祠堂。在古埃及这样依赖农业生产的地区，敏神作为丰产之神的重要性可想而知，因而在拉美西斯二世的麦地奈·哈布神庙中，我们看到了国王在敏神面前收割小麦的场景，而在收获季开头庆祝的"敏神降临节"，则是埃及最重大的宗教及农业节日之一。敏神的护身符出现得极早，阿拜多斯的

左图：努比亚神曼都里斯以人类的巴的形态出现，但头戴独特的羽冠。托勒密时期，卡拉布沙神庙，努比亚

下图：敏神青铜像。虽然敏神由于在丰产方面的作用而具有生殖神的特征，但他举起的手臂的含义仍不明确。后期埃及。埃及博物馆，开罗

上图：阿蒙-敏，即阿蒙神与敏神融合后的化身，黑色的面孔象征着使生命每年萌发的肥沃泥土。图特摩斯三世的代尔·巴哈里神庙内的石块，卢克索博物馆

上右图：森乌斯里特一世在莴苣地前向敏神形态的阿蒙-拉神供奉面包，莴苣地是这位丰产之神的象征。第12王朝。森乌斯里特的白色祠堂，卡纳克

一座第12王朝的墓葬中就曾出土一枚金制护身符。但大多数敏神护身符都出自后期埃及，可能供男性佩戴，以获取这位神祇的生殖能力。

奈柏尔

奈柏尔是一位谷物之神，他农神身份的源头可追溯至遥远的过去，甚至可能早过与他在诸多方面具有相似性的奥赛里斯。《棺木铭文》曾提到，奈柏尔是一位"死后仍能活着"的神（CT II 95），随着时间的推移，他也越发与奥赛里斯同化。在圣书体文字中，奈柏尔的名字包含了代表谷物的符号。在第5王朝萨胡拉国王的一幅诸神浮雕中，奈柏尔的身体上装饰着他所代表的谷物的点状图案。由于每年的粮食收获都要依赖尼罗河的泛滥，泛滥神哈皮被称为"奈柏尔的主人"，但奈柏尔自己也作为司掌丰收和繁荣的重要神明而受人尊崇。奈柏尔还与眼镜蛇女神瑞奈努太特有关，后者也是丰产之神。奈柏尔神的崇拜中心位于法雍南部，由阿蒙涅姆赫特三世和四世建造。

努恩

神话

努恩是原初之水的化身，原初之水存在于创世之初，从中诞生了作为创世神的太阳神。因此，努恩被称作"诸神之父"，但这只是一种暂时的尊称，他在谱系上与诸神并无关联。和八神组（见第77页）的其他神祇一样，努恩实际代表着未成形宇宙的一种元素，作为一种特性存在于埃及宗教中，并没有更具体的神话。但是，努恩的存在超越了这个诸神所创造的宇宙，在世界之外，乃至在世界湮灭之后，努恩依然能继续存在。从这个角度而言，努恩是人眼不可见的渊薮——《金字塔铭文》也如此阐述，在后来的文献中，他更像是一个地方，而非一位神祇。而这个世界和外层的努恩之水之间的区域，只属于流产的胎儿和有罪的灵魂这样无缘来世的存在。另一方面，所有地上的水域——包括尼罗河、神庙的圣湖、人造的池塘和湖泊——以及地下水，都能冠以努恩之名或归属于他。努恩的配偶是努涅特，但后

者只被视作一种语言和逻辑上的补充（即努恩的阴性半身。——译者注），而不具有任何独立的身份。

形象

当出现在表现太阳神的创世或重生的场景中时，努恩往往被刻画为一个巨人，戴着神祇的三分式假发和假胡子，双臂将太阳（通常在太阳船内）托举过地平线，从而迎来新生。类似的形象出现在墓葬纸草的插图中，也出现在新王国时期王陵的墙壁上，例如帝王谷的拉美西斯六世墓中的壁画。一些新王国的王陵中会出现极深的竖井，或陡峭向下的通道，都象征着通往地底的努恩之水，回归创世之本，以获取再造和重生。努恩的另一种展现形式是神庙周围的波浪式泥砖围墙，这些墙上的凹凸起伏寓指努恩之水，在埃及神庙的建筑语言中，象征着宇宙外围的阈限所在。

崇拜

作为创世前的世界的显现，努恩没有自己的崇拜地，也没有神庙、祭司或崇拜仪式，祭司们在神庙圣湖中的仪式性净化可能最接近努恩的内涵，因为这种虔诚的净化不仅洁净了神之仆人的躯体，也使他们在努恩之水中得到重生和更新。

欧努里斯

神话

埃及神安胡尔是一位战争和狩猎之神，起源于阿拜多斯所在的提尼特地区，更为著名的是他的希腊名"欧努里斯"。这位神祇名字的含义为"他带回了远方之人"，因为在神话中欧努里斯曾远赴努比亚，带回了狮子形态的"拉神之眼"，即他的配偶，狮子女神麦基特。欧努里斯的传说和赫利奥波利斯的舒神的故事如出一辙，舒神在故事里带回了可怖的"眼"，即他的配偶泰芙努特，但安胡尔的名字说明前者的故事可能才是原版。无论如何，欧努里斯时常被等同于舒，因而与太阳神相关，他拥有"拉神之子"的称号，肩负猎杀拉神敌人的责任。欧努里斯还与荷鲁斯有关。在托勒密时期，希腊人将他看作自己的战神阿瑞斯，罗马人也保留了欧努里斯尚武好战的一面——在库姆·翁姆波神庙的一根柱子上，提比略皇帝就戴着欧努里斯的王冠。

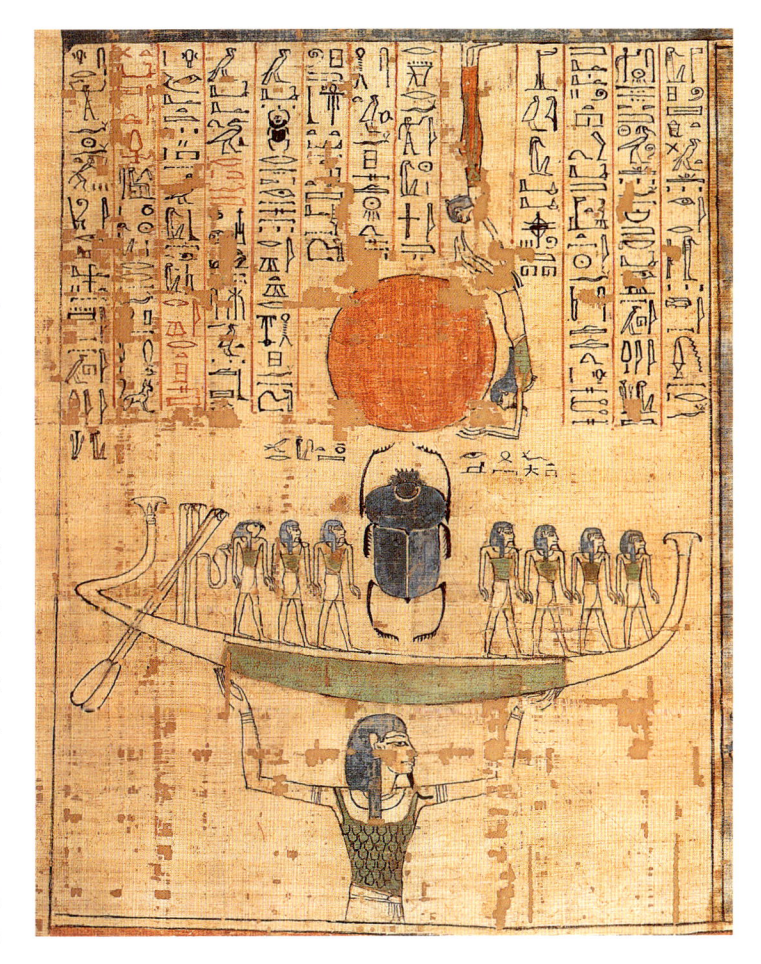

上图：象征创世之水的努恩举起承载着新生太阳的太阳船，每天的日出也映射着世界之初的创造。安海纸草，大英博物馆

形象

欧努里斯一般是站立的形象，蓄有胡子并头戴短假发，头顶还有圣蛇标志以及两根或四根高羽。作为"长矛之王"，他的右手奉起，做刺出长矛或长枪的动作，左手时常持有绳索，可能寓指捕捉其配偶狮子女神的传说。在一些情况下，他手中没有绳索，表现的可能是双手握住长矛的动作，但有时他手中既没有长矛也没有绳索，只是举起手臂，仿佛持有这些标志性象征物一样。欧努里斯的形象显示，他是准备将长矛向下刺入已降服的敌人的身体，而不是在投掷长矛，这说明他有着掌控者的地位，而不单单是个进攻者。这位神祇时常身穿长半裙，裙上饰有羽毛的图案。

117

下图：战争与狩猎之神欧努里斯正做出手持长矛的动作。后期埃及，铜像（局部），匈牙利美术博物馆，布达佩斯

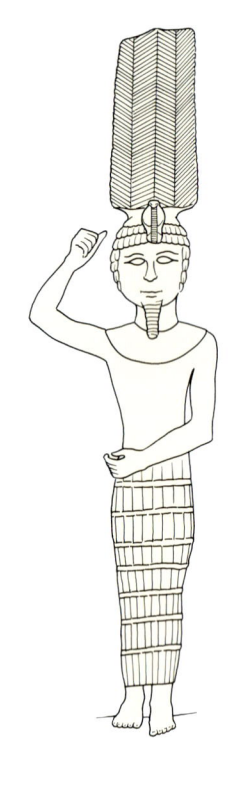

崇拜

虽然欧努里斯最初的崇拜中心在上埃及阿拜多斯附近的提斯，他后来的主要崇拜地却位于三角洲的塞本尼托斯，即现代的萨曼努德，在这里他与舒神一起，或干脆作为舒神的一种形态，受到人们的敬拜。人们在此处发现了一座第30王朝尼克塔尼布二世修建的、献给欧努里斯–舒的神庙，但欧努里斯的崇拜应早于这座神庙。在后期埃及，不同地区的墓葬中也偶尔会出现欧努里斯的银制或铜制护身符。

奥赛里斯

神 话

向你致敬，奥赛里斯，
永恒之主，众神之王，
具有诸多名字，神圣之形无数，
你是神庙秘仪之神！

——《奥赛里斯大赞美诗》

毫无疑问，奥赛里斯是古埃及最重要的神祇之一，他是死神，也是复活之神和丰产之神，在埃及的君权观念和民间信仰中都占据着显赫的地位。奥赛里斯名字的含义和确切的起源仍是未解之谜，他的埃及语名字"乌西尔"（Usir）的圣书体拼写相当简略，因而使人困惑不已，但最近的一项研究表明，该词最接近的含义是"具有威力者"（来自埃及语 useru）。他的出生地据说是罗塞陶，一处位于孟菲斯附近西部沙漠的墓地，这显然是一个与奥赛里斯的冥神身份相关的神话地点。

不断演变的属性：奥赛里斯起初可能是一位丰产之神，与大地相关，所以和冥世也逐渐发生了联系。他有时也与尼罗河的泛滥有关，可能是由于尼罗河同样使土地肥沃多产。但奥赛里斯与农业的直接联系则出现在较晚的时候。随着历史的发展，奥赛里斯崇拜遍及埃及各地，他吸收了许多其他神祇，迅速拥有了他们的一些特性。例如，奥赛里斯作为人间的国王死后复活的故事，可能来自布西里斯的古神安杰提，后者和奥赛里斯有着相同的标志。奥赛里斯的诸多称号中也有一些来自其他神祇。从阿拜多斯的古老的豺狼神肯提-伊门提那里，奥赛里斯获得了"西方之人的首位"的头衔；从阿努比斯那里，他获得了"神亭之神"的头衔，此名和木乃伊防腐时用的临时棚屋有关。奥赛里斯的很多头衔和称号都反映出他墓葬之神的身份，这一特性最初未必属于他，后来却成了他最主要的身份。其中最知名的头衔是"温尼弗尔"，它也是希腊名"昂诺弗瑞斯"的来源，这个词大致的含义为"处于永久的良好状况中的神"，意指这位神祇已经战胜了死亡带来的腐坏。此外，奥赛里斯还有一个看起来不太合适的头衔——"生者之主"，其目的也是否认死亡，并暗指那些身在冥世的"生者"。但对于奥赛里斯而言，最关键的还是冥世审判的裁决者的角色，这使他超越了复活之神和冥世之主的身份。

奥赛里斯的神话传说：在《金字塔铭文》中，奥赛里斯有着重要的地位，他、荷鲁斯和拉是最常被提及的三位神。可以明确的一点是，当奥赛里斯信仰达到一定的规模后，赫利奥波利斯的祭司们就将他和其他一些神祇一起吸纳进了自己的神学体系。因此，奥赛里斯的故事还包含了奥赛里斯的兄弟姊妹：伊西斯、奈芙西斯和塞特，以及他的儿子荷鲁斯，并形成了古埃及文化中流传最为广泛的神话传说。希腊作家普鲁塔克的作品《伊西斯与奥赛里斯》保留了这一核心神话的"成熟版本"，在这个故事中，奥赛里斯曾作为一位国王统治埃及，但被心怀妒忌的弟弟塞特残忍地谋害并分尸。在忠诚无私的妻子伊西斯和妹妹奈芙西斯的帮助下，奥赛里斯的尸体被发现，他也得以复活，最后成为冥世之神。作为奥赛里斯的遗腹子，荷鲁斯为父报仇，击败了塞特，以奥赛里斯合法继承人的身份登上了埃及之王的宝座。这个故事首先阐述了埃及王权体系背后的神学原理，即已逝的国王等于奥赛里斯，他的王位继承人则是荷鲁斯；其次，这个关于复活的故事，也为人们点燃了通往永生不朽的希望之光，这一点迎合了所有人的心意——复活最初是国王们的特权，最终延伸到贵族和普通人身上。另一方面，作为冥神的奥赛里斯也有使人畏惧的一面，人们在提到他时也会带有敬畏之心。《金字塔铭

文》为我们保留了这位神祇的黑暗面——有些咒语暗示，拉神会保护国王不受奥赛里斯伤害。在《棺木铭文》的一些篇章中，奥赛里斯被描述成某种具有威胁性的力量，而在《亡灵书》中，对于这位神祇，除了一些正面头衔外，诸如"恐怖者"这样的称号也曾被提及。但总而言之，奥赛里斯的人类起源，他的脆弱、复活，以及贯穿整个奥赛里斯神话的对于家庭奉献和忠诚的宣扬，都说明奥赛里斯依然是一位良善之神，他的故事代表着古埃及人所拥有的最为明确的肉体救赎的观念。

奥赛里斯和其他神祇的关系：除了自己的神话之外，奥赛里斯还与多位神祇存在着联系。例如，人们认为他的巴或灵魂寄居于神圣公羊巴涅布杰代特身上，后者在三角洲的城镇门德斯备受崇敬。孟菲斯的阿皮斯神牛，虽然通常和普塔有关，但也被视为奥赛里斯的化身。奥赛里斯和拉神之间更是存在着复杂且重要的关系。虽然奥赛里斯很早就被纳入了赫利奥波利斯的神学体系，但他的影响力依旧随时间的推移逐渐增强，到了新王国时期，奥赛里斯作为独立神祇的地位已不可小觑，他的头衔包括"宇宙之主""永恒的统治者""众神之王"。奥赛里斯此时已经能与太阳神分庭抗礼，他不再仅仅被当作拉神在冥世的另一半，在一些情况下，他成了拉神自己的躯体。因此，奥赛里斯和拉构成了同一位大神的躯体与灵魂。太阳的东升西落由此被视为拉神的巴下降到冥世，与自己的尸体奥赛里斯相结合的过程。但奥赛里斯和拉依然保留着彼此独立的特性、身份以及管辖区域，二者的融合是新王国的神学表达在特定情况下的产物，而埃及的神学从未摒弃它的二分法，即拉神是天界之主、奥赛里斯是冥世之主的观念。奥赛里斯还与月亮有着神话上的关联，虽然这一关联相对较弱。奥赛里斯和其他神祇的最终融合发生于托勒密一世时期，此时的国王引入了一位"混血神灵"——塞拉皮斯。他融合了奥赛里斯、阿皮斯和多位希腊神祇，虽出自人造，却在王朝末期的埃及成为最重要的神祇之一。希腊人则更乐于将奥赛里斯等同于他们的神狄奥尼索斯。

下图：奥赛里斯的神秘形象，呈现斜倚且男根勃起的姿态，并与太阳神拉一同出现。这个场景不属于已知的"来世之书"，但出现在拉美西斯九世的墓中，也出现在一些墓葬纸草上。纸草画，埃及博物馆，开罗

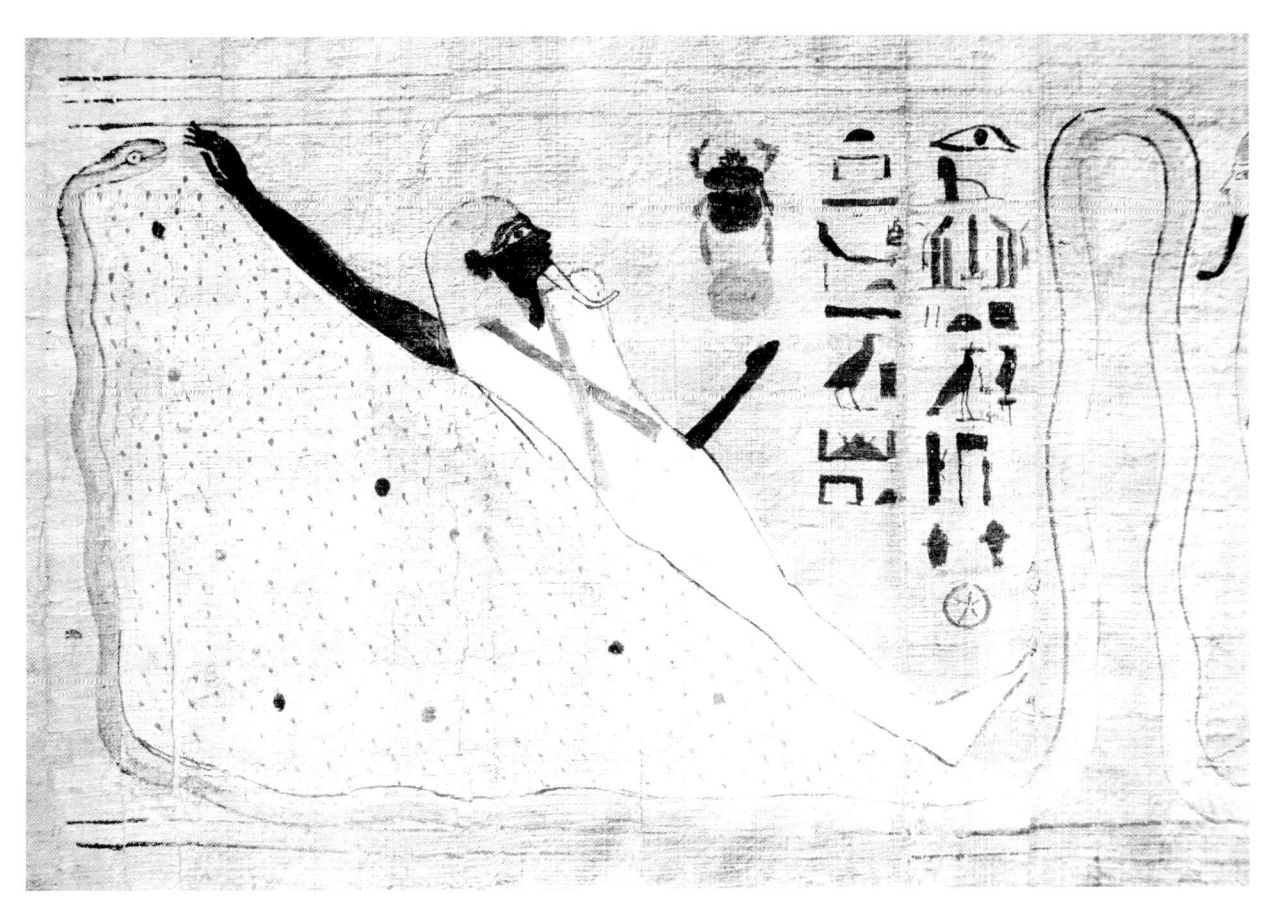

下图：尼弗尔塔莉站在名为"温尼弗尔……永恒的统治者"的奥赛里斯的座前。荷鲁斯（或奥赛里斯）四子的微缩形象立于神座前。第19王朝，尼弗尔塔莉墓，王后谷，西底比斯

形　象

奥赛里斯通常被表现为一具人形木乃伊，皮肤为白色，可能象征着木乃伊绷带；或是更常见的黑色，寓指他冥世之神的身份，以及尼罗河的黑色沃土；还有绿色，代表植物和生命力。他总是僵直地站着或坐着，两腿并在一起，手臂从绷带中伸出，握住作为他标志的弯钩和链枷。学者们认为奥赛里斯的这些象征物实为牧人的工具，但链枷的起源不明，可能具有其他含义。不论怎样，弯钩和链枷这两样象征物可能借用自国王的标志，因为从纳尔迈的时代起它们就出现在和国王有关的图像中了。有时奥赛里斯还会手持瓦斯权杖，但这显然是更晚近的表现手法，来自其他神祇的形象。持有象征物的方式也根据地区的差别而有所不同。在中埃及的奥赛里斯形象中，双手往往处于同一水平线，但在上埃及，他的手腕通常是交叉的。奥赛里斯最早的图像可追溯到第5王朝（来自杰德卡拉-伊瑟西国王时期的部分浮雕），那时他戴有神专用的假发，但在中王国时期的刻画中，他一般头戴上埃及的白冠，这可能暗示他起源于上埃及地区，自此之后，所有的奥赛里斯形象都戴有白冠。另外一种与奥赛里斯密切相关的冠冕是阿太夫王冠，它与白冠相似，但两侧有羽毛，有时还饰有水平的角和日轮。这顶王冠或直接戴在头上，或戴在假发上，但它实际来自另一位神祇安杰提，后来才成为奥赛里斯的标志。奥赛里斯有时也会佩戴其他王冠，尤其是在晚期，他的王冠变得愈加复杂，融合了多种形式，但白冠和阿太夫王冠始终是他的标准冠冕。从新王国时期开始，奥赛里斯的形象中出现了宽领项圈，手腕上有时还戴着手镯。后来，他的木乃伊裹布上开始出现更多的装饰细节，譬如胸前有交叉的带子，腰上有腰带，宽项圈后有平衡重量的坠子，等等。奥赛里斯与杰德柱之间存在联系，古埃及人常将他刻画为杰德柱的形态，有时是半拟人化的，即长有人臂的柱子，或头部是杰德柱的人形木乃伊。虽然埃及艺术从未刻画过奥赛里斯之死，但他常常被表现为躺卧于灵床上，接受伊西斯和奈芙西斯的哭悼。

与王权间的密切联系以及冥界之王的身份，使奥赛里斯比其他神更多地被描绘为坐在王座上的形象。因此，在墓葬壁画中，亡者通常站在王座上的奥赛里斯面前，奥赛里斯后方还有伊西斯和奈芙西斯两位女神（少数情况下是哈托尔，西方的女主人）。当呈现这种形象时，奥赛里斯前方一般立有荷鲁斯四子的微缩形象，或伊密乌特神偶。

由于在新王国时期，奥赛里斯崇拜和有关

最左图：弯钩、链枷和饰有羽毛的阿太夫王冠成为了冥世之神的标志——虽然都是奥赛里斯从其他神祇那里"借来"的。奥赛里斯的玄武岩雕像，萨姆提克墓，萨卡拉，第26王朝。埃及博物馆，开罗

左图：荷伦布站在奥赛里斯面前。除了是站姿，奥赛里斯的姿势和衣着与左边的雕像基本一致，但这里的呈现遵照了埃及艺术的二维法则。第19王朝。荷伦布墓，帝王谷，西底比斯

拉神的宗教思想发生了融合，奥赛里斯有时也会呈现为与拉神融为一体的形态，即奥赛里斯-拉或拉-奥赛里斯。这一形象通常有着木乃伊的身体（奥赛里斯），隼、公羊或圣甲虫的头（拉），在王后谷的尼弗尔塔莉墓中，他就被刻画为公羊头的木乃伊，铭文称其为"拉神在奥赛里斯中"和"奥赛里斯在拉神中"。很多图像也体现了拉和奥赛里斯的关系，二者的象征物会并列出现于同一幅画面，例如木乃伊和隼、杰德柱和日轮等。由于神话中的奥赛里斯也和月亮有关，有些图像也会以满月圆盘来象征他——特别是在和阿努比斯一起出现的场景里。

崇　拜

奥赛里斯崇拜延续了两千多年。这种崇拜建立于第5王朝末期，奥赛里斯的名字出现在《金字塔铭文》和马斯塔巴墓的铭文中，由此一直盛行至王朝时代终结。奥赛里斯崇拜是普遍的，在埃及有多个崇拜中心，宗教活动遍及埃及各地。由于神话中奥赛里斯的尸体散落各处，因此很多地区都宣称拥有奥赛里斯的部分肢体，借以在本地建立重要的崇拜中心。例如，阿斯里比斯声称拥有奥赛里斯的心脏；比加、艾德福、赫拉克利奥波利斯以及塞本尼托斯都声称拥有至少一条他的腿。与奥赛里斯有关的最著名的地方是阿拜多斯和布西里斯，分别是他在上埃及和下埃及的主要信仰中心。阿拜多斯，古称阿布杜（Abdju），是奥赛里斯最古老的圣地所在，那里还留存着古王国时期的奥赛里斯神庙。此外还有著名的"奥西里翁"，即紧邻塞提一世神庙的一座象征化的"奥赛里斯之墓"，以及第1王朝国王杰尔的墓——从新王国时期起，这座墓就被当作奥赛里斯本人的墓而受到人们的崇拜。阿拜多斯的象征符号是一个类似蜂箱的容器，上面插有两根羽毛，学者们认为这个符号代表着装有奥赛里斯头颅的圣骨匣。

下右图：植物从木乃伊上生长出来，后者近似时常放置于墓中的"谷物奥赛里斯"。棺椁画（局部），菲茨威廉博物馆，剑桥大学

布西里斯则位于三角洲中部，可视作"下埃及的阿拜多斯"，古称"杰杜"，其名在圣书体中是两根杰德柱，后来的希腊语名字"布西里斯"意为"奥赛里斯的宅邸"，这一地区的奥赛里斯神庙也很古老，早在古王国时期的铭文中就有提及，相传这里埋葬着奥赛里斯的脊柱。

在传播到各地的同时，奥赛里斯崇拜也分化出了不同的形式。在墓葬环境中，表达对他的崇拜的方式多种多样。虽然在古王国朝臣的墓中，上供时的祷文首先提到的是阿努比斯，但到第5王朝时，奥赛里斯开始在私人墓葬中扮演重要的角色，这一点体现于墓葬文献的标准开头："此乃国王（代表亡者）奉献给奥赛里斯的供品……"尤其重要的做法是将亡者等同于奥赛里斯，自此社会各阶层的亡者都被称为"奥赛里斯某某"——亡者的名字紧随奥赛里斯之后。在墓葬仪式中也随处可见奥赛里斯的影子，例如新王国时期使用的"奥赛里斯床"，也称作谷物奥赛里斯、谷物木乃伊，这是一个空心的框架，被做成奥赛里斯的形状，中间填满泥土——通常为尼罗河的泥土，并撒上谷物的种子。这个空心框架有时由亚麻布缠绕包裹，完全仿照奥赛里斯的样貌，而种子的萌芽则被视为奥赛里斯的复活力量的体现。除了葬仪，这种物品也被用在奥赛里斯的宗教节日中，譬如在埃及年第五个月举行的盛大的荷阿克节。祭拜奥赛里斯的神庙仪式和典礼也有多种形式——虽然通常是不公开的。我们在材料中发现了古王国和中王国时期有关部分仪式的记载，其中最重要的就是每年在阿拜多斯举行的奥赛里斯节。在这一节日中，祭司们会将奥赛里斯的圣像从他的神庙抬出，前往今天称为"乌姆·卡布"的奥赛里斯之墓，该地也被称为"陶器之母"，因为这里出土了古代朝圣者遗留的大量陶杯、陶碗以及其他陶制的供品容器。收藏于柏林的中王国官员伊赫诺弗瑞特的石碑记载了奥赛里斯节日的各个方面，其中明确强调的关于奥赛里斯"秘仪"的部分，即使以埃及神学的标准，也是极为深奥的。奥赛里斯也是古埃及的"民间信仰"中最重要的神祇之一，但令人惊奇的是，奥赛里斯的护身符很少见，只在第三中间期和后期埃及出现过一些。更常见的是奥赛里斯的青铜小像，其中一些是挂坠。奥赛里斯也时常出现于墓葬装饰，很多咒语和保护性质的铭文中都有对他的祈求，有些是以国王诏命的形式、以埃及之王奥赛里斯的口吻颁发的。

凭借自发的力量，奥赛里斯崇拜一路发展壮大，贯穿了埃及历史的大多数时代，在希腊罗马时期尤其传播广泛，由于和伊西斯崇拜的密切关系，它甚至跨越埃及的国境，传播到了国外。伊西斯崇拜则几乎完全建立在奥赛里斯神秘戏剧中的角色之上，赐予女神的追随者现世的救赎。

帕奈布塔威

帕奈布塔威是荷尔欧里斯（见"荷鲁斯"一节）与配偶——库姆·翁姆波的哈托尔-塔-塞涅特-奈弗瑞特——所生的神子。帕奈布塔威，意为"两地的主人"，实际为法老的化身。通过被描绘为大荷鲁斯之子，法老的埃及合法继承人的身份得到了强调。帕奈布塔威通常为少年的形象，梳着少年专有的独辫发型，一只手指放在嘴里。

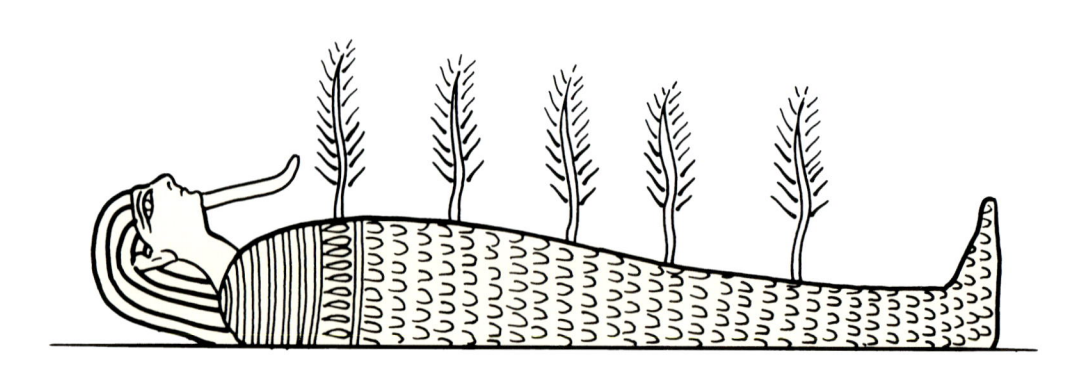

帕泰考斯

神 话

帕泰考斯是一类带有辟邪性质的小神，希罗多德曾在著述中论及这个名字，并提到这些形如侏儒的保护神被腓尼基人用来装饰战船的船首。希罗多德认为这些小侏儒的形象来自俾格米人，且在书中提到他们很像孟菲斯的赫菲斯托斯（普塔神）雕像。这些小神的名字可能源于工匠之神普塔的称号"侏儒普塔"，此外，在古王国描绘金属加工作坊的壁画中，也时常出现侏儒的形象。

形 象

埃及的帕泰考斯在外貌上接近贝斯神，但也有一些不同之处。和贝斯神一样，他们呈现为矮小的男性（常常还是罗圈腿），双手放在臀部，有时也会挥舞利刃，抓着或咬着蛇，他们的头颅比常人要大，面部没有毛发，也没有贝斯神那样巨大的眼睛和伸出的舌头，往往是秃头或平头。帕泰考斯还会被描绘为鹰头或公羊头、梳独辫发型、头戴圣甲虫或阿太夫王冠的形象。一些情况下，帕泰考斯有两个头，或和其他神——尤其贝斯和哈珀克雷特斯（见"孩童荷鲁斯"和"荷鲁斯"两节）——背靠背，当站在鳄鱼背上时，他和哈珀克雷特斯姿态相似。

崇 拜

粗糙的帕泰考斯护身符在古王国晚期就已出现，但直到新王国时期才有了雕琢较细致的产品，到王朝晚期依然流行。

佩提瑟和皮赫尔

佩提瑟和皮赫尔是一对被神化的兄弟，在阿斯旺以南，下努比亚的丹杜尔地区被人们当作小神崇拜。这对兄弟可能生活于第26王朝前后，由于溺死在尼罗河中，他们被提升为神，后来也和奥赛里斯产生了联系。奥古斯都皇帝在尼罗河西岸的丹杜尔建造了一座小神庙以供奉这对兄弟。为了避免被纳赛尔湖上涨的湖水淹没，这座小神庙搬到了纽约的大都会博物馆。神庙的浮雕刻画了佩提瑟和皮赫尔向更高级的神祇伊西斯献上供品的场景。

普 塔

神 话

作为埃及最古老的神祇之一，普塔自第1王朝起就出现在图像中。然而这位孟菲斯的大神最初可能只是一个重要的地方神，随着时间的推移，他的影响力缓慢增强，并逐渐扩张开来。即使在《金字塔铭文》中，他也只被间接地提到了几次，但我们无法确定原因究竟是这位神祇早期不够重要，抑或在墓葬仪式中的作用有限，还是赫利奥波利斯的神学家们有意降低孟菲斯神祇的地位。在神话里，普塔神的配偶是狮子女神塞赫迈特，他们和儿子尼弗尔太姆一起组成了孟菲斯地区的三神组。普塔有如下几个重要的角色。

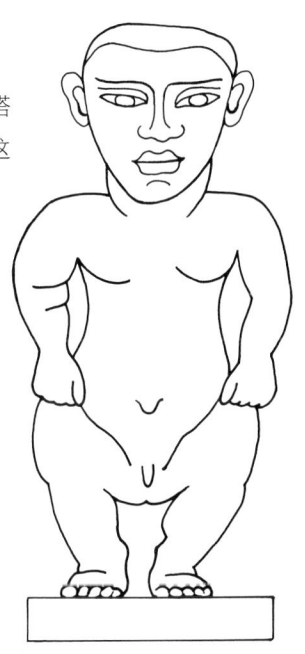

孟菲斯之主普塔：与普塔神有关的地方首先必然是孟菲斯地区。"Ineb-hedj"（意为"白城"，后来又被称为孟菲斯）是公元前3000年埃及国家统一之初的行政首都，这对普塔神影响力的增强无疑产生了深远的影响，随后不久，普塔神就成了这片区域的主神。在中王国时期，普塔被称为"安赫塔威之主"，"安赫塔威"指

上图：侏儒神帕泰考斯与孟菲斯的普塔神有关，但也有辟邪之神的独立身份。釉面护身符，大英博物馆

左图：森乌斯里特一世拥抱普塔神的画面，出自残损的森乌斯里特神庙中的一根柱子，位于卡纳克。第12王朝。埃及博物馆，开罗

的就是孟菲斯城。许多学者认为，"埃及"这个名字就来自埃及语"Hut-ka-Ptah"——"普塔之卡的神庙"——的希腊语形式。普塔的几个常见头衔也来自孟菲斯的地方环境，例如普塔-瑞斯-伊奈布-艾夫，即"在他的墙南面的普塔"，意指这位神祇的圣所位于孟菲斯南面他的神庙围墙附近；而普塔-凯瑞-巴克-艾夫，意为"辣木树下的普塔"，指的则是孟菲斯早期被纳入普塔信仰的古老树神。

工匠之神普塔：虽然普塔起初并非工匠之神，但他的这一身份也十分古老，在早期就已有表现，且一直保留了下来。古王国时期艺术和文化的发展、服务于王都孟菲斯并负责制造墓葬用品的工匠的大量增加，都是普塔崛起必不可少的前提。在古王国时期，普塔的大祭司拥有"维尔-凯瑞普-海姆"的头衔，即"工匠的大首领"。普塔的名字虽然来源不明，但词根可能有"雕刻"之意，因而和工匠之神的身份有关。作为工匠之神的普塔不仅是人类的雕刻师或铁匠，也是艺术和工艺的创造者。这位孟菲斯的工匠之神还与侏儒产生了特别的联系，因为自古王国起，侏儒就在工坊中从事首饰制作等工作。普塔与其他地方的工匠也有关联，例如代尔·麦地纳工匠村中修建帝王谷王陵的工人们。希腊人和罗马人于是自然而然地将普塔看作自己的工匠神赫菲斯托斯和伏尔甘。

创世神普塔：由于工匠之神的身份——或除了这个身份之外——普塔也成为一位创造之神，被称为"大地的雕刻师"。和羊头神赫努姆一样，他被认为在自己的陶轮上造就了世间万物的形体。在更基本的层面，人们认为普塔是"古老之神"，并与原初神努恩及其阴性的半身努涅特融为一体，因而也是一位原初之神，他的创世之力显现在宇宙的各个层面。他有时被当作普塔-努恩或普塔-努涅特来崇拜，而这一创造神的特性又使他与孟菲斯古老的大地之神塔特恩融合为普塔-塔特恩。在孟菲斯祭司们的创世神话中，普塔神以自己的思想和创造性话语或命令（见第18页）造就了整个世界，这也是古埃及乃至整个古代世界所出现的最接近理性的创世神话之一。

冥世和来世之神普塔：与孟菲斯的地神塔特恩和墓葬之神索卡尔的近似，使普塔也获得了这两位神祇的特质，因而产生了既有创造能力，也有冥神身份的普塔-塔特恩。虽然普塔本身并不常与来世相关，但通过作为复合神的普塔-索卡尔以及后来的普塔-索卡尔-奥赛里斯，他在该领域也获得了相当大的影响力。呈现在壁画和浮雕中的木乃伊形态，也向我们彰显着这位神祇在墓葬与来生方面的作用。

祈祷的倾听者普塔：与大多数神祇一样，普塔的称号形式多样，极尽赞美之词。铭文中常出现的普塔头衔有奈弗-赫尔，即"仁慈之神"，以及涅布-玛阿特，"真理之主"。但"祈祷的倾听者"这一称号有着特别的意味。在孟菲斯的普塔神庙和埃及其他地方发现的一些还愿碑上刻有人耳的形状，它们被作为"倾听之耳"献给神，以便他倾听信徒的祈求。因为普塔既是工匠之神，也是倾听祈祷之神，我们在代尔·麦地纳发现了那里的工匠向普塔祈愿的痕迹，例如一位名叫尼弗拉布的工匠在还愿碑上承认他以普塔之名发了假誓，导致后来失明，因此他乞求"倾听之耳"的宽恕。在神庙的外墙上，我们也发现了倾听之耳的神龛或小祠堂，用于将人们的祈祷传达给神庙内的神明。普塔也常被刻画在这些神龛内，例如，在麦地奈特·哈布的拉美西斯三世祭庙入口处建造的神龛中，就有这位神祇的形象。

形 象

普塔神的形象尤其稳定，在埃及王朝的大多数时期都不曾改变，其最初的形象出现在第1王朝塔坎的一只碗上。普塔的形象基本都是站立的人形木乃伊，双

右图：普塔-索卡尔-奥赛里斯的形象，将创世神普塔、古老的冥神索卡尔以及奥赛里斯融合在一起。后期埃及，维也纳艺术史博物馆

腿并拢，手从木乃伊裹布中伸出，抓紧他的标志性权杖（由瓦斯、安赫和杰德柱组成）。普塔一般头戴紧贴头皮的小圆帽，没有其他头饰，但当与奥赛里斯融合时，他偶尔会头顶一个圆盘，上有两根长羽装饰。

自中王国开始，普塔佩戴的就是顺直的假胡须，而非其他神祇那样弯曲的样式。图像中的普塔一般还会在衣服后面悬挂类似流苏的装饰，或戴着宽项圈，背后有平衡重量的坠子。坠子顶端为圆头，底部展开，就像一枚狭窄的管状铃铛，这一特点非常明显，使我们得以通过部分图像来区分普塔和洪苏——后者佩戴的是钥匙孔形状的平衡坠。普塔的神像通常放置在敞开式的神龛中，立于一方狭窄的底座上，形如圣书体中表示"玛阿特"（即"真理"）的符号，也很像埃及工匠使用的测量尺。神像有时也会站立在寓指原始之丘的阶梯上。

普塔有时还会被刻画为一个侏儒，希罗多德曾在文中提到，自己在孟菲斯的赫菲斯托斯（普塔）神庙见过这种雕像（见"帕泰考斯"一节），虽然它们可能是侏儒工匠形态的供奉物，而非普塔神本人，但在后期埃及的一些魔法碑（具有疗愈功能的饰板）上，普塔神也被刻画成了侏儒的形象。

崇 拜

虽然孟菲斯的普塔大神庙未能留下多少遗迹，但保存下来的历史和考古材料都显示，那是一座十分宏伟的建筑，足以彰显一位在该地拥有超过2000年历史的至高神的尊荣。现存的神庙遗址可追溯到新王国时期，但这一地区早在新王国以前就有了祭祀普塔的建筑。孟菲斯也是神牛阿皮斯的故乡，作为普塔的化身和媒介，后者拥有自己的神庙与信众。虽然普塔最初是孟菲斯的地方神，但对他的崇拜迅速传播到整个埃及，普塔的形象也出现在埃及所有的主要宗教中心。最晚从中王国开始，他就在卡纳克的阿蒙大神庙内拥有自己的圣所，这座神庙在接下来的岁月中被不断扩建和装饰，不仅表现了普塔神的重要性，也说明普塔崇拜在上埃及有着清晰的传承。普塔在埃及的努比亚地区也受到了尊崇，他的形象出现在多座神庙中，例如拉美西斯二世位于阿布·辛贝尔、德尔以及戈夫·胡塞因的神庙。这位神祇在新王国时期的重要性还体现在这样一个事实上：他与另外两位主神拉和阿蒙组成了三神组——在阿布·辛贝尔神庙的内殿神龛中能看见这三位主神并肩而坐的形象；另外，多位国王和高级官员的名字都包含着普塔的尊名，例如美内普塔（意为"普塔所爱的"）和西普塔（意为"属于普塔的人"）。

作为工匠的守护神，普塔尤其在代尔·麦地纳工匠村这样的地方备受尊崇。作为"祈祷的倾听者"，普塔也是普通人最爱祈求的神祇，然而带有他形象的护身符却异常罕

上图：神龛内的普塔。顺直的假胡须和特殊形状的项圈平衡坠是普塔的特点，在其他神祇那里很少见。阿蒙赫尔凯普舍夫墓，王后谷，西底比斯

左图：图坦卡蒙墓出土的创世神普塔的镀金雕像，神像站立的底座可能象征创世之丘，或匠人的测量尺，以及圣书体中表示"真理"的符号。第18王朝。埃及博物馆，开罗

下图：来自叙利亚的瑞舍普神的石灰岩雕像，雕像中的瑞舍普一身埃及装扮。后期埃及。大都会博物馆，纽约

下右图：瑞舍普的形象，羚羊头饰和叙利亚风格的胡须显示他来自西闪米特地区

见，存世的多是来自第26王朝的牌状护身符，上面刻画着普塔、塞赫迈特和尼弗尔太姆的形象，且主要用于日常生活而非随葬用品。但普塔也间接地参与了葬仪——在墓葬雕像或亡者木乃伊的"开口仪式"中，塞太姆祭司所使用的具有仪式性的金属凿子正是这位工匠之神的象征。

瑞舍普

神　话

瑞舍普是西闪米特的战神和雷神，在新王国时和其他几位近东神祇一起被吸纳进埃及宗教。瑞舍普被等同于美索不达米亚的战神和瘟疫之神涅尔加，在希伯来圣经和远至西班牙的古代遗址中都有他存在的证据。从名字来看，他显然起源于外国，可能由喜克索斯人引入埃及，但到了新王国时期，人们便将他与埃及的几位神祇联系在一起，这些神祇和他一样拥有凶神或战神的特质，特别是塞特和底比斯的战神孟图，但瑞舍普依然保有外国神祇的特点和身份。瑞舍普的配偶是女神伊图姆，她曾与瑞舍普一道出现在文献中；瑞舍普也和其他近东神祇存在关联，人们时常将他、敏和卡叠什组成三神组，以此进行祭祀活动。

形　象

瑞舍普是一位人形神，留有胡须（通常是近东风格的大胡子），身着短裙，头戴上埃及的白冠，白冠上常常缀有一根长饰带，以及羚羊角或羚羊头。这些饰物可能体现了这位神祇来自沙漠地区，也可能是人们将他和塞特神等同的结果——虽然他在一些情况下佩戴的是圣蛇标志，而非羚羊标志。瑞舍普的形象常呈现向前迈步的姿态，右手挥舞着各式各样的武器，一般为长矛、长锤、斧头或弯刀，左手持盾牌——有时是瓦斯权杖或安赫符号。

崇　拜

瑞舍普在孟菲斯的一座神庙中受到崇拜，在其他亚洲移民定居的地方可能也有他的崇拜地，但他存在的痕迹则遍布从三角洲到苏丹的整个埃及。有关他的崇拜在新王国时很常见，也出现在托勒密时期的神庙清单和多种手工艺品上。考古学家们还发现了这位神祇的多座铜像，以及一尊雕琢清晰的石像，许多石碑上也有他的形象，包括单独的肖像和随同其他神的群像——尤其是和敏神以及叙利亚女神卡叠什组成的三神形象。瑞舍普的形象和名字也出现在许多圣甲虫上，战神的特性使他成为理想的王室守护神。阿蒙诺菲斯二世在吉萨的狮身人面像旁边竖立的石碑，以及这位国王的其他纪念物，都体现了瑞舍普因战神身份而被王室接纳的过程。他的战神属性也能转为疗愈的属性，一些咒语中出现了瑞舍普的名字，因为人们相信他具有驱邪的功能，例如祛除魔鬼阿克哈的邪术、治疗腹痛等。

萨　赫

萨赫神是夜空中最为夺目的猎户座的化身。虽然不属于天极附近的"不朽的"星群，猎户座在埃及神话中仍是极其重要的星座，这尤其是因为它在紧邻的天狼星（埃及人称之为索提斯）前升起，而天狼星是最明亮的恒星，在埃及常被用于历法的计算。因此从很早的时候起，猎户座之神就与天狼星索提斯产生了联系，它们分别被看作奥赛里斯和伊西斯的化身。

《金字塔铭文》中经常出现萨赫的名字，他

被称为"众神之父"（PT408），已逝的国王相传会升入天空，"以猎户座的居民之名，一季在天上，一季在地上"（PT186）。对于萨赫与索提斯的关系，这些早期文献也有着清晰的表述，例如国王被告知"你将如猎户座一般升上天空，你的灵魂将如索提斯一样光耀永恒"（PT723）。新王国时期的墓葬文献曾提到猎户座乘船驶向群星，因而神庙和墓葬中出现了这样的场景——在群星的包围下，萨赫乘着一叶纸草小舟于天空航行。

塞拉皮斯

神 话

塞拉皮斯是一位"混血神"，结合了多位埃及神和托勒密一世统治时期引入的希腊神的特性。这位神祇因而回应了新时代的需要。在这个时代，埃及开始近距离接触希腊宗教，新的神祇被创造出来，以充当两种文化之间的桥梁。从语言学上讲，塞拉皮斯的名字是奥赛里斯和阿皮斯结合的结果，实际上，在托勒密统治之前，埃及已有了对"奥塞拉皮斯"的崇拜，这一埃及内核后来又增加了许多希腊神祇的特性，因此塞拉皮斯最终的形态还是更接近希腊神。宙斯、赫利俄斯、狄奥尼索斯、哈迪斯以及阿斯克勒庇俄斯的信仰元素都被吸纳进来，因而塞拉皮斯是一位完全的埃及-希腊混合神，是神圣王权、太阳神、丰产之神、冥世和来世之神以及疗愈之神的化身。因此，塞拉皮斯的神话，实为他背后这些神祇的神话，但他主要还是来世和丰产之神。塞拉皮斯的配偶据称是伊西斯，在希腊化时期，她是最强大的埃及女神。

形 象

塞拉皮斯的形象和特征以希腊元素为主。他通常被描绘为人形，身穿希腊式长袍，有着希腊式的发型和胡子，头戴一个高高的谷物量具。在一些刻画中，他还有弯曲的羊角。有时，为了体现冥世和丰产方面的属性，他和伴侣伊西斯会被描绘成蛇形——有胡子的那条象征塞拉皮斯。

左图："混血神"塞拉皮斯头戴具有标志性的"平顶式"或"篮子式"冠冕，这种冠冕呈谷物量具状。来自一幅三联圣像画的镶板，上面绘有塞拉皮斯、伊西斯和一位罗马市民的形象。罗马时期，180—200年。保罗-盖蒂博物馆，马里布

崇 拜

塞拉皮斯的崇拜中心是亚历山大的塞拉皮雍神庙，这里一直被视为整个地中海世界的奇迹和朝圣之地，直到公元389年，罗马皇帝狄奥多西下令摧毁了它。埃及各地还有其他小型的神庙和神龛被用来祭祀这位神祇，对他的崇拜更是由商队和信徒远播至整个希腊罗马世界。甚至在伦敦也发现过罗马时代雕刻的塞拉皮斯雕像的头，而在一篇发现于英格兰伊布拉坎（即今天的约克）的罗马遗址的铭文中，也记载着一座塞拉皮斯神庙，说明他的重要影响到达了罗马帝国最遥远的边界。但在埃及本土，埃及人从未真正接受这位混血神，他所留下的民间信仰的考古材料要远远少于其他传统的埃及神祇。

右图：坐在宝座上的塞拉皮斯，戴有三重阿太夫王冠。该形象来自麦罗埃的一尊晚期浮雕

不是一位受到尊崇或供奉的人格神。

舍兹姆

神 话

舍兹姆是一位司掌酿酒和榨油的神祇，具有两极化的人格特质，既能带来祝福也能带来破坏。他在古王国时就已出现在《金字塔铭文》著名的"食人者赞美诗"中，是其中一个可怖的存在，他屠杀诸神并将他们做成菜肴，以供国王汲取他们的力量。在中王国的《棺木铭文》中，舍兹姆也是一位血腥的毁灭之神，他用绳套捉住有罪者，将他们关进待宰的畜栏，像压榨葡萄一样压榨他们的头（CT VI, 6）。在后来的《亡灵书》里，舍兹姆也和冥世捕捉灵魂的网有关（BD153）。虽然时而残忍暴虐，舍兹姆也有善神的一面，作为酿酒榨油之神，他为人们提供葡萄酒、油和香水。在新王国时期，人们更强调他这些正面的属性，舍兹姆于是成了诸神香水的供给者。《亡灵书》中也有如下陈述："舍兹姆与你在一起，他给了你最好的禽肉。"（BD170）在希腊罗马时期，舍兹姆就完全变成一位善意的物产供给之神了。

形 象

舍兹姆不常出现在埃及艺术中。作为酿酒榨油之神时，他是人形的；第21王朝的一份神话纸草上则绘有鹰形的舍兹姆压榨罪人以示惩罚的场景；另外他还有狮子（或狮头）的形态，显然是为了突出其残暴的一面。一些晚期的图像还会把舍兹姆刻画成公羊头。

崇 拜

有材料显示，早在古王国时期舍兹姆就已有了自己的祭司团体，中王国时，法雍和其他地区已出现了他的崇拜地。随着善神的一面得到强调，他逐渐开始作为辅助神祇出现在其他神祇的崇拜中。而到了托勒密时期，在艾德福和丹德拉等神庙中，舍兹姆负责管辖特殊的"储藏室"，即制作和存放祭仪用的油、香膏和其他用品的专门房间，他因此被称为"香料之主"。

沙 伊

神 话

沙伊是埃及宗教中"天命"观念的化身，由此也是寿命之神，或从更广义的角度讲，是命运之神。《阿蒙涅莫普特的教谕》曾提到"无人可忽视沙伊"，寓指的是"命运无可避免"的观念，而非一位掠夺成性的神的逼近。因此，沙伊既是一种观念，也是一位神祇，在埃赫纳吞统治时期的多篇铭文中，阿吞神被称为"赐予生命的沙伊"。作为神祇的沙伊有时会和一些特定的女神一起出现，例如与他的职能密切相关的迈斯凯涅特和瑞奈努太特。在托勒密时期，沙伊被等同于阿格忒斯代蒙，一位因预言能力而受到尊崇的希腊化的蛇神。

形 象

沙伊的形象很少见于埃及艺术，但在新王国时期的墓葬纸草上，他有时会以人形出现在称量心脏的画面中。在这些场景里，他是一位看起来和其他神无甚差别的神灵，有着卷曲的胡子，但只能靠名字来分辨。

崇 拜

留存下来的铭文和不多的图像显示，沙伊更接近一种抽象的化身，或命运的概念化，而

舒

神　话

舒是空气和日光之神，其名字意为"虚空"或"升起的神"。在赫利奥波利斯祭司们的九神谱系中，创世神阿图姆以自己的精液或体液造就了他。舒的配偶是代表湿气的女神泰芙努特，这对神祇又生育了大地之神盖伯和天空之神努特。根据埃及神话，努特吞下了群星，盖伯因她"吃掉"他们的孩子而发怒，于是舒将他们二人就此分开。舒也出现在《金字塔铭文》中，其中写道，逝去的国王在"舒之湖"里得到净化，通过"舒之骨"登上天堂——此处的"舒之湖"可能代表雾气，而"舒之骨"则是云彩。从古王国起，舒还与光产生了联系——光可能被视为空气的一种显现方式。就连最著名的宗教改革家埃赫纳吞也尊崇这位大神，因为传说舒居住在太阳圆盘中。出于未知的原因，舒常与月神图特和洪苏联系在一起，可能是因为满月会发光，也可能因为他的妻子泰芙努特与月亮有关。舒有时也等同于守护神贝斯；然而，他又在冥世有着黑暗的一面，相传他充当刽子手处决罪人——虽然同时也保护太阳神不受巨蛇阿波菲斯的伤害。根据托勒密时期一方花岗岩神龛上的神话记载，舒曾作为国王统治了埃及许多年，直到变得衰弱疲惫，于是他上升到天界，和太阳神拉一起住在那里。

形　象

舒具有狮子的形态，但一般表现为头戴羽毛的人形神，这片羽毛也是象形文字中代表他名字的符号。在刻画中，舒时常举起双手托住天空女神努特，并在有魔力的海赫神们的帮助下，将她与配偶地神盖伯分开。舒也出现在其他一些神话场景中，例如，图坦卡蒙墓出土的头枕上就有他的形象：他跪在两只狮子之间，狮子象征他与泰芙努特，并代表昨日和明日的地平线，舒在其间托举起睡眠者的头，无疑是托举太阳的象征。虽然舒的立体雕像较为少见，但他常出现在护身符上，呈跪姿，双手上举托起日轮。

崇　拜

除了在《金字塔铭文》和《棺木铭文》中有所提及，舒神的崇拜直到新王国才真正出现，这时的多种铭文都提到了他。他和泰芙努特的崇拜中心位于古代的内塔胡特，即今天的太尔·穆克达姆，因为舒与泰芙努特在那里以狮子的形态受到崇拜，所以希腊人将那里称为莱昂托波利斯或"狮城"。在王朝晚期，人们越发相信舒具有使宇宙更新的力量，他用一种特别的"生命之息"充满了整个宇宙。因此，舒被纳入日常宗教的祈祷、正面咒语和一些魔法文

下图：舒，空气与阳光之神，他最常见的标志是头上的高羽毛头饰

下左图：在埃及艺术中，舒常常托举起他女儿天空女神努特的身体，使她如穹顶一般支撑在他儿子大地之神盖伯的身体上

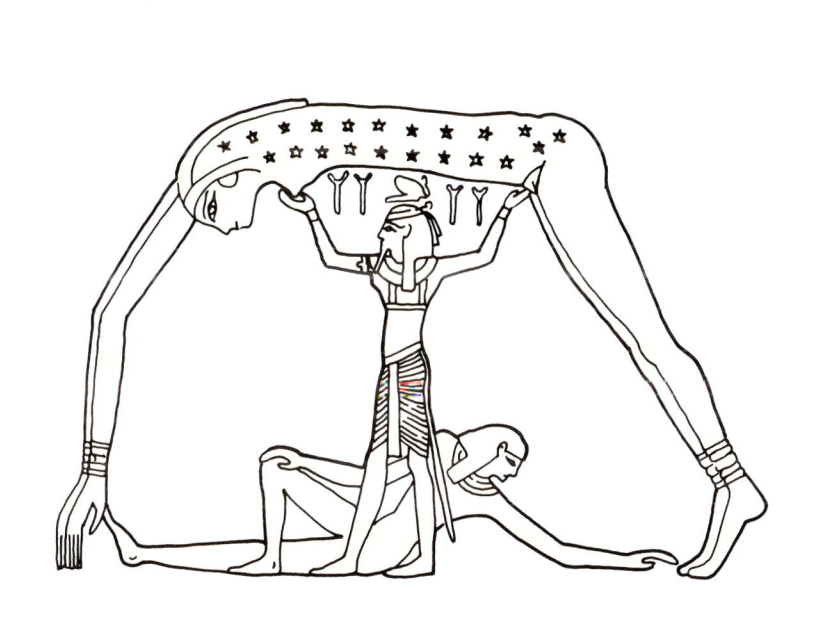

右图：图坦卡蒙墓出土的象牙头枕，雕刻着呈托举姿态的舒，枕在上面的国王的头象征太阳，在左右两只象征昨日和明日的狮子之间"落下"与"升起"。第18王朝。埃及博物馆，开罗

献，这些魔法召唤神的"秘药"，以祛除恶魔的威胁。

西雅

西雅是"感知/领悟"的化身，在孟菲斯神学中，他相当于创世神普塔的"心"或意识。神话中记载，西雅与胡（象征口中说出的命令或话语）诞生于太阳神拉阴茎上滴落的血。胡也是普塔神口中说出的带有创造力量的词汇，因此普塔通过意识与话语创造了世间万物，西雅和胡组成了一对双神，同样象征拉神的意识和话语。西雅一般化身为人形，在古王国时，他被描绘成一位神族官员，站在拉神右侧，手持拉神的神圣纸草卷。在新王国帝王谷的王陵壁画中，西雅常与胡一同现身于神祇的行列，在冥世的太阳船上随侍拉神左右。

塔特恁

神 话

塔特恁是一位孟菲斯的神祇，最初出现于中王国，但古王国一位名叫肯提-提耶涅奈特的神可能是他的前身。塔特恁的名字意为"升起的土地"，与赫利奥波利斯的"本本石"（见第212页）一样，他象征从原初之水中浮现的原始土丘，其次，塔特恁还象征尼罗河泛滥带来的肥沃淤泥，以及生长其上的植物。从第19王朝起，塔特恁就与孟菲斯的主神普塔产生了关联，被视为普塔的化身，并和普塔融合为普塔-塔特恁。作为土地之神，塔特恁还象征埃及本身，并和地神盖伯联系在一起。原初神的身份使他被看作一位双性神祇，在一篇铭文中，他被称为创世神和所有神祇的"母亲"。塔特恁也具有冥神的身份，被看作已逝国王在冥界的守护者。在新王国的《拉神祷文》中，他被认为是已逝国王的阴茎的化身，这可能是由于他名字中的"升起、举起"之意使人产生了语义上的联想。

形 象

塔特恁一般呈现为一位有胡子的男神，戴有日轮、羊角和两根羽毛组成的头饰。因为冥神的身份以及与植物萌发之间的关系，他的脸部和肢体有时被涂成深绿或其他颜色。

崇 拜

塔特恁崇拜曾盛行于孟菲斯，虽然在埃及其他地方的神庙中也有其踪迹，但他的圣所还是主要位于孟菲斯地区。

瓦迪-维尔

这是一位类似尼罗河神哈皮的丰产神，瓦迪-维尔意为"伟大的绿色"，很久以来他都被认为是地中海的化身，或是广义上的海洋的化身，但实际上他象征的大概是三角洲北部的大型湖泊和潟湖。这种观点的依据是，在一些文献中，有对徒步穿越"伟大的绿色"的记载，这指的可能是在邻近的多个湖泊之间穿行；此外，一些

文献在书写这个词时，用到的也是象征干旱土地——而非象征水——的限定符。不管怎样，瓦迪-维尔的形象早在古王国时就出现于阿布西尔的萨胡拉金字塔祭庙，在浮雕中，他全身布满水纹，身边还有其他丰饶之神，他显然代表着自己所象征的地区的丰厚物产。这位神祇作为冥世守护神的形象也出现于新王国的王陵中，此外，在王后谷，拉美西斯三世为儿子阿蒙赫尔凯普舍夫修建的纪念性建筑中，也出现了瓦迪-维尔的清晰形象。他也出现在护身符上，但那也可能是与普塔神融合后的普塔-塔特恁。

威涅格

我们对威涅格所知甚少，他曾在古王国的《金字塔铭文》中出现（PT607，952）。他是太阳神拉的儿子之一，象征秩序和稳定，支撑着天空，防止宇宙外围的混沌无序降临这个世界。在这方面，他和拉神之女玛阿特虽然角色不同，却有一定的关联，同时也类似于支撑天空的海赫神。威涅格也被称为其他神祇的审判者，这又与玛阿特女神司掌公正的角色相当。

男性孩童神

这一类别包含多位在神话和崇拜方面有很大重叠的神祇。一些神祇的儿童形态和成年形态都受到尊崇，但这种情况相对少见，所谓的"孩童神"往往代表主神们的孩子。这些孩童神时常在国王母亲的神圣受孕和国王的神圣诞生中扮演某种角色，一些还与晚期神庙中的"诞

上图：身体上覆盖着水纹符号的瓦迪-维尔跟随 列手捧供品符号的神祇，走进萨胡拉祭庙的圣所。阿布西尔，第5王朝。埃及博物馆，柏林

右图：荷鲁斯魔法碑上的孩童荷鲁斯手抓毒物，站立在鳄鱼头上，头顶贝斯神的面具。这种魔法碑象征孩童荷鲁斯神所具有的抵御和疗愈野外毒虫叮咬的能力。托勒密时期。埃及博物馆，开罗

最右图：国王伊乌普特以孩童荷鲁斯的形态蹲坐在创世之水中浮现的莲花上。费昂斯装饰物，第23王朝。苏格兰皇家博物馆

生之屋"有关。

孩童荷鲁斯

多位形态上存在关联的神之子都拥有"孩童荷鲁斯"（Horus the Child）这个名字，其中多数是奥赛里斯和女神伊西斯的儿子。为了保护这位孩童神不受塞特的伤害，女神在三角洲北部凯密斯（有时也译为凯姆尼斯。——译者注）的纸草丛中生下了他，并秘密地抚养成人。但在个别情况下，这位孩童神的父母被说成其他神祇，例如在梅达姆德，他是孟图和拉艾特塔威之子。《金字塔铭文》就已提到这位孩童神，他被称为"含着手指的孩子"。这种形态还被称为哈尔-赫瑞-瓦迪，即"纸莎草上的荷鲁斯"，有时则是"纸莎草丛中的荷鲁斯"，寓指他在神话中的诞生地。这位神祇更常见的名字是哈尔-帕-凯瑞德，希腊语称为哈珀克雷特斯，意为"孩童荷鲁斯"，在刻画中，他通常坐在伊西斯膝上，或独自站立，正如被称为"荷鲁斯魔法碑"的带有保护性质的饰板所展现的那样。另一种形态被称为哈西斯，即"伊西斯之子荷鲁斯"，明确了他女神之子和奥赛里斯继承人的身份。还有几个类似的名字也强调了这一身份，例如荷鲁斯-尤恩-穆太夫，即"母亲的支柱荷鲁斯"，以及哈尔-涅第-伊特夫（希腊语为哈伦多提斯），即"父亲的拯救者荷鲁斯"。

伊西

神 话

伊西也是一位孩童形态的神，埃及人将他的名字解释为"演奏叉铃者"或"乐师"，因而他象征着与神圣乐器（见第143页）有关的欢庆。他名字的另一种含义是"小牛"，意指他的母亲是母牛女神哈托尔，在丹德拉神庙和艾德福神庙，他都以哈索姆图斯的身份出现。伊西的母亲有时是其他神祇，他与伊西斯、奈芙西斯乃至塞赫迈特都有过母子关系。虽然通常认为他的父亲是荷鲁斯，但伊西也被称为拉神的子嗣。虽然在神话里他的主要属性与音乐相关，但部分文献表明，他和来世信仰也有关系。在《棺木铭文》和《亡灵书》中，伊西被称为"面包之主"以及"啤酒的掌管者"，说明他与供品相关，此外也可能暗示哈托尔崇拜仪式中的醉酒或迷狂。

左图：孩童神伊西，哈托尔之子。罗马统治时期的"诞生之屋"，丹德拉。在其他地方，伊西也会被当作其他神祇的儿子

下图：尼弗尔太姆神佩戴着具有标志性的莲花头饰、双羽毛以及坠子

尼弗荷太普

尼弗荷太普也是一位孩童神，只是不如伊西那样有名。在靠近拿戈玛第的希乌城，他被看作哈托尔之子。这位年轻神祇的名字意为"完美的安抚"，指的可能是愤怒的女神哈托尔被转变成温柔慈爱的母亲的神话故事。尼弗荷太普也被视为一位公羊神，以及阳性力量的象征。相传他为"他的美丽所在之地的妻子们"所爱，其中的"美丽"是一种婉转的说法，指代神的阳具。因此，这位神祇具有两个互补的方面——他既是孩童，也是孕育孩童的力量。

尼弗尔太姆

神　话

尼弗尔太姆往往被当作一位香气之神，但这只是他的次要角色，在埃及神话中，他是一位年轻的神，诞生于原初之水中浮现的莲花。因此，尼弗尔太姆不只是埃及蓝睡莲之神，也和莲花中诞生的太阳神产生了关联，最常见的是和拉神之间的联系。在《金字塔铭文》中，尼弗尔太姆被称为"拉神鼻尖前的莲花"（PT266），说明他很早就与香气有关，且这种关联是自然而然的。在晚一些的时候，尼弗尔太姆又和拉神之子荷鲁斯产生了密切的关系，这两位神祇时常合二为一。在孟菲斯，人们将尼弗尔太姆当作至高神普塔及其配偶塞赫迈特女神的儿子，以此组成了地位崇高的孟菲斯三神。但其他埃及城市也不甘放弃尼弗尔太姆的"所有权"。在布托，他是眼镜蛇女神瓦杰特之子，有时还被当作猫女神巴斯特之子。

形　象

尼弗尔太姆常被刻画为一位头戴莲花的男性神祇，有时莲花上饰有两支竖起的羽毛，两侧还各有一个平衡坠子。个别情况下，尼弗尔太姆会呈现狮头神的样貌（源于其狮子形态的"母亲"塞赫迈特），或站在狮子的背上（可能也与太阳神有关）。还有一些情况下，他表现为戴有莲花头饰的狮子形态。这

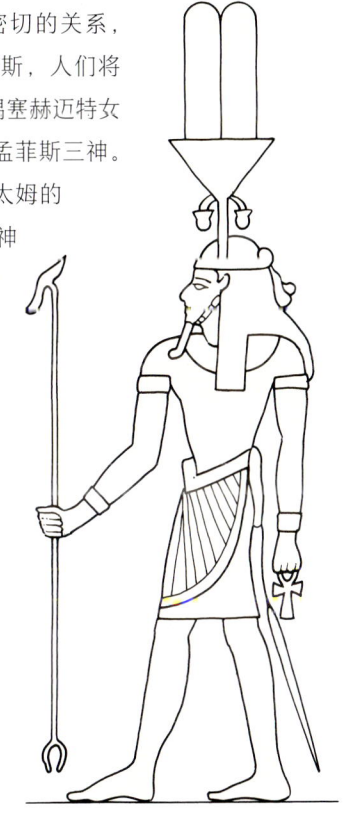

形　象

伊西的形象是一个赤裸的孩童，梳着"独辫"发式，手指含在口中。但他在图像中并不总以儿童的身量出现，有时和母亲哈托尔女神以及其他神祇或国王一样大小。他额头上戴有圣蛇标志，有时手持作为他象征物的叉铃和麦纳特项链，这些也是他母亲哈托尔的象征物。虽然通常为人形，但在个别情况下，他也会被刻画为小牛的形态。

崇　拜

作为荷鲁斯和哈托尔的儿子，伊西是丹德拉三神组的一员，丹德拉也就成了他主要的崇拜地。第4王朝时，胡夫法老曾重建此处的一座古老神龛，并将其特别献给哈托尔和伊西。在国王尼克塔尼布一世位于丹德拉的"诞生之屋"中，伊西扮演了极其重要的角色，在这里，人们庆贺伊西的神圣孕育和诞生，也庆贺国王的神圣孕育和诞生，此外，这里还上演了以神圣诞生为主题的13幕"神秘剧"。此处的第二座诞生之屋是恺撒·奥古斯都建造的，纪念了哈托尔之子伊西的诞生。

右图：尼弗尔太姆的莲花头饰一方面象征其"香气之主"的身份，一方面暗含莲花在创世中的神秘寓意，即再造与重生。第18王朝。荷伦布墓，帝王谷，西底比斯

是一位新王国才开始流行的守护神——虽然在那之前就已存在。他掌管沙漠与河流中的野兽，以及战争中的武器，因此能保护人们不受危险动物和暴力的伤害，也能防御疾病与恶咒。歇德与荷鲁斯有关，有时会呈现为荷鲁斯-歇德的形态，在后期埃及，他基本已被荷鲁斯同化吸收。

形　象

歇德是儿童或少年的形象，留有独辫发式，其他头发都被剃光，身穿短裙，有时会佩戴宽项圈，背后挂着箭袋。他一般手里抓着蛇或其他会伤人的野生动物，站在一头或多头鳄鱼背上——这与荷鲁斯在魔法碑上的形象有着同样的特点。

崇　拜

对歇德的崇拜主要是一种民间信仰，因而他没有自己的神庙和祭仪。他的名字常见于人名，其形象也出现在护身牌、挂坠等物品上，在各处均有发现。在阿玛尔纳工匠村的一处祠堂中，曾出土了两块献给歇德的碑，说明这位神祇在普罗大众间的流行，以及哪怕在最严苛的时期，也依然有人保持着对他的崇拜。

左图：图坦卡蒙的彩绘木雕头像，将国王刻画成从蓝莲花中诞生的尼弗尔太姆的形象。《亡灵书》第81篇也给出了一道咒语，使亡者能以尼弗尔太姆的莲花形态重生。埃及博物馆，开罗

下左图：孩童形态的守护神歇德，手中抓着蛇和野生动物，站立于鳄鱼背上。胸饰，第18/19王朝。罗默和佩利泽乌斯博物馆，希尔德斯海姆

位神祇身穿短裙，手持海佩什弯刀——这一形象可能来自他的称号 khener tawy，即"两地的守护者"。由于和原初创世神话之间的联系，尼弗尔太姆也有坐在莲花上的孩童形态，这种形态还有一个变体，即莲花上只有这位神祇的头部，图坦卡蒙墓中出土的著名彩绘木雕头像就是这种类型。从这些形象可以看出，尼弗尔太姆与初生的太阳神之间的联系尤为紧密，且二者总有一个——或二者皆是——象征国王。

崇　拜

尼弗尔太姆的神话属性决定了他主要是一位掌管王室纪念建筑与神圣纪念建筑的神。对他的崇拜并不常见，实际上，人们敬畏他，只因他是残暴的狮子女神塞赫迈特的儿子。第三中间期曾流行一种有护身性质的"神谕诏命"，在孩子诞生时使用，保护孩子不受尼弗尔太姆和其他可能带来伤害的神灵的侵扰。另一方面，这个时期的一些护身符上也出现了尼弗尔太姆的形象。

歇　德

神　话

歇德，名字意为"拯救者"或"魔法师"，

人形的女性神

下图：卡纳克的阿蒙神庙。由于阿蒙神的显赫地位，作为其妻子的阿蒙奈特女神也在卡纳克获得了格外的殊荣，这里也成了她最重要的崇拜地

阿蒙奈特

神 话

阿蒙奈特的名字意为"女性的隐匿之神"，她是阿蒙的伴侣，也是象征创世之前的原初存在的赫摩波利斯八神之一（见第77页）。这八位代表初始力量的神祇由四对男女神组成，阿蒙奈特的名字明显来自她的丈夫阿蒙，因而她最初可能是被创造出来与阿蒙互补的阴性半身，而不是一位独立的神祇。根据《金字塔铭文》中的记载，阿蒙与阿蒙奈特的影子构成了一个象征保护的符号（PT446）。可能正是出于这个缘由，阿蒙奈特被引入与国王有关的仪式，以守护女神的身份出现在卡纳克的图特摩斯三世庆典大厅（埃及人称之为Akhmenu），而在托勒密时期，卡纳克神庙内部墙壁上的国王菲利普三世的登基场景中，也出现了她将国王揽于胸前、以乳汁哺育的形象。在一篇经过改编的埃及神话中，身为"拉神之母"的阿蒙奈特也成了配偶阿蒙神的母亲，因为后者有着阿蒙-拉的形态。

形 象

阿蒙奈特在图像中表现为一位人形的女神，头戴下埃及的红冠，手持纸草权杖，这一形象的具体渊源尚不明确，但在卡纳克，人们将她等同于三角洲地区的奈特女神。阿蒙奈特最为著名的形象是图坦卡蒙在位时树立于卡纳克阿蒙神庙的一座女神巨像。此外，一种被称为"阿蒙奈特"的秃鹫形护身符和阿蒙奈特女神可能并没有关系，因为阿蒙奈特和穆特一样通常以人形出现。

崇　拜

虽然阿蒙奈特是阿蒙神最初的另一半，但从中王国第12王朝的森乌斯里特一世统治时起，她就被阿蒙的另一位配偶穆特女神取代了。然而，阿蒙奈特依然在卡纳克拥有自己的祭司团，在国王的继位仪式与赛德节（即执政周年庆典）中也仍占有一席之地。虽然在底比斯以外的地区不大受到崇拜，但直到埃及王朝的晚期，阿蒙奈特始终是一位重要的地方女神。

阿纳特

神　话

阿纳特是一位从近东地区传播至埃及的女神。她原是古代乌加里特地区（即今天叙利亚的拉斯·沙姆拉）的一位女战神，有"天空的女主人""众神之母"的称号，但主要身份仍是战神。在西闪米特的相关神话中，只因觊觎一位名叫阿夸特的少年的弓箭，她就无情地让一只老鹰夺去了他的性命，而当与怪兽莫特搏斗并最终杀死他后，她又报复地将其碎尸万段、烧成灰烬，还磨碎了他的骨头，撒进地里。因为好战的个性，在第19—20王朝，她成了国王们军事远征的保护神。拉美西斯二世的一条军犬名字就叫"充满力量的阿纳特"，而他的一位公主的名字则是宾特-阿纳特，即"阿纳特的女儿"。拉美西斯三世时，人们更传说阿纳特女神亲自在战斗中保护了国王的安全。阿纳特常被认为是处子之身，但在性方面有着强大的吸引力，相传她曾与瑞舍普和巴尔结合。在埃及，阿纳特也被当作拉神的女儿，和其他近东女神一样，人们有时将她等同于哈托尔，作为埃及神的后者天性中也显示出暴力的一面。好战性和异邦起源使她成为塞特的配偶之一，而在性方面的力量，又使她和司掌生殖的敏神产生了关联。

形　象

阿纳特的形象反映出她的神话特性，她是一位手持盾牌、长矛和战斧的女神，一只手常高举武器作威慑状。她身着长裙，戴有类似上埃及白冠的王冠，但两侧有羽毛装饰。有时她的形象也会表现出哈托尔女神的一些特征。

崇　拜

阿纳特在中王国末期出现于埃及，喜克索斯统治者们似乎偏爱她，其中一位国王为自己取名阿纳特-赫尔。第19—20王朝，阿纳特成为三角洲地区一位相当重要的女神。在第三中间期，塔尼斯的穆特神庙中有一大片区域专属于她，而含有她神名的阿纳特-埃姆-赫布（即"节日中的阿纳特"）也成了埃及人惯用的名字，就如早些时候他们喜欢起名为荷尔-埃姆-赫布（意为"节日中的荷鲁斯"。也译为荷伦布。——译者注）和阿蒙-浑姆-赫布（"节日中的阿蒙"）一样。虽然阿纳特常被认为与阿斯塔特有关，但她的相关信仰是完全独立的。

左图：皇家工匠凯荷和他的家人一起崇拜阿纳特女神的经典形象。凯荷石碑的底部格层，出自代尔·麦地纳。第19王朝。大英博物馆

阿努基斯

神 话

阿努基斯是掌管埃及南方边境的女神，特别是阿斯旺的尼罗河瀑布区。从古王国开始，她就作为拉神的女儿受到人们的崇拜，而中王国时，她被纳入象岛三神组，成了赫努姆和萨提斯之女。阿努基斯名字的含义较难理解，可能意为"拥抱者"，指的既可能是母亲般的拥抱，也可能是大力的扼杀。这些含义可能代表着类似哈托尔女神的两面性，而在底比斯，阿努基斯就等同于哈托尔。与哈托尔及一些其他的女神一样，阿努基斯在宗教中有着王室母神的职能，有时也被赋予"国王之母"的称号。希腊人将阿努基斯视为他们的女灶神赫斯提亚。

形 象

浮雕中的阿努基斯往往头戴由一排羽毛组成的王冠，有时后面有飘带，或前面有圣蛇标志。除了常见的安赫符号外，她也时常手持纸草权杖。阿努基斯的神圣动物是羚羊，她常与羚羊相伴，或被刻画成羚羊的样子。在体现母神的职能时，她也呈现为哺育国王的形象，在贝特·瓦里的努比亚小神庙中，她就以这种哺育者的形象登场。

崇 拜

在象岛和阿斯旺，阿努基斯与赫努姆以及萨提斯共有一座崇拜中心，此外，她自己的神庙则位于阿斯旺以南第一瀑布附近的塞亥尔岛上。她的崇拜盛行于下努比亚的大部分地区，她的形象和其他神一起出现在那里的纪念建筑上，譬如贝特·瓦里神庙。从埃及人的名字也能看出这位女神深受人们欢迎，例如"阿努基斯所爱"和"属于阿努基斯（的人）"。

阿斯塔特

神 话

阿斯塔特是一位西闪米特地区的女神，相当于美索不达米亚崇拜的巴比伦女神伊什塔（即苏美尔人的伊南娜）。和伊什塔一样，她既有善良的一面，也有可怖的一面，她既是司掌爱与丰饶的女神，也是战争女神。当她显现在叙利亚–迦南地区时，战争女神的一面占据了主导地位。在希伯来圣经中，她就是一位女战神，而在新王国时期，她以此身份进入了埃及，尤其与战车和战马的使用有关。在阿蒙诺菲斯二世的斯芬克斯碑上，人们提到了她，这或许也是她首次出现于埃及的文献。在碑文里，王子的马术令她满意，埃及人也相信她能在战斗中保护法老的战车——就像叙利亚女神阿纳特那样。阿斯塔特也作为拉神的女儿（有时是普塔的女儿）加入了埃及诸神的行列，并成为塞特的妻子，因为他俩有着不相上下的好战天性，都使人畏惧不已。在第19王朝一篇有关阿斯塔特与大海的残缺故事中，女神似乎挫败了暴虐的海神亚姆，但其中的细节已经遗失。在埃及宗教中，阿斯塔特性爱之神的一面虽然不如在故乡迦南那般人尽皆知，但可能也留有一些相关的神话记载。

形 象

阿斯塔特在埃及常被刻画为一位骑在马上、挥舞着武器的赤裸女性，她头戴阿太夫王冠（见第121页），或带有牛角的头饰。古典作家斐洛曾认为阿斯塔特的牛角象征主宰和统治，但

右图：阿努基斯女神头戴羽毛头饰，这也是她最典型的特征。带有浮雕的石块，达卡神庙，努比亚。托勒密时期

左图：绘有女神的陶片，上面是一位带有翅膀的女性斯芬克斯的形象，戴有样式复杂的王冠，描绘的可能是阿斯塔特在近东地区的一种形象。新王国，发现于代尔·麦地纳

美索不达米亚和叙利亚的人们通常以牛角象征神的身份，因而阿斯塔特的牛角应该没有特别的含义。此外，一些图像中出现的戴有牛角头盔的女神，例如代尔·麦地纳工匠村出土的陶片上的那位，可能也是阿斯塔特。

崇拜

第19—20王朝的王都皮-拉美西斯建有一座正式的阿斯塔特神庙，许多神庙也将她纳入了已有的信仰体系，譬如在圣·哈加，即古代的塔尼斯，阿斯塔特与埃及神穆特和洪苏一起接受人们的崇拜。和作为军队守护神时的情况相反，埃及的民间信仰中未能留下多少关于阿斯塔特的材料，但也有还愿碑表现出对她的崇拜，她的形象或名字还出现在圣甲虫和陶片上，说明这位女神在一定程度上为民众所接纳。

芭拉特

芭拉特是一位迦南和西闪米特地区的女神，也是风暴神巴尔的阴性半身。芭拉特的意思是"夫人"或"女主人"，就像"巴尔"这个词一样，后面通常会加上地名，例如"芭拉特-格贝尔"这个头衔，意思就是"比布罗斯的夫人"。在埃及，芭拉特可能与哈托尔女神存在关联，因为她们都同埃及东北部地区的物产和资源相关，也因为这位迦南女神同样具有性爱方面的魅力。在丹德拉，哈托尔被描述为居住在比布罗斯的女神。在位于西奈的塞拉比特·哈迪姆的哈托尔小神庙中，人们将一座砂岩雕刻的斯芬克斯同时奉献给哈托尔女神（名字以圣书字书写）和芭拉特女神（名字以早期闪米特文字书写）。埃及人对芭拉特的崇拜或认知，要追溯到第3王朝国王斯尼弗鲁（本书第8页土表将斯尼弗鲁归为第4王朝的国王。——译者注）与黎巴嫩进行雪松贸易的时期。但与哈托尔的融合使她很少被当作一位独立的神祇，对她最感兴趣的可能是在偏远地区做工或从事商贸的埃及人，她的形象也总是发现于这些地区。

哈托尔

芬芳的夫人……
至高的上主，尊贵的女神……
两地皆在您的统御之下。

——选自一首哈托尔颂歌

下右图：母牛形态的哈托尔女神护佑着高官萨姆提克，这是一种对古代风格的效仿，仿照的是鹰神荷鲁斯保护国王的形象。第26王朝。埃及博物馆，开罗

神　话

身为埃及最伟大的女神之一，哈托尔可能起源于前王朝或早王朝时期，虽然多数有关她的材料都指向稍后的时代。尽管在《金字塔铭文》里不常出现，她在《棺木铭文》和后来的宗教文献中却有着极其重要的地位。哈托尔出现的场合非常多，此处我们只能列出她最重要的那些身份。

荷鲁斯的母亲或妻子：在圣书字中，哈托尔的名字写作一个复合的象形文字，中间是一只隼鹰，居于象征围墙建筑或庭院的符号内，字面意思为"荷鲁斯的屋子"，与神话中她古老的鹰神之母的身份有关。这虽然也许不是她最初的名字，却成了她最重要的身份之一。身为荷鲁斯的母亲或配偶，哈托尔在她的主要崇拜中心丹德拉以及其他地区广受埃及人的崇敬。在神话中，这位女神治愈了荷鲁斯被塞特弄伤的眼睛，因而身为荷鲁斯配偶的哈托尔也具有保护和疗愈的特性。

天空女神：从她的名字"荷鲁斯的屋子"的书写方式来看，哈托尔也可被看作伟大之鹰所生活的天空，或根据"屋子"的隐喻，看作荷鲁斯诞生的子宫。这种形态的哈托尔既是与太阳有关的天空女神，也是一位同原初的天空之水有关的神祇（见下），同时也可能是夜空或银河的化身，但这个身份并不明晰。她与天空的联系是显而易见的，在《金字塔铭文》中，作为天空女神的她和国王的衣着存在关联——升天的国王说道："我身上的短裙是哈托尔，我的羽毛是隼的羽毛，我将升入天空……"（PT546），此处哈托尔与荷鲁斯都被当作天空之神。

拉神的妻子、女儿和"眼"：哈托尔与太阳神拉的关系极为紧密，她头戴拉神的日轮，并且被称为拉神的妻子、"眼睛"或女儿。有学者认为，古王国初期太阳神的地位不断升高，哈托尔因此被"创造"出来，充当太阳神的配偶，我们手中的考古材料也印证了，这位原本没什么名气的女神是突然被推上高位的。由此，哈托尔在古王国后期的太阳神庙中扮演了重要的角色，并在神话里与太阳神建立了牢不可破的关系。作为"金色之神"，哈托尔是在太阳船中陪伴太阳神走过白昼之旅的光之女神；她也是有仇必报、令人敬畏的拉神之"眼"，在故事里她的盛怒差一点毁灭了

人类。在《金字塔铭文》中（PT705），哈托尔以"眼"的身份协助国王每日与太阳一同重生，确保其永存不朽。

母牛女神：虽然哈托尔很可能不是纳尔迈调色板顶部的母牛女神（见"巴特"一节），也不是前王朝时期神旗上的牛头骨所代表的那位神祇，但在第1王朝的一枚象牙雕刻上，伏卧的母牛形象旁写有"纸草丛中的哈托尔，在杰尔王的代普城中"，说明哈托尔在早期就拥有牛的形象。不论怎样，牛形都是哈托尔最主要的形态，而这一形态必定与原始的母牛女神迈海特－维瑞特有关——在中王国时期，哈托尔与其融为一体。母牛形态的哈托尔也是国王的保护者和哺育者，在艺术表现中，已经成年的君王也会象征化地吸吮她的乳汁。《亡灵书》和其他文献提到的"七位哈托尔"也是这位女神的七重化身，通常刻画为七头母牛的样子。

女性、性爱与孕育之神：哈托尔常被称为"美之女神"，因而不可避免地与爱情、性爱以及孕育相关。希腊人顺理成章地将她看作阿芙洛狄特，而她也是最受埃及女性尊崇的女神。在神话中，哈托尔可能是最能代表女性创造与孕育之力的女神，此类女神被称为"阿图姆之手"，隐喻阿图姆通过自渎创造世界的故事。哈托尔超强的性魅力体现在一则讲述她以色相取悦拉神，使其心情舒畅，重归诸神行列的故事里。此外，哈托尔还有一个称号是"产道的女主人"，她掌管女性孕育的所有方面，人们相信她会帮助怀孕和分娩中的妇女。

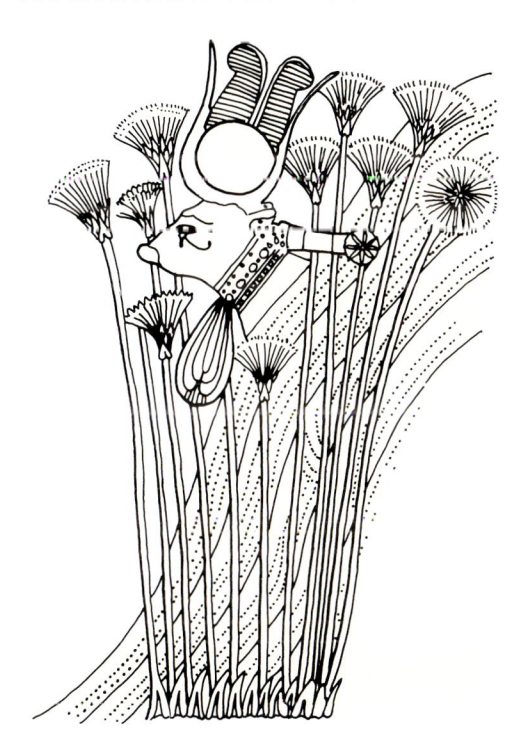

国王的母亲或妻子：哈托尔作为母性化身的一个极为重要的体现，就是她常常扮演国王之母的角色，正如上文所谈到的，她的一种身份便是哺育国王的母牛女神。埃及国王被称为"哈托尔之子"的原因可能就在于此，另一方面，哈托尔是鹰神荷鲁斯的母亲，而国王就是荷鲁斯的化身。从很早的时候开始，哈托尔也被称为国王之"妻"，在第4王朝，国王的正妻就担任哈托尔的女祭司一职，可能也被看作女神在人间的化身。第4王朝门卡拉国王的吉萨祭庙中发现的雕像尤为清晰地体现出哈托尔与国王的关系，在雕像中，女神既有像妻子一样站在国王身边的形象，也有像母亲一样正襟危坐的形象。到了很久之后的新王国时期，哈托尔依然是一位与后宫女性存在密切联系的女神。

上图：人形的哈托尔女神欢迎尼弗尔塔莉王后（右）的到来。第19王朝，尼弗尔塔莉墓，王后谷，西底比斯

左图：哈托尔从山脚下的纸草丛中探出头，这是在西底比斯地区特别流行的一种女神形象

右图:"西方的女主人"哈托尔在来世拥抱国王,女神头上戴有象征西方的头饰。第18王朝,荷伦布墓,帝王谷,西底比斯

异邦土地与物产之神：除了是一位纯粹的埃及女神，哈托尔也掌管着北至黎巴嫩的比布罗斯、南至蓬特（可能位于厄立特里亚北部）的异邦土地。作为国境之外的守护女神，她掌管贸易、矿物的开采以及沙漠地区其他资源的获取。譬如从古王国伊始到新王国时期，埃及人都在西奈开采绿松石、铜和孔雀石，而哈托尔就是这些偏远矿区的庇护者。在玛格哈拉干河谷以及后来的塞拉比特·哈迪姆等地，人们尤其崇拜哈托尔，尊称她为"绿松石的女主人"。由于费昂斯在颜色上接近绿松石，她也被称为"费昂斯的女主人"。

掌管来世的女神：就像埃及的男性希望在死后"成为"奥赛里斯一样，埃及的女性也希望同哈托尔合为一体，但哈托尔与亡者的关系是不以性别区分的。远至历史的早期阶段，尤其是在孟菲斯地区，人们就将哈托尔作为一位树女神来崇拜，称她为"西克莫树的女主人"，并相信她会为亡者提供食物和饮品；从第18王朝开始，哈托尔就成了底比斯墓地的守护神，在那里，她一视同仁地庇护和滋养着王室贵胄与平民百姓。在图像中，哈托尔一般被刻画为母牛的形态，或"西方的女主人"的人形形态，以纯净清凉的水迎接亡者进入来世。人们认为她在每晚迎接垂死的太阳，因此"追随哈托尔"就成了亡者们的愿望。

掌管娱乐、音乐与欢乐的女神：虽然与丰产和性爱女神的身份紧密相关，哈托尔娱乐和欢乐之神的身份却是独立存在的。虽然音乐在哈托尔崇拜中有着明显的仪式性用途，譬如仪式中会用到沙沙响的叉铃，但世俗的欢庆和娱乐也会用到这种乐器。哈托尔也和含有酒精的饮料相关，酒在她的节日中是不可或缺的，她的画像也常常出现在用来装葡萄酒和啤酒的容器上。因此，哈托尔也是司掌醉酒、歌唱以及没药的女神，正是因为这些特质，她在古王国时期名气大增，在整个埃及历史上也获得了经久不衰的地位。

形　象

哈托尔通常被表现为一位女子的形象，头戴长长的假发，束着发带，或戴着秃鹫形的冠冕，顶上饰有日轮，两侧还有弯曲的牛角。在晚期的图像中，这种形态的哈托尔往往难以和吸收了她诸多特质的伊西斯区别开来，仅能凭铭文来分辨。作为西方的女主人，哈托尔头顶有一只栖于高竿的隼的形象，即象形文字中代表"西方"的符号。她身穿绿松石色或红色的紧身长裙，或以这些颜色装饰的长袍，在艾德福，她尤其被人们称为"红衣的女主人"。她是为数不多的几位在图像中手持瓦斯权杖的女神之一，除此之外，她还会手握独具特色的纸草茎或叉铃。哈托尔也有牛的形态——她被称为"狂野的大母牛"，或是表现为牛头的女子，或

左图：费昂斯材质的"神殿形"叉铃，作为装饰图像的哈托尔兼有人和牛的面部特征。第26王朝。大英博物馆

牛的样子，身后是底比斯西岸的山峰，这种情况下，母牛通常只有头部和颈部被画出来，图坦卡蒙墓中出土的一只精致的镀金牛头就展现了这一画面，以此象征哈托尔的母牛形态。当呈现为"哈托尔柱"时，女神的形象通常融合了人和牛的特征，柱头上有一张女性的脸，但形状是三角形，融合了母牛的脸型，两侧还有牛耳以及卷曲的假发，假发的形状可能意在模仿牛角形的子宫。一些情境中，哈托尔还有其他动物形态，主要为母狮或蛇，甚至还有植物的形态，譬如纸草或西克莫树。

崇拜

我们已无法确切地解释哈托尔崇拜的起源。有学者认为，如果上埃及第7诺姆徽标上的女神不是哈托尔（虽然看上去可能是），那么后来被称为狄奥斯波利斯·帕尔瓦（即现代的希乌）的地方就不是前王朝哈托尔崇拜的中心。但前文提到的第1王朝的象牙雕刻却可能是哈托尔崇拜的遗留之物。在第3王朝时的格贝林（希腊人称之为阿芙洛狄特波利斯），人们最先建起了一座哈托尔神庙，一直留存到罗马时代。古王国时期的巴勒莫石碑的年表则提到了多座哈托尔神庙。在吉萨，哈夫拉（塞弗林）的河谷庙南侧被奉献给了哈托尔女神，"哈托尔女祭司"这个头衔从第4王朝开始变得常见。随着时间的推移，哈托尔神庙遍布埃及全境，甚至跨越边界，进入了努比亚、西奈的采矿区、比布罗斯以及其他埃及的势力所能触及之地。埃及本土的阿特菲赫（也被希腊人称为阿芙洛狄特波利斯）、库塞、代尔·麦地纳都建有重要的哈托尔神庙，丹德拉尤其成为最大的哈托尔崇拜中心。女神崇拜的高潮在每年夏季的第三个月到来，此时会举行哈托尔与艾德福的荷鲁斯的"神婚"。在新月出现前14天的时候，祭司们将女神的雕像从丹德拉的神龛抬出，一路向南，行进至70千米以外的荷鲁斯神庙。他们在新月前一天抵达艾德福，为哈托尔与荷鲁斯的神像举行一系列仪式，然后将两尊神像放置在诞生之屋里共度良宵。接下来的14天，与这一神圣结合相关的庆祝活动构成了古埃及最盛大的宗教节日，王室贵族与平民百姓纷纷参与其中。

上图：从中王国起，以哈托尔作为柱头装饰的石柱就出现在建筑中，其起源可能更早。托勒密时期。伊西斯神庙，菲莱

是拥有一张混杂了人和牛特征的脸。在底比斯地区，完全以牛的形态出现的哈托尔格外受到尊崇。我们发现，阿蒙诺菲斯二世、哈特谢普苏特以及图特摩斯三世等多位君王都曾被刻画成蹲在母牛女神腹下、从她的乳房中吸吮奶水，或站在母牛女神面前的形象。在同一地区，我们还发现哈托尔呈现为从纸草丛中探出头的母

从第 18 王朝到王朝时期的末尾，以哈托尔头像为主题的护身符一直很常见。第三中间期开始时，出现了一种刻画着呈行走或端坐姿态、手握纸草茎的女神的护身符，这位神祇可能是哈托尔或伊西斯，但可以确定，刻有母牛头女神的是哈托尔护身符。除了护身符和符咒，一些日常用品，如镜子、香膏罐和化妆品，也会按照哈托尔的种种职能、形象或象征符号来装饰。还愿物上也时常出现哈托尔的形象，譬如雕像、石碑和装供品的器皿，这些物品会被置于她的神龛和神圣区域，作为供奉给女神的礼物，祈求她赐予某种特定的祝福。由于哈托尔是掌管性与生殖的女神，人们还会向她献上木制或石制的阳具，在哈托尔的节日游行中也会有人举着这样的阳具模型，以展现女神的这一特性。

然而，哈托尔女神无法被简单地定义为以上任何一种形态或方面，她的崇拜方式多种多样，难以一概而论。我们也应该记住，哈托尔崇拜传播甚广，在那些不曾崇拜过她的地方，人们往往将她看作本地神祇的一种化身。正因如此，在底比斯，哈托尔被当作穆特女神，而在象岛，则被当作索提斯。虽然在古埃及的末期，哈托尔与伊西斯合二为一，但也有一些例子显示，这位古老的女神依然保留了自己独立的身份，从而继续接受埃及人深深的崇敬。

海瑞特-卡乌

这是一位我们所知甚少的女神，她的名字意为"在众灵之上的女神"。海瑞特-卡乌可能与来世相关，但我们无法确定她具体的属性和职能。在部分下埃及神庙的奠基仪式中，人们会祈请海瑞特-卡乌、奈特以及伊西斯，古王国时的一位祭司已被证实服务于这位女神，但她的崇拜仍属未知。

伊阿特

伊阿特是一位掌管牛奶的小神，她的名字发音接近 iatet，即埃及语中的"牛奶"一词。伊阿特因而与哺育幼儿有关，稍作延伸的话，她可能也和孩子的降生有关。在《金字塔铭文》中国王宣称："我的养母是伊阿特，正是她滋养了我，也正是她孕育了我。"（PT131）但这位女神在埃及文献中很少被提到，因而我们对她了解甚少。

伊门泰特

作为西方的亡者国度的女神，伊门泰特的标志是头顶代表"西方"的象形文字符号。她是尼罗河谷西侧墓地的化身，在许多墓葬中都绘有她的形象，她负责迎接亡者并给他们清水。虽然具有独立的形象，但伊门泰特也常常作为哈托尔或伊西斯的化身出现。

下图：被描绘成伊门泰特形态的西方女神哈托尔（左）与拉-荷尔阿赫提。女神头顶的隼形符号在象形文字中代表"西方"。第 19 王朝。尼弗尔塔莉墓，王后谷，西底比斯

伊西斯

> 身具大能者，女神中的首位，
> 天上的主宰，地上的女王……
> 诸神皆在她的统御之下。
>
> ——选自菲莱的一段铭文

神 话

伊西斯女神在埃及历史晚期获得了至高无上的地位，但她的起源仍处于层层迷雾中。与埃及诸多神祇的情况不同，并没有一座城镇声称自己是伊西斯的起源之地或埋葬之地，在第5王朝以前，也没有她存在的确切证据。但在《金字塔铭文》中她出现了超过80次，为已逝的国王提供帮助，显然已是一位地位显赫的女神。在晚期的墓葬文献中，伊西斯的庇护与支持延伸到了贵族和普通人身上，她的力量与魅力最终超越奥赛里斯，几乎得到了所有埃及人的崇敬。随着时间流逝，伊西斯变得越发重要，她开始和其他女神融合，包括阿斯塔特、巴斯特、努特、瑞奈努太特和索提斯，但在埃及本土，她最理想的融合对象是哈托尔，因为她的许多形象特征和神话特质都来自后者。与一些埃及早期的宇宙女神相比，伊西斯在神话中扮演的角色相对有限，但每个角色都极为重要，这使她成为一位极其强大的女神，不仅与追随者建立起亲近的个人关系，更使这种关系从今生延续到了来世。

奥赛里斯的妹妹和妻子： 根据赫利奥波利斯的太阳神学，伊西斯与奥赛里斯都是盖伯和努特的孩子（见第18页），但伊西斯成了奥赛里斯的妻子，当奥赛里斯还是地上的国王时，她便协助他一起统治人间。关于这两位神祇的神话传说数不胜数，而最完整的版本是普鲁塔克的《伊西斯与奥赛里斯》，其中写道，当奥赛里斯被塞特谋害并分尸后，伊西斯和妹妹奈芙西斯悲痛不已，开始寻找丈夫的遗体。最终，女神找到了丈夫四散的尸骸，为他重新拼凑起身体（在另一个版本中，伊西斯是在一段树干里找到了丈夫的尸身）。利用魔法，伊西斯使奥赛里斯恢复了性能力，最终她受孕并生下了他们的儿子荷鲁斯。奥赛里斯之妻的神话角色，是伊西斯所有其他重要身份的基础。

荷鲁斯的母亲和保护者： 多篇神话都详细地阐述了伊西斯如何逃离塞特的魔掌，逃往三角洲的沼泽地。在凯姆尼斯或阿赫比提，即"下埃及国王的纸草丛"中，她生下了儿子荷鲁斯（见第201页）。埃及人制作了成百上千的雕像和护身符，刻画的都是坐在母亲膝上的孩童形态的荷鲁斯，以颂扬这对神话中的母子，以及彰显伊西斯女神作为荷鲁斯之母的重要身份。在荷鲁斯降生后，这位年轻的神面临着各种各样的危险，但伊西斯坚定不移地守护着他。在荷鲁斯遭受一次致命的蝎子叮咬后，伊西斯治愈了他，由此为她的疗愈能力奠定了神话基础，也因此有了称为"荷鲁斯魔法碑"的疗愈石碑。伊西斯抚育和保护着荷鲁斯，直到他长大成人，为父报仇，夺回了自己埃及之王的宝座。

国王之母： 作为奥赛里斯的妻子与荷鲁斯的母亲，伊西斯在象征层面上也是国王的母亲，

右图：伊西斯哺育儿子荷鲁斯，晚期埃及艺术中最为常见的主题之一。青铜像，托勒密时期，公元前300年。埃及博物馆，开罗

因为国王是荷鲁斯的化身。早在《金字塔铭文》中就写道,国王从"母亲"伊西斯的胸前吮吸乳汁(PT2089等),新王国和晚期的国王则纷纷从文字和图像上渲染自己伊西斯之子的身份。而伊西斯的名字在象形文字中有"座位、王座"的意思,可能她最初就是王座权力的拟人化身。尽管有学者认为这是后来演变的结果,但也有学者提出,在一些非洲部落中,酋长的宝座被看作国王之母,而这种人类学解读确实符合我们对伊西斯女神的理解。

与宇宙相联的女神:虽然最初并非宇宙女神,伊西斯的重要地位却使她取得了和宇宙天体间的多种联系。她是拉神之"眼",根据普鲁塔克的说法,她也是月之女神——虽然难以找到支持这种论述的证据。此外,埃及人将伊西斯等同于天狼星,正如将奥赛里斯看作猎户座一样。作为天狼星的伊西斯因此与女神索提斯合为一体,有时被称为伊西斯-索提斯。正如菲莱的伊西斯神庙中的颂歌所写,巅峰时期的伊西斯女神甚至拥有了建构宇宙的能力,一首较为典型的颂歌写道:"她是天界、人间和冥世的夫人,她创造了三界……"而一份晚期的"神传"则列出了伊西斯的种种美德,其中女神以自述的方式说道:"我分开天空与大地,我指明星辰的道路,我划定日月的轨迹。"

大魔法师:在伊西斯的诸多角色中,魔法之神是最核心的一个,正是因为她的魔法,奥赛里斯才起死回生,荷鲁斯才能来到人世并平安长大,亡者们——不论贵胄还是平民——才能在来世获得救助。许多与保护和疗愈相关的咒语都会召唤伊西斯的魔力,它们通常恳求女神帮助一个孩子或成人,并将他/她等同于荷鲁斯本人。大多数与伊西斯有关的神话都会宣扬她在魔法方面的能力,其中一则神话特别讲述了她如何获得拉神的真名,因此在魔法知识和魔力方面,她无疑是诸神中的佼佼者。在这个故事中,拉神被伊西斯造出的蛇咬伤,唯有告知她自己的真名才能获救,女神的力量由此得到了进一步增强。

亡者的哀悼者、照料者与保护者:伊西斯和妹妹奈芙西斯是埃及文学与艺术中一切哀悼者的原型。两位女神在神话中都会化身为鸢,即一种有着尖锐悲鸣声的猛禽,能使人联想到女子在丧礼中的哀哭。而鸢又偏好食腐胜过捕

下图:伊西斯以鹰的形态盘旋在死去的奥赛里斯身上,孕育了荷鲁斯。蛙形的生育女神海奎特蹲坐在灵床的一端以帮助伊西斯。罗马统治时期。哈托尔神庙二层西祠堂,丹德拉

上图：坐在王座上的伊西斯（中）和儿子荷鲁斯一起接受国王的供奉。女神的头饰上既有代表王座的象形文字符号，也有牛角和日轮。罗马统治时期。哈托尔神庙，丹德拉

猎活物，它们常常盘旋在高空，寻找地上的死尸，人们认为伊西斯也以类似的行为寻找被害的丈夫。但伊西斯女神不只是一位哀悼者，她强大的力量使她能在来世为亡者提供保护和照顾。《金字塔铭文》甚至说她会像照料儿子荷鲁斯一般照料亡者，在埃及晚期，伊西斯尤其成为在这方面能力卓著的神明，人们相信她会以无私慈母的身份亲自照顾亡者。

形　象

伊西斯显现成一位女子的形态，身穿紧身长裙，头戴象征她名字的"王座"符号，或她从哈托尔那里借用来的牛角和日轮——这种头饰出现于第18王朝，盛行于王朝时代晚期。伊西斯常手持叉铃和麦纳特项链，这些象征物也来自哈托尔，但她拿着的安赫符号和纸草权杖也常出现在其他女神手中。虽然在图像里通常被刻画为直立站姿，伊西斯也有跪坐的形象，手放在代表永恒的"申"符号上。不论哪种姿势，女神都会做出表示哀悼的动作，即一只手覆盖在脸前。她的手臂常常是展开的，环抱住呈坐姿或站姿的奥赛里斯，有时手臂也会化作翅膀。第18王朝的国王石棺的四面或四角常出现此种姿态的伊西斯形象，在雕像或图像上，她也会以这种姿态保护和扶持奥赛里斯。此外，保护自己雕像的伊西斯形象，显示出保护神的属性。伊西斯还会呈现为蝎子和鸢鸟，身为一位母神，她也有母猪或母牛的形象，后者可能借用自哈托尔，或是阿皮斯神牛的母亲。最后，伊西斯也具有树女神的形态，在帝王谷的图特摩斯三世墓中，她呈现为一棵拟人化的树，从树枝上垂下乳房来为国王哺乳。在新王国及以

后的木乃伊上，常放有刻着伊西斯的人像或"伊西斯结"（埃及人称之为tyet）的护身符，很多埃及人在活着时也会佩戴伊西斯的护身符，以求女神力量的庇护。

崇 拜

在埃及历史的多数时期，伊西斯崇拜并没有特定的地点，也没有自己的神庙。她更多出现在其他相关神祇的神庙中，除了一些极少数的例外，譬如第21王朝在吉萨修建的、称为"金字塔的女主人"的伊西斯祠堂。我们所知道的第一座奉献给伊西斯的神庙在第30王朝的尼克塔尼布二世时才开始修建，到托勒密三世时方告完成，即位于三角洲东部拜赫贝特·哈加尔的"伊西里翁"。即便在此处，伊西斯也与奥赛里斯以及荷鲁斯一起接受崇拜，沿袭了这一地区更早的习惯，而晚期的其他伊西斯神庙也是如此。其他重要的伊西斯神庙和祠堂还包括：奥古斯都为荣耀女神而在丹德拉建造的独立小神庙、罗马统治时期在底比斯以南的代尔·舍尔维特建造的小神庙，以及最著名的菲莱神庙，由尼克塔尼布一世开始建造，经历了多位托勒密统治者和罗马皇帝的扩建。菲莱神庙中的伊西斯颂歌将她和多位女神画上等号，显示她已成功吸纳了诸位女神的特质，升格为"全在之伊西斯"。因而到了王朝晚期，许多召唤伊西斯的咒语都围绕她的种种特性展开，例如在爱情咒语中，人们祈求使一个女子爱上一个男子，如同伊西斯爱奥赛里斯一样；或使一个女子憎恨她的伴侣，如同伊西斯憎恨塞特那般。

伊西斯的魅力奇迹般地远播海外。在比布罗斯的一座伊西斯神庙，从很早的时候起，这位女神就被看作阿斯塔特在当地的化身，但我们仍无法确切地知道，是否在出现伊西斯崇拜之前，当地就已流传开了奥赛里斯尸体被冲到比布罗斯海边，伊西斯前来寻夫的神话故事。古埃及晚期，伊西斯崇拜盛行于希腊罗马世界，成为来自东方的"秘教"之一，古典作家阿普列乌斯曾详细描述伊西斯秘仪的入会仪式。此外，远至伊拉克和英格兰都存留着伊西斯崇拜的证据，伊西斯神庙则出现在雅典和其他希腊城邦、罗马帝国的各部及罗马本土，与传统的希腊罗马众神信仰不相上下。而在菲莱，对这位女神的崇拜一直延续到公元6世纪，远在埃及和罗马世界的大部分地区改信基督教之后，足见其信仰的重要性和持久性。

左图：伊西斯-阿芙洛狄特，将最强大的埃及女神与希腊的爱神结合在一起，伊西斯的这一形态在古代地中海世界极为流行。陶土造像，公元前100年。莱比锡大学博物馆

伊乌尼特

伊乌尼特是底比斯的一位地方女神，在新王国时期被纳入了卡纳克当地的九神组。在底比斯以南的阿曼特（赫蒙提斯），她和提埃恁耶特一起被尊奉为古老的隼鹰战神孟图（见第203页）的配偶。伊乌尼特名字的含义是"阿曼特的女神"，她首次出现于第11王朝门图荷太普三世统治时期的浮雕中，但学者们认为早在那之前她就在当地受到崇拜了。她的名字有可能出现在《金字塔铭文》里（PT1066）。此外，底比斯地区的女神拉艾特可能与伊乌尼特有关，代表了这位阿曼特女神和太阳相关的一面。

伊乌萨阿斯

伊乌萨阿斯是一位赫利奥波利斯的女神，其名意为"伟大者到来"。她是创世太阳神阿图姆的阴性半身，由于与阿图姆的联系，伊乌萨阿斯通常呈现为一名头戴圣甲虫的女性。她在职能上类似涅贝特-海特佩特（见第156页），后者也可能是她的一种形态，她们都代表了阴性的创世法则，有着极高的神学价值，但在祭祀或崇拜活动中显得不太重要。

凯夫瑟涅贝斯

凯夫瑟涅贝斯是一位小神，是新王国时期底比斯墓地的拟人化身。但这一地区的其他几位女神，伊门泰特、迈瑞特塞格尔和哈托尔，都远远盖过了她的光彩。

玛阿特

神话

玛阿特女神是真理、正义和宇宙秩序（埃及语中为maat）的化身。材料显示她最晚在古王国就已经存在了，《金字塔铭文》称她站在太阳神拉身后（PT1582及多处），但直到新王国时期，才有材料显示她被称为"拉神的女儿"。玛阿特女神还与奥赛里斯有关联，后者早期被称为"玛阿特之主"。到了晚一些的时候，玛阿特在一定程度上为伊西斯所同化，但在埃及神话中，玛阿特的丈夫一直是书吏之神图特。身为拉神的女儿，玛阿特也是在位国王的姊妹，因为国王是"拉神之子"，而国王和玛阿特之间则保持了极为重要的关系。一位君王的合法性和统治的有效性最终都取决于他是否遵循了真理和正义，因而国王常常自称"玛阿特所爱的人"。

玛阿特的身份具有多面性，但可归结为两个主要的方面。一方面，玛阿特代表创世之初建立的宇宙秩序与平衡，包括真理和正义的概念。这也为她和拉神的关系奠定了基础，因为她是太阳神创造并加诸宇宙之上的秩序，也是常伴太阳神左右的指引法则。但玛阿特所代表的秩序必须被时时更新或加以保护，因而有了献上玛阿特的仪式，我们会在下文谈到。另一方面，由于是公正与和谐的化身，玛阿特自然而然地代表了审判的概念。在《金字塔铭文》中，玛阿特以双数形式扮演了这个角色，作为"两位玛阿特"裁决已逝国王对盖伯王位的继承权（PT317）。此外，在晚期的墓葬文献中出现了"双真理大厅"（玛阿特的双数形式），作为亡者接受冥世审判之地。而担负审判者之职的诸神，则被称为"玛阿特的议会"。

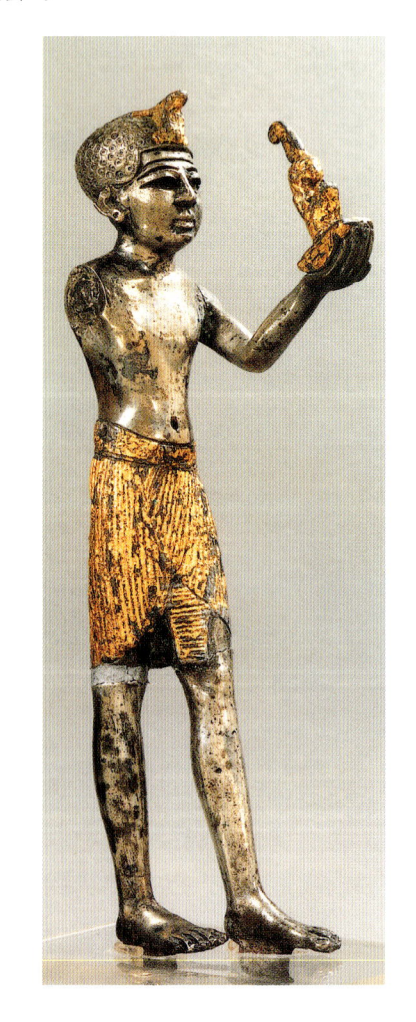

上图：伊乌尼特的灰色花岗岩雕像，她是底比斯的孟图神的妻子。这是考古学家发现的首个伊乌尼特女神雕像。第18王朝。卢克索窖藏出土，卢克索博物馆

右图：一位无名国王献上玛阿特的镀金银雕像。献上玛阿特是表现王室职责的经典仪式，与秩序、正义和真理紧密相关。第19王朝。卢浮宫，巴黎

左图：玛阿特女神展开翅膀，跪坐在代表"哀悼"的象形文字符号上，这一形象常见于部分新王国后期的王陵入口处。西普塔墓，帝王谷，西底比斯

上图：荷伦布法老站在玛阿特女神和普塔神中间，和其他一些神祇一样，普塔神也被称为"真理之主"。第18王朝，荷伦布墓，帝王谷，西底比斯

形象

玛阿特通常为人形的女神，头戴一支高高的羽毛。这支羽毛本身也能代表玛阿特，而表示她名字的象形文字符号则形似建筑师的量尺或神像下的基座。在国王向诸神献上玛阿特的浮雕画面中，女神的小雕像有时也有双关之意，以字谜的形式构成了国王的名字。例如在拉美西斯二世献上玛阿特的画面里，女神的小雕像手握"乌瑟"权杖，头戴拉神的日轮和她自己的羽毛，如此便拼写出了拉美西斯二世的登基名：乌瑟-玛阿特-拉。墓葬纸草的插图和其他有关冥世审判的图像显示，玛阿特在称量亡者心脏的仪式里发挥着重要作用：心脏被放在天平一端的秤盘上，另一端的秤盘则放着玛阿特的羽毛，或一尊蹲坐状的玛阿特女神的小雕像，有时女神的形象也出现在天平顶部。

崇拜

在卡纳克孟图神庙的区域内有一座玛阿特的小神庙，但这种正式崇拜她的圣所并不常见，玛阿特往往出现在其他神祇的神庙。而"玛阿特的祭司"也是一种荣誉头衔，那些担任地方法官或执行法律裁决的人会以她的名义行事，从而被赐予这个头衔，并佩戴女神的金质小像作为法官职权的象征。在宗教中，表达对玛阿特女神的尊崇的最重要方式，是国王在诸神的神庙仪式中献上玛阿特的小雕像。在新王国时期，国王会特别将玛阿特献给阿蒙、拉和普塔，有时也会献给她的丈夫图特神，实为将玛阿特献给所有神祇之意。埃里克·赫尔农曾指出，和献上其他供品一样献上玛阿特的做法，源于她"诸神的食物""衣着""呼吸"的头衔，而其他文献也明确提到诸神"以玛阿特为生"。艾米丽·提特（Emily Teeter）同样提出，在多数情况下，国王奉献玛阿特的行为，本质上与国王向诸神奉献食物、酒或其他必需品没什么不同。从另一个层面来看，奉献女神的雕像也是一种具象化的表达，代表国王履行了自己维护玛阿特的职责，即以诸神的名义维持秩序和正义。

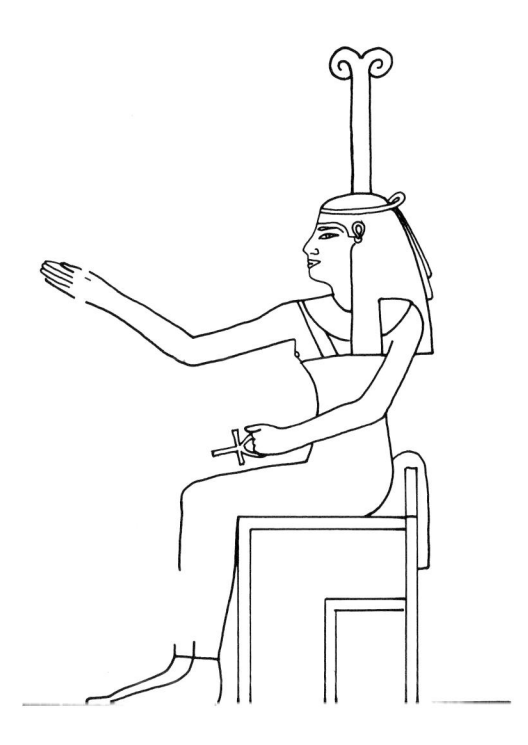

左图：司掌分娩和命运的女神迈斯凯涅特，头戴她特有的、可能象征子宫的符号。第18王朝。哈特谢普苏特神庙，代尔·巴哈里

下左图：穆特神像的头部，来自一尊阿蒙和穆特的方解石雕像，出土于卢克索窖藏。出自图坦卡蒙统治时期，铭文在第19王朝时遭到改写。卢克索博物馆

迈尔西特

迈尔西特是一位同尼罗河和水相关的女神，她同时也代表尼罗河的北部与南部，但实际角色仍不明确。

迈瑞特

迈瑞特是一位司掌音乐的小神，但她能通过音乐、歌声以及与音乐配合的手势来协助建立宇宙的秩序。

迈斯凯涅特

神 话

迈斯凯涅特是一位主司分娩的女神，但在埃及人的信仰中，她也能影响一个人生活的其他方面。除了掌管出生，相传这位女神也掌握着孩子此生的命运。威斯卡纸草讲述了迈斯凯涅特如何预言还是孩童的乌瑟尔卡夫、萨胡拉和尼弗尔伊瑞卡拉未来会统治埃及——他们后来成了第5王朝的最初三位国王。迈斯凯涅特在来世也扮演着特定的角色，在墓葬文献的插图中，她总是出现在称量亡者心脏的天平旁边，以协助亡者进入来世后的重生。

形 象

迈斯凯涅特常被刻画为一块长方形的砖（埃及妇女蹲在这样的砖上分娩），一端为女人的头。她也有人的形态，是头顶砖块的女子形象，但并不常见。这位女神的象征是一个顶部有两处卷曲的长条形符号，其实是符号化的母牛子宫图案。

崇 拜

虽然没有正式的祭仪，迈斯凯涅特却是一位重要的家庭神，在许多著名的颂歌和祷文中都有提及。艾斯纳神庙的一段铭文提到了与创世神赫努姆有关的、作为守护神的四位迈斯凯涅特，但除此以外，这位女神几乎不出现在神庙浮雕里——除了在具有仪式性的诞生场景中。

穆 特

神 话

穆特是诸神之母，也是诸神的王后，她在底比斯统治着神界。穆特起源不明，在中王国末期以后才出现于文献和图像材料中，在此之前，她可能是底比斯或其他地区的地方神。一些埃及学家认为，穆特实际上是为了充当阿蒙神妻子而被"创造"出来的，但也有学者认为她最初更可能是一位小神或没名气的神，后来才一跃成为阿蒙神的伴侣。在某个历史时刻，

上图：狮头形态的穆特女神，手握记录时间的棕榈枝。卢克索神庙

身份。

从新王国时期起，穆特最主要的神话化身是母狮，她是北方的狮子女神塞赫迈特在南方的对应神祇，同时也会与猫女神巴斯特合体为穆特-巴斯特。她的狮子形态也使她和塞赫迈特、泰芙努特以及其他几位女神一样，成了狂暴的"拉神之眼"的化身。穆特也以其他方式和拉神联系在一起，例如她的一项仪式中有部分提到她"在赫利奥波利斯的伊什德树迸裂之时与拉神一起现身"。此外，穆特还和孟菲斯的普塔神有关。与埃及的其他大女神不同，穆特不常出现在来世信仰中，她的神话影响力主要集中于活人的世界。但在一些版本的《亡灵书》第164章中，她是一位负责将灵魂和肉体从"邪恶屋子中的恶魔居所"送走的女神，说明她的力量也能触及冥界。穆特强大甚至可怕的力量的最终呈现发生在新王国后期，人们相信阴谋对抗国王的反叛者都会被"穆特火盆中的烈焰"毁灭，此处女神已不限于保护国王本人，而是以暴烈的终极力量保护整个国家。

形　象

虽然在最早的相关图像（约公元前1700年）中，穆特是一位母狮头的女神，但她后来的主要形态依然是人形。人类女性形态的穆特身着长裙，裙子通常为红色或蓝色这种鲜艳的色彩，上面饰有形似羽毛的图案。她头戴秃鹫头饰，顶上还有上埃及的白冠或代表两地统一的双冠，她也是唯一头戴双冠的女神。她或呈站姿，或坐在王座上，手持纸草或莲花头的权杖，常与阿蒙和洪苏（见第30页图）一起出现，呈坐姿的她时常怀抱孩童，以象征母亲的角色。许多护身符上都有这种形象的穆特，但只有通过王冠或旁边的铭文才能将其与伊西斯的护身符区分开来。由于具有母狮神的一面，穆特有时呈现为狮子头的形象，并实质上与塞赫迈特同化，卡纳克的穆特神庙中陈列的多座狮头的塞赫迈特女神像就带有这种寓意。有趣的是，阿蒙的形象中也有狮子的一面，在卡纳克洪苏神庙的一座配殿祠堂中，阿蒙被刻画成狮子头且男根勃起的形态。从第21王朝起，在《亡灵书》第164章的一些插图上，穆特以一位复合神的形态

穆特取代阿蒙神最初的配偶阿蒙奈特，成为阿蒙的正妻和洪苏的养母，三者共同构成了伟大的底比斯三神组。穆特的名字（Mut）中有表示秃鹫的象形文字符号，可能代表了她最早的形象，但并不能确定，因为"mut"一词和象征它的秃鹫符号的意思都是"母亲"，这位女神总体上是一位母神，同时也是国王的母亲。埃及的王后也被视为她的化身，在新王国时期，王后通常戴有秃鹫形的头饰，象征的正是神之母的

出现，有着展开的翅膀、竖立的阳具和三颗头，分别是秃鹫头、狮头和人头。这些略显怪异的形象代表了一位更富攻击性、"比诸神更强大"的神祇。

猫是穆特女神的一种较为温和的形态，奉献给女神的猫雕像因此极为常见。在新王国时期一幅著名的非正式画作上，一只猫用前腿环绕着一只雁的脖子，以一种戏谑的方式暗示了阿蒙与穆特的家人关系——阿蒙的神圣动物是埃及雁。有趣的是，虽然穆特是阿蒙的配偶，但在"官方"图像中，两位神祇的关系更接近家人，而非伴侣。在和性或生殖相关的画面中，阿蒙通常与其他"年轻"的女神在一起，如伊西斯和哈托尔，但在正式的、关乎权力或国家事务的场景中，穆特就会以坐在王座上的姿态出现，此时的她不仅是一位成熟的母亲，更是众神权力在握的王后。

崇 拜

在中王国的文献中，穆特被称为"麦格布的女主人"，麦格布位于上埃及第10诺姆，靠近今天的卡乌·凯比尔，但我们仍不清楚她与这片土地的联系。除了底比斯之外，她在赫利奥波利斯和吉萨也拥有圣所，在塔尼斯还有一片

左图：带有穆特展翅形象的金手镯，发现于麦罗埃。国立埃及艺术博物馆，慕尼黑

下图：头戴牛角和日轮的穆特女神，洪苏神庙，卡纳克。作为洪苏在神话中的父母，阿蒙和穆特均在洪苏崇拜中扮演了特定的角色。第20王朝

广大的辖区。虽然在卡纳克神庙的多数浮雕中她都与丈夫阿蒙神一起出现——在埃及其他地方的神庙祠堂和图像中也是如此——穆特却依然有着一定的独立性，她的崇拜中心位于卡纳克神庙南侧，即她自己的"伊舍汝"神庙。穆特神庙的主体部分建造于第18王朝，由阿蒙荷太普三世建造（这位国王还在神庙内添置了多座塞赫迈特女神雕像），后世的统治者不断为其添砖加瓦，一直延续到托勒密时期。穆特与阿蒙一起参与盛大的节日游行，在这些庆典中她会乘坐自己的圣船。她的独立性也体现在她自己的祭仪和庆典中，譬如在广阔的伊舍汝圣湖上举行的"穆特航行节"就是重要的庆典之一。另一项主要的神庙仪式同时在女神的伊舍汝神庙和其他圣所举行，即"击倒阿佩普"，意在挫败这条威胁太阳神的邪恶巨蛇。在这个仪式里，埃及现实中的敌人会被制成蜡像，写明名字，然后被摧毁。穆特还会为怀揣困惑而来的崇拜者们赐下神谕，一些还愿碑和护身符中常常出现这位"伟大的母亲"的形象，显示出人们对于穆特女神极深的崇敬之情。

涅贝特-海特佩特

涅贝特-海特佩特是一位赫利奥波利斯的小神，名字的含义是"供品的女主人"或"满足的女主人"，她也是创世神阿图姆的阴性半身，身份与赫利奥波利斯崇拜的另一位女神伊乌萨阿斯很相似。两位女神都代表阴性的创世法则，即阿图姆在创世时握住阳具的那只手。涅贝特-海特佩特和哈托尔有关，在多处受到崇拜，但基本只是阳性创世神的一种阴性补充。

涅海姆塔威

涅海姆塔威是一位小神，相传是蛇神涅海布-卡乌或图特神的配偶。她通常被刻画为哺育着膝上孩童的女子形态，与其他同一造型的女神（如伊西斯和穆特）的唯一区别是，她以一支叉铃作头饰。这位女神的崇拜未能留下多少资料，我们只知道她和图特一起在后者的崇拜中心受到敬拜，特别是在中埃及的赫摩波利斯。

奈 特

神 话

奈特女神是古埃及名声最为显赫的神祇之一。大量的考古材料表明，她在前王朝和早王朝时期就已是重要的神祇，更难得的是，对她的崇拜一直延续到法老时代的最后。在如此漫长的时间中，她的神话经历了持续的演变，形成了她复杂的特性。虽然早期的神话仍有部分缺失，但我们依然能还原出一位力量超绝的女神，她的作用贯穿了今生和来世。

右图：奈特女神的青铜像，呈现为她独具特色的姿势。最初女神手中应持有安赫符号和权杖。后期埃及到托勒密时期。哈尔收藏，圣贝纳迪诺

战争女神：虽然奈特女战神的一面在早期研究中被夸大了，但也不可否认，她从很早的时候就与武器相关，不论是在狩猎还是在战争中——也可能二者皆有。奈特最早的象征物是交叉的弓和箭，她也因此被称为"弓之女主人"和"箭之统治者"。在早期的埃及人名中，奈特往往以"奈特战斗"和"奈特胜利"这类词组的形式出现，人们强调了她好战的一面，而从古王国时起，奈特就是暴烈的"拉神之眼"的化身之一。在第19—20王朝著名的故事"荷鲁斯与塞特之争"中，奈特女神是一位充满智慧的顾问，甚至连拉神都要寻求她的建议，虽然她充满攻击性的一面也表露无疑——她威胁说，如不遵从她的建议，她的怒火就会带来天塌地陷之灾。古希腊人将奈特等同于他们的雅典娜，一方面是因为她战神的特点，一方面也由于她在其他层面同样符合这种联系。

创世女神：在宇宙创造方面，奈特被等同于创世前的努恩之水，也被看作创世的过程本身。因此她被称为"伟大的母牛"或"伟大的洪水"，并与创世女神迈海特-维瑞特存在紧密的联系。最早提到奈特这一角色的铭文位于第19王朝国王美内普塔的石棺上，其中提到奈特是最原初的创世之力，但这个观念本身无疑有着更古老的渊源。在罗马时期，艾斯纳的赫努姆神庙铭文称奈特最初是上埃及的女神，自原初之水中诞生并创造了世界，然后才去往北方，建造了三角洲的城市塞易斯。铭文还声称是奈特创造了拉神与他的死敌阿波菲斯，因此奈特才是真正的原初之神。奈特也被认为创造了人类，在《荷鲁斯与塞特之争》一文中，她尤其被称为"最古老的、作为众神之母的、照亮了最初的容颜的"奈特女神。

母神：创造与生育往往被画上等号，作为众神之母，奈特被视为"母亲"这一形象的原型。在新王国时期，人们将她看作众神与人类之母，一篇公元前6世纪的铭文称，正是她创造了生育本身。阿蒙诺菲斯二世曾宣称他是"奈特所造的人"之一，同样，也正是奈特，与塞尔凯特（另一位与母性相关的神）一起扶持了王后和阿蒙神的婚床，他们的结合被刻画在哈特谢普苏特的代尔·巴哈里神庙和卢克索神庙

右图：头戴红冠的奈特女神的画像，表现出前页雕像的姿势。棺木彩绘（局部）。埃及博物馆，开罗

的墙上。而早在古王国时，奈特就被认为是鳄鱼神索贝克的母亲，因此被称为"鳄鱼们的哺育者"。虽然奈特没有固定的男性神祇伴侣，乃至有时被形容为一位中性的、几乎无性的神——就像近东的处女神阿纳特或希腊的雅典娜一样——但考古材料中奈特的母神形象已使得这一观点不攻自破。

下埃及的女神：奈特无疑是下埃及最重要的女神，甚至可能在下埃及诸神中也是最举足轻重的。虽然有时被称作"利比亚的奈特"，但这一称呼指的可能仅仅是女神在三角洲西部的主要领地靠近利比亚地区。奈特在图像中往往头戴下埃及的红冠，说明她代表着北方的三角洲地区，或担任着这一地区的王冠的守护女神。在《金字塔铭文》中，她富有攻击性的一面就与这一身份有关："愿你的恐怖降临，如同下埃及国王头戴的奈特之冠。"（PT724）塞易斯的奈特神庙有时被称为"蜜蜂之屋"，蜜蜂由此成

上图：奈特女神（左）和奈芙西斯站在两个奥赛里斯形象前。奈特头戴的双弓符号从很早的时候就代表她的名字。第20王朝。哈姆瓦塞特墓，王后谷，西底比斯

为重要的王权象征，被纳入了与下埃及有关的王衔。

墓葬女神：从古王国时（尽管初期较为罕见）开始，奈特就与埃及的来世信仰和葬仪相关。《金字塔铭文》说她与伊西斯、奈芙西斯和塞尔凯特一起守护着死去的奥赛里斯（PT606），这四位女神最终成为棺木四面的守护神，并负责保护"荷鲁斯四子"，即四个卡诺皮克罐的守卫者。其中，奈特常出现在棺木的东面，作为看守亡者之胃的杜阿穆太夫的守护女神。《棺木铭文》中的咒语则将冥世的亡者等同于奈特，并将她视为审判亡者的神祇之一（CT Spell 630）。根据埃及后期的《彼岸之书》，奈特在冥世之旅中为国王和拉神提供协助。在埃及神话里，奈特还是纺织术的发明者，她因此与葬仪产生联系，成了木乃伊绷带和裹尸布的提供者。

形象

奈特最初的图像材料出现在前王朝时期，刻画的是她早期的象征物，即旗杆上交叉的弓和箭。女神的人形形象出现于稍晚的早王朝时期，她也是最早以人形出现在图像中的埃及神祇之一。最初，奈特的头顶戴有两张弓的标志，而非下埃及的红冠——虽然她与下埃及的关系最为密切，直到第5王朝，她才在阿布·古罗布的乌瑟尔卡夫神庙中头戴红冠出现。图像中的奈特通常手里仅持有瓦斯（象征力量）权杖和安赫（象征生命）符号，但当作为女战神时，她常常手持弓箭或鱼叉。在埃及历史晚期，奈特也被刻画为动物形态。希罗多德曾记载，在塞易斯的女神节日上，女神的形象是一头跪着的母牛，头顶的牛角间饰有日轮，而在艾斯纳也出现了牛形的奈特形象。作为国王或拉神的守护女神，奈特还拥有蛇的形态，可见于《亡

同时，早期陶器上大量出现的奈特旗标说明了，这位女神在非常广大的范围内受到崇拜，无疑是早王朝时期最重要的女神。盛极一时的奈特崇拜后来可能遭遇了挑战，第4王朝的统治者以哈托尔取代她，但第5王朝的国王乌瑟尔卡夫又重拾了对她的信仰。然而也有大量证据表明奈特一直拥有很高的地位。古王国时，奈特在孟菲斯拥有一座圣所，《棺木铭文》第408篇也将她称为"门德斯的女主人"，说明奈特与那里存在重要的关联。

在中王国和新王国早期，奈特的地位似乎略微下降，但第19—20王朝将首都迁至三角洲地区，使奈特在第19王朝重新获得了重视。多篇文献都赋予了她至高的权力，在记载于卡纳克神庙多柱大厅的拉美西斯二世加冕场景中，王座上的国家神阿蒙身边站立的正是奈特女神。新王国后期的第26王朝，三角洲城市塞易斯（即今天的萨·哈加）的国王统治着埃及，此处是奈特女神的崇拜中心，她也因此跃升到极其重要的位置。来自诺克拉提斯的希腊贸易区的收入，进一步充实了女神宏伟的神庙——这正是希腊历史学家希罗多德描述过的那座神庙。奈特也在希腊罗马时期的其他神庙受到尊崇，尤其在艾斯纳，她和赫努姆一起受到人们的崇拜，在每年"夏季"第三个月的第十三天，人们都会为她举行盛大的庆典。奈特崇拜因而贯穿了埃及历史的始终，直到最后，她都是"伟大的奈特女神"。

下图：呈跪姿的奈芙西斯，头顶代表她名字的象形文字符号"大宅的女主人"。后期埃及。布鲁克林艺术博物馆

灵书》（BD185）和图坦卡蒙墓山上的镀金木制眼镜蛇。身为一位母神，特别是身为索贝克之母，奈特也有哺育幼子的形象，在护身符上，她是一位站立的女子，或鳄鱼头的女子，左右乳房处各有一只吸吮奶水的小鳄鱼。在艾斯纳，奈特的象征是尼罗河鲈鱼，因为在神话里她曾化作这种鱼类，游弋于原初之水中。

崇 拜

奈特在早王朝时期有着显著的地位，她出现在第1王朝的标签上、墓碑上，乃至女祭司与王后的名字中，例如奈特荷太普和美尔奈特，这说明她的崇拜始于埃及文化的初期。实际上，埃及最早的被认为是神龛的图画形象就与奈特有关。在阿拜多斯出土的一枚乌木标签上，奈特的象征符号立于芦苇建造的圣所中，描绘的似乎是第1王朝国王阿哈造访奈特圣所的情景。

奈芙西斯

神 话

奈芙西斯是一位与墓葬相关的女神，总是扮演着姐姐伊西斯的从属角色，仅在赫利奥波利斯的神话中出现过，在那之前的情况我们一无所知。这位女神的埃及语名字是"nebet-

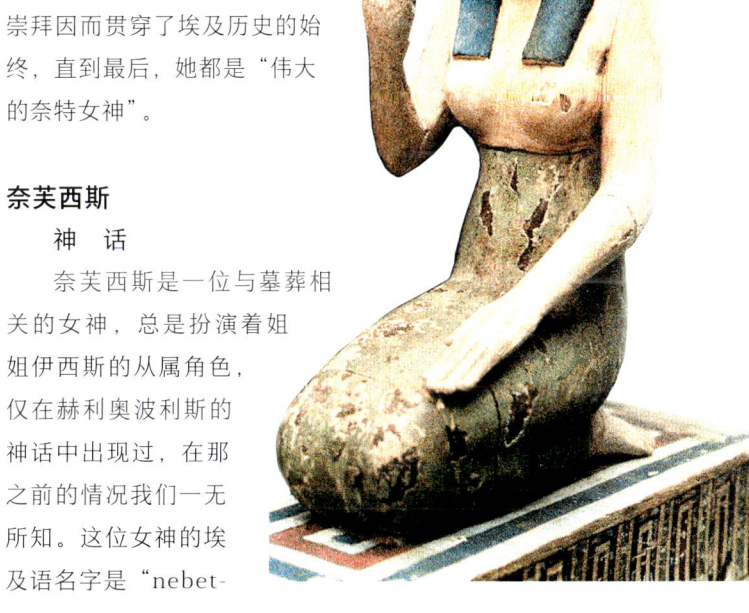

上图：隼鹰形态的奈芙西斯和伊西斯看守着奥赛里斯的木乃伊。第19王朝。尼弗尔塔莉墓，王后谷，西底比斯

下图：带翼的奈芙西斯和伊西斯保护着奥赛里斯的杰德柱。图坦卡蒙胸饰。第18王朝。埃及博物馆，开罗

右图：传统上，奈芙西斯负责保护奥赛里斯的头部，因此她被刻画在木棺和石棺的头部一端。第18王朝，图特摩斯四世石棺，帝王谷，西底比斯

hut"，意为"大宅的女主人"，对她最初的身份也并未提供确切的线索。作为盖伯和努特的女儿，她是奥赛里斯神话中的四位核心神祇之一，也是塞特名义上的伴侣，正如伊西斯是奥赛里斯的妻子一样。在一则晚期的故事中，奈芙西斯与奥赛里斯也存在性关系，因此生出了儿子阿努比斯。在奥赛里斯神话中，她始终支持着伊西斯和奥赛里斯，在冲突中似乎从未站在自己丈夫一边。当奥赛里斯被谋杀时，奈芙西斯大为悲痛，和姐姐一起寻找他的下落，重新拼凑起他的尸体并守护着他。在《金字塔铭文》中，奈芙西斯多次同伊西斯一起出现——通常是在叙述这两姐妹如何帮助、保护和支持奥赛里斯的时候。国王自然也离不开她们，他需要被这两位女神"重新拼凑""孕育"和"哺育"，此外还有多种多样的比喻来强调她们在国王的复活或重生中的作用。奈芙西斯因此成为保护亡者的主要神祇之一，和伊西斯一样，她是卡诺皮克罐的守护女神，也负责保卫其他葬仪用品，不论是在王陵还是在普通人的坟墓。在埃及后期，奈芙西斯与阿努基斯联系在一起，但与她关系最密切的仍是伊西斯女神。

形　象

奈芙西斯通常是一位人形女神，仅凭头上代表她名字的象形文字符号区别于其他神祇。她也会呈现为鸢的形态，尤其是在墓葬文献插图中，她与姐姐伊西斯有时会以这种鸟的形态守卫奥赛里斯的尸体。人形的奈芙西斯形象出现在石棺、木棺和神龛的一角或末端，发挥守

护者的作用；她也会出现在亡者的头部一端，伊西斯则在脚部，但有时她们二位都会被刻画在亡者的头部位置。在奥赛里斯出现的场景中，这两位女神通常陪伴在他或他的象征符号左右，当奥赛里斯坐在王座上时，她们都会站在他身后，呈保护和扶持的姿态。

崇 拜

虽然在古埃及的来世信仰中拥有重要的地位，形象也极其常见，奈芙西斯却没有自己的神庙或正式的崇拜场所，只是常常出现在伊西斯、阿努基斯以及其他相关神祇的圣所中。奈芙西斯的护身符很常见，但出现时间也比奥赛里斯神话中其他成员的护身符要晚得多，除了一两件第22王朝的护身符外，就再没有其他出自第26王朝以前的护身符了。而在此之后，几乎每个埃及木乃伊身上都出现了奈芙西斯和伊西斯的护身符。

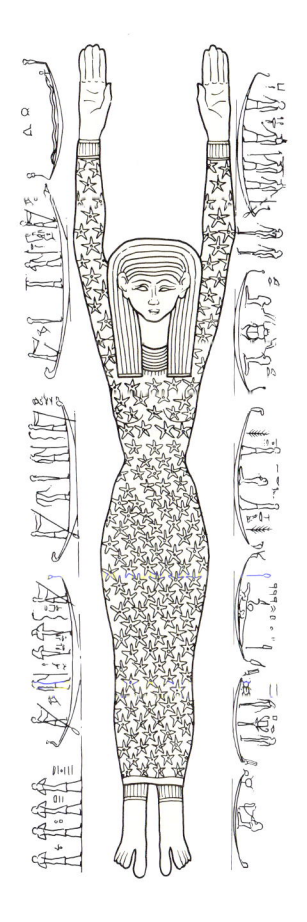

努 特

神 话

努特女神首先是天穹的化身，但这一角色也包含了许多不同的方面。作为赫利奥波利斯九神之一，她的父母是原初之神阿图姆的第一对子女，空气之神舒和湿气女神泰芙努特；她自己则代表了将世界与环绕于世界之外的混沌之水隔开的天穹。因此努特有一项重要的宇宙职责——她不仅是"笑声成雷、泪落成雨"的天空女神，也是众天体之"母"，日月星辰每日进入她的口中，再从她的子宫里诞生。传说中，太阳每个夜晚都从努特女神的身体穿过，而群星则在白天穿越她的躯体，这种对宇宙的想象使努特被称为"吞噬她所生小猪的母猪"。但努特依然是正面的形象，在普鲁塔克记载的关于努特产子的故事中，太阳神担心自己的位置被篡夺，就向天空女神下了一道诅咒，禁止她在一年360天中的任何一天分娩。但赫尔墨斯（图特）神帮助了努特，赢得了额外的5天时间，使努特可以生下她的孩子们。

多位学者提出，努特最初可能代表银河。《亡灵书》第176章提到了这条跨越夜空的星河，随后的咒语便以呼唤努特开始；第19—20王朝的一些图像上，努特周围有群星环绕，身体上也点缀着星星。天文学中也有证据支持此观点。罗纳德·威尔斯（Ronald Wells）指出，在前王朝的埃及，冬至日的黎明时分，银河就像一个

下左图：伸展身体的努特的形象被雕刻在一些王室石棺的棺盖上，象征与亡者的合一。第19王朝。美内普塔石棺，被苏森尼斯一世重新使用。塔尼斯埃及博物馆，开罗

下图：努特展开翅膀，作守护的姿态。图坦卡蒙胸饰。第18王朝。埃及博物馆，开罗

上图：图坦卡蒙的第二层镀金圣龛上的努特形象。第18王朝。埃及博物馆，开罗

伸展开的人形横跨天际，手和脚分别触碰到西边和东边的地平线，恰似努特女神在图像中的姿态。此外，在冬至日时，太阳正好从女神形象的双腿间升起，人们因而想象太阳从那里出生，正如九个月前的春分日，太阳在女神头部的位置落山，代表它被女神吞下。

努特于是不可避免地与埃及来世信仰中的复活观念联系在一起，人们相信亡者在努特女神的身躯中化作了星辰。根据赫利奥波利斯神学，努特与她的兄弟大地之神盖伯结合，生下了奥赛里斯以及在复活神话中与他有关的几位神祇。通过这种方式，赫利奥波利斯的祭司将这位重要的冥世之神纳入他们的太阳宗教，同时也增强了努特与复活重生的思想间的联系。因此在《金字塔铭文》中，努特是一位极其重要的神祇，出现了大约有100次之多。她在已逝国王的复活中扮演了核心的角色，既是"天之母牛"（PT1344），也是一位与墓葬有关的女神，她是国王的"母亲努特，她的名字是'石棺'……她的名字是'棺木'……她的名字是'陵墓'"（PT616）。在稍晚的《棺木铭文》中，类似的观念也被用在王室以外的亡者身上。同样作为母牛女神，也同样作为与墓葬有关的女神，努特和哈托尔的角色在后期顺理成章地发生了融合，哈托尔有时被视为天空女神，而努特则偶尔代替哈托尔作为滋养亡者的西克莫树女神。另一方面，由于本身与棺木相关，努特也和树木——尤其是西克莫树——建立了联系。

形　象

努特的大多数形象都是人形，通常为一位女神，头顶代表她名字的象形文字符号：圆形的水罐，有时还会加上象征天空的符号。她的形象一般以侧面呈现，赤裸的身体弯曲在大地之神盖伯的躯体上，有时被空气之神舒支撑着，她的手臂和腿垂落下来，双手双脚触碰到地平线。按照埃及艺术的表现手法，女神的手臂和腿看起来都并拢在一起，就这些图像而言，她恰如架在天空中的一道窄桥（如果她象征银河，那么这一形象也确实贴切），但在埃及人的想象中，她也有可能覆盖了整个天穹，手和脚分别落在四方的极点上。在帝王谷拉美西斯六世墓的墓室天花板上，努特女神被刻画为两个巨大的、背靠背的侧面像，分别代表白昼与夜晚的天空。

努特的正面肖像也被刻画在棺盖的内侧，描绘的通常是太阳进入努特口中或从努特体内

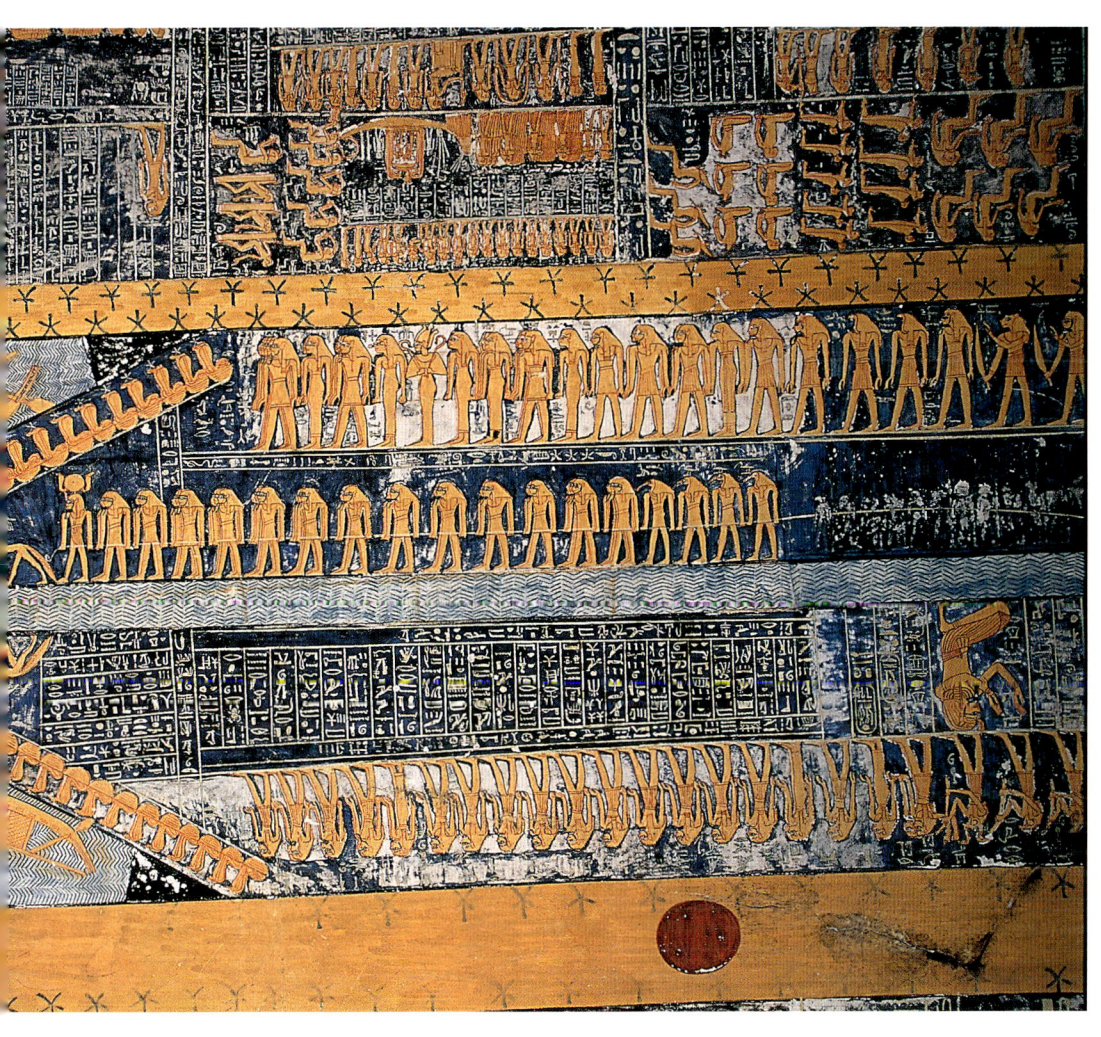

左图：努特吞下了太阳，使其穿过她的身躯，在新的一天重生。女神面前的众神正将太阳船朝她的方向拖拽。《昼之书》插图（局部）。拉美西斯六世墓，帝王谷，西底比斯

下图：在已逝的国王即将进入冥界之时，"天界的女主人"努特给予他净化之水——表现为她手中的波浪线。第18王朝，图坦卡蒙墓，帝王谷，西底比斯

重生的过程。在这种棺木上，女神被恰好刻画于亡者的上方，以完成某种形式的合一，如此一来，棺木便在象征的意义上成为女神的躯体，亡者得以从中重生。图坦卡蒙墓中就有一处意味深长的壁画，蕴含了这一观念，壁画上，年轻的国王在"开口仪式"后直接面见的是努特女神，之后才前往奥赛里斯处，仿佛与努特在一起的画面象征了他入葬后、去往来世前以及身处棺木中的转化阶段。在底比斯的平民墓葬和《亡灵书》的插图中，努特也自神圣的西克莫树的树干现身，供给冥世的亡者们以生命之水与滋养之力。

努特女神也有动物的形态，即天之母牛或天之母猪。在以牛形出现时，她的四蹄是大地的四个极点，太阳神与群星航行在她的身体下方。在图中，空气神舒时常站在努特身下，高举双手支撑着天牛，海赫神们（见第78页）则扶持着她的四条腿，即"天空的支柱"。努特也

下图：皇家工匠凯荷的石碑的上半部分，出土于代尔·麦地纳，雕刻有卡叠什女神、她的伴侣亚洲神瑞舍普（右）以及埃及的生殖之神敏（左），敏神还与东部沙漠地区联系在一起。第19王朝。大英博物馆

被认为具有母猪的形态，有时她会与小猪们一起出现在画面中。

崇拜

和大多数宇宙之神一样，努特没有自己的祭仪或神庙，但她的形象出现在许多神庙和墓葬中象征天穹的天花板上，以及图像里。她在民间信仰里的表现形式相当有限，但在第三中间期以后的墓中，她会以猪的形态——有时还带着小猪们——出现在护身符上。有些护身符可能在墓主生前就已佩戴过，由此体现出努特在丰产方面的作用，或作为重生之神的力量。

卡叠什

神话

卡叠什是一位司掌神圣迷狂与性爱愉悦的叙利亚女神。她的闪米特语名字意为"神圣"，虽然起源于近东，但在新王国时期她就已完全融入埃及的宗教，与敏神及亚洲神瑞舍普组成了著名的三神，受到人们的崇拜。卡叠什在有些地方类似哈托尔，因此也和哈托尔产生了联系，此外她和近东女神阿纳特及阿斯塔特也有关联，此二者都带有某种潜在的肉欲色彩，并同样在埃及为人所知。

形象

在埃及的图像中，卡叠什基本都被刻画为一位面朝观看者的裸体女子，右手持莲花，左手持蛇或纸草，这些物品都象征着性爱和生殖。她同哈托尔的相似性体现在发式与头饰上。卡叠什通常站在一头狮子的背上，在部分图像中，敏神站在她的右侧，瑞舍普站在她的左侧，这两位神一般立于基座或神龛上，因此与狮子背上的女神一样高。

崇拜

在近东地区，卡叠什的祭仪包括一场由她的信徒们操办的女神同配偶瑞舍普的神婚，我们尚未知晓在埃及是否也有类似的仪式。早在第18王朝，卡叠什崇拜就已建立起来，并且似乎相当广泛。她出现在许多第19王朝的还愿碑和墓葬碑上，也在孟菲斯和其他地方的神庙中广受崇敬。

拉艾特

在第5王朝时，太阳神拉有了一位女性的伴侣，她的名字是"拉"的阴性形式，说明她仅是太阳神的阴性补充，而非一位独立存在的神祇。在《金字塔铭文》中，这位女神被称为"拉艾特"，她还有一个全名"拉艾特塔威"，即"两地的拉艾特"，但我们无法确定这个全名是何时开始使用的。晚些的时候，她有了一个更长的头衔："两地的拉艾特，天界的夫人，众神的女主人"，以对应她丈夫的至高头衔。但相较于同样作为拉神妻子或女儿的哈托尔，拉艾特在埃及神话中的地位显然要低一些，因此她不常出现在图像中，且往往被刻画成类似哈托尔的样子，即一名头戴牛角和日轮的女性，有时日轮上还会装点两支羽毛。拉艾特的节日在收获季的第四个月到来，在希腊罗马时期的梅达姆德神庙中，她与孟图以及哈珀克雷特斯一起受到崇拜。

瑞恩佩特

瑞恩佩特是一位小神,是"年"的拟人化身,头戴刻有锯齿、象征"年"的棕榈枝,这也是她的标志。瑞恩佩特的形象常出现于神庙和其他一些场景,但没有值得一提的崇拜仪式。

萨提斯

神 话

历史上,上埃及女神萨提斯守卫着埃及的南部边境,并与尼罗河有关。人们将她与尼罗河的上半部分河段联系在一起,使她和每年的泛滥以及阿斯旺地区的象岛产生了关联,而象岛在埃及神话中有时被当作尼罗河的源头。她的名字最早出现在第3王朝萨卡拉的阶梯金字塔地下发现的石瓶上;第6王朝时,《金字塔铭文》提到她以四瓶来自象岛的水净化了已逝的国王。作为"象岛的女主人",萨提斯成了赫努姆的配偶,并因此成为阿努基斯的母亲,但更早一些的时候,萨提斯与底比斯的神孟图是夫妻,而赫努姆最初的配偶则是海奎特。当赫努姆被等同于拉神时,萨提斯就成了"拉神之眼",由于这一神话角色常由哈托尔女神来扮演,萨提斯有时也会兼有一些后者的特质。萨提斯还是天狼星的化身,天狼星也被称为索提斯,它每年的升起预示着尼罗河的泛滥。希腊人将萨提斯看作他们的赫拉,即宙斯的妻子。

形 象

萨提斯的形象大多为一位头戴上埃及的圆锥形白冠的女子,白冠上往往饰有羚羊角或羽毛,以及一条圣蛇。她通常穿着紧身长裙,手拿安赫或瓦斯权杖——作为神的身份象征,而非个人特征。她的名字在早期写作一个形如亚麻长袍上的花结的象形文字,后来则是一支箭穿过一张动物皮的符号,这个符号可能来自她的女儿,狩猎女神阿努基斯。在图像中,这个符号有时也和萨提斯一起出现。

上图:萨提斯女神(右)拥抱图特摩斯三世。第18王朝。带有浮雕的石块,萨提斯神庙,象岛

左图:萨提斯女神的银质护身符。第三中间期,第21—24王朝。哈尔收藏,圣贝纳迪诺

右图：塞莎特女神头戴神秘的徽标，肩上挂着写字用的调色板，在刻有锯齿的棕榈叶上书写年份，这种叶子在象形文字中代表"年"，因而也象征时间的记录。相传在每位法老登基之初，塞莎特女神就以此方式来记载他们统治的时长。第19王朝，卢克索神庙

崇 拜

萨提斯主要的崇拜中心位于象岛，她的神庙建立在前王朝的一处早期遗址上。罗纳德·威尔斯的研究表明，萨提斯神庙的构造经过了仔细的安排，对准了夜空中索提斯或天狼星的位置，也将萨提斯女神与天狼星的升起和尼罗河的泛滥关联在一起。此外需要指出的是，在泛滥的河水抵达下半河段之前，在萨提斯神庙的位置恰好能听到尼罗河涨水的声音，因此除了守卫边境之外，萨提斯也守护着尼罗河的洪水以及它所带来的丰饶。

塞尔凯特

见第233页，"无脊椎动物和昆虫类"部分。

塞莎特

神 话

塞莎特（意为"女书吏"）是掌管所有书写和符号的女神，包括文字记录、账目和统计，她也是"书之屋中的首位"，即神庙图书馆和其他文献收藏处的保护神。这位女神最早出现于第2王朝，她协助国王卡塞海姆威举行神庙奠基时的"拉绳仪式"，因为塞莎特也是"建筑的女主人"，负责每座神圣建筑物的建造或扩建的规划。从古王国时期开始，塞莎特就负责记录战利品中不同种类的动物数量，在中王国，她记录外国献上的贡品以及战俘的名字，而在新王国的神庙浮雕中，她将国王统治的年份和周年庆典记载于神圣的伊什德树或鳄梨树的叶子上。相传塞莎特和奈芙西斯一起在来世修复亡者的肢体。这位女神也和其他神祇相关，主要是图特神，在传说中她是图特的姊妹、配偶或女儿。在新王国时期，塞莎特有了一位对等的女神——塞夫赫特-阿布威，这位女神的特点和塞莎特基本相同，因此应该只是后者的一种形态而已。

形 象

塞莎特一般被刻画为一位身穿豹皮的女子，头上戴有发带，以及一个含义不明的标志，形似花朵或七芒星。这颗"星星"上面通常有一个弯弓形或新月形的符号，类似倒置的牛角，

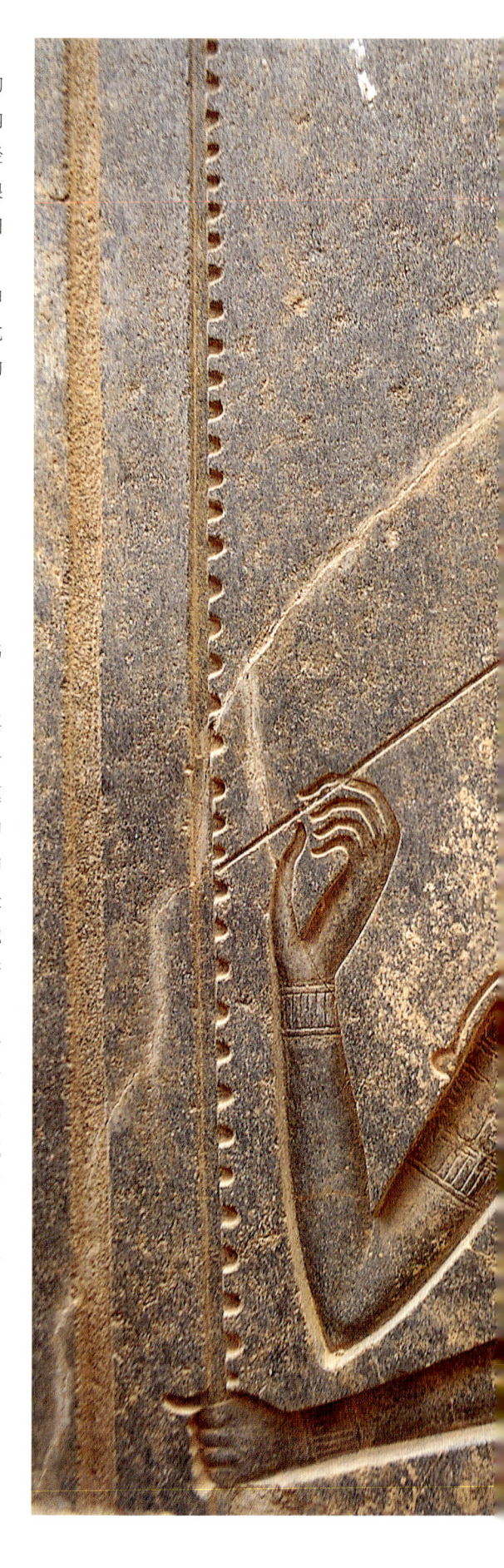

有时符号上面还有两根鹰羽。女神通常手持棕榈枝，在上面刻下年份，而棕榈枝的末端一般是一只坐在"申"符号上的蝌蚪，蝌蚪在象形文字中代表数字"十万"，加上"申"（即"永恒"）符号，则象征无尽的年月。在塞莎特记录国王执政周年的画面里，代表节日的符号也从棕榈枝的顶部悬挂下来。当和国王一起出现在奠基仪式中时，塞莎特通常一手握杆，一手持棒，并拉紧绳子，以划定新建筑的范围。

崇　拜

从属性上说，塞莎特掌管的是官方的建筑、记录和书写，因而极少出现在这些情境之外。她没有自己的神庙，但鉴于她在奠基仪式中的作用，每座神庙都与她密不可分。同理，她在民间信仰中也没有具体的位置，但她一直是书吏和建筑师的守护女神。

索提斯

神　话

索提斯是明亮的一等星天狼星的化身，埃及人称她为索普代特，希腊人则叫她索提斯。她的丈夫是萨赫，即与天狼星相邻的猎户座之神，她的儿子名为索佩德或索普杜，也是一位星神。对埃及人来说，天狼星的重要性在于，当每年它在黎明时分出现在东方的地平线上时，尼罗河的泛滥就要开始了，一年农事的开端也将来临。因此索提斯被埃及人称为"带来新年和尼罗河洪水之神"，并在很早的时候就与奥赛里斯有了关联，因为后者象征着尼罗河每年的"复活"，同时也会化身为夜空中的猎户座。早在《金字塔铭文》中，人们就描绘了索提斯与国王/奥赛里斯结合，诞下黎明之星——金星——的故事，通过与这位冥神的结合，索提斯自然也被等同于伊西斯，她们有时合二为一，以伊西斯-索提斯女神的身份出现。

形　象

索提斯最早的图像出现于第1王朝的杰尔王象牙板，出土于阿拜多斯，上面将女神刻画为一头母牛，头上的双角间戴有像是植物的徽标（可能代表了"年"）。但她常见的形象是一

上图：索提斯女神头戴她富有特点的王冠，上面饰有一颗五芒星。后期埃及，青铜像。大英博物馆

上右图：融合后的伊西斯-索提斯，站立于她穿越天空的小船中。罗马统治时期

位戴有类似上埃及白冠的王冠的女子，王冠两侧还有弯曲向上的牛角，最上面是一颗五芒星。这种形态的索提斯没有多少特征可言，只呈现站立的姿态，手放在两侧，或一只胳膊置于胸部以下。女神偶尔还会被刻画为一只巨大的狗，在以伊西斯-索提斯的形态出现时，她也会侧骑在大狗身上，罗马统治时期，亚历山大铸造的部分钱币上就有此形象。

崇 拜

前王朝时期，埃及人曾将天狼星当作一位母牛女神来崇拜，但最终它被伊西斯和索提斯同化。虽然索提斯无疑是一位具有一定重要性的女神，但后期与伊西斯的同化使她渐渐失去了个性。在古王国时，她是一位掌管尼罗河泛滥的重要女神，也是已逝国王在来世的指引者；但到了中王国，她被当作一位"母亲"和"看护者"；最终在希腊罗马时期，她基本完成了与伊西斯的融合。

塔瑟涅特诺弗瑞特

塔瑟涅特诺弗瑞特是一位重要的地方女神，她在上埃及的库姆·翁姆波作为荷鲁斯的配偶和帕奈布塔威的母亲而受到崇拜。她名字的意思是"好姐妹"或"美丽的姐妹"，实际应为哈托尔在当地的一种化身。

塔耶特

塔耶特是一位司掌纺织的女神，在古王国时就已出现了。在《金字塔铭文》中，她是国王的母亲，为国王披上衣装，将他提升至天空中（PT741），她还负责保护国王的头颅，收集他的骨头，和其他神祇一起给予他支持（PT738）。在晚一些的神话中，塔耶特为制作木乃伊时用的净化棚屋（也称"神亭"。——译者注）编织帘幕或帷帐，但她最重要的角色是提供包裹木乃伊时所用的绷带的神。在中王国的《辛努海的故事》中，我们能看到这些绷带和一个用上它们的得体葬礼对于古埃及人有多么重要：为使故事的主人公辛努海返回埃及，国王森乌斯里特一世提醒他，只有在埃及，他才能在去世时得到"来自塔耶特手中的裹尸布"。塔耶特还与奈特女神有关，后者同样司掌编织；此外，由于在葬仪中的作用，她也与奥赛里斯、伊西斯和奈芙西斯存在关联。虽然没有自己的神庙，塔耶特却在多位和她有关的神祇的圣所中受到敬拜。

提埃恁耶特

提埃恁耶特的名字最初出现于第12王朝刻有浮雕的石块上，但应该在这之前就已存在了。在阿曼特（赫蒙提斯）和周围的底比斯地区，她与伊乌尼特女神一起作为鹰神孟图的配偶而受到人们的崇拜。在新王国的第19—20王朝，她的地位有了较大的提升，但在晚期又有下降。虽然有时认为她等同于拉艾特女神，但这种可能性不大，因为这两位女神会一起出现在画面中。

树女神

多位埃及神祇都和树木有关：荷鲁斯与金合欢树有关，奥赛里斯与柳树有关，拉神与西克莫树有关，威普瓦威特则与柽柳有关。但这些关系都不如一些女神和树木的关系那样密切。

西克莫树尤其被视为努特、伊西斯和哈托尔的化身，而哈托尔的称号就是"西克莫树的女主人"。另外也有一些地位较低的树女神，这些神灵的表现方式较为多样，有些树的形象被标注上女神的名字，也有呈现为人形的树女神，但最常见的表现方式是让女神的上半身从树干中间冒出来。许多这类图画都表现了哈托尔、努特或其他女神从树中伸出手，赐予亡者食物和水的场景，有时则只画出女神赐予食物和水的双手。在著名的图特摩斯三世墓壁画中，国王在化作西克莫树的"他的母亲伊西斯"的乳房上吮吸奶水。由于多位母神都具有树女神的身份，亡者葬于木棺中便有了回归母神子宫的寓意。

瓦塞特

瓦塞特女神的名字意为"力量强大的女神"，她主要与底比斯地区相关，在穆特获得至高地位以前，她可能是阿蒙神的配偶。她的名字即为底比斯城的名字，并出现在三位底比斯出身的中王国法老的名字中，即森乌斯里特（塞索斯特里斯），意为"属于瓦塞特的人"。瓦塞特最初可能是哈托尔女神的一种形态，但随着时间的推移获得了自己独有的身份。她通常呈现为人形，手握她的象征符号，即瓦斯（力量）权杖，上面系有羽毛和飘带。

上左图：一位树女神头戴象征身份的果树符号，赐予亡者供品。第18王朝。纳赫特基，西底比斯

最左图：亡者在对一位赐予他礼物的树女神表示崇拜。卡诺皮克匣，第19王朝。埃及博物馆，柏林

左图：瓦塞特女神是底比斯城的化身，有时她表现为战神的姿态，手握弓箭和战斧，象征底比斯的法老们在军事上的权力。新王国浮雕（局部），西底比斯

哺乳动物类

右图：作为女王的哈特谢普苏特与阿皮斯神牛一同参加赛德节中的仪式性"奔跑"。第18王朝。带有浮雕的石块，出自红色祠堂，卡纳克

下右图：阿皮斯神牛背负着亡者的木乃伊。木棺脚板。第25王朝，公元前700年。维也纳艺术史博物馆

牛 神

在埃及的所有神祇中，牛形神是最重要的类别之一。以牛为象征的神祇既有男性也有女性，其中有些来自埃及历史最早的时期。总的来说，牛形的女神代表创造与丰产的力量，还有一些母神和天空女神也被描绘为牛的形态。牛形的男神则往往与宇宙有关，一般象征着公牛拥有的力量与性能力，这些都与王权和王权观念紧密地联系在一起。

阿皮斯

神 话

在以牛为形态的埃及神祇中，阿皮斯地位最高，其历史可以追溯至王朝时代的开端。埃及人最初称他为"哈普"，但我们不完全清楚这位神的起源。阿皮斯的崇拜中心位于孟菲斯，在很早的时候他就被纳入了孟菲斯大神普塔的崇拜，最初是作为普塔的"传令官"或儿子，后来就成了普塔本尊的"荣耀之魂"在人间的形象或化身。

每代阿皮斯神牛只有一头，在前任神牛死去后，祭司们会按外表重新选择继承者。希罗多德曾记载，阿皮斯神牛通常为黑色，身上有特殊的标记（见"形象"部分），舌头下有一块圣甲虫形状的隆起，尾巴的毛需分成两股。在神话中，普塔神使一头处子之身的母牛受孕，生下了阿皮斯神牛，而阿皮斯神牛与孟菲斯的普塔神之间的关联，则强调了神牛在生殖方面的力量是普塔神创造之力的有形显现。作为埃及神牛之首，阿皮斯还与君权观念紧密相关，在这种联系中，神牛身体上的力量尤其受到强调。在意图加强和更新国王力量的赛德节仪式中，国王与阿皮斯神牛一起大步向前奔跑，为的就是体现国王的力量和神牛一样强大。

阿皮斯神牛死后会和奥赛里斯融为一体，成为复合神阿皮斯-奥赛里斯或奥塞拉皮斯，之后在希腊化时期形成了人形的塞拉皮斯神。因此，活着的阿皮斯神牛有时被称为奥赛里斯的巴，他与其他神祇最终融合为奥赛里斯-阿皮

斯-阿图姆-荷鲁斯神。根据部分墓葬文献，阿皮斯在来世负责打谷的工作，但与亡者相关的通常是他的力量与生殖能力，因此在《金字塔铭文》中，已逝的国王声称拥有公牛阳具的力量，借助这种力量他才能上升至天界（PT1313）。

形 象

阿皮斯通常被刻画成一头行走的公牛，在新王国后期，他双角间是一面日轮（有时是满月圆盘），日轮的底部常立起一条圣蛇。阿皮斯神牛最关键的标记之一是前额上的一块三角形白斑，在他的雕像上常以白银描绘这块白斑。阿皮斯的背部还有形似翅膀的花纹，希罗多德称之为"一只鹰"，但描绘的实际是隼或秃鹫的翅膀。在一些形象中，他背上还披有一块带菱形格子的布。后期的棺木上也有阿皮斯的形象，通常为一头奔跑状的神牛，背负着亡者的木乃伊奔向坟墓。阿皮斯神牛的站像很少出现在护身符上，但祈愿用的神牛铜像在埃及后期极为常见，铜像身上还会刻画出他独一无二的花纹。此外，阿皮斯也有牛头人身的形象，但实在罕见，还有一种特别的圣甲虫护身符，是牛头加上圣甲虫身体的样式，这可能源于阿皮斯神牛和墓葬相关的属性。

崇 拜

第5王朝的巴勒莫石碑显示，阿皮斯早在第1王朝的登王统治时就已获得了人们的尊崇。在古埃及的大部分历史时期，孟菲斯都是他最主

左图：阿皮斯神牛的青铜像，刻画了神牛背上的"鹰翼"图案和披着的毯子，以及神牛头顶的日轮和圣蛇徽标，此二者常见于后期的形象。后期埃及。大英博物馆

下图：阿皮斯神牛防腐中使用的巨大的、方解石制的木乃伊防腐台。第26王朝。普塔神庙，孟菲斯

上图：可能象征巴特的牛头神。纳尔迈调色板（局部）。早王朝时期，公元前3000年。埃及博物馆，开罗

要的崇拜地。根据公元3世纪的作家埃利安的论述，是美尼斯在此处建立了对阿皮斯的信仰，并一直延续到罗马统治时期，这清楚地说明了孟菲斯有着阿皮斯崇拜的古老传统。依据《金字塔铭文》和《亡灵书》中的说法，神牛崇拜在塞易斯和三角洲的阿斯里比斯也曾风靡一时。

在孟菲斯，阿皮斯神牛被豢养在普塔神庙南面的一个特定区域，崇拜者会去那里供奉它，它也拥有自己的母牛"后宫"。除了参加特定的节日游行和其他宗教仪式，神牛也被用来颁布神谕，并且是埃及最重要的神谕来源之一。

根据古典作家希罗多德和普鲁塔克的记载，满25岁时，阿皮斯神牛就会在一场盛大的仪式中被杀死。之后，它会被制成木乃伊，装进一具巨大的花岗岩石棺，埋葬在萨卡拉的塞拉皮雍地下墓穴，有些石棺甚至重达70吨。阿皮斯神牛的葬礼是极为隆重的，相传在埃及后期，它的崇拜到达巅峰之时，埃及人会像哀悼法老本人一样哀悼死去的神牛。生下阿皮斯神牛的母牛则被称为"伊西斯神牛"，也会在遴选神牛时被带到孟菲斯，豢养在特定的环境里，最终埋葬于距离塞拉皮雍不远的"伊塞姆"。

巴　特

神　话

巴特是一位早期的女神，出现于前王朝后期和早王朝时期，其名意为"女性的灵"或"女性的力量"。我们很难知晓巴特是如何出现在埃及的，但有迹象表明她可能来自美索不达米亚。如果（也确实可能），她就是刻画在多件前王朝时期物品（包括纳尔迈调色板）上的那位牛女神，那么几乎可以确定她是一位天空女神。神话中较少提到巴特，关于她的最早的文字材料保留在《金字塔铭文》中，其中提到"双面的巴特"，指的是在叉铃（见"哈托尔"一节）上和其他一些地方出现的双面女神形象。也有学者指出，围绕巴特产生的神话可能意在强调埃及的统一，因为在第12王朝的一件胸饰上，巴特的形象居于中间，而两侧是和解姿态的荷鲁斯和塞特。

形　象

虽然巴特的形象别具特点，并对哈托尔崇拜产生了深远的影响，但巴特本身很少出现在埃及艺术中。这位女神有着人的头、牛的耳朵，头上长有牛角——只不过是从她的太阳穴位置长出，而非头顶。此外，巴特的牛角向内弯曲，而不是像哈托尔那样向外弯曲，这使她的头部有点接近七弦琴的形状。她的头部往往支在一根杆上，或有相连的"身体"部分，这个"身体"的形状类似项链平衡坠或一种长袍花结，因此巴特整体的形象可能是对一种叉铃或神圣的响器（见"哈托尔"一节）的影射。

如果纳尔迈调色板顶部和国王腰带上的牛头形象刻画的都是巴特，那么一件更早的调色板上的牛头形象可能也是她，在这个更早的形象中，她有着星形的耳朵，牛角尖和头顶也呈现为星星的形状。纳尔迈调色板顶部的牛头同样与天空有关，呈现的正是从上方俯视人间种种情景的姿态。

在中王国时，巴特的形象特点完全被哈托尔吸纳，但她独特的样貌依然保留在一些哈托尔柱头上。

崇　拜

不论在早期历史中扮演了怎样的角色，作为上埃及第7诺姆的主神，巴特在数百年间都是一位重要的地方神，她的崇拜中心被称为"叉铃之屋"，位于今天的拿戈玛第附近。但到了中王国的时候，她被毗邻的上埃及第6诺姆的大女神哈托尔同化，后者将巴特的身份和特质转变成了自己的一部分。

布吉斯

神话

"布吉斯"是希腊人对这头神牛的称呼，埃及人称他为巴克、巴-阿克或巴克胡，他的崇拜地位于阿曼特，即古代的赫蒙提斯，以及底比斯的其他一些地方。布吉斯神牛的埋葬之地称为"布吉翁"，位于阿曼特的沙漠边缘，虽然在历史上屡遭破坏，但在1927年被发现时，这片神牛墓地依然令人叹为观止，其历史可追溯到新王国时期。近期的考古发掘显示，这片墓地的使用时间超过了600年，从尼克塔尼布二世（公元前360年）一直到戴克里先皇帝统治时期（公元300年）。生下布吉斯神牛的母牛则被埋葬在巴卡瑞亚赫，这片墓地也位于阿曼特。布吉斯神牛的传说也流传甚久，公元400年的罗马作家马克罗比乌斯形容这头神牛有着奇异的外表，例如每个小时都会改变颜色，且身上的毛是倒长的。

形象

虽然根据一位古典作家的说法，布吉斯为白毛黑面，但传说中这头神牛也有其他颜色，马克罗比乌斯所说的变色可能就基于这一点，因此较难和其他神牛区分开来。护身符上的形象尤其难以辨认，但这头神牛也出现在石碑上，以及第19王朝后的各种情境中。

崇拜

布吉斯与拉神和奥赛里斯有关，尤其被看作底比斯的孟图神的化身。因此，虽然不如孟菲斯的阿皮斯神牛和赫利奥波利斯的美涅维斯神牛那样举足轻重，布吉斯神牛仍然在底比斯地区获得了高度的崇敬，且崇拜地区不限于阿曼特，而是包括底比斯城与周边的托德和梅达姆德。这些地方不可能各自豢养神牛，应该是同一头布吉斯神牛往返于不同的地点，而神牛不在的时候，他的神像就被当作替代品放在圣所中。和其他神牛一样，布吉斯会在神庙中颁布神谕，但他也因治愈疾病的能力而著称，尤其擅长治疗眼疾。由于同战神孟图的联系，布吉斯神牛还以凶猛善战而闻名，梅达姆德的铭文显示，神牛会在特殊的竞技场上和其他牛进行角斗。

海萨特

海萨特是一位母牛女神，有着若干种神话特质。她的名字意为"荒野之神"，可能从很早以前她就作为野牛神而受到崇拜。在《金字塔铭文》中，她就已经成为阿努比斯的母亲（PT2080），同时也是已逝国王的母亲（PT1029），国王因此被塑造成一头金色牛犊，以显示女神之子的身份，此外海萨特还负责照料在世的国土。相传这位女神哺育了许多头神牛，她尤其被看作神牛美涅维斯和阿皮斯（在部分铭文中）的母亲。在赫利奥波利斯，生下美涅维斯神牛的母牛被埋葬于一处献给海萨特女神的墓地。海萨特供给人类牛奶，常和

上图：石灰岩石碑，雕刻有国王供奉布吉斯神牛的场景，此处的布吉斯是孟图神的化身。托勒密时期，公元前181年。埃及博物馆，开罗

负责提供啤酒的女神泰涅米特一同被提及，后者能通过"海萨特的啤酒"平息人们的干渴。在托勒密时期，海萨特和伊西斯产生了关联，二者合体为神圣的伊西斯-海萨特神牛，以此形态受到人们的崇拜。

迈海特-维瑞特

神 话

迈海特-维瑞特是一位古老的母牛女神，其名意为"大洪水"，相传她是从创世之水中升起的，并生下了太阳神拉，因而在她的双角间戴有日轮。作为将太阳托举上天空的母牛，迈海特-维瑞特与天界相关，因此在《金字塔铭文》中被看作天空女神，并象征天空中的水路——太阳神与国王就在上面航行（PT1131）。这位大洪水女神还和奈特有着紧密的联系，有时被等同于奈特。在晚一些的时候，她与哈托尔产生了联系，我们在《亡灵书》第186章中看到，她与哈托尔均被称为"拉神之眼"（见第206页）。此外她也和伊西斯有关。

形 象

这位女神几乎一直呈现为牛的形态。在新王国墓葬纸草的插图和墓室壁画中，她被刻画为一头双角间有日轮的神牛，跪伏在一张芦苇席上，常戴有仪式用的项圈，身披装饰着图案的毯子，身后立起一支权杖或链枷，以象征她的力量与神性。刻画在图坦卡蒙墓中一张灵床上的伊西斯-迈海特女神很可能也是她（迈海特或为迈海特-维瑞特的缩写），这张长榻由两头体型细长的母牛组成，头顶均戴有日轮。

崇 拜

作为原初创造概念的化身，迈海特-维瑞特没有独立的祭仪，但她仍是创造—诞生—重生中的一种至关重要的力量，因此常出现在墓葬文献和图像中。

美涅维斯

美涅维斯是赫利奥波利斯的神牛，埃及人称之为"美尔-维尔"，在《棺木铭文》中，他最古老的名字是涅姆-维尔，希腊人则称他为美涅维斯。他最初是一位独立的神祇，在很早的时候被纳入了太阳神崇拜。曼尼托曾提到这位神祇的信仰在第2王朝时就已存在了，但在《金字塔铭文》中，他还只是一头能力有限的"赫利奥波利斯之牛"。在某一时期，美涅维斯成为拉神的巴或"神力"，以及融合后的拉-阿图姆的化身，因而地位得到了巨大的提升。根据普鲁塔克的论述，美涅维斯的地位仅在孟菲斯的阿皮斯神牛之下，也享有极大的崇敬与特权。他和声名远播的阿皮斯神牛一样能颁布神谕，并被当作太阳神的"传令官"，负责将神明的意愿和裁决传达给芸芸众生。罗塞塔石碑中也提到了美涅维斯，他和阿皮斯神牛一样接受了托勒密五世的慷慨馈赠。为了提高美涅维斯的地位，赫利奥波利斯的祭司们甚至宣称美涅维斯是阿皮斯的父亲。虽然美涅维斯和奥赛里斯之间存在一些联系，譬如美涅维斯-奥赛里斯和美涅维斯-温尼弗尔这样的双重名号，但这可能只是太阳神与冥世之神的融合的结果，而非任何直接的神话联系。

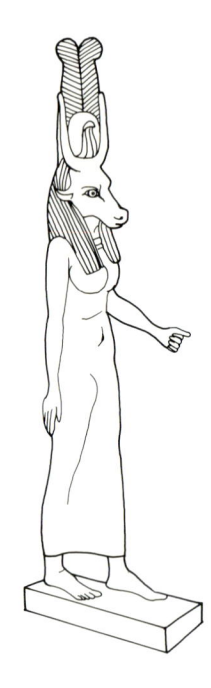

上图：一位牛头女神的青铜像，她是阿皮斯神牛之母，有时被称为迈海特-维瑞特，但常见的名字是伊西斯。后期埃及。皮特里收藏，伦敦大学学院

右图：天空母牛伊西斯-迈海特——或称迈海特-维瑞特——的木制雕像，图坦卡蒙墓中的随葬灵床之一。第18王朝。埃及博物馆，开罗

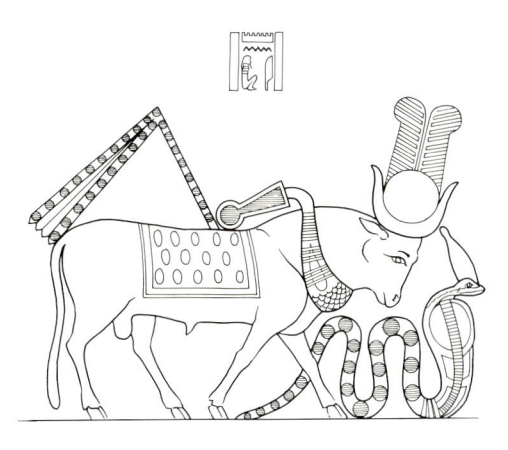

但具体的地点已无从寻觅。在较晚的时候,美涅维斯神牛的墓地坐落在赫利奥波利斯的太阳神庙的东北方,神牛下葬时亦伴有宏大的典礼。美涅维斯神牛的母亲也有自己的墓地,她们被看作海萨特女神的化身。美涅维斯也在其他地方享有崇拜,例如在希腊罗马时期的丹德拉神庙和艾德福神庙中。在法雍的索克诺派欧·奈索斯,有一座献给塞拉皮斯-奥索罗美涅维斯的神庙,显然是将奥赛里斯信仰与阿皮斯以及美涅维斯的崇拜结合在了一起。

申塔耶特

"申塔耶特"意为"寡妇",但这位女神的起源尚不明确。她通常呈现为一头母牛或一名牛头女子的形象,但后来被伊西斯同化,称为伊西斯-申塔耶特。由此,申塔耶特与奥赛里斯的复活产生了联系,被看作奥赛里斯的石棺。

天空之牛(西方之牛)

天空之牛出现在《亡灵书》第148章的插图中,他是一种与天空和来世有关的神话动物或神灵,因此也被称作"西方之牛"。此外,相传他是七头母牛(见第77页)的丈夫,她们常常伴随他左右。

形象

和埃及其他的神牛一样,每代美涅维斯神牛都只有一头,被选为美涅维斯的牛通常有着纯黑的皮毛,不带任何其他的标记或杂色。因此在图像中,美涅维斯唯一的特点就是头顶的日轮和双角间的圣蛇。

崇拜

美涅维斯拥有自己的"后宫",主要由两头象征哈托尔和伊乌萨阿斯的母牛组成,还有自己的专属墓地。由于同太阳神的紧密联系,美涅维斯是为数不多的受到埃赫纳吞容忍的神祇之一,这位国王甚至命人在他的王都埃赫塔吞(即现代的阿玛尔纳)为神牛修建了一座墓地,

左图:美涅维斯神牛,名字为后期的形式"美尼"(Meni)。根据商博良手稿《埃及诸神》(1823)重绘

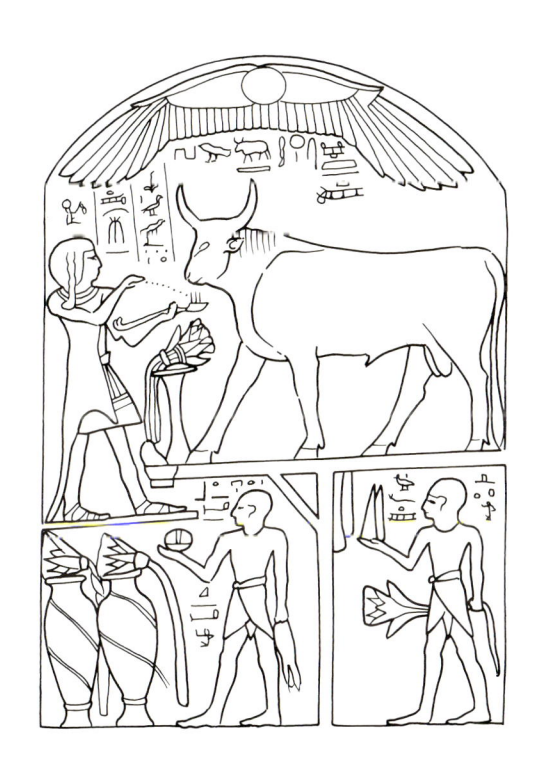

下左图:美涅维斯神牛,埃及名为"美尔-维尔",也被称为"拉神的传令官"。第18王朝。凯恩石碑,埃及博物馆,开罗

下图:天空之牛以及作为他配偶的七头母牛中的三头。第19王朝,尼弗尔塔莉墓,王后谷,西底比斯

右图：猫神，阿蒙赫尔凯普舍夫墓，王后谷，西底比斯

下右图：夜晚形态的太阳神航行在人头的阿克尔神的身躯之上。选自《地之书》，新王国纸草

猫／狮神

埃及诸神中有许多位身份尊贵的猫神，人们敬畏他们甚于敬畏其他神灵。虽然主要的形态是狮子，但他们也变化多端，有时是狮子，有时则是猫，而同一位神祇在不同时段——甚至在同一个时段内——也会拥有狮子和猫两种形态。因此，埃及的猫神既可能是凶暴的恶神，也可能是温和的善神。一部分猫神会以这样或那样的方式与太阳的至高力量相联。

阿克尔

神 话

大地之神阿克尔是一位古老的神祇，他的名字既有单数"阿克尔"（Aker），也有复数"阿克汝"（akeru），当以复数出现时，阿克汝指的是原初的大地之神，但我们并不清楚其神话起源。《金字塔铭文》并未给出具体描述，但他们出现在多段驱魔咒语中，咒语声称阿克汝将在国王面前颤抖，或他们无法抓住国王（PT393，658，2202）。另一方面，相传单数形式的大地之神阿克尔会开启大地之门，准许国王进入冥世，他还会抓住或约束威胁国王的种种蛇怪，从而保护国王不受它们伤害（PT504，676）。晚近的文献，譬如《阿克尔之书》或帝王谷拉美西斯六世墓的《地之书》，以及第21王朝的神话纸草，则提到在巨蛇阿波菲斯被砍为数段后，阿克尔将囚禁它的残躯。

形 象

阿克尔最早的形象（后期有时也使用这一形象）是一块土地，两端各有一个人头，代表冥世的入口和出口。后来这位神祇被刻画成一对后半身融为一体的狮子或斯芬克斯，象征东方和西方的地平线，这也是他最常见的形象。阿克尔的外形因此类似碗状或凹槽状，而实际上他也和太阳船甲板上固定桅杆的凹槽有关。在中王国驱魔用的"魔杖"上也有阿克尔作为双狮或双斯芬克斯的形象，他和其他守护神一同出现，常手握利刃，象征他守卫冥世入口的职责。在后期墓葬纸草的插图中，太阳神航行于阿克尔的背上，此外，在安放索卡尔神"躯体"的冥世洞穴的两旁，都画有阿克尔的形象。

崇 拜

虽然历史可追溯至早王朝时期，并在《金字塔铭文》的年代被看作一种不可忽视的力量，但阿克尔仍旧是一位宇宙-地理类的神祇，因此未能享有独立的祭仪。不过材料显示，民间信仰中有他的一席之地，双狮的形象有时被用作象征保护或复苏的护身符；如上文所述，他还

会出现在驱魔用的魔杖上；此外，人们相信阿克尔能中和被蛇或其他毒物咬伤者体内的毒液，以及救治误食有害物或脏东西的人。

阿佩达玛克

神话

阿佩达玛克是埃及南边的麦罗埃文明的一位本地狮神，他的起源未受到埃及宗教思想的影响，但他的崇拜被吸纳进了深受埃及影响的苏丹地区的神庙，甚至也进入了努比亚地区的个别埃及神庙。在属性方面，阿佩达玛克是一位战神，这是融合了埃及神话中"南方的狮子形态的杀戮之神"这一观念的结果——虽然在埃及人眼中，这头复仇的狮子通常是一位女神（见"泰芙努特"一节）。虽然阿佩达玛克一直保有独立的特性和崇拜方式，未被任何纯粹的埃及信仰同化吸收，但在纳卡的"狮庙"中，阿佩达玛克出现在阿蒙与哈托尔身旁，他还和伊西斯以及荷鲁斯组成了一个独特的三神组，将这两位埃及神祇纳为自己的配偶和子嗣。

形象

阿佩达玛克通常是狮头人身的形象，有时会呈现为三个头，他也有完全的狮子形态乃至"蛇狮"的形态。虽然据说他偶尔会被刻画为大象头，但与这一形态相关的图像并没有保留下来。在呈现为狮头人身的形象时，他手中持有一支独特的权杖，权杖顶端是一只蹲伏的狮子。大多数时候，阿佩达玛克都头戴三重阿太夫王冠。

崇拜

阿佩达玛克的主要崇拜中心是穆萨瓦拉特·苏夫拉和纳卡，两地皆位于苏丹的尼罗河第六瀑布以东的沙漠。穆萨瓦拉特的宏大神庙群包含了已知最大的阿佩达玛克神庙，它的历史可追溯至公元前300年，使用时间超过了750年。有趣但令人费解的是，这座神庙中献给阿佩达玛克的铭文以埃及圣书体写成，而非麦罗埃文字。在麦罗埃和那片地区的其他崇拜地还建有多座"狮庙"，但阿佩达玛克的相关考古证据在北努比亚地区发现得较少，说明这位神祇主要是南部地区的守护神。

巴斯特

神话

巴斯特最初是一位母狮神，随着时间的推移，她逐渐变得温和，成了一位猫神或猫头的女神，但仍集狮子与猫的特性于一身。《金字塔铭文》中出现的巴斯特既有危险的一面，也有作为国王母亲与照料者的温和一面（PT1111）；在

最左图：作为征服者的狮神阿佩达玛克，手中牵着被捆住的俘虏。麦罗埃浮雕（局部），穆萨瓦拉特·苏夫拉的"狮庙"，上努比亚地区

左二图："蛇狮"形态的阿佩达玛克。纳卡"狮庙"塔门上的浮雕，上努比亚地区，麦罗埃时期

左图：阿佩达玛克的三头狮形态，头戴三重阿太夫王冠。班·纳卡干河谷的麦罗埃浮雕，上努比亚地区

下图：一尊青铜猫像。猫是巴斯特女神的化身，也是她相对平和时的形态。第26王朝。埃及博物馆，开罗

下图： 猫头人身的巴斯特青铜像，手持叉铃和盾形项圈。后期埃及到托勒密时期。哈尔收藏，圣贝纳迪诺。

《棺木铭文》中，她为亡者提供庇护，但仍有好战的一面。和其他母狮女神一样，巴斯特被看作太阳神的女儿，同时是"拉神之眼"的化身，但她也是与月亮相关的"月之眼"。当以猫女神的形态出现时，巴斯特依然保持着和拉神的关联——她成了毁灭太阳神之敌巨蛇阿波菲斯的"拉神之猫"。但发展完全后的巴斯特并不像塞赫迈特那样好斗，虽然她的儿子玛赫斯继承了她最初作为狮神的暴烈一面，这位女神在后来却成了母性的象征，人们相信她会保护孕妇。希腊人将巴斯特等同于他们的女神阿尔忒弥斯。

形 象

巴斯特最早的形象出现在第2王朝时的石制器皿上，表现为一名狮头人身的女子。但她的形象经历了种种变化，可能是由于人们认为她的天性比其他母狮女神要温和一些。从中王国时起，她与猫产生了联系，而在新王国结束后，她就时常被刻画成猫头女子的形象了。猫头人身的巴斯特时常呈现为手持叉铃的姿态，这一姿态与哈托尔有关，因此叉铃上有时也装饰着猫的图案。同理，巴斯特还和仪式用的麦纳特项链联系在一起。埃及后期的护身符上时常出现狮子女神的形象，虽然没有铭文标注，但多为巴斯特，尤其是那些手持叉铃、麦纳特项链、纸草权杖或乌加特之眼的女神。此外，巴斯特的脚下总有一群小猫，这在她的青铜像中尤为常见。当以拉神之猫的身份出现时，巴斯特是完全的猫形，常被描绘成以利刃斩杀巨蛇阿波菲斯的形象。

崇 拜

巴斯特从相当早的时候开始就是一位重要的女神。位于吉萨的哈夫拉河谷神庙就在正面记载着两位女神的名字：代表埃及南方的哈托尔，和代表埃及北方的巴斯特。随着时间的推移，女神的名气逐渐增加，到了后期和希腊罗马时期，她已经获得了极高的地位。巴斯特的崇拜中心位于三角洲东部的布巴斯提斯城，即现代的太尔·巴斯塔，虽然女神的神庙现在仅余轮廓，但希罗多德在公元前5世纪拜访过那里，并盛赞其宏伟。此外，希罗多德还描述过巴斯特的节日庆典，称它是埃及安排最为精心的宗教节日，参与其中的民众可以尽情跳舞，畅饮美酒，整日狂欢。为敬奉巴斯特，埃及人将猫咪制成木乃伊，葬于墓地中，在布巴斯提斯和其他一些地方，如萨卡拉（巴斯特是那里的守护神），考古学家们都发现了这样的猫咪墓地。巴斯特在埃及南方也颇受崇敬，那里的人们将她等同于底比斯的阿蒙神的妻子穆特女神。

猫咪护身符和整窝的幼猫在埃及是相当流行的新年礼物，巴斯特的名字也经常被刻在仪式用的"新年圣水瓶"上，人们可能借此祈求女神赐予丰饶，同时，也因为巴斯特和其他狮子女神一样是守护女神，她的力量能克制来自埃及年末的"凶日"的黑暗力量。

贝 斯

见第102页，"人形的男性神"部分。

玛赫斯

神 话

虽然《金字塔铭文》中已出现了"玛赫斯"一词，且有"狮子"之意，但直到中王国，这个词才作为神的名字正式登场，而在新王国时，玛赫斯神的名字才变得常见。相传玛赫斯是巴斯特之子，有时也被说成塞赫迈特之子，希腊人称他为"迈希斯""米奥斯""米霍斯"。玛赫斯是一位重要的地方神，但埃及神话并没有特别提到他，尽管传说他曾帮助太阳神战胜巨蛇阿波菲斯。由于狮神的属性，玛赫斯也被视为一位战神，并且是圣地的守卫者。一篇后期的希腊铭文将他形容成一位司掌风、黑暗与风暴的神祇。他与多位神祇存在关联，也被等同于他们，包括荷鲁斯、尼弗尔太姆乃至太阳神本身。

形　象

玛赫斯有完全的狮子形态，也有狮头人身的形态，后者通常身穿短裙，头饰多变，可能头戴日轮和圣蛇、阿太夫王冠或尼弗尔太姆的莲花冠。他通常爪间握有利刃，身后有一丛莲花，暗示他和尼弗尔太姆之间的联系。

崇　拜

玛赫斯的崇拜中心位于古代的塔瑞姆（即今天的太尔·穆克达姆），希腊人称之为莱昂托波利斯或"狮城"，位于三角洲东部。虽然这一地区保存状况不佳，神庙废墟无法推定年代，但材料显示，在第18王朝时，塔瑞姆就已建有神庙了。然而与玛赫斯崇拜有关的证据来自较晚的时期。第23王朝的奥索孔三世在玛赫斯之母巴斯特的圣城布巴斯提斯为他修建了一座重要的神庙，位于巴斯特大神庙北侧。在上埃及的阿芙洛狄特波利斯也有玛赫斯的崇拜地。除了这些崇拜中心以外，玛赫斯的信仰继续向南方传播，在上埃及的希腊罗马时期神庙，譬如丹德拉、艾德福和菲莱神庙中，也出现了玛赫斯的形象；在努比亚，他出现在达博德和丹杜尔。此外，玛赫斯信仰也扩展到了边远的巴哈利亚绿洲和西瓦绿洲。在魔法与民间信仰方面，玛赫斯的形象出现在新王国后期的纸草护身符上，古埃及后期，他也常被刻画于釉面或青铜的小护身符上。

麦基特

麦基特是一位母狮女神，但在埃及神话中未留下多少记载。与著名的塞赫迈特和泰芙努特一样，麦基特也是复仇女神"拉神之眼"的化身之一（见第206页），但她同时也和月亮相关。麦基特还是欧努里斯的配偶，在阿拜多斯附近的提斯，这对神祇拥有自己的崇拜中心。

曼西特

曼西特是一位名气不大的狮子女神，在上埃及的艾德福受到崇拜，而在三角洲地区，人们将她和塞易斯的奈特女神联系在一起，在《棺木铭文》中，她又与下埃及的守护女神瓦杰特有关。曼西特也能显现为太阳神额前的圣蛇，因此和其他一些狮子形态的神一样，她被认为和太阳有关。

迈斯提耶特

迈斯提耶特是一位狮头人身的女神，她的名字只出现在一段碑文中。她是暴烈的"拉神之眼"的化身之一，也为我们提供了关于某些神祇具有多重显现的例证。刻有迈斯提耶特名字的石碑出自第21王朝，发现于阿拜多斯，说明迈斯提耶特是"拉神之眼"在这一地区的特定化身。

穆　特

见第153页，"人形的女性神"部分。

帕赫特

神　话

帕赫特是一位凶猛的狮子女神，名字意为"利爪女神"或"撕裂者"，她出现于中王国时期，《棺木铭文》将她形容为长有利爪的暗夜女猎手。人们相信帕赫特会在她的敌人中悄无声息地散播恐惧，因而必须和其他善于主动出击的狮神配合，譬如塞赫迈特。帕赫特也被称为"干河谷入口的女神"，这指的可能是狮子出没于沙漠边缘的水源地的习性。她的伴侣是荷鲁斯的某个化身，她自己也时常被看作其他女神

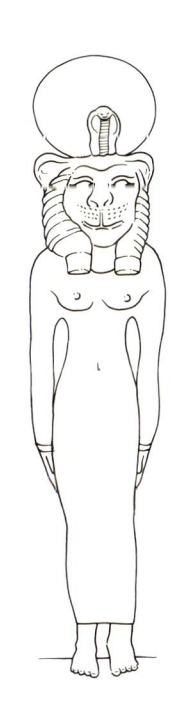

下左图：狮子女神麦基特，欧努里斯的配偶。青铜双神像（局部），后期埃及。匈牙利美术博物馆，布达佩斯

下图：雕刻有一名女子及其女儿供奉狮子女神迈斯提耶特的场景的石碑，这位女神是"拉神之眼"的一种化身，第21王朝

下右图：双生狮神汝提有时被刻画为两头狮子的形象，有时则是一位名字双写的神。第21王朝。塔尼斯浮雕（局部）

的化身，例如威瑞特-赫卡乌、塞赫迈特以及伊西斯。希腊人则顺理成章地将这位暗夜的女猎手看作他们的狩猎女神阿尔忒弥斯。

形 象

帕赫特的形象在埃及艺术中并不常见，她往往以半人半兽的形态出现，即一位母狮头的女子。帕赫特没有特定的形象特征，但一些护身符上出现的、站在伏卧的俘虏们身上的狮子女神，通常就是她。

崇 拜

帕赫特的崇拜在一定程度上仅限于当地，她主要的崇拜地是中埃及的贝尼哈桑附近的区域。哈特谢普苏特和图特摩斯三世在此地的石灰岩山壁上为她修建了一座岩凿祠堂，鉴于帕赫特和阿尔忒弥斯之间的关联，希腊人称之为斯皮欧斯·阿提米多斯，即"阿尔忒弥斯的山洞"。此处还有一片帕赫特的圣猫墓地，但大多数墓葬都出自后期。新王国早期之前的贝尼哈桑没有留存多少帕赫特崇拜的材料，但哈特谢普苏特敬奉的应该是一位已经在当地建立起自己信仰的女神，正式的帕赫特崇拜确实也可以追溯到中王国时期。此外，人们在日常生活中还会佩戴帕赫特女神的护身符，可能有保护与丰产的功效。

汝 提

神 话

汝提（Ruty）是一对双生狮神，埃及语"ru.ty"意为"双狮"，从很早的时候开始，这对狮子就被看作赫利奥波利斯的神祇舒和泰芙努特（PT447），由于狮子的栖息地位于尼罗河谷东边和西边的沙漠边缘，这种动物也跟东方和西方的地平线产生了关联。狮子神和太阳神之间的紧密联系强化了这种关联性，在《亡灵书》第17章，太阳神每日从汝提的背上升起。除此以外，这对双生狮神还与很多位神祇相关。在《金字塔铭文》中，他们被等同于阿图姆（PT2081）；在《棺木铭文》中，我们发现他们与盖伯、努特、拉和其他一些神都存在关联（CT Ⅰ，8；Ⅱ，204；Ⅱ，175等）；在《亡灵书》中，他们一起被看作阿图姆的化身，当分开时，则被视为拉和奥赛里斯。

形 象

虽然汝提能以单独一只狮子或一位狮头神的形象出现，但他们最常见的形象是两头背对背的狮子，中间是日轮或代表地平线的象形文字（akhet）。由于分别朝向日落和日出的方向，在象形文字中他们也能代替东方或西方地平线附近山峰的符号。图坦卡蒙墓中著名的象牙头枕以空气之神舒的形象来支撑国王的头，两侧则是代表东方和西方地平线的双狮小雕像，因此国王象征化地沉睡在代表昨日与明日的两位守护者中间。

崇 拜

汝提最初的崇拜中心可能是三角洲的内塔胡特，希腊人称之为莱昂托波利斯（即今天的太尔·亚胡迪亚），但在古王国时，双狮与赫利奥波利斯有关，可能也在其他一些地方受到尊崇。虽然本质上是宇宙神，汝提也融入了民间信仰。双狮的护身符将佩戴者与太阳的每日重生联系在一起，因此在日常生活和墓葬环境中均有重要的意义。

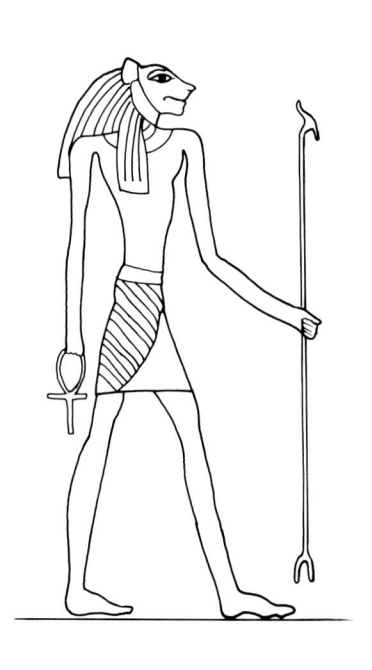

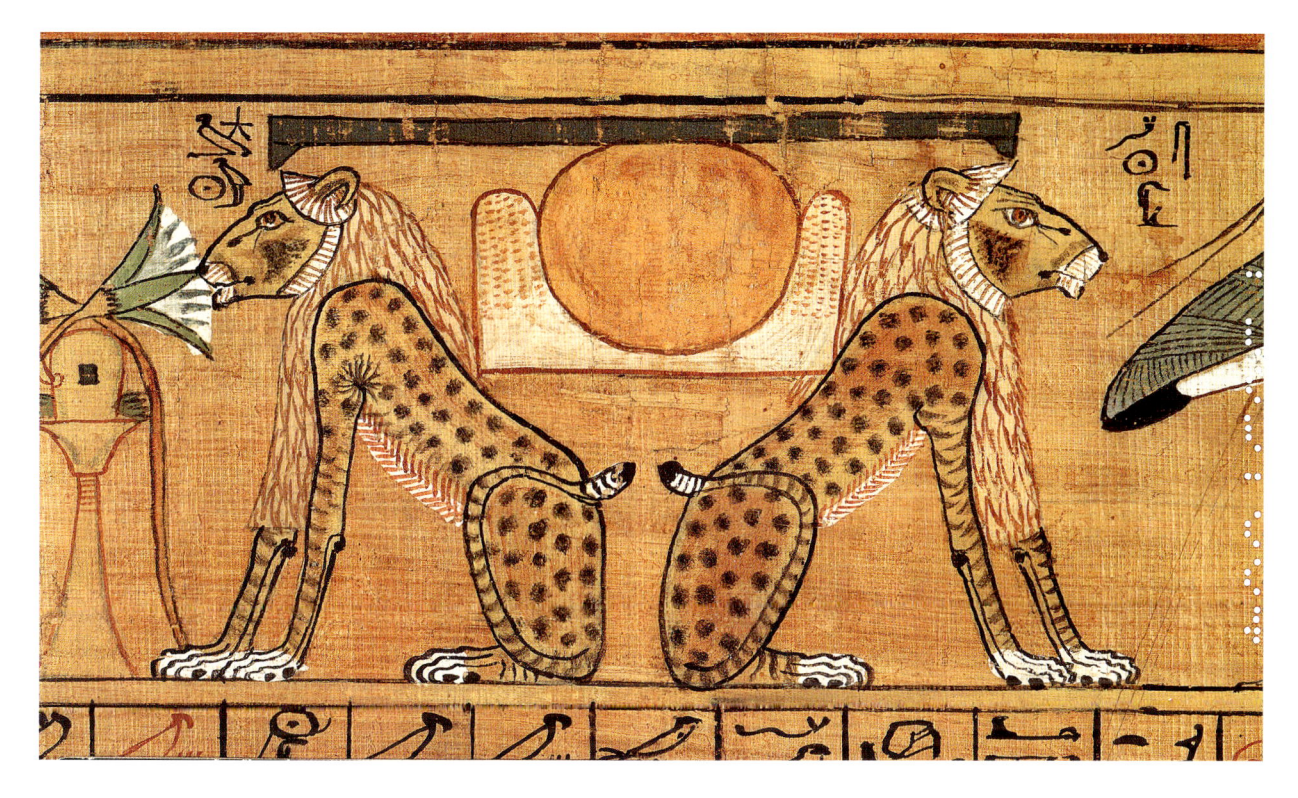

塞赫迈特

神 话

塞赫迈特是埃及最重要的狮神。和许多埃及女神一样，她的个性有截然不同的两面：一面是危险与破坏，另一面却是保护和疗愈。塞赫迈特的名字意为"力量强大"或"力量强大的女神"，极为吻合她破坏之神的天性——虽然也暗指她的其他身份。从很早的时候起，塞赫迈特就被视为拉神的女儿，她是太阳神之"眼"最重要的化身之一。塞赫迈特版（亦即哈托尔版）的"拉神之眼"神话中提到，当拉神年迈时，他的人类臣民开始用阴谋对抗他，因此他派来了可怖的女神降下惩罚，几乎使人类毁于一旦。相传塞赫迈特能口吐烈焰毁灭敌人，一些埃及国王将她当成军事上的守护女神以及战场上的力量象征，塞赫迈特因而有了和战争相关的头衔，例如"努比亚人的打击者"，甚至连沙漠炽热的风也被称作"塞赫迈特的呼吸"。这位母狮女神因此与瘟疫产生了直接的关联，后者常被称为"塞赫迈特的使者"或"塞赫迈特的刽子手"，这也和国王的力量联系在一起。中王国时期的《辛努海的故事》中有一段称，国王带来的恐惧在异邦的土地上蔓延，如同携瘟疫而来的塞赫迈特。另一方面，塞赫迈特的力量也能以近乎母亲的方式保护国王，早在《金字塔铭文》中就提到，是这位女神孕育了国王（PT262，2206）。塞赫迈特还拥有防御瘟疫的力量，也是一位专司治疗的女神，她甚至被称为"塞赫迈特，生命的女主人"。塞赫迈特与许多神灵相关，在孟菲斯，她被视为普塔神的配偶和尼弗尔太姆的母亲，并吸收了多位小神，成为"安赫塔威的女主人"。塞赫迈特与哈托尔也存在紧密的联系，尤其体现在同样的"拉神之眼"的身份上，她还和底比斯的穆特女神有关，实际上成了穆特好战一面的化身，或是与穆特互补的女神。她也和中埃及的狮子女神帕赫特、猫神巴斯特以及其他一些神祇相关。

形 象

塞赫迈特的形象常为半人半兽，即一位母狮头的女子。她戴有长假发，头顶日轮，身着红色的长裙——她的头衔之一便是"红色亚麻布的女主人"，红色象征她的故乡下埃及，或是她战神的属性。有时塞赫迈特衣服的两边胸部各有一个花形图案，有人认为这代表着狮子肩上毛发的形状，但更有可能是一种天文方面的象征，代表狮子座"肩膀上的星星"，在与天文相关的埃及壁画中能看到它们。阿蒙荷太普

上图：名为"昨日"和"明日"的一对狮子，此处可能代表双生狮神汝提，也可能代表双狮神阿克尔或其他神祇，例如拉或阿图姆。第19王朝。安海纸草，大英博物馆

三世曾为塞赫迈特建造了数以百计的雕像，立于卡纳克阿蒙大神庙南边的穆特神庙，以及西底比斯的国王本人的祭庙中。这些宏伟的女神雕像都以坚硬的黑色花岗岩或闪绿岩雕琢而成，女神呈现为坐姿或站姿，手握纸草权杖，即她的家乡下埃及的标志。戴有双冠的狮头女神通常是塞赫迈特和穆特的融合体。此外，塞赫迈特还可以被刻画成完全的狮子形态——虽然这种形象相对少见。这位狮子女神的头（或其他狮子女神的头）也出现在一些被称为"盾形项圈"的装饰物上，这是一种金属制成的项圈，上方带有神祇的头像，从新王国时期开始用于安抚神灵的宗教仪式。

崇拜

虽然塞赫迈特主要的崇拜中心位于孟菲斯，但其他几个地区也有她的神庙。阿布西尔有一座供奉她的圣所，早在第5王朝时她就出现在那里的浮雕中，她还现身于许多希腊罗马时期的神庙。她与其他神祇的结合使得更多的崇拜中心随之出现，比如在三角洲西部的库姆·西森，就有一座专门献给塞赫迈特-哈托尔的神庙。从古王国起，塞赫迈特就有了自己的祭司团来举行祭仪，后来她的祭司更是在医疗魔法方面独树一帜——他们在病患面前念诵祷文和咒语，辅以医师的物理治疗。在瘟疫流行时，塞赫迈特祭司们还会举行正式的"平息塞赫迈特"仪式来抑制疾病的传播。在民间信仰中，人们笃信"塞赫迈特的七箭"会带来厄运，因而格外惧怕她，由此催生了许多咒语和符咒，用来防御女神之怒和女神使者们的伤害。此外，人们还会对着一块布念诵名为"一年最后一天之书"的咒语，并在年末的危险时段将这块布系在脖子上。在新年节当天，一些埃及人会彼此交换塞赫迈特或巴斯特的护身符作为礼物，以起到安抚这些女神的作用。即使在近代，这位女神的雕像依然能引起人们的畏惧和担忧，卡纳克的普塔神庙中的塞赫迈特雕像就曾在20世纪早期遭到当地民众破坏，理由是担心她会伤害他们的孩子。

塞瑞特

狮子女神塞瑞特仅留下了屈指可数的材料，但一段第5王朝的铭文显示，她曾出现在下埃及的第3诺姆。这一地区在早期曾有大量利比亚人居住，因而这位女神可能来自利比亚。塞瑞特有时被称为"鹅女神"，但这源于对她名字的误读。

舍斯迈泰特

狮子女神舍斯迈泰特一般被认为是塞赫迈特或巴斯特的一种形态，但她最初可能是一位

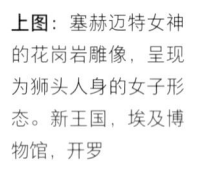

上图：塞赫迈特女神的花岗岩雕像，呈现为狮头人身的女子形态。新王国，埃及博物馆，开罗

下图：卡纳克的穆特神庙中曾屹立着数以百计的塞赫迈特雕像。新王国

独立的神祇，其称号"蓬特的夫人"也说明她可能起源于埃及以南的非洲。舍斯迈泰特在早王朝时期出现于埃及，《金字塔铭文》曾提到她生育了国王（PT262，2206），而在晚一些的墓葬文献中她也扮演着亡者母亲的角色。此外，舍斯迈泰特还与舍斯迈特腰带有关，这是一种带有珠串围裙的腰带，在早王朝和古王国时期是国王服饰的一部分，索普杜等一些神祇也会佩戴这种腰带。这位女神有时是狮子的形态，有时则是狮头人身的女子，因其潜藏的凶猛天性，民间信仰和魔法咒语中常召唤她作为保护神。

泰芙努特

神　话

根据赫利奥波利斯神学，泰芙努特是阿图姆的女儿，舒的姐妹和妻子，但她在某种程度上是一位谜一般的神祇。她在宇宙中的角色是司掌湿气的女神，而她也确实以某种方式与湿润相关，例如从自己的阴道中为逝去的国王创造"纯净之水"（PT2065），但她最核心的属性却不止于此。泰芙努特的名字没有确切的含义，有学者认为这是一个拟声词，模仿的是啐唾的声音——这正是神话中阿图姆创造舒和泰芙努特的方式之一，而在后期的文献中，代表她名字的符号是两片嘴唇，含有啐唾之意。但《金字塔铭文》中保留了有关这位女神最初属性的记载，其中写道："你的双臂将大地（盖伯）支撑于努特（天空）之下，泰芙努特。"（PT1405）詹姆斯·艾伦因而指出，泰芙努特代表的可能是地下世界的大气，正如舒代表地上世界的大气。一则故事中提到，舒和泰芙努特最初诞生时是两头幼狮的形态，泰芙努特于是有了狮子女神的身份，并因此成为"拉神之眼"。一份后期的纸草讲述了她因与太阳神争吵而负气出走努比亚的故事，最后是图特神劝服她返回了埃及。

形　象

泰芙努特拥有人形，但由于狮子女神的属性，她时常呈现为一头母狮或一位母狮头的女神。人形或半人形的泰芙努特戴有长假发，头顶日轮和圣蛇。和其他狮子女神一样，泰芙努特的形象常出现于仪式用的盾形项圈和平衡坠上，有时是和她的兄弟兼丈夫舒神一起出现，采用一种不太常见的双头像设计。女神也可以被刻画成一条立在权杖上的蛇的样子，有时则呈现为狮头的蛇。

崇　拜

泰芙努特的主要崇拜中心是赫利奥波利斯，作为大九神之一，她在那里拥有自己的圣所。另外一个崇拜地是三角洲的莱昂托波利斯，即今天的太尔·穆克达姆，在那里，她和丈夫舒神以一对狮子的形象接受人们的崇拜。泰芙努特的护身符和饰板出现于后期，但民间对她的信仰主要集中在她的崇拜中心附近的地区。

图　图

图图是一位鲜为人知的驱邪之神，主要在希腊罗马时期受到崇拜。人们称他为"使敌人远离者"，相信他能保护人不受神灵和魔鬼的邪恶化身的伤害。相传图图是奈特女神之子，他的形象通常是一头行走的狮子，或是一位人头狮身、鸟翼蛇尾的混合神灵。

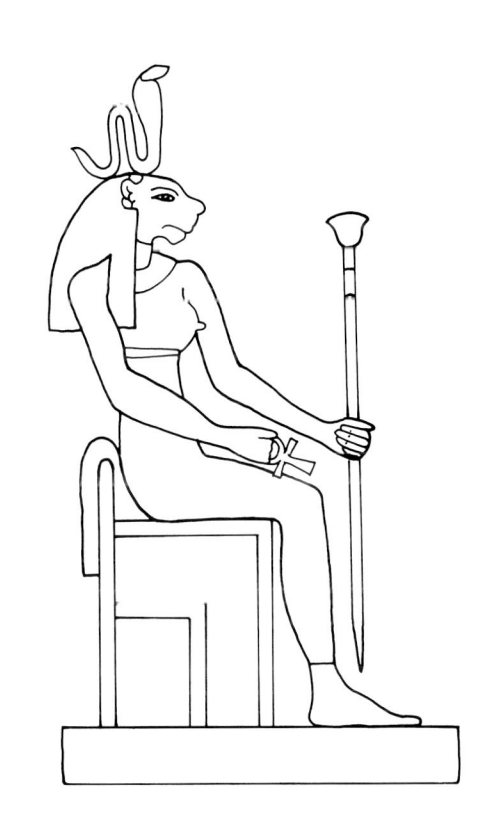

左图：头顶圣蛇的泰芙努特女神，她时常被描绘为狮子或半人半狮的形态，但也有蛇或狮头蛇的形象

下右图：被称为"伊西斯""瑞芮特-威瑞特"或其他名字的河马星座。佩达美诺普墓，西底比斯

河马神

在古埃及人眼中，河马是一种极其矛盾的动物。雄性河马危险且具有破坏性，因此常和塞特神联系在一起；雌性河马虽然也具有潜在的力量和破坏性，却被看作保护之力与母性的象征。在古王国时，河马女神就至少已有了三个名字或形态，即伊佩特、瑞芮特和塔威瑞特。她们大体上秉性相似，难以区分，我们仍未弄清她们究竟是同一位女神的不同形态，还是三位彼此独立但总被混淆的女神。

伊佩特

神话

良善的河马女神伊佩特是一位专司保护和滋养的神祇。在《金字塔铭文》中，国王请求吮吸伊佩特的乳汁，如此能使他"永远不再饥渴"（PT381—382）；在后来的墓葬纸草中，伊佩特被称为"魔法保护的女主人"。她的名字"伊佩特"意为"后宫"或"宠爱之地"，她的头衔"伊佩特-威瑞特"，即"伟大的伊佩特"，则显示她与塔威瑞特（意为"伟大的神"）女神发生了一定程度的融合，但伊佩特依然保有一些属于自己的特性。这位女神与底比斯地区有着深远的联系，可能是底比斯城的拟人化身。在底比斯神系中，她被看作奥赛里斯的母亲，因此，墓葬文献里的她与来世有着明确的关联。

形象

与本节的其他女神一样，伊佩特的形象是河马、鳄鱼、人和狮子的混合体，但河马占据了主要的方面。她时常被刻画为一头直立的雌性河马，长有狮子的脚爪和人类的手臂——但末端仍是狮爪。她还有人类的大而下垂的胸部，孕妇般的大肚子，以及鳄鱼的背部和尾巴。有时她的形象呈现出驱魔辟邪的特点，在墓葬纸草——如《亡灵书》第137篇咒语——的插图中，伊佩特女神手持火把点燃锥形熏香，供给亡者光和热。

崇拜

伊佩特在底比斯地区格外受到尊崇，一尊第17王朝的统治者的雕像背面刻有她作为守护神的形象。虽然大多数地区都没有伊佩特女神的崇拜场所，但在埃及后期和托勒密时期，卡纳克阿蒙大神庙的洪苏神庙西侧建起了一座伊佩特的神庙。根据底比斯地区的信仰，女神生下奥赛里斯的时候，就在此处歇息。

瑞芮特

神话

瑞芮特的名字意为"母猪"，她也被称为瑞芮特-威瑞特，即"伟大的母猪"，此外，她还拥有"地平线的女主人"（塔威瑞特也享有此称号）的称号。这位河马女神象征着埃及人眼中的北天星座之一，即今天的天龙座，古代的北极星——右枢星（也称紫微右垣一）——就位于这个星座。因此，这头"河马"的作用即为保护这颗围绕她运转的、"不朽的"北极星。可能由于和天体之间的联系，瑞芮特（有时是与她对等的其他河马女神）被等同于努特和哈托尔，也被视为太阳的守护者。

形象

瑞芮特的基本形象和其他河马女神没什么差别，同样混合了多种特征，有着下垂的胸部和大肚子，但在与天文相关的情境中，她拥有一些与众不同的特征。虽然她与其他河马女神一样会手持尖刀、火把，以及萨或安赫符号，

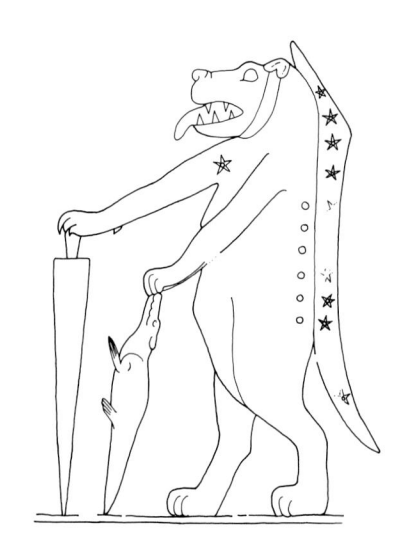

但在天文壁画——例如帝王谷塞提一世墓的天顶画——中,她往往被刻画成手持系船柱的形象,有时系船柱是一只鳄鱼的样子,而"系"在上面的,则是一组或更多的北天星座,呈现为公牛的形态。其他变体包括女神手持绳索,系在一条牛腿上的场景,牛腿也象征同样的北天星座。在这些图像中,位于河马女神胸膛或手臂上的标记,象征着古代的北极星——右枢星。

崇 拜

和伊佩特不同,瑞芮特似乎并未享有自己的祭仪。除了被当作塔威瑞特的一种形态,她也没有留下护身符或其他民间信仰的痕迹。

舍帕特

舍帕特是一位河马女神,似乎是瑞芮特或塔威瑞特的另一种形态,或名字的变体。在一些地方,例如罗马时代丹德拉的诞生之屋,舍帕特以塔威瑞特的典型形态出现,但长有鳄鱼的头。

塔威瑞特

神 话

塔威瑞特,埃及语意为"伟大的(女)神",同其他河马女神一样,她出现于古王国时期。作为埃及的河马女神中最为常见的形象,她拥有许多神话上的属性。有时,例如在一些后期的魔法碑上,这位女神被等同于伊西斯,但这两位女神间并不总有明确的关联。更常见的则是塔威瑞特被等同于哈托尔,她也常戴有哈托尔的头饰。在安海纸草的《亡灵书》第186章的配图中,塔威瑞特与母牛形态的哈托尔站在一起,仿佛有将她直接等同于哈托尔之意,因为这一章的咒语只提到了哈托尔一位神祇。在纽约大都会博物馆收藏的一块不同寻常的石碑上,塔威瑞特向穆特(有时被视为哈托尔的一种化身)的形象献上供品,此处的穆特带有阿蒙荷太普三世的妻子泰伊王后的特征,由于某些原因,这位王后将自己和河马女神联系起来。埃及宗教将雄性河马视为塞特的化身,塔威瑞特也因此被称为"塞特的妾室",但根据普鲁塔克的记载,她后来成了"荷鲁斯的追随者"之一。此外,传说中塔威瑞特也是贝斯神的配偶。

形 象

塔威瑞特拥有下垂的胸部和孕妇似的大肚子,时常戴着女性的假发,上面饰有羽毛和"平顶式冠冕",或牛角和日轮。她嘴巴张开,嘴唇皱起,露出两排牙齿,表现出一副凶狠的样子,这可能是为了突出她保护神的作用。这位女神的主要特征是代表保护的萨符号和代表生命的安赫符号,以及火把,其火焰不仅能驱散黑暗,也能驱除有害的力量。萨符号是最常见的,它竖立在女神身前,女神的一只或两只爪子按在它上面。塔威瑞特的变体包括猫头或女子头的形象,譬如一只木刻的香膏罐就借用了塔威瑞特(或伊佩特)的形象,上面还带有泰伊王后的面部特点。一件托勒密时期的费昂斯小像(可能是第18王朝的同款小像的仿制品)也采用了这种形式,但女神的面部明显更具有阿玛尔纳时期的特征。

崇 拜

作为一位守护神,塔威瑞特出现于后期神

上左图:呈站姿的塔威瑞特,即"伟大的女神",手扶代表保护的"萨"符号。第26王朝。埃及博物馆,开罗

上图:阿蒙荷太普三世的妻子泰伊王后的木制雕像,借用了塔威瑞特的形象。第18王朝。埃及博物馆,都灵

上图：亡者崇拜塔威瑞特和牛形的哈托尔女神，后者从山中现身，此处的山代表底比斯西岸的墓地。这两位女神分别代表分娩和爱情，也都与来世有关，因此常常并列出现。乌瑟哈特摩斯亡灵书，第186章咒语配图。第19王朝。埃及博物馆，开罗

上右图：早期的板岩调色板，雕刻的是一只无法辨别的犬科动物。芝加哥东方研究所博物馆

庙的浮雕中，在卡纳克也有一座神庙献给与她相关的女神伊佩特，但她依然属于没有正式祭仪的埃及神祇。然而根据留存的神像数量判断，塔威瑞特是埃及最受欢迎的家庭神祇之一。这位女神是已知最早的有驱邪功效的神祇，从古王国起，她就广泛地出现在护身符上。她的形象还出现在床榻、头枕和其他小家具以及化妆用品上，例如香膏罐和勺子，一些带有丰产含义的物品上也有她的形象，例如所谓的"木桨娃娃"。一些费昂斯小瓶也做成这位女神的样子，类似装母乳的人形小罐，在乳头的位置还留有可倒出液体的小孔，可能用来存放魔法中要用到的奶水。有趣的是，在埃赫纳吞的都城阿玛尔纳，考古学家们在发掘出的房屋里发现了大量塔威瑞特的护身符，一些房子的装饰中甚至也出现了贝斯和塔威瑞特的形象。同样，在西底比斯的代尔·麦地纳工匠村，部分屋子带有一个房间，其中放置着床形的圣坛，墙上画有贝斯、塔威瑞特和赤裸女子的形象，可能与分娩仪式有关。作为一位保护神，塔威瑞特随着埃及的海外贸易传播到了更广阔的地中海世界，譬如，她融入了米诺斯时期的克里特岛的图像，尽管已被改造为一位司掌水的女神，河马女神的形象依然清晰可辨。

豺狼神

自古时候起，埃及宗教中就有许多位豺狼神。其中一些明显是狼的样子，其他则较为模糊，显示出狗和豺的特点，例如阿努比斯神。不管具体起源如何，豺狼神往往与墓葬和来世相关，且几乎都以某种方式同奥赛里斯崇拜联系在一起。但有时候，某些豺狼神也明显和国王本人相关。

阿努比斯

神话

在奥赛里斯崛起之前，阿努比斯是埃及最重要的墓葬之神。他最初主要负责国王的墓葬和来世，后来这种职责的范围得到扩大，囊括了所有亡者。一篇埃及文献显示，阿努比斯的名字来自一个动词，意为"腐烂"，另外还与一个意为"国王之子"的词有关联，可能和奥赛里斯相关。但这些词义均有可能来自后人的阐

释，我们已无法知晓阿努比斯名字的最初含义。阿努比斯与亡者的关系可能源自沙漠中的豺狼的习性——它们徘徊在早期的墓地，吞食埋在浅坑中的尸首，而正如埃及的保护魔法中常见的那样，人们将对亡者的威胁转变成了保护亡者的手段。古王国时期，铭刻在墓葬石碑和马斯塔巴墓墙上的祈祷文都是直接写给阿努比斯的，《金字塔铭文》中则有几十次提到他，均与国王的葬仪有关。最终，阿努比斯崇拜与奥赛里斯崇拜发生了融合，奥赛里斯被称为阿努比斯的父亲，另一方面，传说阿努比斯以绷带包裹了冥界之神的尸体，由此，他在木乃伊制作中的角色就和奥赛里斯崇拜联系在一起。然而关于阿努比斯的父母究竟是谁，流传下来的神话说法不一。在《棺木铭文》中，他是母牛女神海萨特的儿子，也是巴斯特的儿子。在其他故事中，他或是塞特之子，或是拉神和奈芙西斯所生，根据普鲁塔克的记载，他是奈芙西斯的儿子，但父亲却是奥赛里斯，后来又被伊西斯收养。

阿努比斯与墓葬相关的核心属性如实地体现在人们赋予他的称号中。虽然他的称号有很多，但最常用的几个总结了这位神祇的本质。

西方之人的首位：埃及的大多数墓葬都修建在尼罗河西岸，"西方"成了象征日落和冥世的方向，亡者也被称为"西方之人"。因此，肯提-伊门提的称号，即"西方之人的首位"，指的是阿努比斯亡者首领的身份。这个头衔来自一位早期豺狼神，在阿拜多斯，阿努比斯取代了他。

圣地之主："圣地之主"（或音译为涅布-塔-杰瑟）的称号同样表现了阿努比斯在沙漠区域——墓地就位于这里——的无上权威。"杰瑟"（djeser）一词通常译为"洁净的"，因此这个称号也可以译作"洁净之地的主人"。除了这个概括性称号，阿努比斯还有一些与埃及的具体地方相关的头衔，譬如"白色土地的主人"，"白色土地"指的是格贝林地区。

在他圣山上的神："在他圣山上的阿努比斯"（或音译为阿努比斯-泰皮-杜-艾夫）这个头衔可能来自豺狼神高踞墓地附近的沙漠峭壁、俯视亡者墓葬的形象。"圣山"是一种概括的说法，指的是尼罗河西岸的沙漠高地，而不是具体的某座山峰。

弓之主：《金字塔铭文》曾提到"那只豺狼，弓的主宰者……阿努比斯"（PT805），此处指的可能是所谓的"九弓之地"，即代表埃及敌人的九个不同的种族形象，以九张弓或捆绑起来的俘虏为象征。在新王国时期帝王谷的王陵入口，封门用的印章上也刻画着这一主题形象，描绘的是阿努比斯蹲伏在九弓之上，象征他慑服了危害墓葬的作恶者以及亡者在冥界的敌人。

防腐之地的神："防腐之地的阿努比斯"这一头衔特别指向阿努比斯在木乃伊防腐过程中的角色，以及"洁净帐篷"（用于防腐工作的仪式帐篷或棚子）主人的身份。在神话中，正是阿努比斯将奥赛里斯和逝去国王的尸体制成了木乃伊，并负责保护它与装有亡者内脏的容器——保留内脏的做法最晚在第4王朝初期就出现了。

神亭的首位："神亭的首位"这个称号指的

左图：动物形态的阿努比斯展现出了豺和狗的特征，可能是二者的混合体。埃及博物馆，开罗

上图：阿努比斯照料亡者的木乃伊。彩绘石棺（局部）。第22王朝，埃及博物馆，开罗

右页左图：完全呈现为人形的阿努比斯。第19王朝，塞提一世神庙，阿拜多斯

右页右图：半人半兽是阿努比斯的典型形态。第19王朝。塔瓦斯瑞特墓，帝王谷，西底比斯

可能是防腐用的棚屋，也可能是墓室，或者新王国王室墓葬中放置棺木和石棺的圣龛。这一身份的阿努比斯常以动物形态出现，一般蹲伏于墓葬用的箱子顶上，图坦卡蒙墓中出土的、蹲伏在镀金圣龛模型上的阿努比斯像以具象化的方式呈现了这一头衔的含义。

在希腊罗马时期，阿努比斯发生了多方面的转变，增加了新的身份，成了类似宇宙神的存在。他统治着大地和天空，并和神秘的智慧产生了关联，成为一位将光明带给人类的神。身为墓葬之神，他还与希腊神赫卡忒以及"灵魂的引路人赫尔墨斯"联系在一起，后者在希腊神话中负责将亡者的灵魂引领至冥河的岸边。

形 象

阿努比斯的多重身份均体现在他的雕像与图像中。我们仍无法确定他的动物形态刻画的到底是哪种动物，埃及人称其为"sab"，这个词一般用于豺和其他犬科动物。阿努比斯的动物形象具有犬类的特点，例如长长的嘴，瞳孔为圆形的眼睛，前爪有五个脚趾，后爪则有四个，而另一方面，它的尾巴很宽，呈棒子状，垂下的样子更接近豺、狐狸或狼的尾巴。因此最初象征阿努比斯的动物可能是一种混合的产物，兼具豺和某些犬的特点。阿努比斯是黑色的，这无疑具有象征性，不仅与尸体在防腐后的变色有关，也和象征重生的黑色沃土有关。动物形态的阿努比斯时常被刻画成蹲在——或仿佛蹲在——圣龛上的样子，耳朵竖起，前腿伸出，尾巴直直地垂在身后。他颈上通常戴有项圈，系着仪式用的带子，身后有时会画上一支立起的"塞赫姆"权杖或链枷（或两者皆有）。

阿努比斯的人形形态通常是动物的头加上人的身体，有时还有尾巴，完全的人形则极为罕见。他没有具体的标志物以及其他特征，一

般表现为替木乃伊或亡者的雕像举行"开口仪式"、在墓中照料亡者，或护送亡者的灵魂进入冥界的形象。他经常出现在以天平称量亡者心脏与真理羽毛的场景中，图特神负责记录，他则在之后将亡者引领至奥赛里斯座前。神话中，阿努比斯在伊西斯分娩荷鲁斯时负责保护她，并且与国王的健康有关，这使他出现于希腊罗马时期的诞生之屋。在埃及末期的图像中，譬如在亚历山大的地下墓穴的墙上，作为保护神的阿努比斯身穿战士的铠甲，下半身呈现为蛇尾的形态，反映出他后期的部分特性。

崇 拜

阿努比斯是上埃及第17诺姆的主神，此地位于中埃及，希腊人将其首府称为塞诺波利斯，意为"犬之城"，即今天的凯伊斯。但对阿努比斯的崇拜则遍及埃及各地，在整个法老时代，他的祠堂出现在祭庙中，形象也出现在祭庙和墓葬里。位于代尔·巴哈里的哈特谢普苏特神庙中的阿努比斯祠堂，可能是这位神祇在当地拥有的一座更早期的圣所的延续，它提供了绝妙的例证，证明即使在被奥赛里斯信仰同化许久之后，阿努比斯依然享有重要的地位。由于为奥赛里斯制作了木乃伊，阿努比斯成了木乃伊防腐匠人的守护神，在后期及托勒密时期的

右图：在埃及历史上的大多数时期，人们都尊崇阿努比斯神，体现出他在古埃及来世信仰中的重要性。远在奥赛里斯崛起之前，阿努比斯就已经获得了相当重要的地位，而他的崇拜一直延续到法老时代的末尾。第22王朝。舍尚克墓。埃及博物馆，开罗

孟菲斯墓地中，一块与防腐匠人有关的区域成了阿努比斯崇拜的中心，现代的埃及学家将其称为"阿努比翁"。留存于世的还有阿努比斯的面具，在制作木乃伊或举行葬仪时，代表阿努比斯的祭司们可能会戴上这种豺狼头面具来扮演这位神祇，这些面具也用于庆典游行，相关的场面记载于图像和后期的文献里。阿努比斯的画像和雕像在墓葬中均有留存，说明这位神祇在埃及宗教里，特别是在葬仪方面享有重要地位，他的护身符也很常见。巴勒莫石碑上残损的王室年鉴显示，在古王国时期，为阿努比斯建造雕像被称为这位神祇的"诞生"，也被算作一些年份中值得记载的重大事件，这从另一种角度说明了他的重要性。

因普特

因普特是阿努比斯阴性的另一半。虽然未能享有和配偶同等重要的地位，但她在上埃及第17诺姆也拥有自己的崇拜地。

赛 德

赛德是一位古老的豺神，具有独立的身份，或在某些方面与豺狼神威普瓦威特相关。最早提到赛德这个名字的文献来自第5王朝的巴勒莫石碑，在中王国时期，他的名字还出现在一些人名中，直到被威普瓦威特的名字取代。这个证据以及其他一些证据显示，威普瓦威特可能曾是赛德的称号，正如阴性的威普特瓦威特曾是奈特女神的称号一样，但这一点尚无法确定。无论如何，赛德与王权观念存在紧密的联系，古代的赛德节，即埃及国王的统治周年庆典，便因此得名。赛德还在一些方面与玛阿特相关，和玛阿特一样，他被视为正义的象征。

威普瓦威特

神 话

威普瓦威特可能是埃及最古老的豺狼神，在埃及历史的黎明时期，他的形象就出现在纳尔迈调色板中，位于国王仪仗的王旗上，他的名字则出现于第3王朝。考古材料显示这位神祇可能起源于上埃及地区，但对他的崇拜很快传播开来。《金字塔铭文》甚至称他诞生在下埃及女神瓦杰特的神龛中（PT1438）。威普瓦威特意为"开路者"，但他的名字可以有多种解释。从这位神祇常常表现出的战神属性来看，"开路"指的可能是在军事征讨中为国王扫清道路；而从"开口仪式"中用的"威普瓦威特之斧"来看，指的也可能是以魔法打开已逝国王

的眼睛和嘴巴。在墓葬文献中，威普瓦威特也负责"开路"，引导亡者穿过冥世，引领国王升上天空（PT1009）。这一名号也可以从天文的角度来理解——相传威普瓦威特在日出之时为太阳开路（PT455）。此外，作为"诸神的引领者"，在许多活动中，威普瓦威特的神像都在国王和其他神祇的前方引路，他的名字也可能与引领仪式性游行的职能有关。最后，在孟菲斯神学中，曾有人称他为"打开身体之神，威普瓦威特"——作为头生子，威普瓦威特也是打开子宫分娩通道的神祇。威普瓦威特和阿努比斯有时会彼此混淆，即使在古代文献中也是如此，但他们很显然是相互独立的神祇。另一方面，威普瓦威特可能与赛德神有着相同的内涵，后者在早期也是立在王旗顶上的犬神。威普瓦威特还以间接的方式被等同于荷鲁斯，并与太阳神相关，融合为威普瓦威特-拉。

形 象

威普瓦威特的形象通常是一只豺，或其他的野生犬科动物，有时则被刻画为长有豺头的人。当完全以动物形象出现时，威普瓦威特与阿努比斯的区别在于颜色，阿努比斯一般被描绘为黑色，而威普瓦威特则是灰色。另外，在站立时，威普瓦威特的后腿略显倾斜，呈并拢而非分开的姿态。但以豺头人身的形象出现时，二者往往难以区分，只能依靠带有名字的铭文，或威普瓦威特的权杖和弓来辨别。在《亡灵书》第138章的配图中，阿努比斯和威普瓦威特被刻画于奥赛里斯形象的两侧。这两位神祇也象征南北或东西，通常被刻画成一边一个，具有明显的方向上的寓意——阿努比斯一般对应北，威普瓦威特则对应南。当出现于王旗上时，威普瓦威特前面往往有一个奇特的、枕头形状的标志，称为"shedshed"，可能代表被视为国王"双生"的王室胎盘。

崇 拜

在埃及历史的后期，威普瓦威特的主要崇拜中心位于中埃及的阿苏特，埃及人将此处称为"扎乌提"，希腊人则称之为莱科波利斯，意为"狼城"。因为与奥赛里斯的联系，威普瓦威特在阿拜多斯也受到人们的尊崇。在阿拜多斯的奥赛里斯节日庆典中，威普瓦威特行进在这位冥世之神的葬仪游行队伍的前方，而在当地的墓葬石碑上，亡者也常祈愿"在游行中一睹威普瓦威特之美"。一些描绘葬仪的画面则显示，威普瓦威特的形象出现于陵墓前的旗杆上。虽然并不常见于民间信仰，威普瓦威特的名字也会出现在人名中，例如第13王朝的国王就名叫威普瓦威特埃姆萨夫。

下左图：动物形态的威普瓦威特站立在他特有的王旗上。拉美西斯三世浮雕（局部）

下图：威普瓦威特埃姆萨夫国王站在豺头人身的威普瓦威特神面前。出自阿拜多斯的石灰岩碑。第13王朝。大英博物馆

羊 神

绝大多数的羊神实为公羊神，他们主要与特定的地点联系在一起。其中最著名的是象岛的赫努姆神，但很多不太出名的公羊神也在自己的辖区内享有较高的地位。由于公羊一词的发音是"巴"（ba），与表示灵魂的"巴"同音，很多公羊神都被看作拉或奥赛里斯这样的大神的"巴"，进而受到崇拜。

巴涅布杰代特

神 话

"巴涅布杰代特"意为"杰代特的巴之主"（杰代特即门德斯城），"公羊"与"灵魂"为同音字，都读作"巴"，这位神祇因而在神话中被看作奥赛里斯的巴，而在埃及后期，这种联系被扩大到四位神祇身上，巴涅布杰代特被视为拉、奥赛里斯、舒和盖伯的巴，这一身份大大增加了他的重要性。作为一位公羊神，巴涅布杰代特也被赋予了强大的性能量，在麦地奈特·哈布的拉美西斯三世神庙保留的一篇记录中，塔特惩神变身为巴涅布杰代特，与国王的母亲结合，因而成了拉美西斯三世的父亲。在拉美西斯五世统治时，巴涅布杰代特出现在一则故事中，这则故事记载于切斯特·比提纸草上，名为《荷鲁斯与塞特之争》。在两位神祇的争端中，巴涅布杰代特扮演了重要的角色，他建议诸神去寻求奈特女神的建议，最终这场争端借助女神的裁决才得以化解。这位神祇的名声远播得益于一些古典作家，特别是希腊地理学家斯特拉波、诗人品达以及罗马历史学家，西西里的狄奥多罗斯。

形 象

巴涅布杰代特被刻画成公羊或羊头人身的形象，有时则只有一个羊头。从新王国时起，他时常呈现为四个头的样子，两个朝前，两个朝后，象征他所代表的四位神祇的灵魂。

崇 拜

巴涅布杰代特的主要崇拜中心位于三角洲东北部的门德斯（今天的太尔·卢巴），在那里，他和他的配偶，海豚或鱼女神哈特麦西特，以及他们的儿子哈珀克雷特斯一起受到崇拜。在门德斯，考古学家们发掘出了一片被用来埋葬属于这位神祇的神圣公羊的石棺的墓地，但总体来说，他的崇拜并未留下多少痕迹。虽然在三角洲地区享有重要的地位，在埃及南方，巴涅布杰代特却被其他羊神取代，但他的神话还是得到了广泛而持久的信奉。希腊诗人品达曾记载，在崇拜公羊的过程中，最令人不齿的是羊被允许与女子交合，但埃及的材料并未提及这一点。埃及后期的羊头护身符可能象征这位神祇，尤其以长有四个头的羊来描绘他的四种属性。

海瑞舍夫

神 话

公羊神海瑞舍夫的名字意为"湖上的神"，指的可能是从原初之湖中浮出的一位创世神，此处的湖也可能指位于这位神的崇拜中心的圣湖。希腊历史学家普鲁塔克将他的名字写作"阿撒福斯"，译为"男子气概"，这或许源于这位神祇与生殖相关的一面。在希腊人眼里，海瑞舍夫相当于他们的赫拉克里斯，因此他的崇拜中心海涅斯被希腊人称为赫拉克利奥波利斯。在神话中，海瑞舍夫与奥赛里斯和拉有关，也被看作这些大神的巴。此外他还和阿图姆相关，因为后者与海涅斯的神圣"纳瑞特"（可能为西克莫树）树有关联。

下图：雕琢细腻的、具有卷曲羊角的"阿蒙神公羊"头部，石灰岩。第29王朝至托勒密早期，公元前400—前200年。大都会博物馆，纽约

形象

海瑞舍夫一般被描绘为一只长角公羊或一名羊头人身的男子。半人半兽形态的海瑞舍夫衣着和国王近似，身穿王室的短裙，但脑袋是羊头。因为和奥赛里斯相关，海瑞舍夫时常被刻画为戴有阿太夫王冠的公羊或羊头人身男子的形象，同时，由于和拉神相关，他也会头戴日轮。

崇拜

海瑞舍夫的主要崇拜中心是海涅斯，或称赫拉克利奥波利斯，靠近今天中埃及的本尼·苏夫。根据巴勒莫石碑上的记载，海瑞舍夫的崇拜自第1王朝起就存在于这一地区了，虽然这里发现的最早的神庙是中王国时期修建的，但在第一中间期时，海涅斯成为北部埃及的首都，海瑞舍夫因而获得了重要的地位。海瑞舍夫的神庙在新王国时期得到了大力扩建，特别是在拉美西斯二世时，其兴盛一直延续到法老时代末期。在民间信仰方面，海瑞舍夫出现在中王国时期的象牙魔杖上，后期许多羊神或羊头神的护身符也刻画了他的形象。

凯尔提

凯尔提的名字意为"底下的神"，他是一位幽冥之神，一位居住在冥界的羊神，因此既是凶神，也是保护神。凯尔提出现在《金宁塔铭文》中（PT1308），文中以多位神祇分别代表逝去国王身体的不同部分，凯尔提被称为国王的"下巴"。在古王国时，他与奥赛里斯相关，是这位冥世之神善意的伙伴，并协助保护国王的王陵。另一方面，凯尔提也有着负面的形象，相传拉神需要保护国王远离凯尔提的恶意（PT350）。凯尔提通常显现为羊形，但也会以公牛或狮子的形态出现，通过这些形象，他与太阳神拉建立了联系。羊形也使他和地位崇高的羊神赫努姆相关。凯尔提的崇拜中心位于古代的赫姆，或称莱托波利斯，即现代开罗以北的奥西姆。

赫努姆

神话

赫努姆是埃及地位最为显赫的公羊神之一，他与尼罗河以及生命的创造联系在一起。他尤其与尼罗河第一瀑布相关，传说他掌控着源自此处洞穴的尼罗河泛滥之水，由于这种力量，也由于羊神本身在生殖方面的力量，赫努姆被视为创造之力的化身。他与尼罗河以及肥沃的冲积土之间的联系，造就了他作为一名制陶工匠的形象，相传世间万物的形象都由他的陶轮塑造而成。因为创造的能力，也因为公羊一词的发音"巴"和指代生命体灵魂的"巴"同音，赫努姆被看作拉神的巴，冥界的太阳神因此被刻画为一位羊头神，赫努姆自身有时也被称作赫努姆-拉。同理，赫努姆也被视为盖伯和奥赛里斯的巴。在艾斯纳，赫努姆不仅与母狮神曼

左图：羊神海瑞舍夫精致的祈愿雕像，出自埃纳西亚的神庙。第25王朝。波士顿美术博物馆

右图：羊头人身的赫努姆神，长有埃及长角羊的波浪状羊角。出自神庙墙壁的红砂岩浮雕石块。第18王朝。大英博物馆

下右图：作为创造神的赫努姆在他的陶轮上塑造一名孩童的身体

西特相关，也和奈特女神有关。与尼罗河的紧密联系又使他被冠以"鳄鱼之主"的称号，这可能就是他和奈特女神关系的由来——奈特是鳄鱼神索贝克的母亲。在象岛，赫努姆是包含萨提斯女神和阿努基斯女神在内的三神组的首位，这两位女神也和这一地区相关。

形　象

赫努姆最常见的形象是一位半人半兽的神，羊头人身，身穿短裙，戴有三分式长假发。最初他头上的角是起伏的波浪状，属于埃及长角羊（Ovis longipes）——第一批被埃及人驯养的羊，但随着时间的推移，他的角变成了另一种"阿蒙羊"（Ovis platyra）的卷曲短羊角，因此他头上的角可能有两种形态。赫努姆也被称为"高羽毛"，因为有时头戴两支高高竖立的羽毛，或带有羽毛装饰的阿太夫王冠，以及上埃及的白冠。但这位神祇最大的特点是陶轮，他时常表现为在陶轮上塑造小孩的样子，这亦是对他的创造之能的一种具象化表现，这一主题因而出现于神庙的诞生之屋，赫努姆在那里被刻画成了一位塑造初生国王的神——不过在别的地方也能见到这个画面。赫努姆也会呈现为完全的动物形态，即一只行走的公羊，这一形象出现在大量护身符和胸饰中，但如果没有铭文标注，往往很难和其他羊神（例如海瑞舍夫）区分开来。

崇　拜

赫努姆的主要崇拜中心是阿斯旺的象岛，他从早王朝时期开始就在那里受到崇拜，那一地区还发现了被制成木乃伊、葬于石棺中的圣羊，但早期的宗教建筑未能保留下来。保存最为完好的赫努姆神庙是艾斯纳神庙，那里墙壁上的铭文为我们提供了关于赫努姆及其崇拜的最充分的信息，尽管只有一部分留存到今天。在今天的阿什姆林附近的荷尔维尔，赫努姆被看作盖伯的巴而受到尊崇，而在沙斯荷太普，即今天的阿苏特附近的舒特卜，他被当作奥赛里斯的巴。作为"塑造人类的陶工"，赫努姆是一位声名远播的与分娩有关的神，但作为尼罗河掌控者的他也获得了人们的尊崇，他的护身符因而与如上属性相关。尼罗河第一瀑布附近的塞赫尔岛上的"饥荒碑"则记载了人们献给赫努姆神的一篇祈祷文——当时正值连续七年的泛滥水位过低导致埃及陷入饥荒。铭文刻于托勒密时期，但可能是第3王朝乔赛尔王统治时期的一份文献的抄本或仿造本。

其他哺乳动物形态的神

牛、猫、河马和羊是古埃及大部分具有哺乳动物形态的神祇的化身，但依然有一部分地位不太高的神会化身为其他动物。他们通常以现实中的动物为原型，譬如狒狒和沙漠野兔，但也有一个最显著的例外——塞特神就是一种想象中的动物的混合体，并且有着不可小觑的地位。

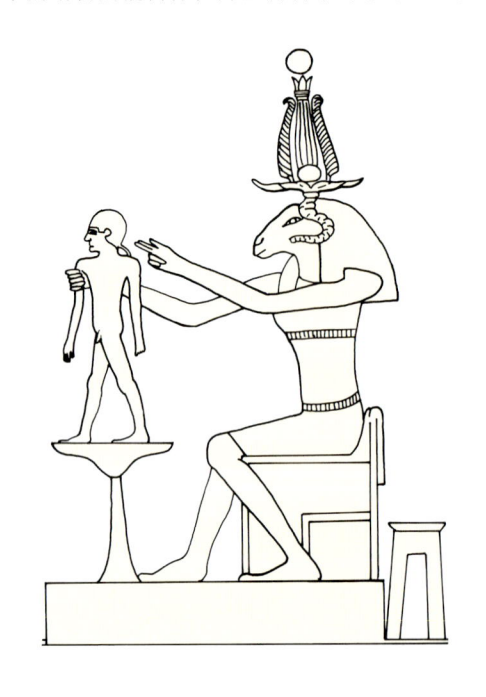

左图：阿斯旺附近塞亥尔岛上的"饥荒碑"记载了对赫努姆神的祈祷，相传他结束了尼罗河泛滥水位过低导致的饥荒。托勒密时期

巴 比

神 话

巴比是一位凶猛好战的狒狒神，出现于古王国时期，在《金字塔铭文》中，他是力量强大的天空守卫者。巴比的力量直接来源于他的性能力和凶猛的天性，相传他的阳具是天空的门闩，决定着天空之门的开启和关闭，同时也是冥界渡船的桅杆。国王渴望在来世得到巴比的能力，因此铭文说"国王是巴比，夜空的主人，狒狒中的公牛"（PT516）。巴比的行为也因此充满了无法约束的野性，相传他以人的内脏为食，且杀人不眨眼。在《金字塔铭文》中（PT1349），他被指控偷窃了一位女神的供品，有时他也被等同于司掌混乱与毁灭的塞特神。尽管巴比具有凶狠的一面，他的强大力量却可以用来防御蛇类和其他有害的生物，甚至能够防范某些无生命体导致的危险。此外，他的阳性力量也能产生积极的作用，在埃及后期，常有保护或疗愈的咒语将特定的神祇与身体的不同部分联系在一起，巴比正是对应阴茎的神。《亡灵书》里，在转变为奥赛里斯的永恒之子这一过程中，亡者总是力求与巴比合二为一。

形 象

巴比的动物形象是一头巨大的雄狒狒，长着厚重的鬃毛，往往拥有突出的性器官。《金字塔铭文》尤其将他形容为"红色的耳朵，紫红的臀部"（PT1349），人们有时会以这些颜色描绘巴比，可能是为了将他和象征图特神的狒狒区分开来，并凸显他的野性。

崇 拜

虽然没有正式的祭仪，巴比却出现在《金字塔铭文》和后来的"来世之书"中，这体现

上图：狒狒们和拉美西斯三世一同膜拜太阳神。麦地奈特·哈布祭庙的浮雕。在埃及宗教中，狒狒是一种和太阳密不可分的动物，也是图特神的象征。但通过凶暴的巴比神，狒狒也展现了其黑暗的一面

下右图：玛弗代特女神的象征动物，可能为非洲獴

出他作为埃及宗教中的一种神话力量的重要性，因此既有咒语保护人们远离他的伤害，也有咒语被用来驱使他的神力。带有巴比形象的护身符显示出，人们不论在生前还是死后都会寻求这位神灵的力量庇佑。

玛弗代特

神 话

玛弗代特女神（其名字意义不明）是一位古老的守护神，在第1王朝时就已出现。她以猫或类似獴的肉食动物为化身，人们相信其凶猛的天性能制服蛇蝎。在《金字塔铭文》中，玛弗代特女神保护太阳神拉和已逝的国王免受蛇类的侵扰："玛弗代特跳到'囡地夫'蛇的脖子上……再次跳到昂起头的大蛇的脖子上。"（PT438）相传她的爪牙犹如利刃，犹如鱼叉的倒钩（PT440—442，1212），足以斩断敌人的头。在中王国时期，作为驱邪之神，玛弗代特出现在各种魔法用具上，也是在这一时期，她时常与作为守护神的蝎子女神海代代特一同出现。消灭有害的动物也象征着对作恶者的惩治，在新王国的墓葬文献中，玛弗代特现身于来世审判大厅，肩负制裁者或行刑官的职责。

形 象

我们难以确定玛弗代特的象征动物究竟是哪一种，因为不同类型的材料提供了不同的可能性。在一些材料中，她似乎是一只猫科的肉食动物，但在其他材料中又是类似灵猫、豹猫或埃及獴（非洲獴）这样的小动物。

玛弗代特还和"惩戒之器"有关（PT230），这种工具可能从埃及早期开始就用于行刑，由一根顶部弯曲的竖杆，和以绳子绑扎在上面的刀刃组成，这件刑具似乎也被用于国王的仪仗，形式或作用类似后期罗马人的"法西斯"。以猎蛇动物的形态出现的玛弗代特常被塑造成顺着这件刑具的竖杆部分向上跑的样子。由于和太阳神的联系——即拉神保护者的身份——这只小动物的头顶常常戴有日轮或圣蛇的标志。

崇 拜

虽然没有自己的祭仪，但玛弗代特还是出现在多座神庙的铭文中，尤其是埃及后期的神庙；人们在魔法仪式中召唤她，在日常生活中也会借助她的神力。一段出自第21王朝的、用于抵御恶魔或幽灵的不利影响的咒语，以一种有趣且有些怪异的方法祈求玛弗代特女神的帮助：这段咒语要在一块阴茎形状的面包前念诵，面包上刻有害人的超自然存在的名字，之后在

面包外裹一层肥肉，丢给一只猫，如果猫吃了这块魔法面包，那么玛弗代特女神就会粉碎邪恶力量的影响。

塞 特

神 话

塞特最初是一位沙漠之神，在很早的时候就代表世上的动荡与混乱的力量。他出现于埃及早期，并一直存留到王朝时代晚期，但这位神祇的历史如他的个性一样跌宕起伏。涅伽达一期（公元前4000—前3500年）出现了一件雕成独特的塞特造型的象牙工艺品，另外，在0王朝统治者蝎王的权标头中描绘的王旗上，也有这位神祇的形象，说明这时已经确立了对他的信仰。第2王朝时，塞特的形象被刻画在帕里布森的塞拉赫王名圈（一种图案，国王的名字被写在里面）上，也与荷鲁斯的形象一起出现在卡塞海姆威的王名圈上，说明在当时，他和伟大的鹰神荷鲁斯处于对等的地位。然而在此之后，塞特神似乎失去了部分权势，虽然在古王国时期他多次出现在《金字塔铭文》中，说明他依然有着一定的重要性。到中王国时，塞特被吸纳进了太阳神的谱系，他站在太阳神的圣船上，肩负击退宇宙巨蛇阿波菲斯的重任，并加入了赫利奥波利斯九神的行列，成为天空女神努特之子，以及奥赛里斯、伊西斯和奈芙西斯的兄弟。在喜克索斯时期，来自异邦的统治者将塞特看作他们自己的神巴尔，作为喜克索斯的主神，他的地位得到了极大的提升。尽管在新王国早期地位并不显著，但到了第19王朝和第20王朝，塞特在某种意义上成了拉美西斯诸王的守护神，其中一些君王被冠以他的名字，譬如塞提，意为"属于塞特的人"，以及塞特纳赫特，"塞特是强大的"。但第20王朝以后，塞特的相关考古材料减少了，沙漠与异邦之神的角色使他在后期同亚述人等深受埃及人痛恨的外国侵略者联系在一起。实际上，到了第25王朝，对塞特的广泛崇拜就已终止。然而，塞特依然是一位迷人的不祥之神，他的角色和神话反映的不光是负面的特性，也有正面的形象。

暴力、混沌与混乱之神：塞特被称为"红神"，他是一位坏脾气的神祇，是愤怒、狂暴以及暴力的化身，也经常被当作邪恶的化身。作为混沌之神，他对抗玛阿特（真理）所主张的和谐，也是宇宙架构中真正的黑暗面；作为沙漠或"红土地"的神，他威胁着生命所倚靠的绿色植被；作为埃及名正言顺的国王奥赛里斯的敌人，他代表着反叛与冲突。在埃及文字中，塞特的象征动物的名称被用作一些寓指混乱和混沌的词语的限定符号，这种混乱可能出自个人层面，也可能出自社会与宇宙层面。塞特的这些侧面都反映在埃及神话中。早期的文献声称他在出生时野蛮地撕开了母亲的身体（PT205），在神话中，他与别人的关系充满了纷争和暴力。传说他杀害了自己的哥哥奥赛里斯，并与奥赛里斯的儿子兼继承人荷鲁斯进行了一场长达80年的激烈争斗，妄图夺取侄子的统治权。在这场旷日持久的争斗中，塞特挖出

下图：作为神话里下埃及与上埃及的继承者的荷鲁斯和塞特，他们正在为国王拉美西斯三世加冕。第20王朝。埃及博物馆，开罗

了荷鲁斯的眼睛，而荷鲁斯阉割了他——这无疑是一种比喻，代表对塞特的性能力和暴力的镇压，因为塞特与强暴及不正常的性需求有关。妹妹奈芙西斯名义上是他的妻子，但甚至连她也离弃了他，成了"荷鲁斯的追随者"之一，河马女神塔威瑞特也是如此——相传她和暴烈的闪米特女神阿斯塔特以及阿纳特都是塞特的配偶。在《金字塔铭文》中（PT1521），塞特有时也和好战的女神奈特配成一对夫妻。新王国时期的墓葬文献展现了塞特可怖的特性，其中提到他潜伏于冥界，专抓亡者的灵魂，而他的邪恶属性也表现在生者的世界：他带来了一切的争端与罪孽，带来了苦痛与疾病，也带来了国内的动荡与外国的入侵。他还和所有的风暴及坏天气有关，并被认为掌管着广阔且狂暴的海洋。在神话中，人们也将塞特等同于包括混沌大蛇阿波菲斯在内的其他埃及邪神，希腊人则将他看作自己的叛逆之神堤丰。

力量、诡计与保护之神：塞特的特性并非都是邪恶的，他狡黠诡诈，且拥有强大的力量，而这些特质都可以用于正途。塞特的一个最常见的称号是"力大无穷者"，他的权杖相传重达2000千克。他是所有金属的主宰，古埃及人眼中最为坚硬的金属，铁，就被称为"塞特之骨"。在《金字塔铭文》中，已逝的国王声称得到了塞特的力量（PT1145），而部分活着的国王也将自己和塞特神联系起来，譬如骁勇善战的图特摩斯三世自称"塞特的挚爱"，卡叠什之战中的拉美西斯二世也被形容为"像塞特一样战斗"。塞特的力量也出现在表现王权的艺术主题中，在开罗博物馆的一件森乌斯里特一世雕像的王座上，刻有塞特和荷鲁斯站立于象征统一的"sema-tawy"符号两侧，共同将代表两地的标志绑缚在一起的场景，画面不仅暗示了塞特的力量，也显示出他与荷鲁斯对等的地位。甚至连诸神也要寻求塞特的帮助：虽然有时被等同于混沌巨蛇阿波菲斯，塞特也是帮助太阳神对抗这头巨怪的卫士，一则未能完整保存下来的神话故事就讲述了，当邪恶的海神亚姆要求将女神阿斯塔特作为供品献给自己时，塞特如何以其力量与诡计从亚姆那里拯救了女神。塞特还以其他更加平实的方式提供保护和帮助，一份关于拉美西斯二世迎娶赫梯公主的外交文献记载了，国王如何祈求塞特神平息路途上的恶劣天气，使公主能够平安抵达埃及；普通人也同样会寻求塞特的帮助，以获取庇佑或化解困境。

形象

塞特最初被描绘为一只动物，长着弯曲的头部、平顶的长耳朵，以及像箭一样竖起的尾巴。早期他的形象通常是站立的，但后期转变为蹲坐或蹲伏状。这位神祇的重要性清晰地体现在种种形象中。在伊顿公学的迈尔斯博物馆收藏的一件第12王朝的胸饰上，就出现了这样的动物形态的塞特，与荷鲁斯一起作为上下埃及的标志。塞特与第19—20王朝国王之间的密切关系体现在当时的纪念物上，例如开罗博物馆中的雕像就刻画了蹲伏的塞特兽笼罩并庇护着国王的形象，正如鹰神荷鲁斯庇护其他君王那样。早坐姿的塞特兽也出现在上埃及第11诺姆的王旗上，在后期，往往有一把刀钉在他身上，以抵消邪神形象可能带来的伤害。有的壁画中还出现了由塞特兽——而非传统的豺狼——来拖拽太阳神圣船的场景。

随着时间的推移，塞特出现了半人半兽的形象，即一名长着塞特兽头的男子，在新王国时期他的这一形象尤为常见。有时在雕像和护身符中，他会头戴上埃及的白冠，或他曾拥有的上下埃及的双冠。他还与荷鲁斯合体为一位双头神祇，象征上下埃及统治的合一。在后来的这类雕像中，塞特往往被更换为人们更易接受的神祇，譬如图特，但在一些塞特崇拜盛行的地区，塞特的形象则一直被沿用到相对较晚

下图：虽然处于对立的位置，塞特与荷鲁斯也会以和解的姿态融合为一位神祇，这位神祇长有他们俩的头颅

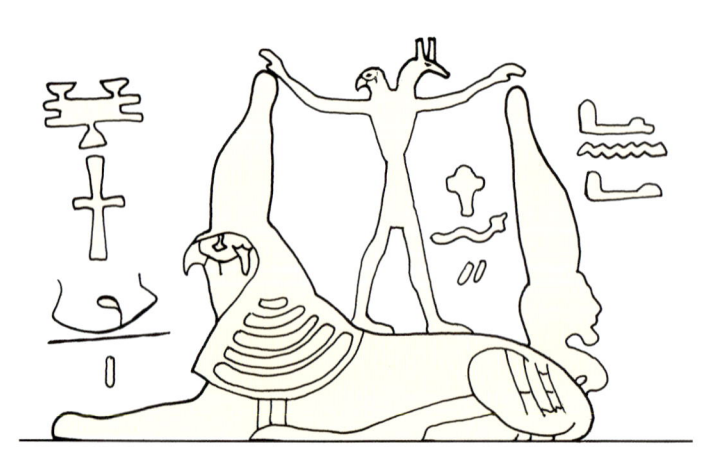

的时期。在哈加绿洲的希比斯神庙壁画上，描绘着长有双翼的塞特神刺杀巨蛇阿波菲斯的画面，一些学者认为这可能是基督教艺术中"圣乔治屠龙"这一图案的灵感来源。除了塞特兽，还有许多被埃及人认为在象征意义上有害的动物，例如羚羊、驴、山羊、猪、河马、鳄鱼以及某些鱼类，这些令人厌恶的动物均可成为塞特的化身，有时这些动物也会间接地代表塞特神，就像在文献中他常被称为"努特之子"，而非他自己的名号那样。在公元前的最后一个千年，塞特兽从艺术和文献中消失了，这位神祇最常见的形象变成了一头驴，头上插着一把刀，使他无法害人。

崇 拜

即便面目可憎，在埃及历史上，塞特神仍然获得了相当广泛的尊崇。除去那些他享有特殊地位的时期，塞特在多个地方也拥有自己的崇拜中心，尤其在上埃及，他被看作这一地区的保护神，与下埃及的荷鲁斯形成象征意义上的势均力敌。塞特最早的崇拜中心位于努布特，希腊人称之为翁波斯，就在卢克索以北约30千米的哈马马特干河谷入口处，控制着通往东部沙漠的商贸要道，相传这里正是塞特的诞生地。他尤其受到上埃及第5诺姆、第10诺姆、第11诺姆和第19诺姆的尊崇，但下埃及也有崇拜他的地区，特别是位于埃及东北边境的下埃及第14诺姆。三角洲的王城皮-拉美西斯也建有一座塞特的崇拜中心。

在与塞特相关的宗教活动中，总有一个环节是献祭或毁灭塞特的象征动物——虽然这算不上对他的尊敬。从早期起，人们总会在祭仪中屠宰一头象征塞特的红色公牛，另外还有一个名为"扼死沙漠之鸟"的类似仪式。这类仪式中，最重要的可能是狩猎河马的活动，早在第1王朝时，就有了王室狩猎河马的相关证据，后来，在这种活动中，国王会狩猎和杀死一头野生河马，作为荷鲁斯战胜塞特的象征。到了埃及后期，当广泛的塞特崇拜业已结束的时候，这种杀死河马的举动变得尤为重要。

塞特神的护身符并不常见，但存留下来的那些则制作精细，且可能被活人佩戴。此外，魔法咒语时常召唤或提到塞特，他的力量被人们用于抵御其他有害的神灵，或化解与塞特神话相关的困境。但总体上，对于埃及人而言，在埃及历史上的多数时候，塞特最好也不过是一位功过相抵的神祇。人们会制作他的蜡像，再彻底摧毁，以此防止他作祟，而在埃及的历法中，塞特的诞生之日被视为一个极其不祥的日子。

图 特

见第215页，"鸟类"部分。

温涅特

温涅特是温努地区——即后来的赫摩波利斯以及周边的上埃及第15诺姆——的守护女神。她被称为"迅疾的神"，神圣动物是沙漠野兔。这位女神有时被刻画为一只野兔，或一位手持王旗的女子，头上顶着一只野兔，再或是兔头人身的形象。根据普鲁塔克的记载，埃及人因为野兔的迅捷和敏锐而崇拜它们，但一些冥界的神灵也会借用野兔的形态，而温涅特有时也会被刻画为蛇，一种与冥界有着明显联系的生物。野兔形状的护身符可能与这种动物的某些天性有关，也可能象征着温涅特女神。温涅特的阳性半身是温涅努，后者有时被视为奥赛里斯或拉神的一种形态。

上图：战神塞特教导图特摩斯三世使用弓箭作为武器。第18王朝，卡纳克浮雕（局部）

鸟 类

上图：以长有羊头的猎隼形象出现的拉神，与奥赛里斯结合在一起，两侧是显现为鸢鸟的伊西斯和奈芙西斯，正在哀悼。第19王朝。西普塔墓，帝王谷，西底比斯

猎隼神

古埃及人从很早的时候起就崇拜猎隼，他们将这种鸟视为宇宙最伟大的力量的化身。根据这种观点，日月是这只翱翔天际的猎隼的双眼，星辰是他羽毛上的斑点。埃及各地曾存在着许多位猎隼神，但随着时间的流逝，其中很大一部分都被地位最高的荷鲁斯神同化了。从早王朝开始，猎隼就获得了重要的地位，他被视为国王的象征，也是一位王权之神。

杜南威

神　话

杜南威，埃及语意为"伸出利爪者"，是上埃及第18诺姆的神祇，最初为猫形或其他形态，但在埃及历史上的多数时期都以猎隼的形态示人。在《金字塔铭文》中，杜南威出现于多种情境，例如在净化仪式里，他代表东方，与图特、荷鲁斯和塞特三位神一起作为四方的象征（PT27等）。但从古王国末期开始，杜南威与隼鹰神涅姆提同化，并以后者的形态留存于世。《棺木铭文》（CT VI 126）中出现的猎隼神"杜那威"，即"伸展手臂（翅膀）者"，可能是杜南威在后期的一种形态。和多数具有地方性的猎隼神一样，杜南威也为荷鲁斯所吸纳；另外，由于他所在的诺姆与阿努比斯的诺姆（上埃及第17诺姆）相邻，在埃及后期，他和阿努比斯结合为荷鲁斯-阿努比斯。

形　象

如同在诺姆徽标上的形象一样，猎隼杜南威通常站立在旗杆顶端，呈双翼张开的姿态。在部分画面中，他展开的明显是自己的翅膀，但在另一些画面中，他展开的是第二对翅膀，第一对翅膀则在背上呈合拢状。

崇　拜

《金字塔铭文》反复提到杜南威，可能意味着早期人们对他有相当广泛的认知，但在与涅姆提等神祇——特别是后来与荷鲁斯——融合后，他就仅作为自己诺姆的地方神而受到崇拜了。

荷鲁斯

神　话

荷鲁斯是埃及最早的神祇之一，他的名字出现于王朝时代的初期，纳尔迈调色板上那位束缚住"纸草之地的居民"的猎隼神可能正是他的早期形象。《都灵王表》为我们提供了有关埃及早期历史的最重要的信息，其中特别将早王朝的统治者们称为"荷鲁斯的追随者"。但荷鲁斯具有多种形态，他也是埃及诸神中拥有最多神话的神祇。以下是荷鲁斯最主要的几个身份，每个都包含了多种形态。

天空之神：荷鲁斯最初的身份是"天空之主"。他的名字源于埃及语中的 her 这个单词，意为"在高处者"或"遥远者"，指的是隼鹰狩猎时翱翔于天空的样子（或是这位神祇与太阳相关的一面）。在神话中，人们将荷鲁斯想象为一只化身整个天宇的巨鹰，他的右眼是太阳，左眼是月亮，他胸脯上斑驳的羽毛是群星，双翼则是天空，向下扇动时就产生了风。埃及的一些最早的聚落所崇拜的正是荷鲁斯神的这种形态，譬如赫拉康波利斯，荷鲁斯也与这些地方的本地隼鹰神发生了融合。

太阳神：作为天空之神这一身份的延伸，荷鲁斯也被当作太阳神来崇拜。第1王朝国王登的一件象牙梳子上刻画了一只乘着小船、张开

身份，加入了奥赛里斯之家。

王权之神：荷鲁斯与埃及的王权有着直接的联系，既因为他具有隼鹰神的一面，也因为他是伊西斯之子。从最早的王朝时期开始，国王的名字就被写在长方形的、名为"塞拉赫"的王名圈中，这个符号被写作隼鹰形的荷鲁斯栖于宫殿顶上的样子，寓指国王是天地之间的媒介，或是荷鲁斯在宫殿内的化身。除了这个"荷鲁斯名"，国王后来又被赋予了其他头衔，包括"金荷鲁斯名"，写作一只圣隼站在代表"黄金"的圣书体符号上的样子，但这个头衔的具体意义不太明确。王权还以具象的方式体现在著名的哈夫拉雕像——端坐的哈夫拉国王脑后即为隼鹰荷鲁斯的形象——以及其他一些类似的例子中。作为伊西斯和奥赛里斯之子，神话中的荷鲁斯也是埃及王权的继承人，多篇围绕他如何竭尽全力从篡位的叔叔塞特那里夺取王位的故事为我们详尽阐释了这一角色。哈尔维尔（也称荷尔欧里斯），即"大荷鲁斯"，指

左图：金制的隼鹰神荷鲁斯头部，眼睛以抛光过的黑曜石镶嵌而成。出自赫拉康波利斯，荷鲁斯最早的崇拜中心之一。第6王朝。埃及博物馆，开罗

下图：作为守护神的隼鹰神荷鲁斯正在保护哈夫拉国王。哈夫拉河谷神庙的23尊雕像之一（局部）。第4王朝。埃及博物馆，开罗

翅膀的隼，寓指这只隼如太阳神一样穿越天空。《金字塔铭文》尤其以形容太阳神的词语"东方之神"来代指荷鲁斯，这一头衔之下的他至少有三种形态：作为荷尔阿赫提，即"两条地平线的荷鲁斯"，他是升起和落下的太阳之神，确切来说是东方及日出之神，而在《金字塔铭文》中，逝去的国王被描述为"像荷尔阿赫提一样重生在东方的天空"（PT4），最终荷尔阿赫提被纳入了赫利奥波利斯的太阳神信仰，与太阳神合体为拉-荷尔阿赫提；作为贝赫代提，即"贝赫代特的神"，他是长有鹰隼翅膀的日轮，这一形象中似乎融入了太阳在天空中的轨迹的观念；作为荷尔-埃姆-阿赫特（也称哈玛吉斯），即"地平线上的荷鲁斯"，他是隼鹰形或狮子形的太阳神。吉萨那尊最初作为第4王朝国王哈夫拉象征的狮身人面像，在新王国时也被说成是荷尔-埃姆-阿赫特的形象。

伊西斯之子：人们也将荷鲁斯当作奥赛里斯和伊西斯女神的儿子来加以崇拜（见"男性孩童神"一节）。这两位神祇的儿子最初可能另有其人，后被古老的隼鹰神同化，或者是这位隼鹰神自己以一种极特别的方式，即以神子的

右图：隼鹰神荷鲁斯的花岗岩巨像，头戴代表埃及王权的双冠。托勒密时期。荷鲁斯神庙，艾德福

的就是这些故事中经历了与塞特的80年争斗、已完全成熟的荷鲁斯神，诸神的审判团最终将他应得的埃及之王宝座还给了他。最后，作为哈尔-玛乌（或称哈索姆图斯），即"统一者荷鲁斯"，他完成了统一和统治整个埃及的使命，虽然有时他也被看作大荷鲁斯与哈托尔的儿子，就像在艾德福和库姆·翁姆波那样，并被称为帕奈布塔威——"两地之主"。

形象

荷鲁斯的鸟类形态是一只隼，可能是地中海隼或游隼，根据埃及艺术的混合透视法，画面通常从侧面来呈现他的身体部分，但尾部的羽毛则被正面显示，朝向观看者的方向。早期的图像中，这只隼有时呈前倾的姿势，但后来直立成了他的标准姿态。有时画面中的隼会和塞特兽或塞特的象征产生直接的联系，尤其在埃及后期，例如上埃及第16诺姆的徽标上，荷鲁斯隼的利爪插进了一头羚羊的背部，而羚羊即为塞特神的古老象征之一。长有鹰翼的贝赫代提成了埃及艺术中流传最广的形象，这个形象的雏形可能在登王的象牙梳上就已出现（见上文），最终成为埃及神庙墙壁和石碑装饰中最常见的图案。以荷尔阿赫提的形态出现的荷鲁斯是一只隼或隼头的鳄鱼。以人形出现的荷鲁斯是一位成年的神祇，更为常见的是孩童形态，即伊西斯之子。但他最为常见的形态则是隼头人身的男子，头戴象征埃及王权的双冠。

崇拜

由于荷鲁斯崇拜的形态多种多样，并与许多其他神祇发生了融合，我们很难确切归纳出与他的崇拜相关的地点。例如，荷鲁斯很明显与南部埃及的奈肯有着悠久的联系，这一地区的希腊语名字为赫拉康波利斯，即"隼鹰之城"，而荷鲁斯正是当地的隼鹰神，从前王朝时期开始受到人们的崇拜。但在埃及的多个神庙内，荷鲁斯也和其他神祇一起接受崇拜，从埃

右图：隼鹰-鳄鱼神是集合了荷鲁斯和其他神祇特质的一种化身。埃及和努比亚的多个地区都崇拜这位混合神。来自商博良手稿《埃及和努比亚的遗迹》

最右图：托勒密八世在荷鲁斯-贝赫代提面前消灭俘虏。托勒密时期。荷鲁斯神庙，艾德福

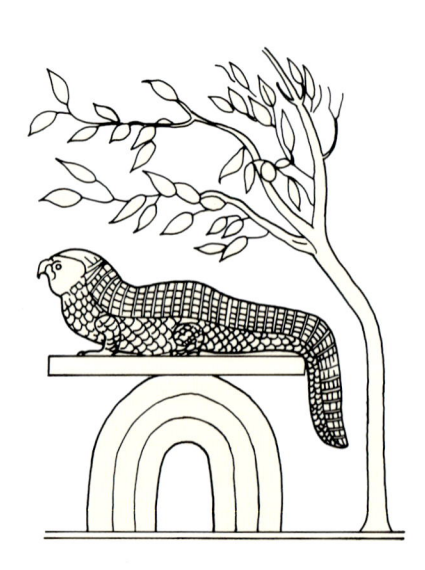

及的一端到另一端都有他的崇拜地，特别是在三角洲的古城赫姆——希腊人称其为莱托波利斯，即现代的奥西姆——对他的崇拜最晚始于古王国初期，他在那里被称为荷鲁斯-肯提-伊尔提或肯提-赫姆，即"赫姆的首位"。《亡灵书》第112章讲述了三角洲的城市"佩"（即历史上的布托）如何被赐予荷鲁斯，以补偿他被塞特弄伤的眼睛，由此解释了这一重要的荷鲁斯崇拜中心的由来。此外，贝赫代特也成了三角洲地区的一处荷鲁斯崇拜的重镇。在埃及南方几个重要的托勒密时期的神庙里，如艾德福和库姆·翁姆波神庙，也供奉着荷鲁斯和他的配偶哈托尔，以及他们的儿子哈索姆图斯。在艾德福，荷鲁斯的庆典之一是一年一度的"圣隼加冕礼"，这个仪式在每年第五个月的月初举行，一只真正的猎隼会被选来作为埃及之王荷鲁斯的象征，以此将古老的猎隼之神、奥赛里斯之子，以及国王这三个身份合为一体。在更往南的努比亚，我们也发现了供奉不同形态的荷鲁斯的神庙，譬如库班（供奉"巴吉的荷鲁斯"）、布恒和阿尼巴（供奉"米亚姆的荷鲁斯"），一些地方——如阿布·辛贝尔——的纪念建筑也有供奉荷鲁斯的职能。荷鲁斯信仰也流行于埃及民间，护身符上的他一般被刻画为隼或隼头人身的形象，常头戴双冠。对他的广泛崇拜还体现在一些旨在驱使他力量的"疗愈碑"上。

肯提-伊尔提

肯提-伊尔提是下埃及第2诺姆——赫姆——的一位隼鹰神。他最初的名字是肯提-赫姆，意为"赫姆的首位"，在古王国时这位隼鹰神最终为荷鲁斯所同化。他的名字"肯提-伊尔提"有多种不同的解释，但最有可能的意思是"眼神锐利者"。与肯提-凯提一样，对他的信仰主要出现在他的崇拜中心周边。

肯提-凯提

肯提-凯提是下埃及的凯姆-维尔的地方神，这个地区也称阿斯里比斯，即现代的太尔·阿特里布。在古王国时，他的大部分特质都为荷鲁斯所吸收，因此常被称为荷鲁斯-肯提-凯提，此外他还被称为荷鲁斯-肯提-凯或荷尔-迈尔提。这位神祇的形象是一个隼鹰头的男子，常手拿两只代表太阳和月亮的眼睛，但他还有一种形象是鳄鱼，这是因为在早期他融合了一位鳄鱼形态的当地神祇。信仰他的地区主要集中在他的崇拜中心周围，不过在别处也有发现。

孟 图

神 话

孟图是一位隼鹰头的战神，主要在底比斯及周边地区受到崇拜。虽然早就出现在《金字塔铭文》以及部分古王国的考古材料中，孟图

左图：图特摩斯四世在战神孟图面前砍杀亚洲战俘，孟图神手持"海佩什"弯刀和象征国王长久统治的符号。象牙腕饰。第18王朝。埃及博物馆，柏林

上图：头戴日轮和双羽毛的"底比斯之主"孟图神陪同着"法老"亚历山大大帝，并赐予他"生命"符号。卢克索神庙内殿浮雕

却是随着第11王朝的底比斯统治者一道跃居高位的。第11王朝的三位统治者均被冠以门图荷太普的本名，意为"孟图神是满意的"，孟图也因此成了一位广受全国崇敬的神祇，并与荷鲁斯产生了关联，被称作"铁腕荷鲁斯"。随着中王国时期的发展，孟图开始被视为赫利奥波利斯的拉神在上埃及的对等神祇，原因可能是他的崇拜中心伊乌尼与赫利奥波利斯的埃及语名字伊乌努相近，这两位神祇因此结合为孟图-拉，后来的希腊人也因此将孟图等同于阿波罗。在第12王朝期间，随着阿蒙神在底比斯地区的崛起，孟图神的影响力受到了削弱，但新王国那些在军事上雄心勃勃的统治者依然推崇这位战神，图特摩斯三世和其他国王纷纷将自己比作孟图神，宣称自己在战斗中是"犹如力量强大的孟图"一样的英雄人物。孟图的配偶是名不见经传的底比斯女神提埃忒耶特和太阳女神拉艾特塔威。

形象

孟图神具有多种形象。他最初是一位隼鹰神，随着时间的推移，又有了其他形态。在第18王朝王后阿荷太普墓中出土的一柄仪式用长柄斧上，孟图神被刻画为一头凶猛的狮鹫兽，但这一形象可能受到了叙利亚地区的影响，因为孟图的大多数形象都是半人半兽，即人的身体加上隼鹰的头。有时他会手持作为战神象征的"海佩什"弯刀。孟图通常头戴日轮和圣蛇，但区别于拉神和其他隼鹰神的是，他头顶常饰有两支高高立起的羽毛，当以完全的隼鹰形态示人时，这一羽毛头饰也是他的显著特征。孟图还会以他的神牛布吉斯（见第173页）的形态出现，在后期，他偶尔被刻画为牛头人身的样子。

崇拜

孟图的主要崇拜中心均位于底比斯地区，包含四处建有重要神庙的地点：梅达姆德——森乌斯里特三世在此建立了一座圣所，新王国的国王们将它扩建，并通过一条运河将其与底比斯相连，后来在希腊罗马时期它又被进一步扩建；卡纳克——孟图自己的神庙位于阿蒙大神庙北边；阿曼特——这里曾有孟图神最重要的一座神庙，但未能保存下来；以及托德——在中王国、新王国和希腊罗马时期，此处均修建了孟图神庙。1936年，正是在托德的中王国神庙遗址下，人们发现了由多箱供奉孟图神的物品组成的"托德的宝藏"。孟图神的护身符出现于埃及后期，有时上面刻画着四位并列的隼鹰头神祇，代表底比斯地区四大崇拜中心的"四位孟图神"。

涅姆提

神话

涅姆提（之前读作"安提"）是一位古老的隼鹰神（埃及语意为"徘徊者"），在很早的时期，他的崇拜就已被并入荷鲁斯崇拜。涅姆提分别与《金字塔铭文》和《棺木铭文》中提到的两位神祇有关，即杜南威和杜那威。《棺木铭文》提到，涅姆提负责监管隼鹰神索卡尔的圣船"海努"，而在晚一些的文献中，他成了运送拉神和其他神祇的摆渡人。托勒密时期的朱米尔哈克纸草上的一则晚期埃及神话讲述了涅姆提如何砍下母牛女神哈托尔的头——这显然仿照了"荷鲁斯与塞特之争"的故事中荷鲁斯对母亲伊西斯所犯下的罪行。因为这项罪责，涅姆提受到剥皮削肉的惩罚，这可能解释了为何上埃及第12诺姆的涅姆提信徒们以银子而非金子来塑造这位神祇的神像——人们通常认为金子构成了神明的皮与肉，而银子是神明的骨骼。

形象

涅姆提通常被刻画为一只蹲坐在弯弯的小船上的隼鹰，小船形似新月，甚至近似甩棍的样式。但上埃及第18诺姆的旗标上并未刻画船的形象，仅有以杜南威的形态出现的涅姆提，站立于旗杆顶端，作张开翅膀状。与荷鲁斯的联系使这位神祇也和塞特神间接相关，因而涅姆提至少有一种形象被安上了塞特的头。

崇拜

涅姆提是上埃及第10诺姆、第12诺姆和第18诺姆主要崇拜的神祇（第12诺姆的首府名为 per nemty，即"涅姆提的房屋"），在尼罗河东岸，这些中王国的行省之间，或与之毗邻的地区，他也有着一定的地位。这位神祇还出现

左图：亡者敬奉拉神的一种形态（左），下部的格层描绘了底比斯墓地的景象。杰德阿蒙尼乌安赫还愿碑，出自西底比斯。第22王朝。埃及博物馆，开罗

在古王国和中王国的人名中,但与荷鲁斯的同化使他的影响力随着时间的流逝而受到削弱。

拉

> 向您致敬,拉神,每日皆完美之神,
> 您在黎明升起,永无差错……
> 您疾驰过短暂的白昼,
> 从百里到千里,直至百万里之遥。
> ——《拉神祷文》II 87

神 话

太阳神拉堪称埃及最重要的神祇。虽然或许不如隼鹰神荷鲁斯那么久远,但拉也是一位古神,在维持了自身地位的同时,他也随着时间的推移而融合了其他同太阳或宇宙相关的神祇。在早期,他与猎隼神结合为拉-荷尔阿赫提,即早上的太阳,又与阿图姆结合为晚上的太阳。在《亡灵书》中,我们发现拉神融合多位神祇,形成了复合神拉-荷尔阿赫提-阿图姆-荷鲁斯-凯普利。即便在中王国和新王国,阿蒙成了国家的至高神,拉的地位依然难以撼动,甚至还与阿蒙融合成了阿蒙-拉神,这使得埃及的大多数主要神祇都和这位强大的太阳神联系在一起。拉神是一位宇宙神,他的力量不仅在天界发挥作用,也贯穿了人间和冥世。此外,拉神在埃及的绝大多数创世神话中都扮演着首要的角色,还是国王的父神与保护者。对于这位神祇的诸多神话,大致可以从他的以下五种身份来理解。

天界的拉:根据埃及神话,当拉神变得衰老而疲惫,无法继续在地上统治万物时,努恩神就命令努特变为一头母牛,驮着拉神缓缓上升,当上升到距离地面很远的高处时,努特变成天空,而拉神就成了天界之王。他的名字"拉"是埃及语中对太阳的称呼,而光芒万丈的日轮不仅被视为拉神的躯体,也被看作他的一只"眼",因而有了诸如"拉神在他的眼当中"的表述,"拉神之眼"也是多位女神的狂暴一面的化身。此外,日轮也被认为是拉神在白昼的旅程中所乘的船只,根据这一观点,每个白昼,太阳神都乘着他的"日船"在广阔的天空之海航行,从日出之处航向日落之处,穿越整个天空,相传他的女儿玛阿特和其他多位神祇在旅途中伴随他左右。从《金字塔铭文》的时代起,我们就能发现对君王升天并加入太阳神的随行者行列的种种描述。太阳神在天界的一个重要的神话身份是天狮,《亡灵书》第62章中曾有此记述:"我是穿越天空的神,我是拉神之狮……"而我们今天称为狮子座的星座,在埃及人眼中也是一头蹲伏的狮子,位于它肩上的轩辕十四(也称狮子座α星)在夜晚沿着黄道穿过天空,所行的正是太阳在白天走过的轨迹,狮子座也

下图:在赫汝贝斯纸草的配图中,拉-荷尔阿赫提在塞特、荷鲁斯和图特的陪同下,于夜间穿越冥世。第21王朝。埃及博物馆,开罗

因此与太阳神产生了直接的联系。

人间的拉：一则埃及神话讲述了在最久远的过去，拉神如何在地上统治众生，也有充足的证据显示，埃及人认为太阳能影响到物质世界。例如著名的埃赫纳吞的《阿吞大颂歌》，虽然赞美的对象是他选择的某一特定的太阳化身，但颂歌也提到了太阳带来光和热、使作物生长等特性。太阳在大地上显现的这种神力通常被看作拉神的赐予，在一些零零散散的赞美诗和其他文献中，人们都赞颂了太阳神将自己的神力赐予人间的行为。在拉神对人间的影响方面，一个具体而重要的例子是，传说他安排了埃及的三个季节，由此决定了尼罗河每年的泛滥，以及后续的播种季和收获季。另外，根据埃及的王权观念，拉神在大地上的力量也通过君王的角色、地位和其他多种方式而得到彰显，譬如"生命之屋"（即神庙图书馆）中收藏的圣书，也被认为是拉神的"发散"，而作为诸神审判团之首，拉神还负责做出那些对地上的生命有所影响的裁决。

冥世的拉：正如白昼乘着"日船"在天空航行，黄昏时，拉神会乘"夜船"进入冥界，穿过一个个冥界的区域，然后在第二天黎明重生。冥世的拉神通常被刻画为羊头，这一形态被称为"拉神的躯体"。帝王谷王陵墙壁上铭刻的墓葬文献描述了这场冥世之旅，以及拉神与冥世之神奥赛里斯在这个过程中的相互作用。在文献中，这两位神祇之间呈现出一种复杂且不断演进的关系，最终达成了一种融合，即奥赛里斯被视为拉神的尸体或"躯体"，而拉神则视为奥赛里斯的巴或"灵魂"，因此融合后的拉-奥赛里斯既能在白天作为巴升上天空，也能在夜晚进入冥界与自己的尸体结合。但这一主题有着多种复杂的变体。在名为《拉神祷文》的文献中，太阳神去往冥界是为了拜访自己的多种形态（例如图特摩斯三世墓中刻画的74种形态）。太阳神在夜晚的旅程中也会得到重生，但凯旋之前，他首先要在圣船上随行的其他神祇的帮助下击败夙敌——巨蛇阿波菲斯。而逝去的国王会升上天空，加入这场穿越天界的旅程，跟随太阳神完成他的冥界之旅。

作为创世神的拉：根据赫利奥波利斯和其他一些地区的宇宙起源论，太阳神拉是自时间之初的原初之水中浮现的至高创世神，是他创

上左图：拉神与奥赛里斯的巴显示出两位神祇在埃及来世信仰中的联系。安海纸草配图。大英博物馆

上图：拉神赐予拉美西斯三世生命。第20王朝。立柱浮雕，拉美西斯三世祭庙，麦地奈特·哈布，底比斯

右图：拉神的三种主要形态——早上为圣甲虫，中午为日轮，晚上为羊头人身的男子。第 21 王朝。巴肯穆特纸草（局部）

下图：端坐于王座上的拉-荷尔阿赫提-阿图姆，被称为"……伟神，天界的主人"。第 18 王朝。罗伊墓，西底比斯

造了世界的所有方面。这个神话有诸多版本，在想象中，作为造物主的太阳神诞生于水中浮现的一个土丘或一朵莲花上，形态或是孩童，或是苍鹭，或是圣甲虫，或是其他生物（见第 19 页）。之后拉神便创造了万物，其方式根据不同的神话版本而有所变化。一则故事借用了文字游戏，即拉神从他的眼泪（remut）中创造了人（remetj）；而在另一则故事中，太阳神"割破"了自己的阴茎（可能指割礼），两位神祇——胡（即"权威的言辞"）和西雅（即"意念"）——从掉落到地上的血滴中诞生。但在所有的故事中，都是太阳神创造了其他神祇和人类，也因此，拉神既被称为万物的"父亲"，也被称为万物的"母亲"。

作为国王和国王之父的拉：在埃及神话中，王权与社会秩序的创造和世界的创造同步发生。因此，拉神既是第一位国王，也是王权的创造者。传说中，他在大地上统治着他所创造的世界，等到衰老后，便去往天界，在那里继续自己的统治，并成为埃及国王的先祖。在《金字塔铭文》中，我们发现融合后的拉-阿图姆被称为国王的父亲，而根据威斯卡纸草上的传说，第 5 王朝最初的三位国王实为拉神之子，拉神令赫利奥波利斯大祭司的妻子"神圣受孕"，从而生下了他们。在第 5 王朝，国王的王衔里加入了"拉神之子"这一称号，拉神与国王因而在接下

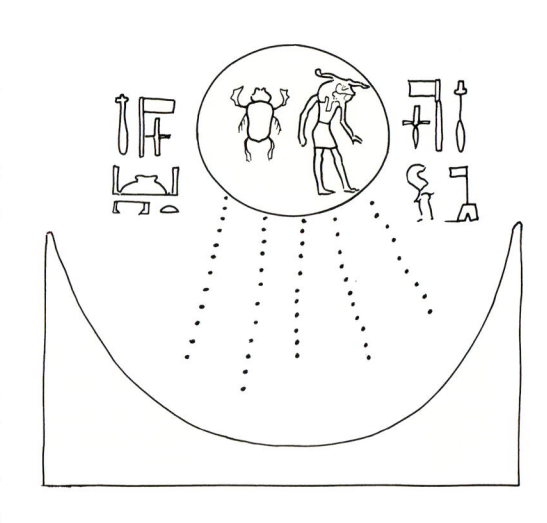

来的埃及历史中建立了正式的神话联系。拉神庇佑下的王权意味着承袭自正统的统治，或符合"玛阿特"的统治，我们也发现有些铭文将与此相反的情况视为罪孽的历史，例如在记录来自异邦的喜克索斯统治者时，哈特谢普苏特就称其为"没有拉神"的国王。

形　象

拉神具有许多种形象。他有时被刻画为一面火红的日轮，通常处于意为保护的眼镜蛇的环绕之中，并有一对伸出的翅膀。在阿玛尔纳时期以前，日轮周围偶尔会描绘出四射的光线，在阿玛尔纳时期则尤其如此。拉神很少表现为完全的人形，而是时常以隼鹰头、公羊头或圣甲虫头的男子形象出现。此外，拉神还具有动物的形态，即一只头戴日轮的隼。他的多重显现还包括公羊或圣甲虫、凤凰、苍鹭、蛇、公牛、猫、狮子以及其他动物。而圣甲虫、日轮和羊头人身的男子常组合在一起，作为一种常见的图像，象征拉神在早晨、中午和晚上的不同形象。拉神有时也会与其他神祇融合成复合神，但作为阿蒙-拉时，他基本只以阿蒙的形象出现（见第92页）——除了在王冠上增加一面小日轮。而拉-奥赛里斯的形象则明显是一种融合的结果，相关的铭文声称"拉在奥赛里斯之内，奥赛里斯在拉之内"，这位神祇于是被刻画成木乃伊（奥赛里斯）加上公羊头（拉神在夜晚的形态）的样子，但有时也会以隼鹰头或圣甲虫来象征拉神。虽然在第5王朝时，人们赋予了拉神一位女性伴侣，名为拉艾特或拉艾特塔威，但图像中的拉神通常没有伴侣。

一些与太阳有关的意象和符号在不同的情境中象征拉神。在帝王谷的新王国王陵，日轮、飞翔的秃鹫，以及天花板和墓道墙壁顶部的黄色条带等元素，都被用来指明太阳在冥世之旅中走过的路，而墓葬则象征冥世本身。起初就同太阳相关的王名圈有时也被描画在象征太阳的符号旁，代表这场冥世之旅中已逝国王与太阳神的融合。同理，埃及神庙的门梁上和巡行大道两侧的带翼日轮，以及其他象征太阳的图案，其作用也是呈现太阳穿过神庙的象征性轨迹。一些建筑也成了太阳的象征，在埃及宗教形象中，金字塔、本本石、阶梯、土丘以及方尖碑都是常见的与太阳相关的符号，是宗教观念在建筑语言上的具体呈现。总而言之，各式各样的太阳符号实为埃及图像中最普遍的元素，它们出现的情境也比其他神圣符号要广泛得多。

崇　拜

拉神崇拜的迹象最初出现于第2王朝统治者拉奈布的名字中，在第4王朝时这一信仰达到了高峰，从哈夫拉开始，国王拥有了"拉神之子"的称号，而金字塔和配套的神庙也以多种方式明确地与拉神联系在一起。到了第5王朝，拉神从根本上成为埃及的国家神，被官方认可为众神之首。当时的赫利奥波利斯必定为拉神修建了一个宏伟的神庙，但现今已无迹可寻。第5王朝的多位国王都修建了太阳神庙，并在他们的金字塔和祭庙所在的区域树立起巨大的石刻方尖碑，这些带有太阳崇拜色彩的建筑可能是仿照赫利奥波利斯的神庙和本本石（见第212页）建造的。

虽然赫利奥波利斯才是崇拜中心，但拉神的崇拜盛行于埃及全境；太阳宗教的重要性也必然有一个高峰，但在埃及漫长的王朝历史上，拉神在每个时代都深受尊崇。人们不断为他建造或翻新圣所，在其他一些神祇的神庙中也有他的位置。在新王国时，太阳神得到了某种意义上的"复兴"，这场复兴始于阿蒙荷太普三世统治时期，这位国王建造了一系列雄伟的太阳神庙和大厅，紧随其后的，便是埃赫纳吞那半途而废的改革，他将太阳神（虽然是以阿吞神的形式）奉为独一的神。尽管阿玛尔纳时期的教义遭到了全盘否定，在拉美西斯时期，太阳宗教依然占据着重要的地位，借用了拉神之名的国王们时常对他表达自己的敬意。新王国的宗教文献也留下了拉神的深刻印记，特别是在墓葬文献中，人们成功地平衡了太阳神与奥赛里斯的位置。在古埃及历史的后期，拉神的地位在很大程度上受到了其他神祇的威胁，但他依然是一位举足轻重的神祇，甚至在王朝时代终结、基督教的时代到来时，我们依然能从零

下图：塞提一世向坐在王座上的索卡尔神供奉熏香和奠酒。第19王朝。塞提一世神庙，阿拜多斯

星的文献中发现祈求耶稣、圣灵和太阳神拉的字句。

拉神不仅对于埃及国王和官方宗教而言具有首屈一指的重要性，他也享有普罗大众的信奉与崇敬。平民和王室都会借用拉神的名字，其地位可见一斑。拉神的形象也出现于护身符上，其中一部分是人们在日常生活里为表崇敬而佩戴的，此外还有部分形象出现在随葬品中。形形色色的魔法咒语也会祈求拉神的帮助，其中有些甚至会以中断他的旅程作为终极威胁，这种咒语的目的通常是敦促太阳神纠正谬误，恢复他所造世界的均衡。

索卡尔

神　话

索卡尔是孟菲斯地区的一位古老的隼鹰神，最初可能是工匠神，后来与孟菲斯墓地产生了联系，随着时间的推移，他演变成一位地位崇高的冥世与来世之神。《金字塔铭文》在提及来世时曾多次说到他，声称逝去的国王会上升至索卡尔的"海努圣船"，并与这位神祇同化（PT620, 1824, 2240等）。索卡尔也被赋予了诸多称号，譬如"来自罗塞陶的神"，但他名字的确切含义仍未可知，虽然《金字塔铭文》声称它来自奥赛里斯痛苦哀嚎时所说的言语（PT1256），但这种说法显然源自索卡尔与奥赛里斯之间的联系，在奥赛里斯崇拜兴起之后才产生。而在与奥赛里斯联系上之前，索卡尔已经和孟菲斯的主神普塔产生了关联，二者结合为普塔-索卡尔，普塔的配偶塞赫迈特也被改成了他的妻子。在中王国时，这三位神祇融合为三重神普塔-索卡尔-奥赛里斯，从此成为埃及王朝历史上一位举足轻重的墓葬之神。

形　象

索卡尔最初为隼鹰形态，此外还有着多种形象，其中颇具象征性的是顶部为隼鹰头的墓葬土丘，有时承载于一只船上，这也是《冥世之书》配图所描绘的普塔形象，被称为"沙堆上的神"。索卡尔也有鹰头人身的形态，但通常表现为木乃伊的样子，有时头戴装饰着日轮、牛角和眼镜蛇的圆锥形王冠。在帝王谷的图特摩斯三世墓中，他是一位隼鹰头的神，站在一条长着多个脑袋的冥世之蛇身上，以强调他的力量凌驾于冥界的各个区域及其中的居民。带有鹰头索卡尔神形象的文物中，现存最精美的是发现于塔尼斯的舍尚克二世银棺。在晚一些的时期，他最常见的形象是普塔-索卡尔-奥赛里斯，埃及后期出现的这位复合神的小雕像一般呈人头的木乃伊形态，直直地站立于形如石棺的盒子或底座上——上面还饰有他的隼鹰头形象。普塔-索卡尔-奥赛里斯还有一种形态是蹲坐的、形如侏儒的男子，有时头戴圣甲虫——出现于护身符上的神帕泰考斯可能就源自这种特别形象。

崇　拜

索卡尔神的崇拜中心是孟菲斯，从古王国早期开始，那里就在每年泛滥季的第四个月庆祝索卡尔的伟大节日。节日期间，索卡尔被从神庙中请出，协助国王完成种种典礼，包括锄

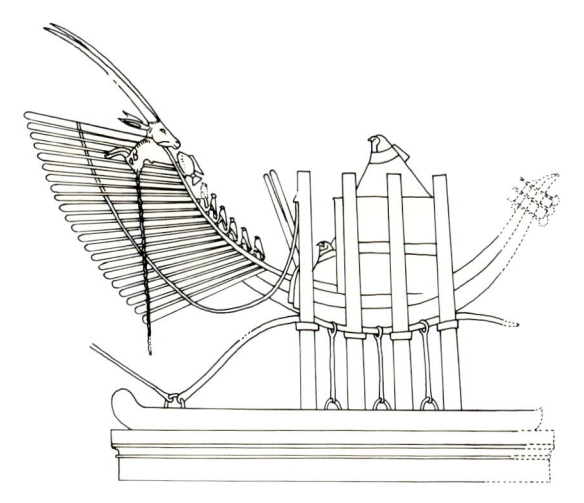

地破土、开挖水渠或运河等。从新王国时起，索卡尔节成了西底比斯的盛大庆典的一部分，庆典的场景刻画于麦地奈特·哈布的拉美西斯三世神庙浮雕中，其目的似乎是在庆贺索卡尔重生的同时，强调王室祭仪的延续性。在仪式中，索卡尔的神像被放置于他独特的海努圣船上，船舱形如一只墓葬用的箱子，顶上饰有一只鹰隼。葬仪场景以外的索卡尔崇拜未能留下记载，他的护身符也很罕见，但一些护身符上刻画的蹲坐的、木乃伊形态的隼鹰可能代表着他。

索普杜

神 话

索普杜的神话略显复杂，他有两个截然不同的身份——既是类似荷鲁斯的隼鹰形宇宙神，也是掌管埃及东部边境的人形神祇。《金字塔铭文》则主要强调其星辰之神的一面。以奥赛里斯-猎户座的身份，已逝的国王使化身为索提斯的伊西斯受孕，生下了荷鲁斯-索普杜。此外，索普杜被等同于神化的国王的"牙齿"，这明显意指索普杜弯钩状的喙，因为他被称为"利齿"（PT201）。另一方面，作为"东方之主"，索普杜也获得了重要的地位，他负责保护埃及边境地区的前哨站，譬如西奈半岛的绿松石矿。索普杜因此出现于王室铭文中，铭文称他不仅奉献了东方的种种资源，还协助法老制服当地的土著居民。作为掌管亚洲地区的神，索普杜也经常和近东的诸神联系在一起，例如被埃及宗教同化的巴尔、瑞舍普、阿斯塔特、阿纳特和卡叠什。

形 象

索普杜的动物形态是一只蹲伏于王旗上的猎隼，头上饰有两根高高竖起的羽毛，肩上立着一支仪式用的链枷，这也是他管辖的下埃及诺姆的象征，索普杜的很多形象都是这种造型，包括图坦卡蒙墓出土的一尊精致的镀金木雕像。而作为东部沙漠地区的神，人形的索普杜却是贝都因武士的装扮，留着长发和尖胡子，头戴饰有两根长羽的王冠，腰系由流苏或珠链组成的舍斯迈特腰带，这种腰带的埃及语名字可能与孔雀石矿有关。索普杜往往一只手持长矛或瓦斯权杖，另一只手拿战斧和安赫符号。

崇 拜

作为下埃及第20诺姆的主神，索普杜的主要崇拜中心是佩尔-索普杜，即今天三角洲东部的萨夫特·赫恩那。但从古王国起，埃及的多个地方都出现了索普杜祭司的痕迹，同时东部沙漠的一些前哨站也信奉他，譬如西奈半岛的塞拉比特·哈迪姆，在那里，他与哈托尔和其他一些神祇一起受到人们的崇拜。

其他鸟形神

我们尚未知晓为何一些鸟类被选为埃及神祇的象征，另一

上左图：索卡尔神的海努圣船卜含有这位神祇的多种形象。第19王朝。塞提一世神庙浮雕（局部），阿拜多斯

上图：索卡尔，"（冥界）神秘之地的主人"。第18王朝。图特摩斯三世墓壁画（局部），帝王谷，西底比斯

下图：猎隼形态的索普杜蹲伏在王旗上，镀金木像。出土于图坦卡蒙墓，第18王朝。埃及博物馆，开罗

些则没有，且这些受到崇拜的鸟类并没有多少共通之处，其中最重要的几种是苍鹭、雁、秃鹫和朱鹭，但其他鸟类也偶尔在埃及神话中扮演自己的角色。

贝努

神话

"贝努"一词可能源于动词 weben（"升起"），并与赫利奥波利斯的圣石"本本"有关。贝努鸟是一位重要的鸟形神祇，最初是太阳的化身，后被用于象征三位主神：阿图姆、拉和奥赛里斯。作为阿图姆的一种形态，贝努鸟在创世之前飞翔于努恩之水上，传说中，它最终停歇在一块石头上，并以鸣叫打破了原初的寂静，此举决定了创世之时哪些事物将会诞生。相传贝努也是拉神的巴，在埃及后期，贝努鸟的圣书体符号被用来书写太阳神的名字。人们相信贝努像太阳一样周而复始地重生，因此它被称为"禧年之主"，这自然又使人联想到它漫长生命的开端，贝努也因而成为希腊人的凤凰的原型——凤凰在炽烈的死亡中重生，恰如太阳在黎明升起。根据希罗多德的记述，这种鸟的寿命长达500年，命终之时，它以芬芳的枝条与香草筑巢，随后燃起烈火，将自己和巢付之一炬。大火中将奇迹般地诞生一只新的凤凰，在收拢父亲的骨灰后，它会飞往赫利奥波利斯，将其撒在拉神神庙的圣坛之上。尽管这种鸟主要与阿图姆和拉神有关，但它的重生能力显然和奥赛里斯联系在一起。

形象

最初作为赫利奥波利斯太阳神的象征时，贝努鸟的形象可能是黄鹡鸰，根据《金字塔铭文》（PT1652）中的记载，这种鸟代表阿图姆。但在新王国时期，贝努鸟通常被刻画成一只苍鹭，长腿长喙，头顶有两根羽毛组成的羽冠，它通常站立于符号化的本本石上，作为太阳神的象征。但与奥赛里斯的联系使贝努鸟时常和奥赛里斯的神圣柳树一起出现，当作为奥赛里斯的象征时，贝努鸟也有头戴阿太夫王冠的形象。根据古典作家对凤凰的描述，这种鸟的大

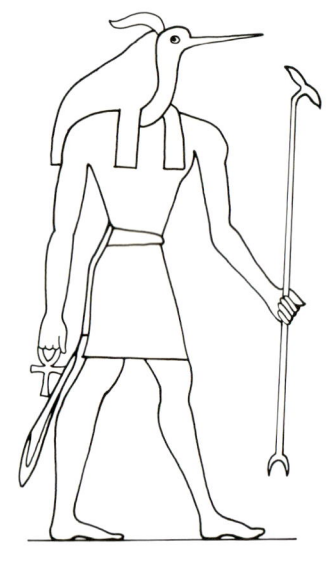

右图：半鸟半人形态的贝努。这位神祇很少以这种形态出现，通常呈现为完全的鸟形

下图：头部饰有双羽毛的苍鹭或贝努鸟。墓葬纸草配图，第21王朝。埃及博物馆，开罗

小与一只鹰差不多，有着金红相间的羽毛（太阳或火焰的颜色）。此外，贝努也会被刻画为苍鹭头人身的样子。

崇 拜

我们对贝努鸟的正式崇拜所知甚少，但在赫利奥波利斯太阳神话中的核心地位无疑使它在当地的太阳崇拜中扮演了至关重要的角色。"来世之书"的配图里经常出现贝努的形象，它也出现在心脏护身符（例如图坦卡蒙的那枚）以及其他物品上，足见其在墓葬环境中的重要性。

艮艮-维尔

神 话

艮艮-维尔是一只原初的大雁，象征多位神祇与创造相关的一面，通过洪亮的叫声或孕育生命的蛋，它显现着创造的力量。艮艮-维尔的名字来源于这种雁具有标志性的鸣叫声（埃及语中的拟声词gengen意为"雁鸣"，wer意为"大声的"），此外它也被称为negeg，即"咯咯叫的"。根据部分文献（例如莱顿纸草 I 350，第90章）的记载，阿蒙神正是化为这种雁，以鸣叫"唤醒"了他所创造的世界。这种雁还与大地之神盖伯有着紧密的联系，盖伯有时也被称为"大声咯咯叫者"，他化成这种鸟产下了原初之卵，太阳以贝努鸟的形态从中诞生。艮艮-维尔还是其他一些神祇的化身，包括哈皮和哈珀克雷特斯。而根据埃及创世神话和来世信仰间的复杂关联，艮艮-维尔也出现在冥界，相传亡者需守卫它的蛋，甚至化为它的蛋本身。从《金字塔铭文》的时代起，亡者就渴望像一只雁那样飞向天界，新王国墓中随葬的雁模型被认为代表了这种愿望。

形 象

埃及艺术中出现过许多种大雁，包括埃及雁和其他种类，均可作为艮艮-维尔的形象。因为象征阿蒙神，在阿玛尔纳时期，它的形象也为埃赫纳吞的手下所亵渎——在卡纳克神庙的图特摩斯三世"植物园"中，艮艮-维尔的形象就遭到了毁坏。

崇 拜

在埃及宗教中，雁的形象较常出现于供奉的场景，作为奉献给诸神和亡者的供品，甚至作为神明之敌的象征物——而非供奉的对象——用于仪式献祭。然而，虽未能直接获得广泛的信奉，雁确实也在某些地区受到了崇拜，在卡纳克的阿蒙大神庙的圣湖中，就豢养着一群圣雁。

海涅特

海涅特是一位鹈鹕神，出现于古王国时期，作为善神而受到尊敬。出于未知的原因，她在《金字塔铭文》中被称为"国王之母"（PT511），晚一些的墓葬铭文则称她为亡者指明了一条穿过冥界的安全通路。海涅特还具备 种直接的保护作用，与鹈鹕用大嘴捕猎鱼和其他生物的

上图：著名的"美杜姆群雁图"，刻画了豆雁、白额雁以及红胸黑雁的形象，出自美杜姆的尼弗玛特墓。第4王朝。多个品种的雁均能象征原初之神艮艮-维尔

下图：图坦卡蒙墓出土的镶嵌胸饰上，奈赫贝特（左）与瓦杰特（右）扮演了守护女神伊西斯和奈芙西斯的角色，保卫着奥赛里斯。第18王朝。埃及博物馆，开罗

行为有关，因为这些生物在神话里被认为具有敌意或害处，鹈鹕的捕猎也就与埃及墓葬中以网捕猎的象征性场景画上了等号。

奈赫贝特

神 话

秃鹫女神奈赫贝特（"奈赫布的女神"）是古代上埃及第3诺姆的首府奈赫布的主神，奈赫布即今天的卡布，位于卢克索以南80千米处。这个地方的独特之处在于靠近上埃及早期的都城奈肯（即希腊语中的赫拉康波利斯，现代的库姆·阿赫玛），因此奈赫贝特最终与三角洲地区布托的眼镜蛇女神瓦杰特一起，成为埃及统一后的两位守护女神。至少从古王国时期起，奈赫贝特就被等同于上埃及的白冠，因而和国王本人产生了紧密的联系，就这个身份而言，奈赫贝特还是国王在神话层面的母亲。《金字塔铭文》将她描述成一位显现为白色母牛的母神，在王室诞生的场景，例如阿布西尔的萨胡拉祭庙浮雕中，奈赫贝特肩负保卫和照料国王之责。希腊人因此将她看作司掌生育的女神厄勒提亚，并将她的城市奈赫布称为厄勒提亚斯波利斯。埃及人则有时将她等同于哈托尔，或与哈托尔相关。

形 象

奈赫贝特最早的形象是一只秃鹫〔群栖兀鹫（Vultur auricularis），现在也常见于上埃及地区〕，通常为侧面站姿，或翅膀以正面视角展开，头和腿为侧面。秃鹫形的奈赫贝特时常抓着圆形的"申"符号，即代表"永恒"的圣书体文字，许多神祇都和这个符号相关。由于和北方的对应女神瓦杰特发生了同化，奈赫贝特有时会被刻画为蛇的形态（瓦杰特有时也以秃鹫形态出现），但这两位女神形象的融合通常用

下图：奈赫贝特有时被刻画为蛇形，通常是在和瓦杰特一起出现时。第19王朝。尼弗尔塔莉墓（局部），王后谷，西底比斯

右图：秃鹫形的奈赫贝特立于一处神龛上，来自图坦卡蒙的第四层圣龛。第18王朝。埃及博物馆，开罗

最右图：人形的奈赫贝特，手持带有上埃及花朵标志的权杖，以这种方式区别于外形极为相似的瓦杰特女神

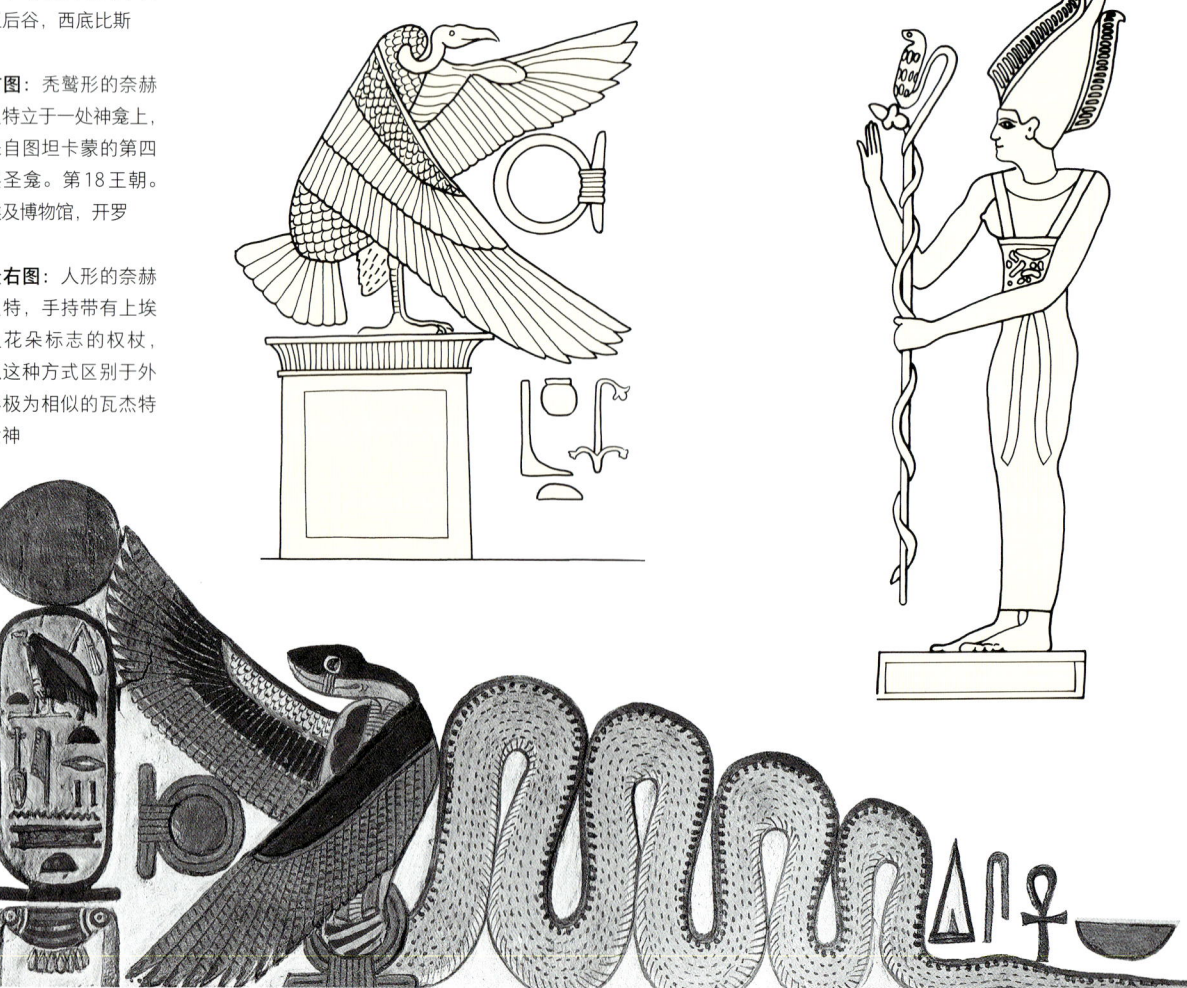

于纹章，或带有装饰性目的，仅为凸显她们之间的联系，而非出自神话层面的原因。蛇形的奈赫贝特常戴有白冠，以表明其身份。在埃及君主的象征体系里，奈赫贝特的秃鹫形象一般用于王衔中的奈布提名，即"两夫人名"，这个符号中，立于篮子上的秃鹫女神和眼镜蛇女神分别代表上埃及和下埃及，也是两地王冠的化身。人形的奈赫贝特通常为戴有秃鹫形冠冕的女子，有时也会佩戴上埃及的白冠。

崇拜

奈赫贝特曾在卡布拥有一座宏伟的圣所，但这一崇拜中心未能保留下来。现存的遗址大部分属于王朝后期，新王国和中王国时的建筑仅留下少许痕迹。这片遗址中也未能发现圣龛的影子，虽然很早的时候必定有圣龛矗立于此地。奈赫贝特常以保护者的身份出现在法老身边以及首饰中，譬如图坦卡蒙墓出土的精美的秃鹫挂坠，这说明了她在所谓的"王室宗教"中的重要地位。在新王国和后期的民间信仰中，奈赫贝特被尊为一位守护女神，以及掌管生育的女神。

图 特

神 话

图特神，埃及人称之为杰胡提，最初是一位月神，后成为掌管书写与知识的神，负责管辖所有书吏和学者。图特神有两种化身，一种是朱鹭，一种是狒狒，虽然二者都与月亮有关，但朱鹭是其主要的化身。早在前王朝时期，象征他的朱鹭标志就出现在片岩调色板上，到了古王国的时候，图特已经是一位举足轻重的神祇，《金字塔铭文》多次提到他，称他是与太阳神拉一道穿越天空的"两位同伴"之一（PT120）。文中还写道，诸神乘着图特的"翅膀"穿过天界的"曲曲弯弯的水道"或"河流"（PT594—596）。古王国时期，图特还被纳入了盛行一时的太阳神系，肩负保护和服侍奥赛里斯的重任，既直接听命于奥赛里斯，也服务于和奥赛里斯融为一体的已逝的国王。尽管图特被称为拉之子，但关于他的传说始终反映出与奥赛里斯神话及其中众神的联系。《荷鲁斯与塞特之争》的故事宣称图特是荷鲁斯的儿子，因为塞特吞下了荷鲁斯留在莴苣上的精液，图特于是从他的前额诞生。这个故事的稍晚版本则写道，荷鲁斯的"种子"如同闪闪发光的银盘一样出现在塞特头上，图特随后将其夺走，并作为标志装饰自己的头顶。此外，相传图特治愈了荷鲁斯受伤的眼睛，这只眼睛与月亮相关。图特还是荷鲁斯与塞特之间的信使、调解人和仲裁者。

在图特的相关神话中，最重要的是他发明了书写的技艺。他因此成为九神的御用书吏，负责记载"神之言语"以及保管所有的账目和记录。身为"时间之主"和"纪年之神"，他记录时间的流逝，赐予国王长久的统治。作为"生命之屋"——神庙附属的缮写室和图书馆——的主人，他守护所有领域的知识，掌管各行各业的论著。因此，图特掌握着其他神祇不知道的魔法和秘密，他的追随者都经受过精挑细选，被认为是身负特殊知识的人，中王国一篇以胡夫统治时期为历史背景的《魔法师的故事》就讲述了这样的传奇。图特的记录也和来世相关，在《亡灵书》的配图中，他站在称

下图：端坐的图特神手持笔和书吏的调色板进行书写，身旁是手拿水罐和一套书写用具的拉美西斯二世。作为诸神的书吏，图特神为埃及国王们"记录"统治的漫长年份，也在与君主相关的神话中担负净化之责。第19王朝。拉美西斯二世神庙，阿拜多斯

上图：图特（中）负责记录亡者审判的结果。伊阿赫泰斯纳克特的《亡灵书》，出自赫拉克利奥波利斯。第26王朝。埃及学研讨会，科隆

下右图：图特神的象征——神圣朱鹭。木与青铜制雕像。后期埃及。罗默和佩利泽乌斯博物馆，希尔德斯海姆

量亡者心脏的天平前，记录最终的判决。这一职能使图特获得了诚实与廉正的名声，因此埃及人常说一个人的生活作风"像图特一样刚正不阿"。

图特的月神身份也是他个性中重要的一面。他常与太阳神拉一起出现，作为某种意义上的"夜里的太阳"，在埃及后期，他甚至获得了"银色的阿吞（日轮）"的称号。在希腊化时期，希腊人将他看作他们的赫尔墨斯神，这源于图特的称号之一——"三倍伟大的赫尔墨斯"。图特的配偶是鲜为人知的女神涅海姆塔威，但他更常与司掌书写的女神塞莎特联系在一起，后者被称作他的妻子或女儿。

形象

虽然图特的两种化身——朱鹭和狒狒——在图像中时常交叉使用，但其中也有一些值得注意的差异。在以纯粹的动物形态出现时，狒狒图特会比朱鹭图特更常见一些，但朱鹭头人身的图特形象则最为盛行。我们无法知晓埃及人如何看待满月中的狒狒（Papio Cynocephalus）形象，是否类似我们对"住在月亮上的人"的看法，虽然有人提出过这样的联系，但图特的狒狒形象不仅出现于同月亮相关的情境，也出现在和书写相关的地方。与时常被刻画为直立姿态且高举双臂作崇拜状的太阳狒狒不同，图特的狒狒形象一般呈蹲坐状，长有浓密的鬃毛，双腿贴紧身体，双爪放在膝上。阿蒙荷太普三世曾在图特神的崇拜中心赫摩波利斯为他立起一尊如此造型的、重达30吨的巨像。有时在狒狒雕像的头顶还有象征月相变化的月轮和新月头饰，这些雕像或是强调其月神的身份，或是强调其书吏之神的身份，其中一尊

著名的雕像刻画了狒狒蹲坐在书吏肩膀上的场景（牛津阿什莫林博物馆），而在另一种更为常见的雕像中，狒狒神则立于一方基座上，书吏端坐在他身前（埃及开罗博物馆、巴黎卢浮宫等）。

图特的神圣朱鹭形态则拥有与众不同的白色羽毛和黑色尾羽，以及弯弯的、新月形的喙，这些外貌特点可能带有象征含义。朱鹭雕像所代表的是图特神的整体形象，而非月神或书吏之神的特定身份。朱鹭的姿态或是站立，或是蹲伏，还有的蹲坐在王旗上——在书写图特神的名字时，通常采用最后这种形象。在冥世的场景中，图特通常呈现为朱鹭头人身或狒狒的样子，特别是在冥界审判时，主持称心仪式的图特神就会被刻画成这二者之一。朱鹭头的图特神也出现在许多神庙的浮雕中，他负责辅助其他神祇，或记录与国王有关的重要事项，其中一种意义重大的画面是他在记录年份用的棕榈枝上刻下凹痕，意在赐予国王长久不衰的统治。有时图特也会取代塞莎特，在神圣的鳄梨树叶上写下国王的名字，卡纳克阿蒙神庙的多柱大厅里，就刻画着图特书写拉美西斯二世名字的情景。另外，图特也出现在一种古老的净化仪式中，与荷鲁斯、塞特以及隼鹰神杜南威一起象征四个方向（PT27），但仪式场景中一般只会出现荷鲁斯和图特，他们将圣水罐中的安赫，即生命符号，倾倒在法老的头顶和身上。朱鹭头的图特还有一种特殊的形象，即赤身裸体，仅脚穿一双豺狼头的鞋子，这是他作为赫摩波利斯创世神时的装扮。

崇 拜

图特的名字出现于多位新王国君王的名字中（譬如图特摩斯，意为"图特神所生"），这体现出王室对他的重要认可和对图特崇拜的支持。但同时，在更早的平民墓葬里，人们也提到了图特节日的供奉事宜，说明这位神祇在非王室的民众中也享有重要地位，因而在古埃及有着广泛的信仰基础。我们无法确定图特神最初的崇拜中心是否是古代中埃及的赫姆努，即希腊语中的赫摩波利斯或"赫尔墨斯之城"（位于今天的阿什姆林），但在王朝时期，此地确实为图特最主要的崇拜中心。图特可能还拥有一处早期的崇拜中心，位于三角洲地区的下埃及第15诺姆——这个诺姆的徽标就是朱鹭。在三角洲的巴克利亚、西部沙漠的达赫拉绿洲以及西奈半岛的塞拉比特·哈迪姆也都建有图特神的圣所。赫摩波利斯以西的图纳·格贝尔墓地拥有一处巨大的地下墓穴，被称为伊比翁，此处埋葬着数千只朱鹭木乃伊和狒狒木乃伊，都是当年的朝圣者们购买的，用来充当献给图特神的祈愿物。另一处朱鹭和狒狒的大型墓地位于萨卡拉，这些地下墓穴充分显示了后期图特崇拜在埃及宗教中的广泛流行。公元前4世纪，图特的大祭司派托西里斯在波斯入侵后重修了赫摩波利斯的图特神庙，并为自己修建了华美的墓穴，外墙上刻画着化为朱鹭和狒狒的图特神形象，内部则刻有铭文，显示出图特神在当地的重要性。书吏们尤其对图特神怀有天然的尊崇，据说他们每天开始工作前都会从洗笔的水罐内洒一滴水到地上，作为献给图特的小小供奉。图特的护身符一般会将他刻画为朱鹭或朱鹭头的男子，有时手拿乌加特之眼，但狒狒造型的图特护身符也很常见。这些护身符有日常佩戴的痕迹，可能是书吏们的爱物。图特神所拥有的智慧与魔力也使他的名字出现在许多民间魔法和民间信仰的咒语中。

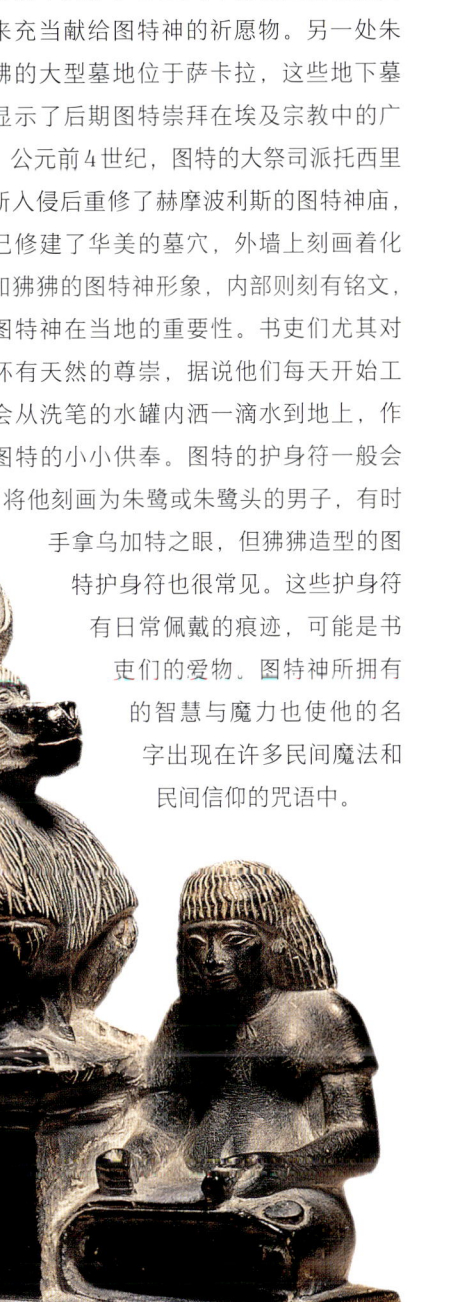

下左图：一名书吏在化身狒狒的图特神脚下从事书写的工作。狒狒头上戴有月轮，蹲坐在一方基座上。出自阿玛尔纳，第18王朝。埃及博物馆，开罗

爬行动物、两栖动物和鱼类

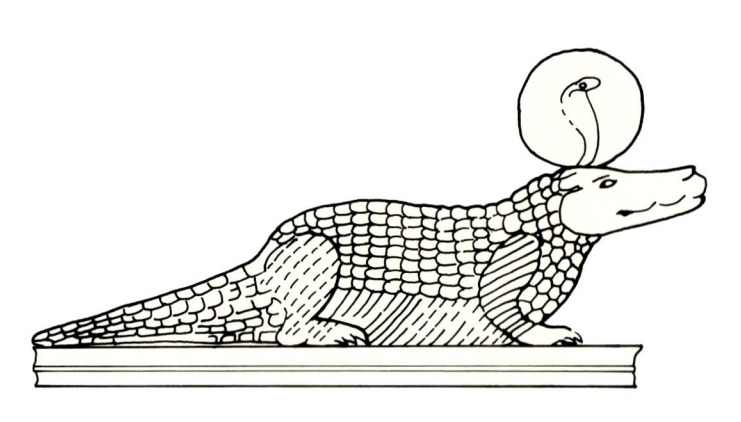

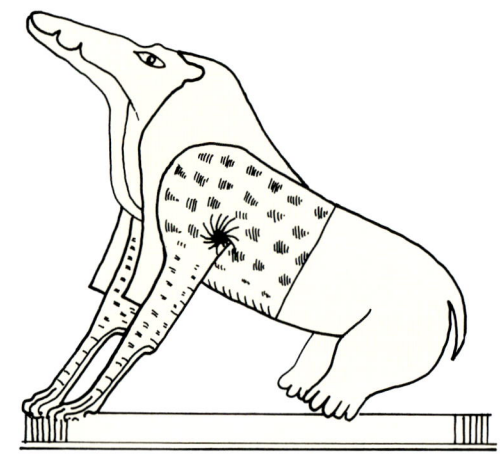

上图：艾斯纳神庙中的鳄鱼神，希腊罗马时期。来自商博良《埃及和努比亚的遗迹》

上右图：混合神阿姆特，她的身体三分之一是鳄鱼，三分之一是狮子，三分之一是河马。安海纸草，大英博物馆

鳄鱼神

鳄鱼是古埃及最危险的动物之一，我们不难看出为何这种生物在宗教和神话中拥有显著的地位。虽然许多鳄鱼神地位较低，但其中的大多数都为声名显赫的索贝克神所同化，后者在整个埃及广受尊崇。鳄鱼头的混合神阿姆特也是一位理应归入鳄鱼神类别的重要神祇。

阿姆特

神 话

阿姆特是一种由多类生物的特征混合而成的神话动物，她的头部代表她最本质的特性，这使她加入了鳄鱼神的行列。她的名字意为"雌性的吞噬者"，或更全面一点，意为"亡者的雌性吞噬者"。作为拥有这一角色的冥世之神，她也被称为"更大的死亡"和"食心兽"，负责毁灭那些活着时作恶多端、不被允许进入来世的人。在埃及神话与魔法的"实际情况"中，人们通常寻求以各种手段避免这种命运，但阿姆特女神依然象征着可怖的来世报应。

形 象

阿姆特集合了埃及人眼中最危险的几种动物的特点。她长着鳄鱼的头，狮子（有时是豹子）的脖子、鬃毛和前半身，以及河马的后半身。有观点认为，这种陆生和水生动物混合在一起的外貌，目的是使罪人在女神的愤怒前无处可逃。阿姆特基本只出现于墓葬纸草的配图中，特别是《亡灵书》第125章，她蹲坐在"双真理大厅"中称量亡者心脏和玛阿特羽毛的天平旁边。

崇 拜

阿姆特的形象无疑为许多（即便不是绝大多数）埃及人所熟知，但她未曾享有正式的崇拜祭仪，也没有民间信仰。虽然名字后面有代表"神"的限定符号（见第26页），这位女神主要还是被视为一种类似恶魔的存在，人们需要避开她并克制她的力量。

索贝克

神 话

索贝克信仰始于古王国时期，虽然名字的含义只是"鳄鱼"，他却被看作一位强大的神祇，有着几大重要的特性。《金字塔铭文》称他是奈特女神的儿子，并形容他为"愤怒的神"、"随心所欲地将女人从她们的丈夫那里夺走"，但同时他也具有丰产和让植物生长的能力，能使田野与河岸长满郁郁葱葱的绿色植物。他还顺理成章地成了一位水神（传说尼罗河来自他的汗水）以及掌管沼泽和河岸这类鳄鱼出没之处的神祇。索贝克也被称为"巴库之主"，"巴库"是神话中地平线附近的山峰，相传索贝克在那里拥有一座红玛瑙建造的神庙。他与其他一些神祇的崇拜相关，比如阿图姆、奥赛里斯，尤其还与太阳神结合成了索贝克-拉。与太阳神的关系使得他被希腊人看作他们的神赫利俄斯。

左图：索贝克神的凸浮雕，在埃及的鳄鱼神中，这位神祇受到的崇拜是最广泛的。出自供奉大荷鲁斯和索贝克的库姆·翁姆波神庙。希腊罗马时期

索贝克也和埃及国王存在关联，是法老的权势与威严的象征。

形 象

索贝克拥有完全的动物形态和半人半兽的形态。他有时呈现为一只鳄鱼，常蹲伏在神龛或圣坛上，有时则呈现为鳄鱼头的男子形象。无论哪种形象，他都佩戴着由日轮、牛角和高高立起的羽毛组成的冠冕。当以半人半兽的形态出现时，他时常戴有三分式假发。这位神祇的形象往往和绿色相关，因而在文献中被称为"绿色的羽毛"（PT507）。他与埃及国王之间的

右图：呈现为完全的动物形态的索贝克神像。第12王朝。埃及艺术博物馆，慕尼黑

下图：索贝克与阿蒙荷太普三世的方解石雕像。第18王朝。卢克索博物馆

下右图：化为蛇神的伊西斯和奈芙西斯，出自孟图赫尔凯普舍夫墓，帝王谷，西底比斯。第19王朝

联系反映在一尊尤为精致的雕像上，这尊阿蒙荷太普三世与索贝克的雕像现藏于卢克索古埃及艺术博物馆，表现了稍小的国王受较大的索贝克神庇护的场景。

崇拜

索贝克崇拜从古王国一直延续到罗马时期，但在中王国时，他尤其被赋予了显赫的地位，第12—13王朝多位统治者的名字中都含有他的神名，例如索贝克尼弗鲁，意为"索贝克的美丽"，以及索贝克荷太普，即"索贝克是满意的"。索贝克的圣所数量众多，遍布各地，但其中有两大崇拜中心最为重要：一个是位于古代法雍地区的舍代特（在希腊语中为"鳄鱼城"之意，即现代的麦地奈特·法雍），也是第12王朝统治者的家乡；另一个则位于上埃及的库姆·翁姆波，在那里，索贝克与配偶哈托尔、儿子洪苏，以及荷鲁斯神同处一间神庙。其他重要的索贝克崇拜地还包括格贝林和格贝尔·西尔西拉。他的神庙内常设有池塘，里面豢养着神圣的鳄鱼，鳄鱼死去后还会被制成木乃伊。鳄鱼的驱魔护身符在埃及历史的所有时期都有出现，而护身符上头戴日轮和羽毛的鳄鱼或鳄鱼头男子显然代表着索贝克神，这种护身符上也有日常生活佩戴的痕迹。

蛇神

多种多样的蛇神在埃及宗教中占据了至关重要的地位，象征着良善与邪恶的力量。恐怖的巨蛇阿波菲斯是太阳神的死敌，强大的迈恒却是太阳神的保卫者。蛇形的神祇有男性也有女性，有些仅在神话中留下些许记载，有些，如迈瑞特塞格尔女神，则在古代的底比斯受到人们热烈的崇拜。

阿波菲斯

神话

阿波菲斯是太阳神拉的夙敌，也是消亡、黑暗与湮灭的化身。人们相信这条巨蛇自时间的开端起就存在于创世前的原初混沌之水，并认为他会继续存在攻击太阳神—被击败—卷土重来的邪恶轮回中。阿波菲斯出现于中王国，诞生在金字塔时代后充斥着动荡与恐怖的年月里，而关于他的神话大多来自新王国时期的墓葬文献。根据这些神话的记载，太阳神在每个夜晚穿越冥界并于清晨升起，巨蛇阿波菲斯会在此期间袭击太阳船，他恐怖的吼声回荡整个冥界。阿波菲斯有时被等同于混乱之神塞特，但也有一些文献声称塞特帮助诸神击败了阿波

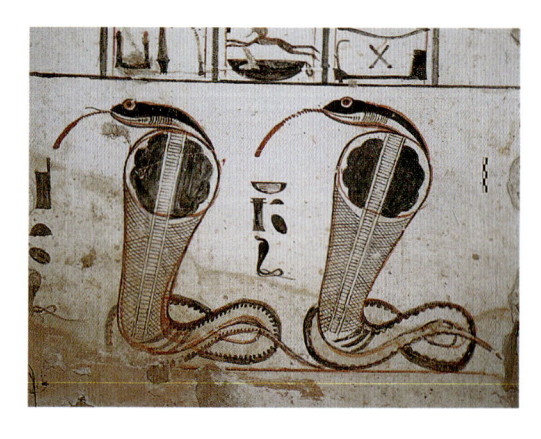

左图:"居住在赫利奥波利斯"的拉神之猫杀死蛇神阿波菲斯,后者盘绕在象征太阳的神圣西克莫树或鳄梨树上。该画面表现的是《亡灵书》第17章的内容,其中提到雄性的大猫砍下了阿波菲斯的头——这一幕常见于埃及的墓葬艺术。第20王朝。因赫卡墓(局部),代尔·麦地纳,西底比斯

菲斯。传说每个夜晚阿波菲斯都会催眠拉神及他船上的随从们,唯有塞特能抵抗巨蛇的死亡凝视,以长矛与他战斗,并最终赶走他。据说阿波菲斯也会以自己盘绕的、被形容为"沙洲"的身体阻塞太阳船的通路,还会狂饮冥河水,试图让拉神的船搁浅。

在不同的故事里,其他神祇和亡者们也会参与到反复击败巨蛇的情节中来,最著名的例子出自《亡灵书》,参与的神祇包括伊西斯、奈特和塞尔凯特,以及各种各样的神灵,一些以猴子的形态出现,他们成功地用魔法之网抓住了这头怪物。随后,大地之神盖伯和荷鲁斯四子等神祇负责禁锢阿波菲斯,将他的身体砍成数段,到下一次轮回才能复活。在神话的其他版本中,太阳神实际上已被阿波菲斯缠绕或吞噬,但随后又被吐出,隐喻重生和更新。阿波菲斯因此有了诸多称号,从"邪恶的蜥蜴"、"反对者"和"敌人",到"缠绕世界者"以及"重生之蛇"等。

形 象

在墓葬文献的配图和其他与之相关的画面中,阿波菲斯通常是一条大蛇,有时身体紧缩,一圈圈如同弹簧,以突出他的巨大。阿波菲斯几乎总被刻画成遭受禁锢、肢解或正在被无数把尖刀毁灭的形象。只有极少的场景超越了这种模式。在帝王谷拉美西斯六世墓的壁画上,巨蛇背后出现了12个头,代表那些被他吞噬的灵魂在他消失时得到了短暂的救赎;在平民墓葬和墓葬纸草中存在着另一种场景,即拉神或哈托尔以猫的形态出现,用刀将混沌巨蛇碎尸万段。此外,一些神庙(例如丹德拉、代尔·巴哈里、卢克索和菲莱)的浮雕还描绘了国王打击一个圆球状物体的场景,圆球代表邪恶的"阿波菲斯之眼"。

崇 拜

阿波菲斯既没有正式的祭仪,也没有民间的信仰,但他确实进入了这两个宗教领域——

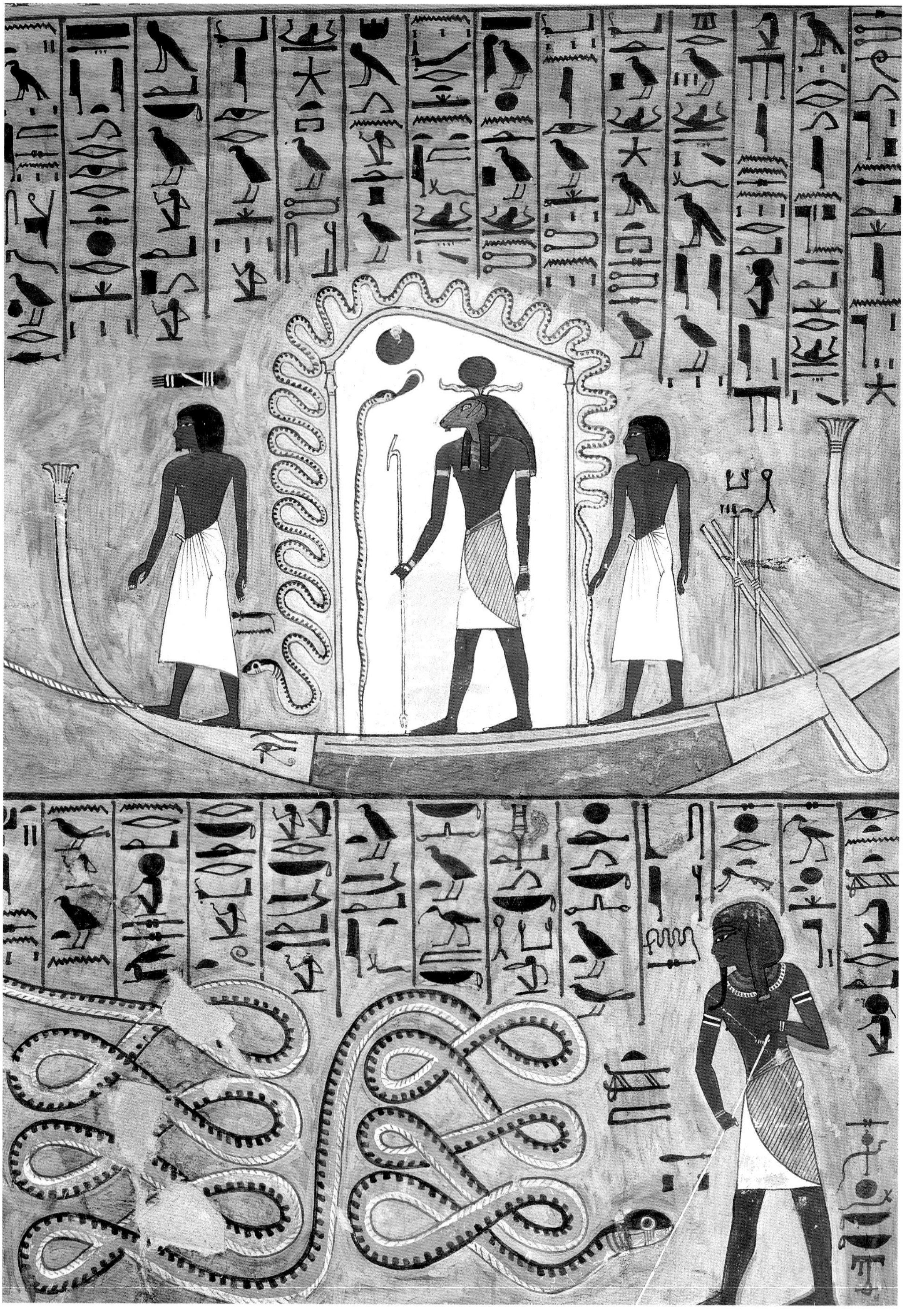

作为一位令人们敬而远之的神或魔。和塞特神一样，阿波菲斯与使人惊恐的自然现象有关，例如无法解释的黑暗、风暴和地震，他对宇宙的稳定也有着潜在的威胁，因此人们发明了许多魔法文献和仪式，用于抵御这些灾害。所谓的《阿波菲斯之书》就是这些魔法文献和咒语的总集，它出现于新王国后期，但保存最完好的抄本是收藏在大英博物馆的布莱姆纳-莱茵德纸草，创作于公元前4世纪。这些"打倒阿波菲斯"的咒语保护人们远离这位神祇所象征的力量，或保护人们避免蛇类的伤害——蛇被视为阿波菲斯的微缩版化身，但仍极其危险。在埃及后期，神庙人员每日都会诵读这样一部仪式书，保护世界不受这位太阳神的夙敌威胁，此外，人们还会砍碎并烧毁蜡制的巨蛇模型。其他抵御阿波菲斯的方法还包括在一片纸草上绘制其画像，然后封入盒中，在盒子上吐唾沫并焚烧它等。

丹温

丹温是一位蛇神，出现于古王国时期，有着类似龙的能力。在《金字塔铭文》中，丹温有能力引发一场猛烈的、足以毁灭诸神的大火，但已逝的国王挫败了这条蛇的阴谋。

凯贝赫维特

凯贝赫维特是一条天空巨蛇〔她的名字源自kebhu（"苍穹"）一词〕，《金字塔铭文》曾多次提到她。传说她是阿努比斯的女儿，也是国王的"姊妹"和挚爱。《金字塔铭文》还以晦涩的方式将凯贝赫维特等同于国土身体的中部或后部（PT1749等），并声称她能以四只涅姆塞特罐子中的清水滋养和净化已逝国王的心（PT1180），这位女神还协助开启"天空之窗"来帮助国王获得重生（PT468）。她的职能后来惠及所有的亡者，但始终不是一位很重要的神。

迈恒

神 话

迈恒是一位身体呈盘绕状的蛇神，他在夜晚的冥世之旅中负责保护拉神。最早提到迈恒的是中王国的《棺木铭文》，其中记载了"迈恒的秘仪"（CT493，495），指的可能是与这位蛇神的崇拜相关的特定仪式。此外，文中还提到这位神祇是罪人们的看守者，此处的"罪人"主要指拉神的敌人，而使用这段咒语的亡者被认为会协助迈恒的工作。

形 象

《棺木铭文》（CT758—760）中曾谈到这位蛇神盘绕成九个同心的圆环，这些被称为"火之路"的圆环围绕着太阳神，并保护他的安全。彼得·皮乔内（Peter Piccione）曾提出所谓的"盘蛇游戏棋"就是模仿迈恒的形象发明的，这种游戏棋从前王朝时期一直留存到古王国。后来到新王国时，迈恒大量出现在"来世之书"的配图中，例如《冥世之书》里就有他的形象。书中的迈恒被刻画为一条巨大的蛇，时常盘绕在形似圣龛的拉神船舱的周围或顶部，保护太阳神不受邪恶——尤其是凶恶的冥界巨蛇阿波菲斯——伤害。

崇 拜

和大多数形态奇异的冥界居民一样，迈恒主要出现在神话中，而不是仪式崇拜的对象。

左页图：《门之书》第三个小时的场景刻画了作保护状的巨蛇迈恒，他环绕在太阳神的船舱外，此时的太阳神呈现为夜间形态，正在西雅和赫卡两位神的陪同下穿越冥界。在太阳神的圣船下方，也画出了巨蛇阿波菲斯的形象。第19王朝。拉美西斯一世墓，帝王谷，西底比斯

下图：身为保护神的迈恒环绕着已逝的国王。在此图的左右两侧都写有神秘的话语："隐藏了时间的神"。图坦卡蒙第二层镀金圣龛。第18王朝。埃及博物馆，开罗

下右图：以蛇身人腿的形态出现的保护神涅海布-卡乌在为亡者喂食。木乃伊薄板棺。卢浮宫，巴黎

迈瑞特塞格尔

神　话

迈瑞特塞格尔是掌管位于西底比斯帝王谷心脏地带的金字塔形山峰的女神，负责管辖整个底比斯墓地。因其居住之地，她有时被称为代赫奈特-伊门泰特，意为"西方的山峰"，而她最常见的名字是迈瑞特塞格尔，即"喜爱寂静的女神"，恰如其分地体现出这位女神掌管的是偏僻的荒凉之地，除了亡者以及修墓的临时工匠，无人在那里居住。

形　象

虽然迈瑞特塞格尔被视为底比斯墓地中的山峰，但她极少表现成这座山的形象，而是时常被刻画为盘绕的蛇、立起的眼镜蛇（有时长有女子的头）或蛇头的女子，有时她也会以人头蝎子的形态出现。蛇和蝎子是为数不多栖息在边远沙漠地区的生物，因此正好被当作这位女神的象征。在其多样的形态中，女神一般头戴牛角、日轮、饰有圣蛇的平顶冠冕或其他富有特点的头饰。

崇　拜

由于崇拜者主要为王家墓地的工匠，对迈瑞特塞格尔的崇拜活动多出现于新王国，后期底比斯墓地不再被作为王陵使用，她的崇拜痕迹随即变得罕见。代尔·麦地纳的工匠村中发现了大量奉献给这位女神的石碑，其中一些祈求女神宽恕的碑文，是古埃及宗教文献中最令人心酸的作品（见第51页）。人们相信迈瑞特塞格尔会以失明或毒虫叮咬来惩治有罪者，但一些碑文也记载了女神的宽恕以及生病工匠的痊愈。

涅海布-卡乌

神　话

蛇神涅海布-卡乌最初出现于《金字塔铭文》，是一位良善且乐于助人的神，他的名字意为"驾驭众灵的神"。他以多种方式帮助已逝的国王，并扮演了国王的"代祷者"的角色，多篇咒语都表明，国王期望涅海布-卡乌知晓自己的"好名声"，如此才能"将好话……传达给双九神"（PT1708）。这位蛇神相传是蝎子女神塞尔凯特之子，但也有另一种传说称，他是大地之神盖伯与司掌丰收的蛇女神瑞奈努太特的儿子。涅海布-卡乌既有冥神的出身，也有蛇神的属性，再加上相传他曾吞下"七条眼镜蛇"，这些使其拥有了巨大的力量。这一点在后期的文献中有所体现，它们声称涅海布-卡乌不受任何魔法的伤害，也不受水或火的伤害。他的配偶据说是涅海姆塔威。

形　象

虽然在《金字塔铭文》中被称为"身有无限长的大蛇"，而且有时也以这种形象出现，但涅海布-卡乌依旧通常被描绘成一个长着蛇头蛇尾的人。蛇形的他有时作为守护神被刻画于神明宝座的两侧，而他蛇头人身的形象也出现在护身符和饰板上，通常手臂举起，拿着供奉用的陶罐。

崇　拜

涅海布-卡乌的崇拜流行于赫拉克利奥波利斯（即现代的伊那西亚·麦地纳）和其他一些地区，至少从中王国起，人们就在冬季第一

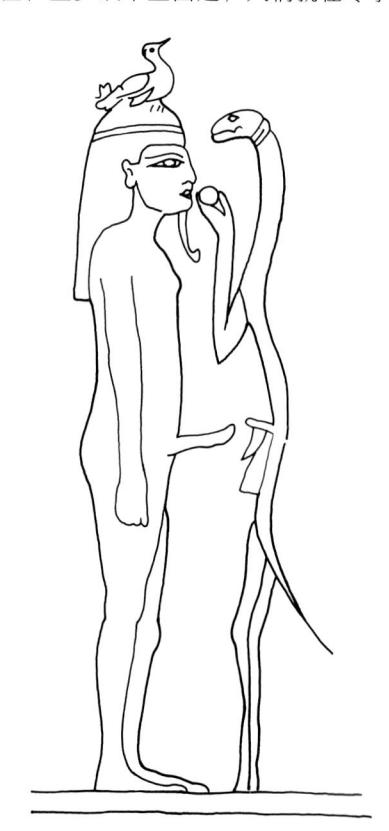

三神组，希腊人将他们分别称为赫尔穆提斯、塞克诺皮斯和安考艾斯。作为一位谷物女神，她被看作奥赛里斯之母，因为奥赛里斯的一种形态是谷物之神奈柏尔，而在《亡灵书》中，瑞奈努太特被认为同阿图姆生下了荷鲁斯，因此等同于伊西斯，她也分享了后者哺育之神的特性。她与儿童之间的关联使她等同于迈斯凯涅特，后者也是一位掌管生育的女神；并使她被看作哈托尔的化身，头戴哈托尔的头饰。在新王国的《拉神祷文》中，她以"掌管公正的夫人"这一身份出现在冥界，这种形态可能与玛阿特女神相关。最后，在埃及后期，就像沙伊那样，瑞奈努太特与"命运、命数"的观念产生了联系，她不只决定一个人寿命的长短，也决定其一生的遭遇。

左图：蛇头人身的涅海布-卡乌。这种形象的涅海布-卡乌出现在较晚的文献中，早些时候他通常被刻画为完全的蛇形

下左图：蛇女神瑞奈努太特在新王国时的神龛，现已遗失。这是地方献给这位女神的一种典型神龛。参考商博良的《埃及记述》

个月的第一天庆贺这位神祇的节日。涅海布-卡乌的力量与助人的特性使他也出现于护身符上，因而我们可以推测他在民间信仰中享有广泛的尊崇。他的护身符有一些出自新王国晚期，但大多数都属于第三中间期和埃及后期。

瑞奈努太特

神　话

虽为蛇形，瑞奈努太特（在埃及语中意为"哺育之蛇"）却是很受人们欢迎的善神。她是一位保护和滋养之神，而非阴森的毒物，因此成了掌管丰收和神性滋养的女神。在古王国，瑞奈努太特被尊为国王在世时和去世后的护卫，和瓦杰特一样，她被看作口吐烈焰的王家眼镜蛇（PT302），还是"令诸神畏惧的"王袍（PT1755，1794）。后一种身份使她有时和木乃伊绷带联系在一起。她的称号"沃土的夫人""打谷场的夫人"以及"谷仓的夫人"都充分体现了丰产和丰收女神的身份，这一身份可能来自蛇类保护谷物不受老鼠侵害的特性，后者不但威胁生长中的谷物，也威胁储存在谷仓中的粮食。瑞奈努太特也被看作家庭和家庭生活之神，她是供给者、哺育者，也是儿童的照看者。

这位女神还和其他神祇存在广泛的联系。在法雍，瑞奈努太特与索贝克和荷鲁斯组成了

形　象

瑞奈努太特的大多数形象都是一条立起的眼镜蛇，头戴日轮和牛角，日轮上饰有两支长羽毛。这位女神也有女子的形象和蛇头人身的形象，站立或呈坐姿，有时怀抱或哺育着一名孩童，可能是她的儿子奈柏尔，或仅代表广义上的孩子。在《拉神祷文》的配图中，瑞奈努太特被描绘为一个长有眼镜蛇头的木乃伊，但

这一特殊的形象并不常见。有时她也是小神们崇拜的对象，卡纳克的一处谷仓内刻画了哈皮神向她献上供品的场景。托勒密时期的陶制雕像将瑞奈努太特刻画成伊西斯的一种形态，通常为女子的身体上长出一个蛇头，或蛇身上长有女子的头。

崇　拜

虽然护身符上的瑞奈努太特是一位守护神，但她多数时候都作为一位司掌繁殖的女神而受到人们——尤其是农民——的崇拜。在播种季的最后一个月，以及接下来的夏季第一个月，即谷物开始成熟的时候，人们会庆祝瑞奈努太特的节日。我们发现的材料显示，中王国时，大规模种植谷物的法雍地区就建立了对这位女神的崇拜，在迪亚城（即现代的麦地奈特·玛迪）尤为盛行。三角洲的特瑞努提斯（即库姆·阿布·比罗）也被证实崇拜这位女神。此外，在新王国的吉萨、阿拜多斯，特别是底比斯，都出现了人们崇拜瑞奈努太特的证据。我们还发现，瑞奈努太特的神龛会被立在田间地头和葡萄园中，每到丰收的季节和葡萄榨汁的季节，人们就会向她的神像上供。瑞奈努太特的神龛还被放置于谷仓。古埃及人对这位女神表达了明显的喜爱之情，作为一位深受人们爱戴的神祇，瑞奈努太特甚至留存到了异教时代，最终转化为希腊神瑟尔穆提斯（即赫尔穆提斯），后来被尊奉为基督教中的一位圣人。

瓦杰特

神　话

眼镜蛇女神瓦杰特从很早的时候起就与尼罗河三角洲地区紧密相联，成为下埃及的守护神，对应着守护上埃及的秃鹫女神奈赫贝特。瓦杰特的名字意为"绿色的那位"，指的可能是蛇的体色，或是她所栖息的、草木葱茏的三角洲地区。或许因为更多与生者的世界相关，瓦杰特在《金字塔铭文》中并未扮演重要的角色，但作为代表王冠的女神，她拥有"大魔法师"的称号（PT194，196）。她与国王有着紧密的联系，不仅体现在为国王拟定的"两夫人"或"两女神"王衔中，也体现在她守护王室的

右图：瓦杰特女神在象形文字中的经典形态是一条盘坐于篮子上的蛇，身旁是秃鹫女神奈赫贝特，二者一起表示国王的"两夫人名"，这两位女神在名义上代表着上埃及和下埃及。第12王朝。森乌斯里特一世祠堂，卡纳克

眼镜蛇形态上，这种形态可见于国王的冠冕或头饰。后期的文献称她为"令人敬畏的女主人"和"令人畏惧的女主人"，因为在神话中，这条圣蛇会向国王的敌人喷吐火焰；记录军事征讨的铭文（例如拉美西斯二世的卡叠什战役铭文）则形容说，这位女神以炽热的吐息杀戮国王之敌。铭刻在丹德拉的哈托尔神庙的荷鲁斯神话表明，当荷鲁斯在三角洲的凯姆尼斯被抚养成人时，瓦杰特是这位年轻神祇的照看者，这使她和通常扮演这一角色的伊西斯联系在一起。瓦杰特也是被视为"拉神之眼"的狮子女神之一，和其他狮子女神一样，她有时被认作尼弗尔太姆的母亲。

形 象

瓦杰特常见的形象是一条昂起头的眼镜蛇，脖子扩张成扁平状，即准备攻击的姿态，在化身保护国王和众神的圣蛇时，她就如此呈现，且头顶常戴有日轮，即使在太阳神之外的大多数神祇形象被忽略或禁止的阿玛尔纳时期，她也依然保持着这一形象。眼镜蛇形态的瓦杰特常和秃鹫女神奈赫贝特一起出现在篮子符号上，这是一种从第1王朝起就已存在的象征图案。由于相互间的联系，瓦杰特和奈赫贝特的形象有时会发生融合，蛇神瓦杰特可能以秃鹫或长翅膀的蛇的样貌出现，而奈赫贝特则经常以头戴白冠的眼镜蛇形象登场。一些纸草权杖或纸草柱形状的图画和护身符——特别是带有眼镜蛇的——也可能代表瓦杰特女神，因为埃及语中的"纸草"一词和她的名字极为相似。作为"拉神之眼"，瓦杰特具有完全的狮子形态，因此也会被刻画为长有狮子头的眼镜蛇，这一形态可象征她，也可象征其他充当"眼"的女神。形式多样的瓦杰特护身符在塞易斯时期（公元前724—前712年）变得非常流行。

崇 拜

瓦杰特主要的崇拜中心位于三角洲西北部的古城佩和代普，后来称为布托，即现代的太尔·法拉因。她的圣龛被称为"per-nu"，即"火焰之屋"，从前王朝就已存在，这个词最终成了当地所有圣龛的代表。自古王国起，就有了按照"per-nu"圣龛的独特样式打造的王室石棺，第5王朝国王舍普塞斯卡拉的马斯塔巴墓也是仿照这种圣龛的形状建造的。新王国第18王朝后期的几个王室石棺采用了这种样式，图坦卡蒙的四重圣龛的最内一层也是如此。埃及后期的部分木棺和石棺，以及其他一些墓葬用

上左图：以蛇头和秃鹫的身体出现的瓦杰特，在形象方面与上埃及的秃鹫女神奈贝特保持了一致。图坦卡蒙第四层镀金圣龛的顶部。第18王朝。埃及博物馆，开罗

左图：森乌斯里特一世的镶金眼镜蛇，塑造了瓦杰特作为保护国王的蛇神的形象。神话中，她会向国王之敌喷吐火焰。出自拉洪，埃及博物馆，开罗

右图：威瑞特-赫卡乌，即"大魔法师"，代表头部为眼镜蛇的女神。这个名字与多位蛇神有关

的容器，也仿照了 per-nu 的形制，说明这种下埃及的圣龛样式已经完全融入墓葬礼制，而不再与瓦杰特存在直接的联系。但瓦杰特的形象常出现于墓葬装饰中，为我们提供了有关她的信仰的大量依据。

威普塞特

蛇女神威普塞特，其名意为"燃烧的女神"，是护卫诸神与国王的凶猛眼镜蛇（见"瓦杰特"一节）的形态之一，也是可怖的"拉神之眼"的化身。她最初作为拉神的"眼"出现在《棺木铭文》中，而新王国的"来世之书"则称她会摧毁拉-奥赛里斯的敌人。威普塞特通常为蛇形，但在希腊罗马时期努比亚地区的神庙内，她以人形女神的样子出现，头戴圣蛇，有时还戴有牛角和日轮，有时甚至呈现为狮头女神，显出和其他作为"拉神之眼"的女神——例如哈托尔和泰芙努特——之间的关联。虽然当地未发现威普塞特的神庙，但曾有文献提到比加岛是这位女神的崇拜中心，她也出现在那一地区和下努比亚的其他神庙中。

威瑞特-赫卡乌

威瑞特-赫卡乌的名字意为"大魔法师"，或"大女巫"，多位女神都拥有这一名号。在《金字塔铭文》中，这个名字与圣蛇以及瓦杰特女神所化身的下埃及王冠有关，在实际书写中，这个名字的限定符号为一条蛇。后来该名的用途更加广泛，且有了更为独立的特性。威瑞特-赫卡乌在图坦卡蒙墓的随葬品中多次出现，尤其是在一个小神龛上。神龛内装有一尊女神像，形如立起的蛇，但有着女性的头部，被刻画成哺育国王的姿态，而在《金字塔铭文》中，眼镜蛇女神确实扮演了这一富有母性的角色（PT1107—1109）。

亚姆

亚姆是一位闪米特神，主要出现在乌加里特等迦南地区的原始资料中，被描绘成一位暴虐的、怪物一般的海神，或其他水体之神。在埃及，亚姆是一个地位不高的异邦神，一份残损的纸草记载了他向其他神索要供品，却被阿斯塔特女神挫败的神话故事。在迦南神话中，他最终被大神巴尔击败，而埃及神话中的他则败于和巴尔同等的塞特神之手。神话里的这场战争可能象征着冬季海上的风暴会在春天平息。古代材料并未给予亚姆清楚的描述，也没有给出确切的样貌，但他可能是蛇形的。亚姆可能还拥有一只巨大的（有时是七个头的）海兽下属，也可能那头海兽就是他自己。虽然在埃及不享有任何供奉，他仍是一位埃及船员知晓并惧怕的神。

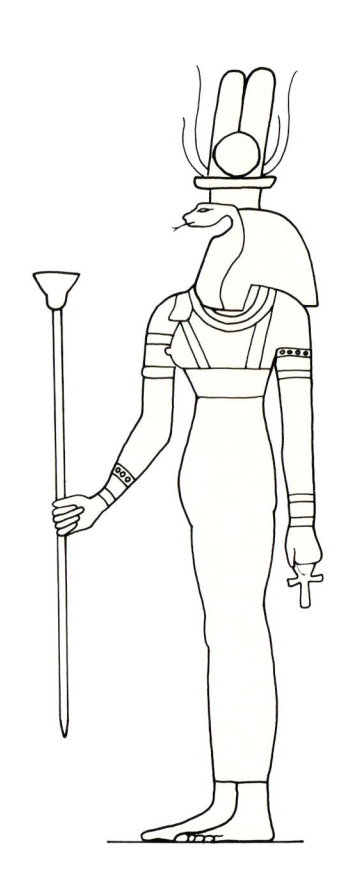

两栖动物神和鱼神

哈特麦西特

神　话

哈特麦西特是一位鱼形的小神，崇拜地位于三角洲城市门德斯，但似乎不属于任何一个神话体系，也没有留下太多痕迹。她名字的含义是"众鱼之前的女神"，可能表示她是众多鱼神中最首要也最尊贵的一位，或在时间上先于其他神祇，即从原初的世界起就已存在了。鉴于她在神话中的缺位，头一种含义可能更接近

真实。哈特麦西特最终被纳入门德斯的公羊神巴涅布杰代特的崇拜体系，成了这位更具实力的神祇的配偶。

形　象

哈特麦西特一般被刻画为一位头戴鱼形徽标的女子，或干脆以鱼的形态出现。曾经有些学者认为这位女神的徽标是一只海豚，但现在人们通常认为那是一种常见的尼罗河鲤鱼（Nile Lepidotus）。

崇　拜

哈特麦西特的崇拜中心是三角洲城市门德斯，那里无疑曾有一座这位女神的神庙。虽然最终融入了公羊神巴涅布杰代特的崇拜体系，哈特麦西特的崇拜范围也未能超出三角洲地区，可能是因为鱼在一些地方被看作禁忌，也极少作为神的象征。这位女神的形象一般是头顶一条鱼的女子。象征这位女神的锡伯鲶护身符最早出现于第26王朝早期。

海奎特

神　话

海奎特是一位蛙女神，她帮助塑造子宫中的胎儿，并照管其降生。她最早出现于《金字塔铭文》，负责协助逝去的国王完成升天之旅（PT1312）。中王国威斯卡纸草上记载的故事首次显露了她与生育的关系，其中这位女神"促进了"第5王朝的三位开国君王的诞生。也是从这时开始，"海奎特的仆人"一词被埃及人用来指代助产士。在神话中，海奎特赐予新生的力量使她和奥赛里斯神系以及来世产生了关联，她也被看作荷尔欧里斯——即哈尔维尔——的妻子，还被尊为赫努姆的阴性半身。

形　象

海奎特的形象是一只青蛙，或一位蛙头的女子。神庙的浮雕更惯于刻画她半人半蛙的形态，但护身符上的女神则通常是完全的蛙形。

崇　拜

海奎特的主要崇拜中心是荷尔维尔（可能是现代阿什姆林附近的胡尔），在库斯还留有她的一座神庙的遗迹。海奎特也会现身于其他几位神祇的神庙，而在阿拜多斯的塞提一世神庙中，刻画着她接受国王供奉的酒的场面。位于图纳·格贝尔的派托西里斯（公元前300年）墓中也提到了她的名字，说明此时对她的信仰依然盛行。在略显非正式的情况下，海奎特会和其他神祇一起现身于中王国的象牙"魔杖"，新王国时的护身符上也出现了她的形象。

最左图：蛙形的生育之神海奎特。浮雕（局部），刻画了在海奎特的帮助下，伊西斯与死去的奥赛里斯孕育荷鲁斯的场景。罗马时期。哈托尔神庙，丹德拉

左图：浮雕（局部），刻画了蛙头人身的海奎特女神协助创造人类孩童的景象。第30王朝。尼克塔尼布的诞生之屋，丹德拉

无脊椎动物和昆虫类

右图：用木头、玻璃釉面和黄金打造的饰板，表现了凯普利的象征——圣甲虫。希腊罗马时期，埃及博物馆，开罗

右页图：圣甲虫头、人身的凯普利神，同力量强大的太阳神一样端坐于王座上。虽然通常只代表"初生"的太阳神，但凯普利也可以被看作更广义的太阳神的化身。第19王朝。尼弗尔塔莉墓，王后谷，西底比斯

海代代特

海代代特是一位蝎子女神，在许多方面类似塞尔凯特，到了埃及后期，则与伊西斯女神相关。与这两位女神的相似之处在于，海代代特〔埃及语为海杰杰特（Hedjedjet）〕也象征母性的品质。有些护身符上出现的头顶有一只蝎子、呈坐姿并哺育着幼童的女神，可能就是海代代特。

凯普利

神 话

凯普利是太阳神的化身，象征在东方地平线升起的日轮。因此他也是太阳神的三种形态或身份之一，即"（太阳神）在早晨是凯普利，在中午是拉，在夜晚是阿图姆"，但我们无法知晓他究竟是在早期就已有了如此清晰的定位，还是后来被吸纳进赫利奥波利斯的太阳崇拜时，才被赋予了这样的地位。这位神祇最初的名字kheprer指的仅仅是圣甲虫或蜣螂，埃及人将其视为凯普利的象征，因为甲虫在地面上滚动泥球或粪球的习性使人联想到这位神祇——他也是如此推着太阳穿过天际的。雌性蜣螂也会将卵产在粪球中，幼虫孵化时便会钻出来，就好像凭空产生一样。这种昆虫的生物特性因而潜藏在这位神祇的名字背后——"凯普利"一词来自埃及语动词kheper，意为"生长、产生"。作为"自我产生之神"，凯普利是创世的黎明时分的第一次日出，因此与阿图姆产生了关联，被称为阿图姆-凯普利。在某种程度上，凯普利代表更广义的太阳的概念，他也和太阳神拉有关——虽然他的主要身份仍是"早晨的太阳"，而最重要的神话角色则是从地平线升入天空女神努特的身体的太阳。传说这位神祇每晚都被努特女神吞下，在夜间的多个小时内穿过她的身体，并在每天清晨迎来诞生。作为一位反复诞生的神，凯普利也和重生的概念直接相关。在这方面，据说蜣螂挖掘的地下隧道与古王国马斯塔巴墓中的竖井以及横向通道有着异曲同工之妙，而这种昆虫的蛹在外形上极似亡者被层层包裹的木乃伊，但没有迹象显示埃及人自己认识到了此间的相似性，因为关于圣甲虫的种种添油加醋的传说，都来自普鲁塔克和赫拉波罗这些古典作家的记载。

形 象

凯普利最常见的形象是圣甲虫，但对于这种昆虫的解剖学特征，埃及人进行了不同程度的艺术处理。绘画和镶嵌作品时常将圣甲虫涂成蓝色，或使用青金石进行镶嵌，以象征性手法强调这种甲虫与天空的联系，但在墓葬文献的配图中，圣甲虫一般都呈现为自然状态下的黑色。画面上的圣甲虫有时单独出现，有时则身前推着日轮，虽然自然界中的甲虫通常以后肢推动泥球，埃及人却喜欢将其刻画为以前腿推动面前球体的形象。在墓葬纸草的配图和其他一些地方，还有这位神祇站立于小船中，被象征原初混沌之水的努恩神举向天空的情景，意在描绘创世的时刻。圣甲虫的身体有时会被安上其他生物的头，例如隼鹰或秃鹫，同时

231

下图：基座上的圣甲虫巨像，由阿蒙荷太普三世建造，原立于他在西底比斯的祭庙，后被移至卡纳克神庙的圣湖岸边。第 18 王朝

身体上也会长出鸟类的腿、尾巴和翅膀。有些时候，就像在公元前 4 世纪，位于图纳·格贝尔的派托西里斯墓中刻画的那样，圣甲虫会戴着奥赛里斯的阿太夫王冠，将太阳神的界域和冥界合二为一。凯普利也拥有半人半虫的形态——一位头部为圣甲虫的男子，这一形象出现在王后谷的尼弗尔塔莉墓中，这类画像中还有一种，是在奥赛里斯的木乃伊身体上加上圣甲虫头，这与戴着阿太夫王冠的圣甲虫含有同样的寓意。凯普利的最后一种变体是公羊的头加上圣甲虫的身体，代表作为造物主的太阳神阿图姆-凯普利，或太阳的一体两面——升起和下落。

崇 拜

与其他宇宙神一样，凯普利没有自己的祭仪，但留存下来的圣甲虫巨像（如卡纳克的阿蒙神庙圣湖边矗立的那尊）说明，许多埃及神庙都尊崇这位神祇，他可能象征创世的观念，以及神庙建筑中隐含的太阳在白昼经过的路线。在更微观的层面，圣甲虫护身符出现于第 5 王朝，圣甲虫印章则出现于第一中间期，从中王国时期开始大量生产。这些圣甲虫的底面一般刻着拥有者的名字和头衔，以及作为他们保护者的神祇或国王的名字，或仅刻有装饰性花纹。埃及的国王们甚至将圣甲虫的底面当作记载胜利和其他重要事件的载体，阿蒙荷太普三世的圣甲虫上就记有一系列事件，从国王的猎狮活

动，到后宫添了一位新王妃，诸如此类。圣甲虫还有其他种类，包括放置于亡者木乃伊上的"心脏圣甲虫"，以及"圣甲虫形雕件"，即以圣甲虫造型为基础，融合了其他生物形象的雕刻品。事实上，圣甲虫是埃及护身符中最流行的一种，虽然凯普利未能获得广泛的正式崇拜，但作为代表创造与重生的经典象征符号，他成了一位在古埃及文化中几乎随处可见的神祇。

塞帕

蜈蚣神塞帕，有时被称为"荷鲁斯的蜈蚣"，出现于古王国，一直存续到希腊罗马时期。他和赫利奥波利斯诸神有关，特别是荷鲁斯与奥赛里斯，他甚至还有奥赛里斯-塞帕的形态。除了蜈蚣，塞帕有时也表现为一位驴头或木乃伊形（鉴于他和奥赛里斯的关系）的神，头上还有两支短角。他被视为保护神，有着防止蛇咬伤的力量，并从早期开始就享有自己的节日。赫利奥波利斯曾建有一座塞帕的神庙。

塞尔凯特

神 话

塞尔凯特是一位蝎子女神，在第1王朝就已出现，古王国时，她拥有了守护神的身份，《金字塔铭文》中，她独自或和其他女神一起守卫已逝的国王。她作为守护神的重要性体现在文献中，例如国王就曾声言："我的母亲是伊西斯，我的看护者是奈芙西斯，我身后是奈特，

下左图：塞内杰姆之子洪苏的木制外棺或葬仪拖棺，外层覆以灰浆，描以彩绘，并涂过清漆，一端饰有塞尔凯特和奈特的形象，侧面则绘有图特、阿努比斯和其他神祇（包括哀悼亡者木乃伊的伊西斯和奈芙西斯）。第19王朝。埃及博物馆，开罗

右图：坐在王座上的塞尔凯特女神，身旁的名号为"天界的夫人，圣地（墓地）的女主人"。第19王朝。尼弗尔塔莉墓，王后谷，西底比斯

我身前是塞尔凯特。"（PT1375）塞尔凯特、伊西斯、奈芙西斯和奈特是四位守护女神，她们负责保护棺木及卡诺皮克匣，包括其中经过防腐处理的内脏，此外，塞尔凯特还负责保护卡诺皮克罐的守护神——凯贝瑟努艾夫（见第88页）。塞尔凯特常和奈特成对出现，就像伊西斯和奈芙西斯一样。她的首要身份是一位与墓葬相关的女神，有时被称为"美丽之屋的女主人"——"美丽之屋"指的是木乃伊防腐用的亭子。

塞尔凯特完整的埃及语名字是"塞尔凯特-海提特"，意为"她使喉咙呼吸"，以一种委婉的说法表达了蝎子可致人于死地的危险性，而这位女神既可摧毁生命，亦可治愈生命。塞尔凯特也具有母神的角色，她被称为"伟大的塞尔凯特，神圣的母亲"。古代近东的多个地区都将蝎子视为母性的象征，而早在《金字塔铭文》中，塞尔凯特就被说成是国王的哺育者（PT1427）。在新王国的卢克索神庙和哈特谢普苏特祭庙，描绘阿蒙荷太普三世和哈特谢普苏特的"神圣诞生"的浮雕中，塞尔凯特和奈特一起支撑着婚床上的阿蒙神和王后。她还与奈芙西斯一同出现在关于荷鲁斯诞生的神话故事中，她们帮助伊西斯守卫被蜇伤或咬伤的孩童荷鲁斯，塞尔凯特还分身为七只蝎子，陪伴和保护着伊西斯与她未出世的孩子，并对一名拒绝伊西斯避难请求的女人施以惩罚。根据埃及神话，塞尔凯特是蛇神涅海布-卡乌的母亲。

形象

塞尔凯特通常为人类女子的形象，头戴高举尾巴的蝎子头饰。出于保护和魔法方面的考虑，大多数情况下，蝎子的形象都是残缺的，描绘者往往刻意省去它的毒刺、腿或钳子，书写女神名字中及其他地方的蝎子象形符号时也是如此。这一女子形象是塞尔凯特在墓葬中的标准造型，具体例子可参考图坦卡蒙墓中守卫卡诺皮克匣的、优美的蝎子女神镀金像。这尊雕像呈站姿，手臂向两侧伸展，保护和拥抱着自己守卫的对象。但当以神圣母亲的身份出现时，塞尔凯特的形象则截然不同，她会拥有女子的身体、狮子和鳄鱼的头，且手握尖刀。在墓葬壁画上，塞尔凯特也有完全的动物形态，即一条立起的眼镜蛇，另外也有狮子以及蝎子的形态。在王朝后期的护身符和神像中，有时会出现一只长着女人头的蝎子，头戴牛角和日轮，象征的就是带有伊西斯特点的塞尔凯特，或蝎子形态的伊西斯，再或是两位女神的结合体。

崇拜

塞尔凯特的崇拜始于第1王朝，她出现在萨卡拉的一块墓葬石碑上，但她的"祭司们"指的可能是掌握医疗知识的魔法师，而非神庙的服侍者。埃及早期的蝎子护身符出现于古王国，可能具有驱邪的作用，不一定代表塞尔凯特，但在埃及后期，护身符上开始出现这位女神的人形形象。塞尔凯特顺理成章地出现在许多魔咒中，但奇怪的是，大多数对抗蝎子叮咬的咒语呼唤的都是伊西斯，而非塞尔凯特。在部分咒语中，塞尔凯特也能预防和治愈毒虫叮咬，同时她还是治疗这类叮咬的医疗魔法师们的守护神。

塔-比提耶特

塔-比提耶特是一位蝎子女神，相传是荷鲁斯的妻子，她的力量可对抗毒虫叮咬，因而多篇秉此目的的魔咒都祈求她的帮助。与解毒咒中其他地位不高的女神一样，塔-比提耶特有时会与地位高于自己的伊西斯女神合为一体。

左图：塞尔凯特的镀金木像，用以守卫卡诺皮克圣龛的一面，出自图坦卡蒙墓。第18王朝。埃及博物馆，开罗

无生命体类

阿吞

神话

阿吞，即光芒四射的日轮，其神话在埃及历史上可谓独树一帜，是埃及宗教中最复杂且最具争议的一个方面。虽与异教法老阿蒙诺菲斯四世（即埃赫纳吞）永远地联系在一起，阿吞却在他之前就已存在了，只是在这位国王统治期间才上升为一位宇宙级的、常人几乎难以接近的神祇，但在国王死后，过了仅一代人的时间，阿吞就坠落尘埃。"阿吞"（aten）一词自中王国起就用于指代日轮，在《棺木铭文》中它就被如此使用，但在同时代的《辛努海的故事》里，这个词后面加上了表示"神祇"的限定符号（柏林纸草10499），到了新王国中期，名为"阿吞"的太阳神就正式登场了。图特摩斯四世曾发行一种具有纪念性的圣甲虫，上面的阿吞是一位在战争中保护法老的神，图特摩斯四世的继承人阿蒙荷太普三世，即埃赫纳吞的父亲，似乎鼓励了对阿吞的信仰。阿蒙荷太普三世的大量建筑都凸显出太阳崇拜的特征，他的称号之一是"提埃肯-阿吞"，即"阿吞的光辉"，这个词在他统治期间被用于多种情境。但直到阿蒙诺菲斯四世即埃赫纳吞的时代，阿吞神才完成了最终的跃升。然而阿吞究竟是一位怎样的神，在当时并不十分清晰。近期，雷蒙德·约翰逊提出了一种可能性，即埃赫纳吞的阿吞崇拜实际是将这位神祇当成了他父亲阿蒙荷太普三世的一种神化形态，但无论哪种情况，埃赫纳吞所推崇的阿吞神话都是革命性的，产生了极其深远的影响。

诸如《阿吞大颂歌》这样的材料显示，不仅阿吞自己被视为宇宙至高的存在，阿吞与国王及其直系亲属的关系也经过了十分独特的设计。埃赫纳吞和王后尼弗尔提提直接服务于阿吞神，尽管阿吞有自己的祭司团，但相传只有埃赫纳吞一人掌握着关于这位神的真正知识。其结果是，阿吞神学中哪怕最具普适性的一面也被这位神祇的首要追随者所构建的封闭系统

左图：阿吞光芒四射的日轮，下方饰有圣蛇，圣蛇上挂着安赫符号，每道光线的末端都化作人手，接受埃赫纳吞和尼弗尔提提的供奉。国王和王后则携两位公主一起崇拜日轮。石灰岩浮雕，出自阿玛尔纳。埃及博物馆，开罗

下图：阿吞神照耀着一对王室夫妻，旁边的铭文写明了，这是图坦卡蒙和他的妻子安赫森阿蒙。图坦卡蒙墓出土的黄金王座椅背。第18王朝。埃及博物馆，开罗

垄断了。甚至可以说，阿吞神学所信奉的是一个封闭的三神体系，包括阿吞、拉以及埃赫纳吞自己，连阿吞的大祭司都被称为"埃赫纳吞的祭司"，说明在这套宗教体系中，国王不只地位得到提升，还在自己的祭司和阿吞神之间建起了不可逾越的高墙。

阿吞神与其他神祇的关系同样很复杂。埃赫纳吞可能废止了部分神祇的崇拜，但有清晰的证据显示，仍有一些神得到了阿吞信仰的容许。其中最主要的是太阳神拉，在一些情况下，他被等同于阿吞，并被保留在埃赫纳吞更改过的王衔中，国王两个女儿的名字也融合了拉神的神名：奈弗奈弗鲁拉和赛太普恩拉。埃赫纳吞似乎也承认太阳神的其他形态，例如在他的城市埃赫塔吞，他为一座美涅维斯神牛墓提供了必需品，而美涅维斯神牛也被视为拉神在物质世界的化身之一。其他一些神祇，如玛阿特女神和舒神，也是可接受的，例如舒神曾出现在早期的阿吞神王名圈中（见对页），但后来这种"容许"愈发受到限制。

阿吞神的王衔

上图：石灰岩浮雕（局部），表现了尼弗尔提提向日轮献上阿吞神的王名圈的情景，此处为王名圈的早期形式。第18王朝，布鲁克林艺术博物馆

阿吞王名圈的早期形式，包含了其他形态的太阳神的名字

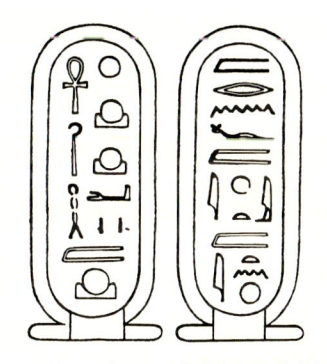

阿吞的双王名圈，后期的书写形式变得更加严格

作为宇宙之神和万物之王，阿吞被赋予了王衔，写在两个王名圈内，与埃及国王在加冕仪式上获得的王衔一致。阿吞的王衔有两种版本，早期的版本中出现了玛阿特、拉-荷尔阿赫提和舒的名字，后期的版本在埃赫纳吞执政的第九年拟定，更加聚焦并限定在阿吞自己的身份上。

早期的王衔

引语：

活着的、美丽的神，在玛阿特中欢悦（此处刻画了玛阿特女神的形象，而非仅仅写出代表"真理"的表音符号）

日轮照耀下的万物的主人

天空的主人，大地的主人

阿吞，生机勃勃的伟神

照亮了两地

愿我的父永生！

第一个王名圈：

活着的拉-荷尔阿赫提，在地平线上欢庆（或变得活跃）

第二个王名圈：

以阿吞的光（舒）之名。

结语：

赐予永恒的生命，永永远远，

活着的、伟大的阿吞

他居住在埃赫塔吞的阿吞神庙，欢庆禧年。

后期的王衔

第一个王名圈：

活着的拉，两条地平线的统治者，在地平线上欢庆（或变得活跃）

第二个王名圈：

以阿吞的光之名。

在第二个版本的阿吞王衔中，埃赫纳吞以"拉"（或"太阳"）取代了拉-荷尔阿赫提，并以一个与任何神无关的、代表"光"的词取代了舒神，由此将阿吞崇拜和传统的众神割裂开来。

右图：砂岩石块上刻画着阿蒙诺菲斯四世/埃赫纳吞和早期的阿吞，后者是一位隼鹰头的神，头戴日轮。阿吞神的名字尚未出现在王名圈中。埃及博物馆，柏林

下右图：从界碑K处向东北方俯瞰阿玛尔纳——埃赫纳吞的王都埃赫塔吞（意为"阿吞的地平线"）

形 象

人们最初通常将阿吞神表现为一位隼鹰人身的神，类似拉或拉-荷尔阿赫提。但在阿蒙诺菲斯四世统治早期，这一形象发生了根本的变化，阿吞开始被刻画为日轮，底部有一条圣蛇，四射的光芒末端化为手的形状，或是张开，或是拿着一枚安赫符号触碰国王或王室成员。阿吞这一形象的起源实际早于阿蒙诺菲斯四世/埃赫纳吞，相关材料来自阿蒙诺菲斯二世统治时期（公元前1427—前1401年），但在埃赫纳吞时期，它成了阿吞神唯一的形象。

崇 拜

虽有证据显示在阿蒙荷太普三世时期的赫利奥波利斯就产生了阿吞崇拜，但直至阿蒙诺菲斯四世/埃赫纳吞统治时，对这位神祇的崇拜才达到了巅峰。甫一继位，埃赫纳吞就建造了一座规模宏大的神庙，位于卡纳克的阿蒙神庙的东墙外，至少包括三座圣所。这座神庙建好没多久，阿蒙和其他神的崇拜就遭到了削弱，阿蒙神崇拜最终甚至被完全禁止。大约在继位后的第五年，国王将自己的名字改为"埃赫纳吞"，并于中埃及的处女地——阿玛尔纳——建立了一座新的王都，即埃赫塔吞，意为"阿吞的地平线"。他还为阿吞神建造了全新的神

庙，包括所谓的"大神庙"和"小神庙"，这些神庙设计新颖，并不像传统的埃及圣所那样幽暗，而是强调以敞开的方式面向太阳。

在埃赫纳吞统治时，阿吞神庙还出现在孟菲斯、努比亚的塞瑟比以及其他一些地方，但仍缺少阿吞宗教为民众所接受的证据。在阿玛尔纳地区，多座贵族岩凿墓的门口都刻有献给阿吞的祈祷文（通常是从《阿吞大颂歌》中摘录的），统治这座城市的上层精英也用其他正式的方式对埃赫纳吞的神表达了他们的崇敬，但阿吞信仰仍具有排他性——只有国王和他的家人才会出现在敬拜阿吞神的图像中，也只有对他们，阿吞神才会赐下生命作为赠礼。我们仍缺少人们以个人身份崇拜阿吞的真正材料，因为普通的埃及人接触阿吞的唯一媒介是国王。这种状况制造了从一开始就充满不稳定性的宗教真空，而多种多样的神灵护身符和神像的出现，以及其他传统宗教的蛛丝马迹都表明，即便在新的都城，人们对旧神的崇拜也从未止息，虽然这些崇拜带有隐蔽性。

当埃赫纳吞在世时，诸神的祭司无力阻止这场随阿吞信仰而来的宗教变革，但在他的统治终结后，宗教和政治的现实意味着正统的回归已势不可挡。埃赫纳吞的继承人返回了底比斯，阿蒙神和其他埃及神祇的崇拜得到了复兴，阿吞神庙被迅速废弃，几年后就遭到拆毁。讽刺的是，拆毁后的石料往往被用在其他神庙的翻新和扩建中，而那些神庙正属于阿吞曾试图取代的诸神。

月 亮

与太阳神阿吞不同，我们无法确定月轮在埃及历史上是否被当作一位神来崇拜，现存的证据显示，它被视为与月亮有关的特定神祇的标志或化身。这些神祇中最著名的是荷鲁斯（见第200页）、伊阿赫（见第110页）和图特（见第215页）——虽然根据神话，月轮也是奥赛里斯的标志。此外，有14位神灵代表上弦月的14天，另外14位则代表着下弦月的14天。

下图：阿努比斯侍奉着月轮，月轮与太阳相对，根据埃及神话，可能象征奥赛里斯。根据纳维尔的《代尔·巴哈里神庙》重绘

下左图：代表下弦月14天的神灵坐在夜行船上，围绕着月轮内的"月之眼"。后期浮雕（局部）

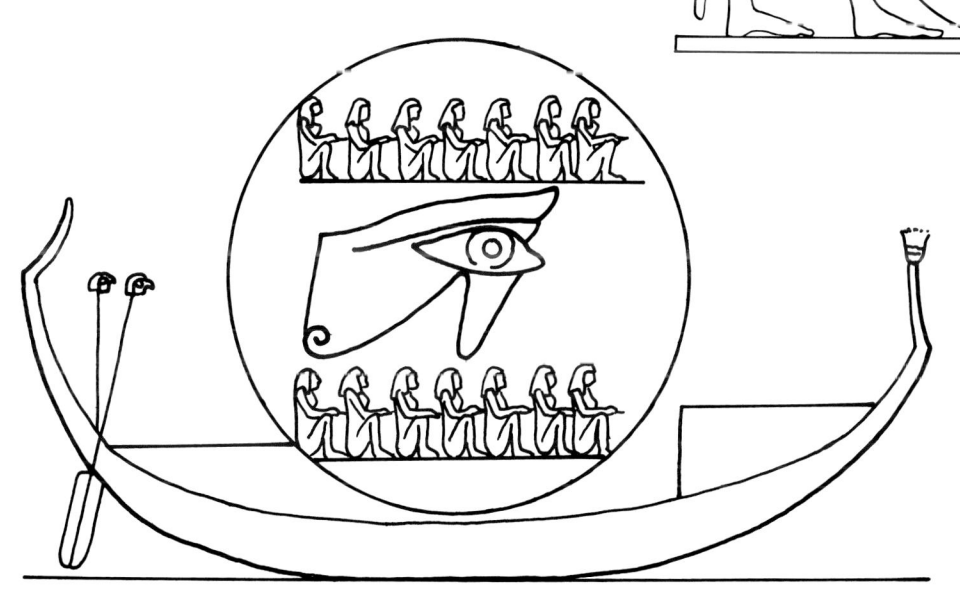

尾声　永恒的遗产

下图：以典型的希腊罗马风格刻画的伊西斯女神仪式石碑，只有头上小小的牛角和日轮直接显露了她的埃及起源和身份。公元前1世纪—公元2世纪。埃及博物馆，开罗

　　远在古埃及文明终结之前，埃及就已经对它邻近的国家、贸易伙伴甚至敌人产生了巨大的影响。这种影响反映在埃及神祇的声名远播上：东至波斯，西至不列颠，都发现了埃及神灵的踪迹。例如古代的米诺斯人就将塔威瑞特女神吸纳进了他们的文化（见第186页），而埃及神贝斯的形象（见第102页）则演变成了希腊的戈耳工。有时这种影响是间接的，但依然清晰。公元前6世纪晚期到公元前4世纪，波斯的阿黑门尼德王朝曾统治埃及的部分疆土，受到了埃及文化和宗教的不可忽视的影响，大流士大帝这样的波斯统治者为自己建造了埃及风格的雕像，外观近似埃及神祇。几个世纪中，埃及的神像引诱并魅惑着那些外邦人，被他们带到了一片又一片遥远的土地。因此，埃及雕像矗立在许多古代的城市中。在罗马帝国的巅峰时期，罗马军团将守护神贝斯和大女神伊西斯（见第146页）的神像一路带到了远离故土的英格兰。罗马人尤其迷恋埃及的物品，他们将埃及的凤凰（见第212页）比作不朽的罗马，凤凰的形象还出现在罗马帝国后期的硬币上，作为永恒之城的标志。凤凰也寓指重生以及死后的复活，这一观念启发了流传于帝国境内的早期基督教。

　　直到古埃及历史的末期，古老的信仰才让位于新的一神教信仰，埃及的神祇走向了湮灭，旧的传统和旧的神灵却成为种子，新的宗教思想就此生根发芽。在古代尼罗河两岸的神明身上，实际潜藏着许多后世宗教传统的渊源，或许有些讽刺的是，就连一神教的概念本身，乃至高神的属性，最终都可以追溯到埃及的源头。这并非忽视这些概念在后来的宗教中的发展，但不可否认，这些宗教在形成期都受到了埃及的神祇和宗教的影响，基督教尤其是一个研究埃及所带来的影响的极好例子。

　　基督教在很早的时期便植根于埃及，2世纪末，它就在尼罗河谷流传开来，很快便取代了旧的多神教。从自己的古代神话和信仰的角度，埃及人能够轻车熟路地理解基督教的种种方面，尤其是耶稣上帝之子的身份，这无疑促进了基督教的传播。如上所说，埃及人自古以来就将他们的国王视为神之子的化身，这意味着比起罗马世界的其他地方，埃及更容易接受"耶稣是上帝之子"的观念。

　　恰恰由于在初生和形成阶段就遭遇了埃及诸神，基督教中的形象尤其受到埃及的影响。诸神的影子往往潜藏在细节里。基督教传统中的四位福音书作者通常被刻画成动物或动物头的形象，正如早期基督教艺术中的埃及神灵，而"圣乔治与龙"这一图案的原型可能最早发现于希比斯神庙。另一方面，即使基督教中最重要的主题也可能起源于埃及——伊西斯（埃及人称之为"mut-netcher"，即"神之母"）与幼子荷鲁斯的无数形象无疑预示着基督教的圣母与圣子，此外，十字架的符号最早也出现在埃及，即"埃及十字"或称"T型十字"，是

安赫符号的一种形式。也有说法认为,埃及的来世之书中那些描绘罪人命运的场景启发了后来基督教的地狱形象,包括地狱中的魔鬼与惩戒,而我们已无法知晓这些异教的幽灵究竟在多大程度上影响了基督教的意象。

左图:作罗马战士装扮的荷鲁斯神青铜像。1世纪。出处不明。大英博物馆

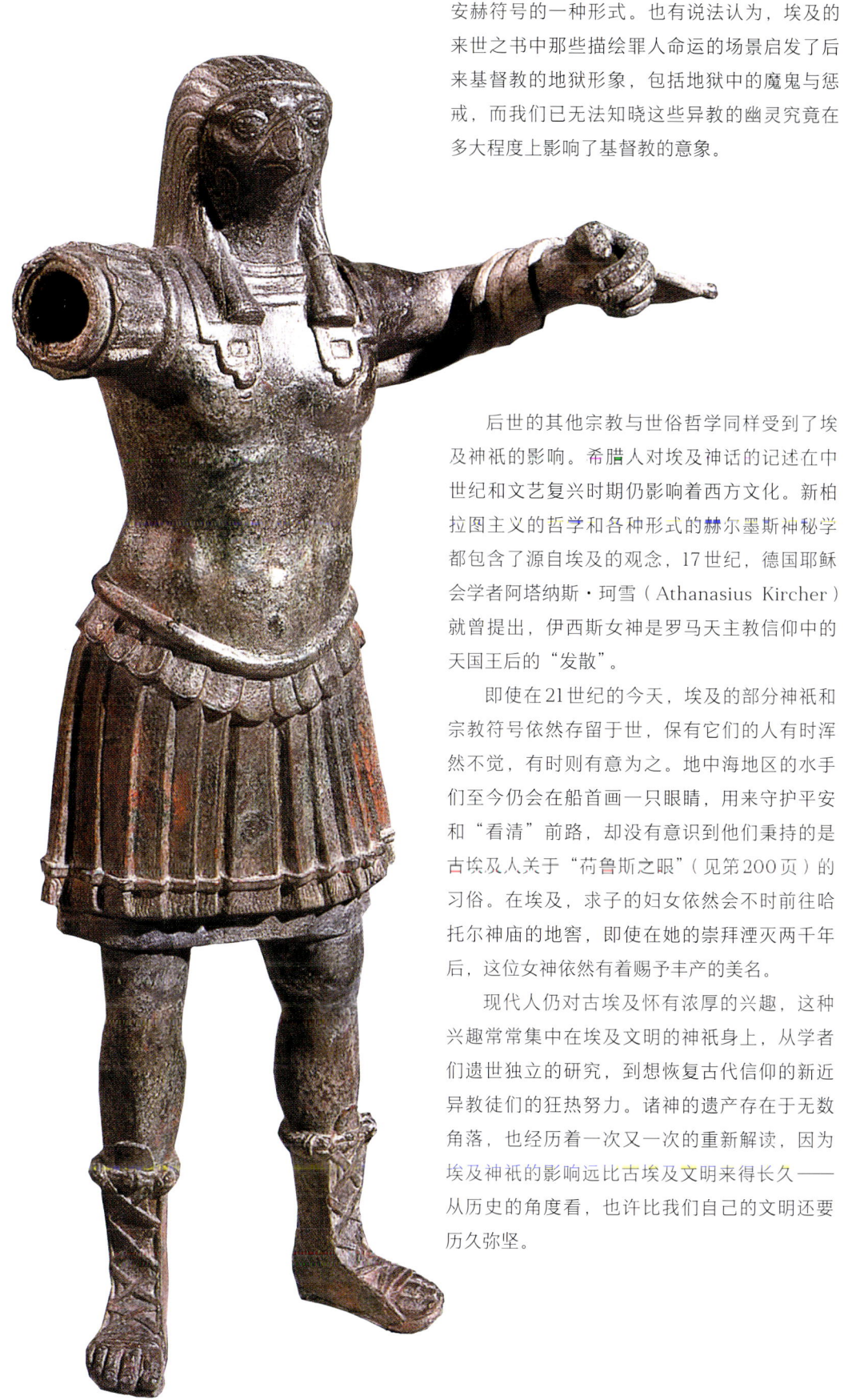

后世的其他宗教与世俗哲学同样受到了埃及神祇的影响。希腊人对埃及神话的记述在中世纪和文艺复兴时期仍影响着西方文化。新柏拉图主义的哲学和各种形式的赫尔墨斯神秘学都包含了源自埃及的观念,17世纪,德国耶稣会学者阿塔纳斯·珂雪(Athanasius Kircher)就曾提出,伊西斯女神是罗马天主教信仰中的天国王后的"发散"。

即使在21世纪的今天,埃及的部分神祇和宗教符号依然存留于世,保有它们的人有时浑然不觉,有时则有意为之。地中海地区的水手们至今仍会在船首画一只眼睛,用来守护平安和"看清"前路,却没有意识到他们秉持的是古埃及人关于"荷鲁斯之眼"(见第200页)的习俗。在埃及,求子的妇女依然会不时前往哈托尔神庙的地窖,即使在她的崇拜湮灭两千年后,这位女神依然有着赐予丰产的美名。

现代人仍对古埃及怀有浓厚的兴趣,这种兴趣常常集中在埃及文明的神祇身上,从学者们遗世独立的研究,到想恢复古代信仰的新近异教徒们的狂热努力。诸神的遗产存在于无数角落,也经历着一次又一次的重新解读,因为埃及神祇的影响远比古埃及文明来得长久——从历史的角度看,也许比我们自己的文明还要历久弥坚。

243

主要译名对照表

编者注：

　　为避免重复和冗赘现象，对于"因赫卡墓""赫汝埃夫墓"一类译名，仅收录作为人名的"因赫卡""赫汝埃夫"等。

　　一些兼有神祇与人类身份的人物，则以正文第一次出现者为准（如伊蒙荷太普第一次出现于第92页，身份为乔赛尔王的建筑师，因此收录在"人物"部分）。

神灵（魔、巴等）

阿波菲斯——Apophis
阿达德——Adad
阿格忒斯代蒙——Agathodaimon
阿哈——Aha
阿克尔——Aker
阿克哈——Akha
阿夸特——Aquat
阿伦斯努菲斯——Arensnuphis
阿玛姆——Amam
阿蒙——Amun
阿蒙-凯玛泰夫——Amun kematef
阿蒙奈特——Amaunet
阿姆特——Ammut
阿纳特——Anat
阿努比斯——Anubis
阿努基斯——Anukis
阿佩达玛克——Apedamak
阿佩普——Apep
阿皮斯——Apis
阿撒福斯——Arsaphes
阿什——Ash
阿斯贝特——Asbet
阿斯克勒庇俄斯——Asklepius
阿斯塔特——Astarte
阿图姆——Atum
艾尔——El
安胡尔——Anhur
安杰提——Andjety
安考艾斯——Ankhoes
安提——Anti
昂诺弗瑞斯——Onnophris
奥塞拉皮斯——Osirapis
奥赛里斯——Osiris
巴-阿克——ba-akh
巴比——Babi
巴尔——Baal
巴克——bakh
巴克胡——bakhu
巴涅布杰代特——Banebdjedet

巴-派夫——Ba-Pef
巴斯特——Bastet
巴特——Bat
芭拉特——Baalat
贝赫代提——Behdety
贝努——Benu
贝斯——Bes
贝斯特——Beset
布吉斯——Buchis
大荷鲁斯——Horus the Elder
代德温——Dedwen
代赫奈特-伊门泰特——Dehenet-Imentet
丹温——Denwen
堤丰——Typhon
杜阿穆太夫——Duamutef
杜阿特——Duat
杜那威——Dunawi
杜南威——Dunanwi
厄勒提亚——Eileithya
伏尔甘——Vulcan
盖伯——Geb
戈耳工——Gorgon
艮艮-维尔——Gengen-Wer
哈——Ha
哈庇——Hapy
哈达德——Hadad
哈迪斯——Hades
哈尔-玛乌——Har-mau
哈尔-涅第-伊特夫——Har-nedj-itef
哈尔-帕-凯瑞德——Har-pa-khered
哈尔维尔——Harwer
哈伦多提斯——Harendotes
哈玛吉斯——Harmachis
哈姆瓦塞特——Khaemwaset
哈皮——Hapy
哈珀克雷特斯——Harpokrates
哈普——Hap
哈索姆图斯——Harsomptus
哈特麦西特——Hatmehyt
哈托尔——Hathor
哈托尔-塔-塞涅特-奈弗瑞特——Hathor-ta-senet-nefret

哈乌戎——Hauron
哈西斯——Harsiese
哈耶特——Hayet
孩童荷鲁斯——Horus the Child
海代代特——Hededet
海赫——Heh
海赫特——Hauhet
海杰杰特——Hedjedjet
海奎特——Heket
海涅特——Henet
海瑞舍夫——Heryshef
海瑞特-卡乌——Heret-Kau
海萨特——Hesat
荷贝斯——Horbes
荷尔阿赫提——Horakhty
荷尔-埃姆-阿赫特——Hor-em-akhet
荷尔-迈尔提——Hor-merty
荷尔欧里斯——Haroeris
荷鲁斯——Horus
荷鲁斯-肯提-凯——Horus Khenty-khai
荷鲁斯-尤恩-穆太夫——Horus iun-mutef
赫尔穆提斯——Hermouthis
赫菲斯托斯——Hephaistos
赫卡——Heka
赫卡忒——Hekate
赫拉克里斯——Herakles
赫利俄斯——Helios
赫努姆——Khnum
赫斯提亚——Hestia
洪苏——Khonsu
胡——Hu
杰胡提——Djehuty
捷特——Djet
卡叠什——Qadesh
凯贝赫维特——Kebehwet
凯贝瑟努艾夫——Qebehsenuef
凯尔提——Kherty
凯夫忒涅贝斯——Khefthernebes
凯库——Kek
凯库特——Kauket
凯普利——Khepri
克罗诺斯——Chronos
克耐弗——Kneph
肯塔门提——Khentamentiu
肯提-赫姆——Khenty-khem
肯提-凯提——Khenty-khety
肯提-提耶涅奈特——Khenty-Tjenenet
肯提-伊尔提——Khenty-irty
肯提-伊门提——Khenty-imentiu
拉——Re
拉艾特——Raet
拉艾特塔威——Raettawy

拉赫斯——Rahes
拉舍夫——Reshef
玛阿特——Maat
玛弗代特——Mafdet
玛赫斯——Mahes
迈尔维勒——Merwel
迈尔西特——Merhyt
迈夫捷特——Mefdjet
迈海特-维瑞特——Mehet-Weret
迈恒——Mehen
迈瑞特——Merit
迈瑞特塞格尔——Meretseger
迈斯凯涅特——Meskhenet
迈斯提耶特——Mestjet
迈希斯——Miysis
麦基特——Mekhit
麦涅乌——Menew
曼都里斯——Mandulis
曼西特——Menhyt
美尔-维尔——Mer-Wer
美涅维斯——Mnevis
门卡拉——Menkaure
孟图——Montu
米奥斯——Mios
米霍斯——Mihos
敏——Min
敏-阿蒙-卡穆太夫——Min-Amun-ka-mutef
敏-荷尔——Min-Hor
莫特——Mot
穆特——Mut
奈柏尔——Neper/Nepri
奈芙西斯——Nephthys
奈赫贝特——Nekhbet
奈特——Neith
尼弗尔太姆——Nefertem
尼弗荷太普——Neferhetep
涅贝特-海特佩特——Nebet-hetepet
涅布-塔-杰瑟——Neb-ta-djeser
涅尔加——Nergal
涅海布-卡乌——Nehebu-Kau
涅海赫——Neheh
涅海姆塔威——Nehemtawy
涅姆提——Nemty
涅姆提威——Nemtywy
涅姆-维尔——Nem-Wer
努——Nu
努恩——Nun
努涅特——Naunet
努特——Nut
欧努里斯——Onuris
帕赫特——Pakhet
帕奈布塔威——Panebtawy

帕泰考斯 —— Pataikos
佩提瑟 —— Peteese
皮赫尔 —— Pihor
普塔 —— Ptah
切斯庇西吉斯 —— Chespisichis
汝提 —— Ruty
瑞恩佩特 —— Renpet
瑞奈努太特 —— Renenutet
瑞芮特 —— Reret
瑞舍普 —— Reshep
萨亥凯克 —— Sahekek
萨赫 —— Sah
萨提斯 —— Satis
塞贝古 —— Sebegu
塞尔凯特 —— Serket
塞尔凯特-海提特 —— Serket hetyt
塞夫赫特-阿布威 —— Sefkhet-abwy
塞盖布 —— Segeb
塞赫迈特 —— Sekhmet
塞克诺皮斯 —— Sekonopis
塞拉皮斯 —— Serapis
塞拉皮斯-奥索罗美涅维斯 —— Serapis-Osoromnevis
塞帕 —— Sepa
塞瑞特 —— Seret
塞沙 —— Sesha
塞莎特 —— Seshat
塞特 —— Seth
赛德 —— Sed
瑟尔穆提斯 —— Thermouthis
沙伊 —— Shay
舍帕特 —— Shepet
舍斯迈泰特 —— Shesmetet
舍兹姆 —— Shezmu
申塔耶特 —— Shentayet
舒 —— Shu
索贝克 —— Sobek
索卡尔 —— Sokar
索佩德 —— Soped
索普代特 —— Sopdet
索普杜 —— Sopdu
索提斯 —— Sothis
塔-比提耶特 —— Ta-Bitjet
塔瑟涅特诺弗瑞特 —— Tasenetnofret
塔特恁 —— Tatenen
塔威瑞特 —— Taweret
塔耶特 —— Tayet
泰芬 —— Tefen
泰芙努特 —— Tefnut
泰涅米特 —— Tenemit
泰特特努 —— Tetetenu
提埃恁耶特 —— Tjenenyet
天空摆渡者 —— Celestial Ferryman

天空之牛 —— Sky Bull
天狮 —— cosmic lion
图特 —— Thoth
图图 —— Tutu
瓦迪-维尔 —— Wadj-Wer
瓦杰特 —— Wadjet
瓦塞特 —— Waset
威涅格 —— Weneg
威普塞特 —— Wepset
威普特瓦威特 —— Wepetwawet
威普瓦威特 —— Wepwawet
威瑞特-赫卡乌 —— Weret-Hekau
温尼弗尔 —— wenenefer
温涅努 —— Wenenu
温涅特 —— Wenet
乌拉诺斯 —— Ouranos
乌西尔 —— Usir
西方之牛 —— Bull of the West
西雅 —— Sia
象鼻鱼 —— Mormyrus fish
歇德 —— Shed
亚姆 —— Yam
伊阿赫 —— Iah
伊阿特 —— Iat
伊伽瑞特 —— Igaret
伊赫提 —— Ihty
伊门泰特 —— Imentet
伊姆塞提 —— Imsety
伊南娜 —— Inanna
伊佩特 —— Ipet
伊什塔 —— Ishtar
伊图姆 —— Itum
伊乌尼特 —— Iunit
伊乌萨阿斯 —— Iusaas
伊西 —— Ihy
伊西斯 —— Isis
因普 —— Inpu
因普特 —— Input

地理与地点

阿拜多斯 —— Abydos
阿布·古罗布 —— Abu Ghurob
阿布·辛贝尔 —— Abu Simbel
阿布杜 —— Abdju
阿布西尔 —— Abusir
阿芙洛狄特波利斯 —— Aphroditopolis
阿赫比提 —— Akh-bity
阿赫米姆 —— Akhmim
阿玛尔纳 —— Amarna
阿曼特 —— Armant
阿尼巴 —— Aniba

阿努比翁 —— Anubeion
阿什莫林博物馆 —— Ashmolean Museum
阿什姆林 —— el-Ashmunein
阿斯里比斯 —— Athribis
阿斯旺 —— Aswan
阿苏特 —— Asyut
阿特菲赫 —— Atfih
埃赫塔吞 —— Akhetaten
埃纳西亚 —— Ehnasya
艾德福 —— Edfu
艾斯纳 —— Esna
安赫塔威 —— Ankh-tawy
安杰特 —— Andjet
安提诺波利斯 —— Antinoopolis
奥西里翁 —— Osireion
奥西姆 —— Ausim
巴尔–萨丰 —— Baal-Saphon
巴哈利亚 —— Bahariya
巴卡瑞亚赫 —— Baqariyyah
巴克利亚 —— el-Baqliya
巴库 —— Bakhu
巴伊 —— Bai
拜赫贝特·哈加尔 —— Behbeit-Hagar
班·纳卡干河谷 —— Wadi Ban-Naqa
贝尔什 —— el-Bersheh
贝赫代特 —— Behdet
贝尼哈桑 —— Beni Hasan
贝特·瓦里 —— Beit el-Wali
本尼·苏夫 —— Beni Suef
比布罗斯 —— Byblos
比加 —— Biga
毕尔·基斯巴 —— Bir Kisseiba
布巴斯提斯 —— Bubastis
布恒 —— Buhen
布吉翁 —— Bucheion
布托 —— Buto
布西里斯 —— Busiris
达博德 —— Dabod
达赫拉绿洲 —— Dakhla Oasis
达卡神庙 —— Dakka Temple
代尔·巴哈里 —— Deir el-Bahri
代尔·麦地纳 —— Deir el-Medina
代尔·舍尔维特 —— Deir el-Shelwit
代普 —— Dep
丹德拉 —— Dendera
丹杜尔 —— Dendur
德尔 —— el-Derr
狄奥斯波利斯·帕尔瓦 —— Diospolis Parva
迪亚 —— Dja
帝王谷 —— Valley of the Kings
东方研究所博物馆 —— Oriental Institute Museum
厄勒提亚斯波利斯 —— Eileithiaspolis

厄立特里亚 —— Eritrea
法雍 —— Fayum
菲茨威廉博物馆 —— Fitzwilliam Museum
菲莱 —— Philae
盖布图 —— Gebtu
戈夫·胡塞因 —— Gerf Hussein
格贝尔·西尔西拉 —— Gebel el-Silsila
格贝林 —— Gebelein
哈加 —— Kharga
哈马马特干河谷 —— Wadi Hammamat
海涅斯 —— Hnes
荷尔维尔 —— Herwer
赫拉康波利斯 —— Hierakonpolis
赫拉克利奥波利斯 —— Herakleopolis
赫利奥波利斯 —— Heliopolis
赫蒙提斯 —— Hermonthis
赫摩波利斯 —— Hermopolis
赫姆 —— Khem
赫姆努/赫姆恩 —— Khemnu/Khmun
红色祠堂 —— Chapelle Rouge
胡尔 —— Hur
基福特 —— Qift
吉萨 —— Giza
杰代特 —— Djedet
杰杜 —— Djedu
卡布 —— el-Kab
卡诨 —— Kahun
卡拉布沙 —— Kalabsha
卡纳克 —— Karnak
卡乌·凯比尔 —— Qaw el-Kebir
凯密斯 —— Chemmis
凯姆尼斯 —— Khemnis
凯姆–维尔 —— Kem-wer
凯纳 —— Qena
凯伊斯 —— el-Qeis
坎提尔 —— Qantir
科普托斯 —— Coptos
肯特–敏 —— Khent-Min
库班 —— Quban
库姆·阿布·比罗 —— Kom Abu Billo
库姆·阿赫玛 —— Kom el Ahmar
库姆·翁姆波 —— Kom Ombo
库姆·西森 —— Kom el-Hisn
库塞 —— Cusae
库斯 —— Qus
拉洪　　 Lahun
拉斯·沙姆拉 —— Ras Shamra
莱昂托波利斯 —— Leontopolis
莱科波利斯 —— Lekopolis
莱斯亚 —— el-Lessiya
莱托波利斯 —— Letopolis
黎凡特 —— Levantine

247

卢克索古埃及艺术博物馆 —— Luxor Museum of Ancient Egyptian Art
罗默和佩利泽乌斯博物馆 —— Roemer and Pelizaeus Museum
罗塞陶 —— Rosetau
玛格哈拉干河谷 —— Wadi Maghara
迈尔斯博物馆 —— Myers Museum
麦地奈特·法雍 —— Medinet el-Fayum
麦地奈特·哈布 —— Medinet Habu
麦地奈特·玛迪 —— Medinet Madi
麦格布 —— Megeb
麦罗埃 —— Meroe
梅达姆德 —— Medamud
美杜姆 —— Meidum
门德斯 —— Mendes
穆萨瓦拉特·苏夫拉 —— Musawwarat el-Sufra
拿戈玛第 —— Nag Hammadi
纳布塔·普拉亚 —— Nabta Playa
纳卡 —— Naqa
纳赛尔湖 —— Lake Nasser
奈赫布 —— Nekheb
奈肯 —— Nekhen
内塔胡特 —— Nay-ta-hut
尼姆鲁德 —— Nimrud
努布特 —— Nubt
诺克拉提斯 —— Naukratis
帕诺波利斯 —— Panopolis
佩 —— Pe
佩尔-索普杜 —— Per Sopdu
佩鲁奈弗 —— Perunefer
佩鲁瑟姆 —— Peluseum
皮-拉美西斯 —— Pi-Ramesse
瑞代西亚 —— Redesiyah
萨夫特·赫恩那 —— Saft el-Henna
萨卡拉 —— Saqqara
萨曼努德 —— Samannud
塞本尼托斯 —— Sebennytos
塞亥尔岛 —— Sehel Island
塞拉比特·哈迪姆 —— Serabit el-Khadim
塞拉皮雍 —— Serapeum
塞姆纳 —— Semna
塞诺波利斯 —— Cynopolis
塞瑟比 —— Sesebi
塞易斯 —— Sais
沙斯荷太普 —— Shas-hotep
舍代特 —— Shedet
圣·哈加 —— San el-Hagar
舒特卜 —— Shutb
斯皮欧斯·阿提米多斯 —— Speos Artemidos
索哈格 —— Sohag
索克诺派欧·奈索斯 —— Soknuopaiu Nesos
索莱布 —— Soleb
塔坎 —— Tarkhan
塔尼斯 —— Tanis
塔瑞姆 —— Taremu
太尔·阿特里布 —— Tell Atrib
太尔·巴斯塔 —— Tell Basta
太尔·法拉因 —— Tell el-Fara'in
太尔·卢巴 —— Tell el-Rub'a
太尔·穆克达姆 —— Tell el-Muqdam
太尔·亚胡迪亚 —— Tell el-Yahudiya
泰赫努 —— Tehenu
特瑞努提斯 —— Terenuthis
提尼特 —— Thinite
提斯 —— This
图纳·格贝尔 —— Tuna el-Gebel
图什卡 —— Tushka
托德 —— Tod
王后谷 —— Valley of the Queens
温努 —— Wenu
翁波斯 —— Ombos
乌加里特 —— Ugarit
乌罗纳尔提 —— Uronarti
乌姆·卡布 —— Umm el-Qab
西奈 —— Sinai
西瓦 —— Siwa
希比斯 —— Hibis
希乌 —— Hiw
巡行大道 —— processional routes
伊比翁 —— Ibeum
伊布拉坎 —— Eburacum
伊那西亚·麦地纳 —— Ihnasya el-Medina
伊塞姆 —— Iseum
伊舍汝神庙 —— Isheru precinct
伊乌尼 —— Iuny
伊乌努 —— Iunu
扎乌提 —— Zauty

文本资料

阿波菲斯之书 —— Book of Apophis
阿克尔之书 —— Book of Aker
阿蒙涅莫普特的教谕 —— Instructions of Amenemopet
阿蒙神赞美诗 —— Hymn to Amun
阿尼的教谕 —— The Instruction of Any
阿吞大颂歌 —— Great Hymn to the Aten
埃及和努比亚的遗迹 —— Monuments de l'Egypte et de la Nubie
埃及记述 —— Description de l'Égypte
埃及人摩西 —— Moses the Egyptian
埃及诸神 —— Panthéon Égyptien
安海纸草 —— Papyrus of Anhai
奥赛里斯大赞美诗 —— The Great Hymn to Osiris
巴肯穆特纸草 —— Papyrus of Bakenmut
白昼之书 —— Book of the Day
彼岸之书 —— Book of that which is beyond
布莱姆纳-莱茵德纸草 —— Bremner-Rhind Papyrus

道德的黎明 —— The Dawn of Conscience
地之书 —— Book of the Earth
洞之书 —— Book of Caverns
都灵王表 —— Royal Canon of Turin
古埃及地图集 —— Atlas of Ancient Egypt
棺木铭文 —— Coffin Texts
哈皮赞美诗 —— The Hymn to Hapy
荷鲁斯与塞特之争 —— Contendings of Horus and Seth
赫汝贝斯纸草 —— Papyrus of Herubes
金字塔铭文 —— Pyramid Texts
拉神祷文 —— Litany of Re
莱顿纸草 —— Papyrus Leiden
曼都里斯的幻象 —— Vision of Mandulis
美里卡拉的教谕 —— Instruction for Merikare
门之书 —— Book of Gates
孟菲斯神论 —— Memphite Theology
冥世之书 —— Amduat
魔法师的故事 —— The Magician Djedi
涅斯塔涅贝塔威纸草 —— Papyrus of Nestanebettawy
切斯特·比提纸草 —— Papyrus Chester Beatty I
十二洞之咒 —— Spell of the Twelve Caves
食人者赞美诗 —— Cannibal Hymn
特恩塔蒙纸草 —— Papyrus of Tentamun
亡灵书 —— Book of the Dead
王权与神祇 —— Kingship and the Gods
威斯卡纸草 —— Westcar Papyrus
辛努海的故事 —— story of Sinuhe
一年最后一天之书 —— The Book of the last day of the year
伊西斯与奥赛里斯 —— De Iside et Osiride
朱米尔哈克纸草 —— Papyrus Jumilhac

人物

阿尔西诺 —— Arsinoe
阿荷太普 —— Ahhotep
阿赫摩斯·尼弗尔塔莉 —— Ahmose Nefertari
阿卡玛尼 —— Arqamani
阿蒙赫尔凯普合夫 —— Amenherkhepshef
阿蒙涅姆赫特 —— Amenemhet
阿蒙诺菲斯 —— Amenophis
阿纳特-赫尔 —— Anat-her
阿普列乌斯 —— Apuleius
阿伊 —— Ay
埃赫纳吞 —— Akhenaten
埃利安 —— Aelian
安赫森阿蒙 —— Ankhesenamun
奥索孔 —— Osorkon
贝尔尼克 —— Berenike
本特瑞什 —— Bentresh
宾特-阿纳特 —— Bint-Anat
戴克里先 —— Diocletion
登 —— Den

狄奥多西 —— Theodosius
第胡提尔迪斯 —— Djhutirdis
菲利普·阿里达乌斯 —— Philip Arrhidaeus
斐洛 —— Philo
哈夫拉 —— Khafre
哈普 —— Hapu
哈特谢普苏特 —— Hatshepsut
荷伦布 —— Horemheb
赫拉波罗 —— Horapollo
赫汝埃夫 —— Kheruef
胡尼弗 —— Hunefer
杰德卡拉-伊瑟西 —— Djedkare-Isesi
杰尔 —— Djer
卡塞海姆威 —— Khasekhemwy
凯荷 —— Qeh
克里奥帕特拉 —— Cleopatra
克瑞杜安赫 —— Khreduankh
拉摩斯 —— Ramose
拉奈布 —— Raneb
罗伊 —— Roy
马克罗比乌斯 —— Macrobius
迈瑞斯安赫 —— Maresankh
麦海普瑞 —— Maiherpri
曼尼托 —— Manetho
美尔奈特 —— Merneith
美内普塔 —— Merenptah
门图荷太普 —— Mentuhotep
孟图赫尔凯普舍夫 —— Montuherkhepeshef
摩斯 —— Mose
穆特姆维娅 —— Mutenmwia
纳尔迈 —— Narmer
纳赫特 —— Nakht
奈弗奈弗鲁拉 —— Nefernefrure
奈特荷太普 —— Neithotep
耐斯帕沃尔舍弗 —— Nespawershefy
尼弗尔提提 —— Nefertiti
尼弗尔伊瑞卡拉 —— Neferirkare
尼弗拉布 —— Neferabu
尼弗玛特 —— Nefermaat
尼弗瑞恩佩特 —— Neferrenpet
尼克塔尼布 —— Nectanebo
尼西塔尼布塔舍汝 —— Nesitanebtasheru
涅布拉 —— Nebre
帕第阿蒙 —— Padiamen
帕里布森 —— Peribsen
派托西里斯 —— Petosiris
佩达美诺普 —— Pedamenope
皮涅杰姆 —— Pinedjem
品达 —— Pindar
乔赛尔 —— Djoser
萨胡拉 —— Sahure
萨姆提克 —— Psamtik

塞弗林 —— Chephren
塞内杰姆 —— Sennedjem
塞特纳赫特 —— Sethnakhte
塞提 —— Sethos
赛美尔赫特 —— Semerkhet
赛太普恩拉 —— Setepenre
森乌斯里特 —— Senwosret
沙巴卡 —— Shabaka
舍普塞斯卡拉 —— Shepseskare
舍尚克 —— Shoshenq
斯尼弗鲁 —— Sneferu/Seneferu
斯特拉波 —— Strabo
苏森尼斯 —— Psusennes
索贝克荷太普 —— Sobekhotep
索贝克尼弗鲁 —— Sobekneferu
塔瓦斯瑞特 —— Tawosret
泰恩特凯瑞尔 —— Tentqerel
泰伊 —— Tiye
提埃肯-阿吞 —— Tjekhen-Aten
瓦伦提尼安 —— Valentinian
威普瓦威特埃姆萨夫 —— Wepwawetemsaf
乌瑟尔卡夫 —— Userkaf
乌瑟哈特摩斯 —— Userhatmose
西普塔 —— Siptah
西塔蒙 —— Sitamun
西西里的狄奥多罗斯 —— Diodorus of Sicily
蝎王 —— Scorpion
伊阿赫泰斯纳克特 —— Iahtesnakht
伊蒙荷太普 —— Imhotep
伊瑞奈弗 —— Irynefer
伊乌普特 —— Iuput
因赫卡 —— Inherkha
因太夫 —— Intef
于亚 —— Yuya
朱文诺 —— Juvenal

物　品

阿太夫王冠 —— Atef Crown
巴勒莫石碑 —— Palermo Stone
贝斯之屋 —— Bes chambers
本本石 —— ben-ben stone
诞生之屋 —— mammisi
盾形项圈 —— aegis
法西斯 —— fasces
复兴石碑 —— Restoration Stela
海努圣船 —— henu barque
海佩什弯刀 —— khepesh sickle-sword
荷鲁斯魔法碑 —— cippi
赫贝特石碑 —— Horbeit Stelae
护身牌 —— protective plaques
还愿碑 —— votive stela

饥荒碑 —— Famine Stela
吉尔塞调色板 —— Gerzeh Palette
杰德阿蒙尼乌安赫还愿碑 —— Stela of Djedamuniuankh
洁净帐篷 —— per wabet
净化棚屋 —— tent of purification
卡赫捷特石碑 —— stela of Qahedjet
卡诺皮克罐 —— canopic jars
凯恩石碑 —— Stela of Qen
罗塞塔石碑 —— Rosetta Stone
马斯塔巴 —— mastaba
迈瑞特箱 —— Meret chest
麦纳特项链 —— menat necklace
曼岱特圣船 —— mandet
木棺脚板 —— footboard
木浆娃娃 —— paddle dolls
木乃伊薄板棺 —— cartonnage mummy case
纳尔迈调色板 —— Narmer Palette
涅姆塞特罐 —— nemset jar
潘布伊之碑 —— Stela of Penbuy
平顶式冠冕 —— modius
平衡坠 —— counterpoises
权标头 —— macehead
日船 —— mandjet
入梦圣所 —— incubation
塞拉赫王名圈 —— serekh
塞提尔耐耐赫石碑 —— Stela of Seti-er-neneh
沙巴卡石碑 —— Shabaka Stone
舍斯迈特腰带 —— Shesmet girdle
神庙清单 —— temple lists
神亭 —— divine booth
圣甲虫形雕件 —— scaraboids
饰板 —— plaques
塔奈特派瑞特木碑 —— Stela of Tanetperet
威普瓦威特之斧 —— adze of Wepwawet
乌加特之眼 —— wedjat eye
新年圣水瓶 —— New Year flasks
夜船 —— mesketet
伊赫诺弗瑞特石碑 —— Stela of Ikhernofret
伊密乌特神偶 —— imiut fetish
伊什德树 —— ished tree
葬仪拖棺 —— funerary sled
纸草护身符 —— amuletic papyri

其　他

阿黑门尼德王朝 —— Achaemenid
阿克胡 —— akhu
埃及学研讨会 —— Seminar for Egyptology
埃及雁 —— Alopochen aegyptiaca
八神组 —— Ogdoad
巴乌 —— bau
创造论 —— generation

单一主神信仰——henotheism
登基名——throne name
独辫——sidelock
扼死沙漠之鸟——strangling the desert bird
发散论——emanation
泛滥季——akhet
费昂斯——Faience
哈尔收藏——Harer Collection
荷阿克节——Khoiak festival
混合透视法——composite perspective
杰德——djed
洁净仪式——ritual lustration
精灵——djins
九神组——Ennead
卡——ka
卡叠什之战——Battle of Kadesh
拉绳仪式——'stretching the cord' ceremony
卢克索窖藏——Luxor Cachette
秘仪——shetau
木乃伊防腐匠人——embalmers
纳瑞特——naret

诺姆——Nome
欧比德节——Opet Festival
盘蛇游戏棋——coiled serpent board game
倾听之耳——mesedjer-sedjem
萨——Sa
塞赫姆——sekhem
塞太姆祭司——setem-priest
塞易斯时期——Saite Period
申——shen
神传——aretalogy
圣隼加冕礼——Coronation of the Sacred Falcon
狮庙——lion temple
双真理大厅——Hall of the Two Truths
太阳泛神论——solar pantheism
瓦斯——was
王室祭仪——royal mortuary cult
维西尔——vizier
乌瑟——User
凶日——Demon Days
妖灵——afrits
因地夫——indief

延伸阅读

缩 写

AAWLM	*Abhandlungen der Akademie der Wissenschaften und der Literatur in Mainz*
ÄAT	*Ägypten und Altes Testament*
ADAIK	*Abhandlungen des Deutschen Archäologischen Instituts Kairo*
ÄF	*Ägyptologisches Forschungen*
ASAE	*Annales du Service des Antiquités de l'Égypte*
BACE	*Bulletin of the Australian Center for Egyptology*
BES	*Bulletin of the Egyptological Seminar*
BIFAO	*Bulletin de l'Institut français d'archéologie orientale*
BRL	*Bulletin of the John Rylands Library*
BSA	*Bulletin de la Société d'Anthropologie*
GM	*Göttinger Miszellen*
JAF	*Journal of American Folklore*
JANES	*Journal of the Ancient Near Eastern Society*
JARCE	*Journal of the American Research Center in Egypt*
JEA	*Journal of Egyptian Archaeology*
JNES	*Journal of Near Eastern Studies*
JSSEA	*Journal of the Society for the Study of Egyptian Antiquities*
JTS	*Journal of Theological Studies*
KMT	*KMT: A Modern Journal of Ancient Egypt*
LÄ	Helck, W., and E. Otto (eds.), *Lexikon der Ägyptologie* (Wiesbaden, 1975–)
MÄS	*Münchner Ägyptologische Studien*
MDAIK	*Mitteilungen des Deutschen Archäologischen Instituts, Abteilung Kairo*
OBO	*Orbis biblicus et orientalis*
OEAE	*Oxford Encyclopedia of Ancient Egypt*
PÄ	*Probleme der Ägyptologie*
RHPR	*Revue d'Histoire et de Philosophie Religieuses*
RHR	*Revue de l'histoire de religions*
SAK	*Studien zur altägyptischen Kultur*
VA	*Varia Aegyptiaca*
ZÄS	*Zeitschrift für Ägyptische Sprache und Altertumskunde*

关于古埃及宗教的整体知识以及单独的男神和女神，有大量的文献可供阅读。以下参考书目旨在为读者提供这些文献的信息，此处选取了关于主要埃及神祇的经典著作和新近发表的文章。如希望获取关于埃及的数百位小神的更多信息，建议读者参阅引言部分列出的几本实用的手册，以及不同类别的神祇下所列出的具体研究书目。

引 言

Assmann, J., *The Search for God in Ancient Egypt* (tr. by D. Lorton, Ithaca, 2001)

Cerny, J., *Ancient Egyptian Religion* (Westport, CT, 1979)

Frankfort, H., *Ancient Egyptian Religion: An Interpretation* (New York, 1948)

Hart, G., *A Dictionary of Egyptian Gods and Goddesses* (London, 1986)

Kemp, B.J., *Ancient Egypt: Anatomy of a Civilization* (London and New York, 1989)

Leitz, C. (ed.), Das Lexikon der ägyptischen Götter und Götterbezeichnungen I–VII (Leuven/Louvain, 2002)

Lesko, B.S., *The Great Goddesses of Egypt* (Norman, OK, 1999)

Luft, U.H., 'Religion', *OEAE*, Vol. III, pp. 139–45

Lurker, M., *The Gods and Symbols of Ancient Egypt* (tr. by B. Cumming, London, 1980)

Quirke, S., *Ancient Egyptian Religion* (London, 1992)

Shaw, I. and P. Nicholson, *The Dictionary of Ancient Egypt* (London, 1995)

Silverman, D.P., 'Deities', *OEAE*, Vol. I, pp. 369–75

Teeter, E., 'Cults: Divine Cults', *OEAE*, Vol. I, pp. 340–45

Tobin, V.A., *Theological Principles of Egyptian Religion* (New York, 1989)

Traunecker, C., *The Gods of Egypt* (tr. by D. Lorton, Ithaca, 2001)

Watterson, B., *The Gods of Ancient Egypt* (London, 1984; repr. Gloucestershire, 1996)

第一章 诸神的兴衰

诸神的诞生

Allen, J.P., *Genesis in Egypt: The Philosophy of Ancient Egyptian Creation Accounts* (New Haven, 1988)

Hassan, F., 'Primeval Goddess to Divine Kingship: The Mythogenesis of Power in the Early Egyptian State'. In R. Friedman and B. Adams (eds.), *The Followers of Horus: Studies dedicated to Michael Allen Hoffman 1944–1990* (Oxford, 1992) pp. 307–22

Hassan, F.A., 'The Earliest Goddesses of Egypt: Divine Mothers and Cosmic Bodies'. In L. Goodison and C. Morris (eds.), *Ancient Goddesses: The Myths and the Evidence* (Madison, WI, 1998)

Hoffman, M.A., *The Predynastic of Hierkonpolis – An Interim Report* (Oxford, 1982)

Hoffmeier, J.K., 'Some Thoughts on Genesis 1 & 2 and Egyptian Cosmology' *JANES* 15 (1983) pp. 39–49

Lesko, L.H., 'Ancient Egyptian Cosmogonies and Cosmology'. In

B.E. Shafer (ed.), *Religion in Ancient Egypt: Gods, Myths, and Personal Practice* (Ithaca and London, 1991), pp. 88–122

Silverman, D.P., 'Divinity and Deities in Ancient Egypt,' In: B.E. Shafer (ed.), *Religion in Ancient Egypt: Gods, Myths, and Personal Practice* (Ithaca and London, 1991), pp. 7–87

Ucko, P.J., *Anthropomorphic Figurines of Predynastic Egypt and Neolithic Crete* (London, 1968)

诸神的统治

Allen, J.P., *Genesis in Egypt: The Philosophy of Ancient Egyptian Creation Accounts* (New Haven, 1988)

Bleeker, C.J., 'L'Idée de l'ordre cosmique dans l'ancienne Égypte', *RHPR* 2–3 (1962), pp. 193–200

Mysliwiec, K., 'Amon, Atum and Aton: The Evolution of Heliopolitan Influences in Thebes'. In *L'Égyptologie en 1979, 2: Axes priorities de recherches* (Paris, 1982; Cairo, 1983), pp. 285–89

Silverman, D.P., 'Divinity and Deities in Ancient Egypt'. In B.E. Shafer (ed.), *Religion in Ancient Egypt: Gods, Myths, and Personal Practice* (Ithaca and London, 1991)

诸神的衰落

Assmann, J., *Zeit und Ewigkeit im alten Ägypten* (Heidelberg, 1975)

Bagnall, R.S., *Egypt in Late Antiquity* (Princeton, 1993)

Bell, H.I., *Cults and Creeds in Graeco-Roman Egypt* (Liverpool, 1953)

Frankfurter, D., *Religion in Roman Egypt: Assimilation and Resistance* (Princeton, 1998)

Hollis, S.T., 'Otiose Deities and the Ancient Egyptian Pantheon', *JARCE* (XXXV, 1998), pp. 61–71

Merkelbach, R., *Isis Regina, Zeus Serapis. Die griechisch-ägyptische Religion nach den Quellen dargestellt* (Stuttgart, 1995)

Witt, R.E., *Isis in the Graeco-Roman World* (Ithaca, 1971); repr. as *Isis in the Ancient World* (Baltimore, 1997)

第二章 诸神的本质

神祇的种类

Assmann, J., *Ägypten: Theologie und Frömmigkeit einer frühen Hochkultur* (Stuttgart, 1984); trans into English as *The Search for God in Ancient Egypt* (Tr. D. Lorton, Ithaca, 2001)

Baines, J. 'On the Symbolic Context of the Principal Hieroglyph for "god"'. In U. Verhoeven and E. Graefe (eds.), *Religion und Philosophie im alten Ägypten* (Leuven, 1991), pp. 29–46

Brunner, H., 'Name, Namen, und Namenlosigkeit Gottes im Alten Ägypten'. In H. von Stietencron (ed.), *Der Name Gottes* (Düsseldorf, 1975), pp. 33–49

Cauville, S., 'Á propos des 77 génies de Pharbaithos', *BIFAO* 90 (1990), pp. 115–33

Derchain, P., 'Der ägyptische Gott als Person und Funktion'. In Wolfhart Westendorf (ed.), *Aspekte der spätägyptischen Religion* (Weisbaden, 1979), pp. 43–45.

Fischer, H.G., 'The Ancient Egyptian Attitude Towards the Monstrous'. In A.E. Farkas *et al.* (eds.), *Monsters and Demons in the Ancient and Medieval Worlds: Papers Presented in Honor of Edith Porada* (Mainz, 1987), pp. 13–26

Goedicke, H., 'God', *JSSEA* 16 (1986), pp. 57–62

Hoffmeier, J.K., *Sacred in the Vocabulary of Ancient Egypt: The term dsr, with special reference to Dynasties I–XX* (Göttingen, 1985)

Hornung, E., 'Tiergestaltige Götter der alten Ägypter'. In *Mensch und Tier* (Bern, 1985), pp. 11–31

Hornung, E., 'Götterwort und Götterbild im alten Ägypten'. In H.-J. Klimkeit (ed.), *Götterbild in Kunst und Schrift* (Bonn, 1984), pp. 37–60

James, E.O., *The Worship of the Sky-God* (London, 1963)

Kurth, D., 'Götter determinieren Götter', *SAK* 5 (1977), pp. 175–81

Meeks, D., 'Zoomorphie et image des dieux dans l'Égypte ancienne'. In C. Malamoud and J.-P. Vernant (eds.), *Corps des dieux* (Paris, 1986), pp. 171–91

Meeks, D., 'Génies, Anges, Démons en Igypte'. In P. Garelli (ed.), *Génies, Anges et Démons* (Paris, 1971), pp. 19–84

Meeks, D., 'Demons', *OEAE*, Vol. I, pp. 375–78

Niwinski, A., 'Untersuchungen zur ägyptischen religiösen Ikonographie der 21 Dynastie, 1: Towards the Religious Iconography of the 21st Dynasty', *GM* 49 (1981), pp. 47–59

Ockinga, B., *Die Gottebenbildlichkeit in Ägypten und im Alten Testament* (Wiesbaden, 1984)

Posener, G., 'Les afarit dans l'ancienne Égypte', *MDAIK* 37 (1981), pp. 393–401

Silverman, D.P., 'Divinity and Deities in Ancient Egypt'. In B.E. Shafer (ed.), *Religion in Ancient Egypt: Gods, Myths, and Personal Practice* (Ithaca and London, 1991)

Wildung, D., *Egyptian Saints: Deification in Pharaonic Egypt* (New York, 1977)

神祇的显现

Altenmüller, B., 'Synkretismus in den Sargtexten'. In W. Westendorf (ed.), *Erscheinungen in der altägyptischen Religion*, 2 (Wiesbaden, 1975)

Anthes, R., 'Das Problem des Allgottes im vorgeschichtlichen Ägypten', *MDAIK* 15 (1957), pp. 1–12

Assmann, J., 'Grundstrukturen der ägyptischen Gottesvorstellungen', *Biblische Notizen* 11 (1980), pp. 46–62

Assmann, J., *Egyptian Solar Religion in the New Kingdom: Re, Amun and the Crisis of Polytheism*, (Trans. by A. Alcock from the German, London, 1994)

Assmann, J., *Ägypten: Theologie und Frömmigkeit einer frühen Hochkultur* (Stuttgart, 1984); trans into English as *The Search for God in Ancient Egypt* (Tr. D. Lorton, Ithaca, 2001)

Barta, W., 'Zur Verbindung des Atum mit dem Sonnengott Re', *GM* 64 (1983), pp. 15–18

Berner, U., 'Trinitaristische Gottesvorstellungen im Kontext theistischer Systembildungen', *Saeculum* 31 (1980), pp. 93–111

Bonnet, H., 'Zum Verständnis des Synkretismus', *ZÄS* 75 (1939), pp. 40–52

Brunner, H., 'Name, Namen, und Namenlosigkeit Gottes im Alten Ägypten'. In H. von Stietencron (ed.), *Der Name Gottes* (Düsseldorf, 1975), pp. 33–49

Bonhéme, M.-A., 'Divinity', *OEAE*, Vol. I, pp. 401–06

de Wit, C., 'Quelques Problèmes du Syncrétisme Égyptien', *NouvClio* 7, 8, 9 (1955–56–57), pp. 292–93

Derchain, P., 'Divinité: Le problème du divin et des dieux dans l'Égypte ancienne'. In Y. Bonnefoy (ed.), *Dictionnaire des mythologies* (Paris, 1981), pp. 324–30

Griffiths, J. G., 'Motivation in Early Egyptian Syncretism'. In M.H. van Voss, D.M. Hoens, G. Mussies, D. van der Plas, and H. te Velde, *Studies in Egyptian Religion* (Leiden, 1982), pp. 43–55

Leclant, J., 'Points de vue récents sur le syncrétisme dans la religion de l'Égypte pharaonique'. In F. Dunand and P. Lévêque (eds.), *Les Syncrétismes dans les Religions de l'Antiquité* (Leiden, 1975), pp. 1–18

Meeks, D., 'Notion de "dieu" et structure de panthéon dans l'Égypte ancienne', *Revue de l'histoire des religions* 205 (1988), pp. 425–46

Otto, E., 'Altägyptischer Polytheismus: Eine Beschreibung', *Saeculum* 14 (1963), pp. 249–85

Schenkel, W., 'Amun-Re: Eine Sondierung zu Struktur und Genese altägyptischer synkretischer Götter', *SAK* 1 (1974), pp. 275–88

Silverman, D.P., 'Divinity and Deities in Ancient Egypt'. In B.E. Shafer (ed.), *Religion in Ancient Egypt: Gods, Myths, and Personal Practice* (Ithaca and London, 1991)

Spiegel, J., *Die Götter von Abydos: Studien zum ägyptischen Synkretismus* (Wiesbaden, 1973)

Vergote, J., 'La Notion de Dieu dans les Livres de sagesse égyptiens'. In *Les Sagesses du Proche-Orient Ancien: Colloque de Strasbourg 17–19 mai 1962* (Paris, 1963), pp. 159–90

埃及与一神教

Allen, J.P., 'Monotheism: The Egyptian Roots', *Archaeology Odyssey* 7:8 (1999), pp. 44–54, 59

Assmann, J., *Ägyptische Hymnen und Gebete* (Zurich, 1975)

Assmann, J., 'Akhanyati's Theology of Light and Time', *Proceedings of the Israel Academy of Sciences and Humanities* 4 (1992), pp. 143–76

Assmann, J., *Egyptian Solar Religion in the New Kingdom: Re, Amun and the Crisis of Polytheism* (Tr. A. Alcock, London, 1995)

Assmann, J., *Moses, The Egyptian: The memory of Egypt in Western Monotheism* (Cambridge, MA, 1997)

Assmann, J., 'Mono-, Pan-, and Cosmotheism: Thinking the 'One' in Egyptian Theology', *Orient* 33 (1998), pp. 130–49

Baines, J., '"Greatest God" or Category of Gods?', *GM* (1983), pp. 13–28

Bonnet, H., 'Zum Verständnis des Synkretismus', *ZÄS* 75 (1939), pp. 40–52

Bonnet, H. 'Synkretismus'. In H. Bonnet (ed.), *Reallexikon der ägyptischen Religionsgeschichte* (Berlin, 1952), pp. 237–47

Griffiths, J.G., 'Motivation in early Egyptian syncretism.' In M. H. van Voss *et al.* (eds.), *Studies in Egyptian Religion Dedicated to Professor Jan Zandee* (Leiden, 1982), pp. 43–55

Hari, R., 'La religion amarnienne et la tradition polythéiste'. In *Fs Westendorf* (Göttingen, 1984), pp. 1039–55

Henfling, E., 'Das Eine und das Viele'. In *Fs Westendorf* (Göttingen, 1984), pp. 735–40

Hornung, E., *Akhenaten and the Religion of Light* (tr. D. Lorton, Ithaca, 1999)

Hornung, E., 'Monotheismus im pharaonischen Ägypten'. In O. Keel (ed.), *Monotheismus im Alten Israel und seiner Umwelt* (Freiburg, 1980), pp. 83–97

Hornung, E., 'The Rediscovery of Akhenaten and His Place in Religion', *JARCE* 29 (1992), pp. 43–49

Hornung, E., *Conceptions of God in Ancient Egypt: The One and the Many* (Tr. by J. Baines, Ithaca, 1982; London, 1983)

Johnson, W.R., 'Amenhotep III and Amarna: Some New Considerations', *JEA* 82 (1996), pp. 65–82

Morenz, S., *Egyptian Religion*. Tr. A.E. Keep (London and Ithaca, 1973)

Posener, G., 'Sur le monothéisme dans l'ancienne Égypte'. In A. Caquot and M. Delcor (eds.), *Mélanges Bibliques et Orientaux en l'Honneur de M. Henri Cazelles* (Kaveleaer, 1981), pp. 347–51

Tobin, A., 'Amarna and Biblical Religion'. In S. Israelit-Groll (ed.), *Pharaonic Egypt: The Bible and Christianity* (Jerusalem, 1985), pp. 231–77

Wente, E.F., 'Monotheism', *OEAE*, Vol. II, pp. 432–35

Zabkar, L.V., 'The Theocracy of Amarna and the Doctrine of the Ba', *JNES* 13 (1954), pp. 87–110

第三章　诸神的崇拜

诸神的供奉

Altenmüller, H., 'Feste', *LÄ* II (1977), c. 171–91

Arnold, D., *Die Tempel Ägyptens: Götterwohnungen, Kultstätten, Baudenkmäler* (Zurich, 1992)

Barta, W., *Aufbau und Bedeutung der altägyptischen Opferformel* (ÄF, 24) (Glückstadt, 1968)

Blackman, A.M., 'The Significance of Incense and Libations', *ZÄS* 50 (1912), pp. 69–75

Blackman, A.M., *Gods, Priests and Men: Studies in the Religion of Pharaonic Egypt* (London, 1992; 2nd ed. London, 1998)

Bleeker, C.J., *Egyptian Festivals: Enactments of Religious Renewal* (Studies in the History of Religions, Supplements to Numen, XIII) (Leiden, 1967)

Brovarski, E., 'Tempelpersonal I', *LÄ* VI (1986), c. 387–401

Curto, S., 'Some Notes Concerning the Religions and Statues of Divinities of Ancient Egypt'. In *Fs Westendorf* (1984), pp. 717–34

David, A.R., *Religious Ritual at Abydos (c.1300 B.C.)* (Warminster, 1973)

David, A.R., *A Guide to the Religious Ritual at Abydos* (Warminster, 1981)

Doxey, D.M., 'Priesthood', *OEAE*, Vol. III, pp. 68–73

Englund, G., 'Offerings: An Overview', *OEAE*, Vol. II, pp. 564–69

Englund, G., 'Gifts to the Gods – A Necessity, for the Preservation of Cosmos and Life. Theory and Praxis'. In T. Linders and G. Nordquist (eds.), *Gifts to the Gods: Proceedings of the Uppsala Symposium 1985* (Uppsala, 1987), pp. 57–66

Fischer, H.G., 'Priesterinnen', *LÄ* IV (1982), c. 1100–05

Galvin, M. *Priestesses of Hathor in the Old Kingdom and the 1st Intermediate Period* (Ann Arbor, 1981)

Grimm, A., *Die altägyptischen Festkalender in den Tempeln der griechisch-römischen Epoche* (ÄAT, 15) (Wiesbaden, 1994)

Gundlach, R., 'Temples', *OEAE*, Vol. III, pp. 363–79

Helck, W., 'Priester', *LÄ* IV, c. 1084–97

Johnson, J. 'The Role of the Egyptian Priesthood in Ptolemaic Egypt'. In *Egyptological Studies in Honour of Richard A. Parker* (Hanover, 1986), pp. 70–84.

Kozloff, A.P., 'Sculpture: Divine Sculpture', *OEAE*, Vol. III, pp. 242–46

Lorton, D., 'The Theology of Cult Statues in Ancient Egypt'. In M. B. Dick (ed.), *Born in Heaven, Made on Earth: The Making of the Cult Image in the Ancient Near East* (Winona Lake, IN, 1999), pp. 122–210

Martin-Pardey, E., 'Tempelpersonal II', *LÄ* VI (1986), c. 401–07

Meeks, D. and C. Favard-Meeks, *Daily Life of the Egyptian Gods* (London and Ithaca, 1996)

Moursi, Mohamed I. *Die Hohenpriester des Sonnengottes von der Frühzeit Ägyptens bis zum Ende des Neuen Reiches* (MÄS 26) (Munich, 1972)

Naguib, S.-A., *Le Clergé féminin d'Amon Thebain à la 21e Dynastie* (Leuven, 1990)

Poo, M.-C., *Wine and Wine Offerings in the Religion of Ancient Egypt* (London, 1995)

Quaegebeur, J. (ed.), *Ritual and Sacrifice in the Ancient Near East* (Leuven, 1993)

Robins, G., 'The god's wife of Amun in the 18th dynasty in Egypt'. In A. Cameron and A. Kuhrt (eds.), *Images of Women in Antiquity* (London and Canberra, 1983), pp. 65–78

Sauneron, S., *The Priests of Ancient Egypt* (New York and London, 1960); new edition (tr. D. Lorton, Ithaca, 2000)

Schott, S., *Das schöne Fest vom Wüstentale: Festbräuche einer Totenstadt* (AAWLM, 11). (Weisbaden, 1953)

Schott, S., *Ritual und Mythe im altägyptischen Kult* (Studium Generale, 8) (Berlin, 1955)

Shafer, B. (ed.), *The Temple in Ancient Egypt* (Ithaca, 1998)

Smith, G.E., 'Incense and Libations', *BRL* 4 (1921), pp. 191–262

Teeter, E., *The Presentation of Maat: Ritual and Legitimacy in Ancient Egypt* (Chicago, 1997)

Wild, R.A., *Water in the Cultic Worship of Isis and Sarapis* (Leiden, 1981)

Wilkinson, R.H., *The Complete Temples of Ancient Egypt* (London and New York, 2000)

民间宗教与虔信

Baines, J., 'Practical Religion and Piety', *JEA* 73 (1987), pp. 79–98

Baines, J., 'Society, Morality, and Religious Practice'. In B.E. Shafer (ed.), *Religion in Ancient Egypt: Gods, Myths, and Personal Practice* (Ithaca, 1991), pp. 123–200

Borghouts, J.F., 'Magical Practices among the Villagers'. In L.H. Lesko (ed.), *Pharaoh's Workers* (Ithaca, 1994), pp. 119–30

Brunner, H., 'Persönliche Frömmigkeit', *LÄ* IV, c. 951–63

Gardiner, A.H., 'The Gods of Thebes as Guarantors of Personal Property', *JEA* 48 (1962), pp. 57–69

Kákosy, L., 'Orakel', *LÄ* IV, c. 600–04

Kruchten, J.-M., 'Oracles', *OEAE*, Vol. II, pp. 609–12

Sadek, A.I., *Popular Religion in Egypt during the New Kingdom* (Hildesheim, 1988)

Teeter, E., 'Popular Religion in Ancient Egypt', *KMT* 4.2 (1993), pp. 28–37

人神关系

Assmann, J., *Agyptische Hymnen und Gebete* (Bibliothek der Alten Welt: Der Alte Orient) (Zurich and Munich, 1975)

Assmann, J. *Theology and Piety in Ancient Egypt* (Tr. D. Lorton, Ithaca, 2001)

Bleeker, C.J., 'Isis as Saviour Goddess'. In S.G.F. Brandon (ed.), *The Saviour God: Comparative Studies in the Concept of Salvation Presented to Edwin Oliver James* (Manchester, 1963), pp. 1–16

Burkert, W., *Ancient Mystery Cults* (Cambridge, MA, 1987)

Griffiths, J.G., 'Isis and the Love of the Gods', *JTS* 29 (1978), pp. 148

Merkelbach, R., *Isis Regina, Zeus Serapis. Die griechisch-ägyptische Religion nach den Quellen dargestellt* (Stuttgart, 1995)

Ockinga, B., 'Piety', *OEAE*, Vol. III, pp. 44–47

Otto, E., 'Gott als Retter in Ägypten'. In *Tradition und Glaube: Das frühe Christentum in seiner Umwelt* (Göttingen, 1971), pp. 9–22

Witt, R., *Isis in the Graeco-Roman World* (Ithaca, 1971); repr. as *Isis in the Ancient World* (Baltimore, 1997)

第四章　王权与诸神

在神与人之间

Amer, A.A.M.A., 'Some Observations on the Statue-Cults of Ramesses II', *JSSEA* 26 (1996), pp. 1–7

Assmann, J., *Der König als Sonnenpriester: Kosmographischer Begeisttext zur kulttischen Sonnenhymnik in thebanischen Tempeln ubd Gräben* (ADAIK, Ägyptologische Reihe, 7) (Glückstadt, 1970)

Bell, L., *Mythology and Iconography of Divine Kingship in Ancient Egypt* (Chicago, 1994)

Bonhéme, M.-A., 'Kingship', *OEAE*, Vol. II, pp. 238–44

Cooney, K.M., 'The Edifice of Taharqa by the Sacred Lake: Ritual Function and the Role of the King', *JARCE* 37 (2000), pp. 15–48

Cruz-Uribe, E., 'Atum, Shu, and the Gods During the Amarna Period', *JSSEA* 25 (1995), pp. 15–22

Felde, R., *Egyptian Deities, Kings and Queens* (Wiesbaden, 1993)

Frankfort, H., *Kingship and the Gods* (Chicago, 1978 ed.), Parts I, II

Habachi, L., *Features of the Deification of Ramesses II* (Glückstadt, 1969)

Hoffmeier, J.K., 'The King as God's Son in Egypt and Israel', *JSSEA* XXIV (1994), pp. 28–38

O'Connor, D.B. and E.H. Cline (eds.), *Amenhotep III: Perspectives on His Reign* (Ann Arbor, 1997)

Redford, D.B., 'The Concept of Kingship during the Eighteenth Dynasty'. In D. O'Connor and D.P. Silverman (eds.), *Ancient Egyptian Kingship* (Leiden, 1995), pp. 157–83

Silverman, D.P., 'The Nature of Egyptian Kingship'. In D. O'Connor and D.P. Silverman (eds.), *Ancient Egyptian Kingship* (Leiden, 1995), pp. 49–91

Teeter, E., *The Presentation of Maat: Ritual and Legitimacy in Ancient Egypt* (Chicago, 1997)

亡者与神祇

Bell, L., 'Aspects of the Cult of the Deified Tutankhamun', *Bibliotheque d'Étude* 97:1 (1985), pp. 31–59

Bell, L., *Mythology and Iconography of Divine Kingship in Ancient Egypt* (Chicago, 1994)

Frankfort, H., *Kingship and the Gods* (Chicago, 1978 ed.), Part III

Quaegebeur, J., 'Cleopatra VII and the Cults of the Ptolemaic Queens'. In *Cleopatra's Egypt: Age of the Ptolemies* (Brooklyn, 1989), pp. 41–54

Rowe, A., 'Newly Identified Monuments in the Egyptian Museum Showing the Deification of the Dead together with Brief Details of Similar Objects Elsewhere', *ASAE* 40 (1940), pp. 1–67

Silverman, D.P., 'The Nature of Egyptian Kingship'. In D. O'Connor and D.P. Silverman (eds.), *Ancient Egyptian Kingship* (Leiden, 1995), pp. 49–91

Wildung, D., *Ni-user-Ré. Sonnenkönig – Sonnengott* (Munich, 1984)

神界的王权

Frankfort, H., *Kingship and the Gods* (Chicago, 1978 ed.), Part IV

Griffiths, J. G., *The Conflict of Horus and Seth from Egyptian and Classical Sources* (Liverpool, 1960)

Quirke, S., *Ancient Egyptian Religion* (London, 1992)

te Velde, H., 'Relations and Conflicts Between Egyptian Gods: Particularly in the Divine Ennead of Heliopolis'. In H.G. Keppenberg (ed.), *Struggles of Gods: Papers of the Groningen Work Group for the Study of the History of Religions* (New York, 1984), pp. 239–57

Tobin, V.A., 'Divine Conflict in the Pyramid Texts', *JARCE* 30 (1993), p. 102

Troy, L., *Patterns of Queenship* (Uppsala, 1986)

第五章　埃及神祇目录

神祇的群体

Altenmhller, H., 'Achtheit', *LÄ* I (1975), c. 56–57

Baines, J., 'An Abydos List of Gods and an Old Kingdom Use of Texts', In *Fs. Edwards* (1988), pp. 124–33

Berner, U., 'Trinitaristische Gottesvorstellungen im Kontext theistischer Systembildungen', *Saeculum* 31 (1980), pp. 93–111

Barta, W., *Untersuchen zum Götterkreis der Neuenheit* (Munich, 1973)

Graefe, E., *Studien zu den Göttern und Kulten im 12. und 10. oberägyptischen Gau (insbesondere in der spät-und griechisch-römanischen Zeit)* (Freiburg, 1980)

Griffiths, J.G., *Triads and Trinity* (Cardiff, 1996)

Griffiths, J.G., 'Some Remarks on the Enneads of Gods', *Or* 28 (1959), pp. 34–56

Hollis, S., 'Otiose Deities and the Ancient Egyptian Pantheon', *JARCE* XXXV (1998), pp. 61–72

Meeks, D., 'Demons', *OEAE*, Vol. I, pp. 375–8

Meeks, D., 'Génies, Anges, Démons en Égypte'. In *Génies, Anges et Démons* (Paris, 1971), pp. 17–84

Parker, R. and O. Neugebauer, *Egyptian Astronomical Texts: Vol. I: The Early Decans* (Providence, 1960)

Sethe, K., *Amun und die acht Urgötter von Hermopolis* (Berlin, 1929)

te Velde, H., 'Relations and Conflicts Between Egyptian Gods: Particularly in the Divine Ennead of Heliopolis'. In H.G. Kippenberg (ed.), *Struggles of Gods: Papers of the Groningen Work Group for the Study of the History of Religions* (New York, 1984), pp. 239–57

te Velde, H., 'Some Remarks on the Structure of Egyptian Divine Triads', *JEA* 57 (1971), pp. 80–86

Westendorf, W., 'Zweiheit, Dreiheit, und Einheit in der altägyptischen Theologie', *ZÄS* 100 (1974), pp. 136–41

人形的男性神

Assmann, J., *Egyptian Solar Religion in the New Kingdom: Re, Amun and the Crisis of Polytheism* (tr. A. Alcock, London, 1995)

Baines, J., *Fecundity Figures* (Warminster, 1985)

Barta, W., 'Die Bedeutung der Personifikation Huh im Untersheid zu den Personifikation Hah und Nun,' *Göttinger Miszellen* 127 (1992), pp. 7–12

Barta, W., 'Bemerkungen zur Etymologie und Semantik der Götternamen von Isis und Osiris', *MDAIK* 34 (1978), pp. 9–13

Beinlich, H., 'Osiris in Byblos', *Die Welt des Orients* 14 (1983), pp. 63–66

Bianchi, U., 'Seth, Osiris et l'Ethnographie', *RHR* 179 (1971), pp. 113–35

Bleeker, C.J., *Hathor and Thot* (Leiden, 1973)

Bonneau, D., *La Crue du Nil, divinité égyptienne à travers mille ans d'histoire* (Paris, 1967)

Brady, T.A., *Sarapis and Isis. Collected Essays* (Chicago, 1978)

Brunner-Traut, E., 'Der Sehgott und der Hörgott in Literatur und Theologie'. In J. Assmann, E. Feucht and R. Grieshammer (eds.), *Fragen an die altägyptische Literatur* (Wiesbaden, 1977), pp. 125–45

Cornelius, S. *The iconography of the Canaanite gods Reshef and Baal in the Late Bronze and Iron Age I periods (c 1500–1000 bc)* (Goettingen & Fribourg, 1994)

Cruz-Uribe, E., 'Atum, Shu, and the Gods During the Amarna Period', *JSSEA* 25 (1995), pp. 15–22

Dolinska, M., 'Red and Blue Figures of Amun', *VA* 6:1–2 (April–August 1990), pp. 3–7

Eaton-Krauss, M., 'The Earliest Representation of Osiris', *VA* 3 (1987), pp. 233–36

Giveon, R., 'New Material Concerning Canaanite Gods in Egypt'. In *Proceedings of the Ninth World Congress of Jewish Studies, Jerusalem, 1985* (Jerusalem, 1986), pp. 1–4

Griffiths, J.G., 'Osiris', *OEAE*, Vol. II, pp. 615–19

Griffiths, J.G., *The Origins of Osiris and His Cult* (Leiden, 1980)

Griffiths, J.G., 'Osiris and the Moon in Iconography', *JEA* 62 (1976), pp. 153–59

Griffiths, J.G., 'Osiris', *LÄ* IV, c. 623–33

Hall, E.S., 'Harpocrates and Other Child Deities in Ancient Egyptian Sculpture', *JARCE* 14 (1977), pp. 55–58

Holmberg, S., *The God Ptah* (Lund, 1946)

Houser-Wegner, J., 'Shu', *OEAE*, Vol. III, pp. 285–86

Houser-Wegner, J., 'Nefertum', *OEAE*, Vol. II, pp. 514–16

Josephson, J.A., 'Imhotep', *OEAE*, Vol. II, pp. 151–52

Kozloff, A.P. and B.M. Bryan, with L.M. Berman, *Egypt's Dazzling Sun: Amenhotep III and His World* (Cleveland, 1992)

Lorton, D., 'Considerations on the Origin and Name of Osiris', *VA* 1 (1985), pp. 113–26

McBride, D.R., 'Nun', *OEAE*, Vol. II, pp. 557–58

Mysliwiec, K., 'Atum'. In *OEAE*, Vol. I, pp. 158–60

Mysliwiec, K., *Name. Epitheta. Ikonographie*, Vol. II, *Studien zum Gott Atum* (Hildesheim, 1979)

Ogdon, J.R., 'The Celestial Ferryman in the Pyramid Texts', *Publicaciones Ocasionales, Instituto de Egiptologia de la Argentina*, Vol. 1 (Buenos Aires, 1977)

Ogdon, J.R., 'Some Notes on the Iconography of Min', *BES* 7 (1985–86), pp. 29–41

Onstine, S., 'The Relationship Between Osiris and Re in the Book of Caverns', *JSSEA* 25 (1995), pp. 66–77; pl. 5–7

Osing, J., 'Isis und Osiris', *MDAIK* 30 (1974), pp. 91–113

Otto, E., *Ancient Egyptian Art: The Cults of Osiris and Amon* (Tr. by K. Bosse-Griffiths, New York, 1967)

Otto, E. and M. Hirmer, *Osiris und Amun, Kult und Heilige Staetten* (Munich, 1966)

Plutarch, *De Iside et Osiride* (tr. J.G. Griffiths, Cardiff, 1970)

Quaegebeur, J., *Le dieu egyptien Shai dans la religion et l'onomastique* (Leuven, 1975)

Ritner, R., 'Horus on the Crocodiles: A Juncture of Religion and Magic in Late Dynastic Egypt'. In J.P. Allen, J. Assmann, A.B. Lloyd, R.K. Ritner and D.P. Silverman (eds.), *Religion and Philosophy in Ancient Egypt* (New Haven, 1989), pp. 103–16

Romanosky, E., 'Min', *OEAE*, Vol. II, pp. 413–15

Schenkel, W., 'Amun-Re: Eine Sondierung zu Struktur und Genese altägyptischer synkretischer Götter', *SAK* 1 (1974), pp. 275–88

Schlögl, H., 'Nefertem', *LÄ* IV, c. 378–80

Schlögl, H., *Der Sonnengott auf der Blüte* (Genève, 1977)

Schlögl, H.A., *Der Gott Tatenen nach Texten und Bildern des Neuen Reiches* (Freiburg and Göttingen, 1980)

Schumacher, I., *Der Gott Sopdu, der Herr der Fremdlander* (Freiburg, 1988)

te Velde, H., 'Schu', *LÄ* V, c. 735–37

te Velde, H., 'Ptah', *LÄ* IV, c. 1177–80

Tobin, V.A., 'Amun and Amun-Re', *OEAE*, Vol. I, pp. 82–85

Van der Plas, D. (ed.), *L'Hymne à la crue du Nil*, 2 vols. (Leiden, 1986)

Van Dijk, J., 'Ptah', *OEAE*, Vol. III, pp. 74–76

Vassal, P.A., 'La Physico-Pathologie dans le Panthéon Égyptien: Les Dieux Bès et Ptah, le Nain et l'Embryon', *BSA* (1956), pp. 168–81

Vernus, P., 'Le Mythe d'une Mythe: le prétendue noyade d'Osiris', *Studi di Egittologia e di antichità Puniche* 9 (1991), pp. 19–32

Wainwright, G.A., 'Some Aspects of Amun', *JEA* 20 (1934), pp. 139–53

Wildung, D., *Imhotep und Amenhotep-Gottwerdung im alten Ägypten*, *MÄS* 36 (Munich and Berlin, 1977)

Wildung, D., 'Imhotep', *LA* III, c. 145–48

Wildung, D., *Egyptian Saints: Deification in Pharaonic Egypt* (New York, 1977)

Wilkinson, R.H., 'Ancient Near Eastern Raised-arm Figures and the Iconography of the Egyptian God Min', *BES* 11 (1991–92), pp. 109–18

Zandee, J., 'Der Androgyne Gott in Ägypten ein Erscheinungsbild des Wiltschöpfers'. In J. Zandee (ed.), *Religion im Erbe Ägyptens: Beitrage zur spätantiken Religiongeschichte zu Ehren von Alexander Böhlig* (Wiesbaden, 1988)

Zeidler, J., 'Zur Etymologie des Gottesnamens Osiris', *SAK* 28 (2000), pp. 309–16

人形的女性神

Assmann, J., *Maat: Gerechtigkeit und Unsterblichkeit im alten Ägypten* (Munich, 1990)

Assmann, J., 'Neit spricht als Mutter und Sarg', *MDAIK* 28 (1972), p. 125

Barta, W., 'Bemerkungen zur Etymologie und Semantik der Götternamen von Isis und Osiris', *MDAIK* 34 (1978), pp. 9–13

Bergman, J., 'Isis', *LÄ* III, c. 186–203

Bianchi, R., Review of J. Eingartner, *Isis und ihre Dienerinnen in der Kunst der röminschen Kaiserzeit*, *JARCE* 30 (1993), pp. 200–01

Bleeker, C.J., 'Isis and Nephthys as Wailing Women', *Numen* 5:1 (1958), pp. 1–17

Bleeker, C.J., 'Isis as Saviour Goddess'. In S.G.F. Brandon (ed.), *The Saviour God: Comparative Studies in the Concept of Salvation Presented to Edwin Oliver James* (Manchester, 1963), pp. 1–16

Bleeker, C.J., *Hathor and Thoth: Two Key Figures of the Ancient Egyptian Religion* (Leiden, 1973)

Bleeker, C.J., 'The Egyptian Goddess Neith'. In E. Urbach, *Studies in Mysticism and Religion presented to Gershom G. Scholem on his Seventieth Birthday* (Jerusalem, 1967), pp. 41–56

Brady, T.A., *Sarapis and Isis: Collected Essays* (Chicago, 1978)

Budde, D., *Die Goettin Seschat, Wodtke und Stegbauer* (Leipzig, 2000)

Buhl, M.-L., 'The Goddesses of the Egyptian Tree Cult', *JNES* 6 (1947), pp. 80–97

Cornelius, S., 'The Egyptian iconography of the Syro-Palestinian goddesses Anat and Astarte'. In K.M. Cialowicz, J.A. Ostrowski (eds.), *Les civilisations du bassin mediterraneen. Hommages a Joachim Sliwa.* (Cracovie, 2000), pp. 71–77.

Daumas, F., *Le Culte d'Isis dans le Bassin oriental de la Mediterranée I: Le culte d'Isis et les Ptolemees* (Leiden, 1973)

De Meulenaere, H., 'Meskhenet à Abydos'. In U. Verhoeven and E. Grafe (eds.), *Religion und Philosophie im Alten Ägypten* (Leuven, 1991), pp. 243–51

Derchain, P., *Hathor Quadrifrons: Recherches sur la syntaxe d'un mythe égyptien* (Istanbul, 1972)

Donahue, V., 'The Goddess of the Theban Mountain', *Antiquity* 66 (1992), pp. 871–85

Dunand, F., *Le culte d'Isis dans le bassin oriental de la Méditerranée*, 3 vols. (Leiden, 1973)

Egan, R.B., 'Isis: Goddess of the Oikoumene'. In L. Hurtado, *Goddesses in Religion and Modern Debate* (Atlanta, 1990), pp. 123–42

Griffiths, J.G., 'Isis as Maat, Dikaiousune, and Iustitia'. In C. Berger, G. Clerc and N. Grimal (eds.), *Homages à Jean Leclant* (Cairo, 1994), pp. 255–64

Griffiths, J.G., 'Isis', *OEAE*, Vol. II, pp. 188–91

Hollis, S.T., 'Women of Ancient Egypt and the Sky Goddess Nut' *JAF* 100 (1987), pp. 496–503; revised and repr. in Hollis, S.J., L. Pershing, and M.J. Young (eds.), *Feminist Theory and the Study of Folklore* (Urbana, 1993), pp. 200–12

Hollis, S.T., 'Five Egyptian Goddesses in the Third Millenium B.C.', *KMT* 5:4 (1994), pp. 46–51, 82–5

Hornung, E., 'Versuch über Nephthys'. In A.B. Lloyd (ed.), *Studies in Pharaonic Religion and Society: In honor of J. Gwyn Griffiths* (London, 1992), pp. 186–88

Lesko, L.H., 'Nut', *OEAE*, Vol. II, pp. 558–59

Lichtheim, M., *Maat in Egyptian Autobiographies and Related Studies* (Freiburg, 1992)

Münster, M., *Untersuchungen zur Götin Isis vom Alten Reich bis zum Ende des Neuen Reiches* (Berlin, 1968)

Osing, J., 'Isis und Osiris', *MDAIK* 30 (1974), pp. 91–113

Parker, R., 'Lady of the Acacia', *JARCE* 4 (1965), pp. 151

Pinch, G., *Votive Offerings to Hathor* (Oxford, 1993)

Plutarch, *De Iside et Osiride* (tr. J.G. Griffiths, Cardiff, 1970)

Quaegebeur, J., 'Cleopatra VII and the Cults of the Ptolemaic Queens'. In *Cleopatra's Egypt: Age of the Ptolemies* (Brooklyn, 1989), pp. 41–54

Roberts, A., *Hathor Rising: The Power of the Goddess in Ancient Egypt* (Rochester, Vt., 1997)

Schlichting, R., 'Neit', *LÄ* IV, c. 392–94

Simon, C., 'Neith', *OEAE*, Vol. II, pp. 516

te Velde, H., 'Mut', *LÄ* IV, c. 246–48

te Velde, H., 'Towards a Minimal Definition of the Goddess Mut', *Jaarbericht van het Voor-Aziatisch-Egyptisch Genootschap Ex Oriente Lux* 26 (1979–80), pp. 3–9

te Velde, H., 'Mut', *OEAE*, Vol. II, pp. 454–55

te Velde, H., 'Mut the Eye of Re'. In *Akten des Vierten Internationalen Ägyptologisches Kongresses* (Hamburg, 1989), pp. 395–401

Teeter, E., 'Maat', *OEAE*, Vol. II, pp. 319–21

Teeter, E., *The Presentation of Maat: Ritual and Legitimacy in Ancient Egypt* (Chicago, 1997)

Troy, L., *Patterns of Queenship* (Uppsala, 1986) Troy, L., 'Mut Enthroned'. In J. van Dijk (ed.), *Essays on Ancient Egypt in honour of Herman te Velde* (Groningen, 1997), pp. 301–05

Vischak, D., 'Hathor', *OEAE*, Vol. II, pp. 82–85

Wells, R.A., 'The Mythology of Nut and the Birth of Ra', *SAK* 19 (1992), pp. 305–21

Wente, E.F., 'Hathor at the Jubilee'. In G.E. Kadish (ed.), *Studies in Honor of John A. Wilson* (Chicago, 1969), pp. 83–91

Witt, R.E., *Isis in the Graeco-Roman World* (Ithaca, 1971); repr. as

Isis in the Ancient World (Baltimore, 1997)

Zabkar, L.V., *Hymns to Isis in Her Temple at Philae* (Hanover and London, 1988)

哺乳动物类

Altenmüller, H., 'Bes'. In *LÄ* I, c. 720–23

Altenmüller, B., 'Anubis'. In *LÄ* I, c. 327–33

Bianchi, U., 'Seth, Osiris et l'Ethnographie', *RHR* 179 (1971), pp. 113–35

Doxey, D.M., 'Anubis', *OEAE*, Vol. I, pp. 97–98

Fischer, H.G., 'The Cult and Nome of the Goddess Bat', *JARCE* 1 (1962), pp. 7–23

Malek, J., *The Cat in Ancient Egypt* (London, 1993)

Germond, P., *Sekhmet et la protection du monde* (Geneva, 1981)

Gundlach, R., 'Thoeris', *LÄ* VI, c. 494–97

Heerma van Voss, M., *Anoebis en de Demonen* (Leiden, 1978)

Helck, W., 'Stiergotte'. In *LÄ* VI, c. 14–17

Hopfner, T., *Der Tierkult der Alten Ägypter* (Vienna, 1913)

Hornung, E., *Der Ägyptische Mythos von der Himmelskuh* (Freiberg, 1982)

Houlihan, P.F., 'Pigs', *OEAE*, Vol. III, pp. 47–48

Houser-Wegner, J., 'Taweret', *OEAE*, Vol. III, pp. 350–51

Jones, M., 'The Temple of Apis in Memphis', *JEA* 76 (1990), pp. 141–47

Kessler, D., *Die heiligen Tiere und der König* (Wiesbaden, 1989)

Kessler, D., 'Bull Gods', *OEAE*, Vol. I, pp. 209–13

Malaise, M., 'Bès et les croyances solaires'. In S. Israelit-Groll (ed.), *Studies in Egyptology: Presented to Miriam Lichtheim* (Jerusalem, 1990), pp. 680–729

Malaise, M., 'Bes', *OEAE*, Vol. I, pp. 179–81

Malek, J., *The Cat in Ancient Egypt* (London, 1993)

Meeks, D., 'Le nom du dieu Bès et ses implications mythologiques'. In U. Luft (ed.), *The Intellectual Heritage of Egypt: Studies Presented to László Kákosy* (Budapest, 1992), pp. 423–36

Mysliwiec, K., *Die heiligen Tiere des Atum*, Vol. I, *Studien zum Gott Atum* (Hildesheim, 1978)

Ray, J.D., 'Cults: Animal Cults', *OEAE*, Vol. I, pp. 345–48

Ritner, R.K., 'Anubis and the Lunar Disc', *JEA* 71 (1985), pp. 149–55

Romano, J.F., 'The Origin of the Bes-Image', *BES* 2 (1980), pp. 39–56

Romano, J.F., 'Notes on the Historiography and History of the Bes-image in Ancient Egypt', *BACE* 9 (1998), pp. 89–105

te Velde, H., 'Some Egyptian Deities and Their Piggishness'. In U. Luft (ed.), *Intellectual Heritage of Egypt: Studies Presented to László Kákosy* (Budapest, 1992), pp. 571–78

te Velde, H., *Seth, God of Confusion*, *PÄ*, 2nd ed. (Leiden, 1977)

te Velde, H., 'The Cat as Sacred Animal of the Goddess Mut'. In M. Heerma Van Voss et. al. (eds.), *Studies in Egyptian Religion dedicated to Professor Jan Zandee* (Leiden, 1982), pp. 127–37

te Velde, H., 'A Few Remarks on the Religious Significance of Animals in Ancient Egypt', *Numen* 27 (1980), p. 78

te Velde, H., 'Mut, the Eye of Re', *SAKB* 3 (1988), pp. 395–403

Wilkinson, R., 'A Possible Origin for the "Shoulder Ornaments" in Egyptian Representations of Lions', *VA* 5:1 (1989), pp. 59–71

Yoyotte, J., 'Une monumentale litanie de granit: Les Sekhmet d'Amenophis III et al conjuration permanente de la déesse dangereuse', *Bulletin de la Société Française d'Égyptologie* 87–88 (1980), pp. 46–71

Zabkar, L.V., *Apedemak Lion God of Meroe: A Study in Meroitic Syncretism* (Bath, 1975)

鸟 类

Allen, T.G., *Horus in the Pyramid Texts* (Chicago, 1915)

Assmann, J., *Egyptian Solar Religion in the New Kingdom: Re, Amun and the Crisis of Polytheism* (tr. A. Alcock, London, 1995)

Bács, T.A, 'Amun-Re-Harakhti in the Late Ramesside Royal Tombs'. In *Fs Kákosy* (1992), pp. 43–53

Blackman, A. and H.W. Fairman, 'The Myth of Horus at Edfu (II)', *JEA* 28 (1942), pp. 32–38; 29 (1943), pp. 2–36; 30 (1944), pp. 5–22

Bleeker, C.J., *Hathor and Thoth: Two Key Figures of the Ancient Egyptian Religion* (Leiden, 1973)

Brovarski, E., 'Sokar', *LÄ* V, c. 1055–74

Brunner, H., 'Chons', *LÄ* I, c. 960–63

Dodson, A., 'El Kab, City of the Vulture-Goddess', *KMT* 4 (1996–97), pp. 60–68

Doxey, D.M., 'Thoth', *OEAE*, Vol. III, pp. 398–400

Fairman, H.W., 'The Myth of Horus at Edfu (I)', *JEA* 21 (1935), pp. 26–36

Gardiner, A.H., 'The Goddess Nekhbet at the Jubilee Festival of Ramses III', *ZÄS* 48 (1910), pp. 47–51

Gardiner, A.H., 'Horus the Behdetite', *JEA* 30 (1944), pp. 23–60

Graindorge, C., 'Sokar', *OEAE*, Vol. III, pp. 305–07

Graindorge, C., *Le dieu Sokar à Thèbes au Nouvel Empire* (Wiesbaden, 1994)

Houser-Wegner, J., 'Khonsu', *OEAE*, Vol. II, p. 233

Kurth, D., 'Thoth', *LÄ* VI, c. 497–523

Meltzer, E.S., 'Horus', *OEAE*, Vol. II, pp. 119–22

Müller, M., 'Re and Re-Horakhty', *OEAE*, Vol. III, pp. 123–26

Onstine, S., 'The Relationship Between Osiris and Re in the Book of Caverns', *JSSEA* 25 (1995), pp. 66–77; pl. 5–7

Quirke, S., *The Cult of Ra* (London and New York, 2001)

Schenkel, W., 'Horus', *LÄ* III, c. 14–25

爬行动物、两栖动物和鱼类

Borghouts, J.F., 'The Evil Eye of Apophis', *JEA* 59 (1973), pp. 114–50

Broekhuis, J., *De Godin Renenwetet* (Assen, 1971)

Brovarski, E., 'Sobek', *LÄ* V, c. 995–1031

Dolzani, C., *Il Dio Sobk* (Rome, 1961)

Doxey, D.M., 'Sobek', *OEAE*, Vol. III, pp. 300–01

Hansen, N.B., 'Snakes', *OEAE*, Vol. III, pp. 296–99

Johnson, S. B., *The Cobra Goddess of Ancient Egypt: Predynastic, Early Dynastic, and Old Kingdom Periods* (London, 1990)

Kákosy, L., 'Ouroboros on Magical Healing Statues'. In T. DuQuesne (ed.), *Hermes Aegyptiacus: Egyptological Studies for B. H. Stricker on His 85th Birthday* (Oxford, 1995), pp. 123–29

Piccione, P.A., 'Mehen, Mysteries, and Resurrection from the Coiled Serpent', *JARCE* 27 (1990), pp. 43–52

无脊椎动物和昆虫类

Bacher, I., 'Die Fliege in Kultur und Religion der alten Ägypter', M.A. Thesis (Munich, 1993)

Goyon, J.-C., 'Isis-scorpion et Isis au scorpion', *BIFAO* 78 (1978), pp. 439–57

Hansen, N.B., 'Insects', *OEAE*, Vol. 2, pp. 161–63

Keimer, L., 'Pendeloques en forme d'insectes faisant partie de colliers égyptiens', *ASAE* 32 (1932), pp. 129–50; 33 (1933), pp. 97–130, 193–200; 37 (1937), pp. 143–72

Kritsky, G., 'Beetle Gods, King Bees and Other Insects of Ancient Egypt', *KMT* 4:1 (1993), pp. 32–39

Von Känel, F., 'Scorpions', *OEAE*, Vol. 3, pp. 186–87

无生命体类

Allen, J.P., 'Hymns: Solar Hymns', *OEAE*, Vol. II, pp. 146–48

Assmann, J., 'Aton', *LÄ* I, c. 526–40

Parker, R. and O. Neugebauer, *Egyptian Astronomical Texts: Vol. 1: The Early Decans* (Providence, 1960)

Redford, D.B., 'The Sun-disc in Akhenaten's Program: Its Worship and Its Antecedents, I', *JARCE* 13 (1976), pp. 47–61; 17 (1982), pp. 21–38

Ritner, R.K., 'Anubis and the Lunar Disc', *JEA* 71 (1985), pp. 149–55

Schlögl, H.A., 'Aten', *OEAE*, Vol. I, pp. 156–58

Wilkinson, R.H., 'The Motif of the Path of the Sun in Ramesside Royal Tombs: An Outline of Recent Research', *JSSEA* 25 (1995), pp. 78–84; pl. 8–10

引用书目

第15页 "埃及王朝时期母牛女神的概念很可能是……"
F. Hassan, "The Earliest Goddesses of Egypt: Divine Mothers and Cosmic Bodies", L.Goodison and C.Morris (eds.), *Ancient Goddesses: The Myths and the Evidence* (Madison, WI, 1998) p. 307

第16页 "……这些元素与《圣经·创世记》中列举的前创世状态间……"
J. Hoffmeier, "Some Thoughts on Genesis 1&2 and Egyptian Cosmology", *JANES* 15 (1983), p. 39

第21页 "……使埃及神祇可以一次又一次变得年轻……"
E. Hornung, *Conceptions of God in Ancient Egypt: The One and the Many* (Tr. by J.Baines, Ithaca, 1982; London, 1983), p. 162

第28页 "狮头的女神实际是……"
H.G. Fischer, "The Cult and Nome of the Goddess Bat", *JARCE* 1 (1962), p. 23

第38页 "将对神的观念统合为……""戴着多神面具的一神教"
J.P. Allen, "Monotheism; The Egyptian Roots", *Archaeology Odyssey* 7:8 (1999), p. 44

第55页 "神性的程度"
M.-A. Bonhéme, "Divinity", *OEAE*, Vol.I, p. 401

插图出处

缩写说明：

a=上；b=下；c=中；l=左；r=右；t=顶。

Ägyptisches Museum und Papyrussammlung, Berlin 203, 240a; 12l & 64–65 Photo Jürgen Liepe, © Bildarchiv Preussischer Kulturbesitz, Berlin

University of Arizona Egyptian Expedition Archive 72bl, 74–75c, 88a, 192, 200

Ashmolean Museum, Oxford 14r

British Museum, London 18, 19a, 51l, 84–85a, 117, 137, 143, 164, 181, 191r, 194l, 243

Judi Burkhardt 27a, 86–87, 176a

Peter Clayton 16, 81a, 139, 232

Davies, N. de G., The Rock Tombs of El-Amarna, II, pl. v; IV, pl. xx, 239r

Egyptian Museum, Cairo 13bl, 13br, 38r, 172

Egyptian Museum, Cairo. Photo Margarete Büsing, © Bildarchiv Preussischer Kulturbesitz, Berlin 125b

Eva Engel, Göttingen 48

Photo Heidi Grassley, © Thames & Hudson Ltd, London 4–5, 22–23, 27br, 42–43a, 50, 76l, 94–95, 111a, 136, 144, 171b, 201b, 219

Harer Family Collection, San Bernardino 28bl, 156, 165l, 178

Richard Harwood 19b, 42l, 56, 56–57, 96, 107, 115al, 116r, 189r

Photo Hirmer 58l, 67, 123b, 210a

Andrea Jemolo 89b, 147, 206–07

George Johnson 15, 21a, 28a, 43ar, 74l, 75b, 79a, 81l, 81r, 89al, 90, 119, 135a, 138, 150, 153b, 157, 159a, 160r, 169a, 195

KMT: A Modern Journal of Ancient Egypt 231

K. Lange 99a

Jürgen Liepe 6a, 14l, 22l, 36, 37a, 77a, 92, 115br, 124, 131, 140, 146, 149, 170bl, 173, 174b, 177b, 185l, 186–87b, 188, 201a, 202a, 205, 212l, 213a, 217, 227b, 230, 235, 236–37, 242

Metropolitan Museum of Art, New York 79b, 126

Museum of Fine Arts, Boston 193 (Gift of the Egypt Exploration Fund); 37b (Charles Amos Cummings Bequest Fund)

Paul Nicholson 182b, 240b

Oriental Institute of the University of Chicago 186ar

Pelizaeus Museum, Hildesheim/Sh. Shalchi 78b

Photo © RMN 27bl; 151l D. Amaudet, G. Blot; 33 H. Lewandowski

John G. Ross 116l, 121l, 238

William Schenck 72a, 83a, 102–03, 113, 155b, 162l, 165r, 169bl, 190, 208b

Seminar für Ägyptologie, Cologne, photo Gisela Dettloff 216a

Albert Shoucair 105, 160l, 161r

Soprintendenza per le Antichità Egizie, Museo Egizio, Turin 64

Staatliche Sammlung Ägyptischer Kunst, Munich 155a, 220a (loaned by Bayrischen Landesbank)

Jeremy Stafford-Deitsch 30–31, 34a, 35a, 45b, 54, 73, 93, 104a, 110–11, 120, 121r, 133a, 134, 142, 145, 148, 152, 162–63, 170ar, 226

E. Strouhal 44b, 221

Frank Teichmann 24–25

Werner Forman Archive 166–67; 239l Brooklyn Museum, New York; 101 Sold at Christie's, London; 10–11 Fitzwilliam Museum, Cambridge; 128a J. Paul Getty Museum, Malibu; 20 Courtesy L'Ibis, New York; 125a, 175br E. Strouhal; 185r Museo Egizio, Turin; 186l Egyptian Museum, Cairo

Araldo De Luca/Archivio White Star 2–3, 6–7, 17a, 40–41, 48a, 68–69, 80, 158–59, 159b, 197, 214b, 222, 232–33, 234

Richard Wilkinson 12–13a, 17b, 26, 28bl, 29b, 34b, 38, 39, 43b, 44a, 47l, 47r, 49, 51r, 55b, 58r, 59, 60, 60–61, 62, 62–63, 63, 66, 66–67, 75a, 85b, 88b, 91a, 100r, 103, 103b, 108–09, 109bl, 112b, 114, 132l, 135b, 151r, 154, 182a, 196a, 204, 207ar, 211b, 213b, 215, 216b, 220bl, 220br

Philip Winton 1, 9, 21b, 29a, 31, 32, 35b, 42r, 45a, 55a, 76r, 77b, 78a, 78c, 81b, 83b, 89ar, 91b, 95r, 98, 99b, 100l, 104b, 106, 109br, 111br, 112a, 118, 122, 123a, 127, 128b, 129a, 129b, 132r, 133b, 141l, 153a, 161l, 168l, 168r, 169br, 171a, 174a, 175a, 175bl, 176b, 177al, 177ac, 177ar, 179l, 179r, 180, 183, 184, 189l, 191l, 194r, 196b, 198, 199, 202bl, 202br, 207al, 208a, 210b, 211a, 212r, 214al, 214ar, 218l, 218r, 223, 224, 225a, 225b, 227a, 228, 229l, 229r, 241a, 241b

鸣　谢

作者衷心感谢多位同事的帮助，他们慷慨地分享了自己的研究成果，以自己的知识积累为本书提供了有用的信息和评论，此处特别要感谢詹姆斯·艾伦（James P. Allen）和詹姆斯·霍夫梅尔（James K. Hoffmeier）。另外要感谢斯蒂芬·库尔克（Stephen Quirke）、埃丹·道德森（Aidan Dodson）和托比·威尔金森（Toby Wilkinson），感谢他们帮助审读原稿，并提供了很多宝贵的建议。尤金·克鲁兹–乌里韦（Eugene Cruz-Uribe）也提供了关于埃及神祇晚期历史的宝贵知识。

在插图方面，我要特别感谢理查德·哈伍德（Richard Harwood）和乔治·约翰逊（George Johnson）为本书提供了大量图片，本·哈尔（Ben Harer）和策展人伊娃·基尔希（Eva Kirsch）从哈尔家族的收藏中为我们拍摄了许多文物的照片。菲利普·温顿（Philip Winton）精心准备了本书的多数线稿，其他的则由朱迪·布克哈特（Judi Burkhardt）绘制。

特别鸣谢亚利桑那大学埃及考古队（The University of Arizona Egyptian Expedition）的成员和其他相关人士，他们在这本书的制作过程中提供了支持和帮助。

特别鸣谢苏珊娜·昂斯汀（Suzanne Onstine）、安妮·洛佩兹（Anne Lopez）、理查德·哈伍德、唐纳德·昆兹（Donald Kunz）、伊迪斯·昆兹（Edith Kunz）、石尚颖（Shang-Ying Shih）和辛迪·奥塞克（Cindy Ausec）。凯拉·布瑟特（Kaila Bussert）和詹妮弗·哈施曼（Jennifer Harshman）为我们提供了帮助。斯蒂芬妮·丹柯维兹（Stephanie Denkowicz）为我们提供了慷慨的支持，推动了和本书有关的大量研究。

衷心感谢埃及文物部（Egypt's Supreme Council of Antiquities）批准我在埃及的研究和考古工作，特别感谢扎西·哈瓦斯博士（Drs Zahi Hawass）、萨布瑞·阿齐兹（Sabry el-Aziz）、穆罕默德·苏哈伊尔（Muhammad Sughayr）和亚希阿·玛斯瑞（Yahia el-Masry）。感谢穆罕默德·比阿里（Muhammad el-Bialy）、易卜拉欣·苏莱曼（Ibrahim Suleiman）和当地的所有巡视员多年来对我工作的支持。

我还十分感谢出版社的所有成员，所有帮助我顺利完成这个项目的编辑、设计和发行人员。

最后，我想感谢妻子安娜和儿子马克始终如一的帮助，他们从很多方面鼓舞了我，使我得以完成这部著作。

图书在版编目（CIP）数据

埃及众神 /（英）理查德·H.威尔金森著；颜海英，刘璠译. -- 贵阳：贵州人民出版社，2022.11（2024.3重印）
ISBN 978-7-221-17238-9

Ⅰ.①埃… Ⅱ.①理…②颜…③刘… Ⅲ.①神—宗教文化—介绍—埃及 Ⅳ.①B933

中国版本图书馆CIP数据核字(2022)第168638号
著作权合同登记图字：22-2022-090号

Published by arrangement with Thames & Hudson Ltd, London
The *Complete Gods and Goddesses of Ancient Egypt* © 2003 Thames & Hudson Ltd, London
Text © 2003 Richard H. Wilkinson

This edition first published in China in 2022 by Ginkgo (Beijing) Book Co., Ltd Beijing
Chinese edition © 2022 Ginkgo (Beijing) Book Co., Ltd

本书中文简体版权归属于银杏树下（北京）图书有限责任公司。

AIJI ZHONGSHEN

埃及众神

[英]理查德·H.威尔金森 著
颜海英　刘　璠 译

出　版　人：朱文迅
策划编辑：后浪出版公司
出版统筹：吴兴元
责任编辑：马文博　代　勇
编辑统筹：郝明慧
特约编辑：刘冠宇
装帧设计：墨白空间·张　萌
责任印制：常会杰
出版发行：贵州出版集团　贵州人民出版社
地　　址：贵阳市观山湖区会展东路SOHO办公区A座
印　　刷：河北中科印刷科技发展有限公司
版　　次：2022年11月第1版
印　　次：2024年3月第4次印刷
开　　本：787毫米×1092毫米 1/16
印　　张：16.5
字　　数：192千字
书　　号：ISBN 978-7-221-17238-9
定　　价：148.00元

官方微博：@后浪图书
读者服务：reader@hinabook.com 188-1142-1266
投稿服务：onebook@hinabook.com 133-6631-2326
直销服务：buy@hinabook.com 133-6657-3072

后浪出版咨询（北京）有限责任公司　版权所有，侵权必究
投诉信箱：editor@hinabook.com　fawu@hinabook.com
未经许可，不得以任何方式复制或者抄袭本书部分或全部内容
本书若有印、装质量问题，请与本公司联系调换，电话010-64072833